KB190757

365 하이델베르크 요리문답 매일 묵상

다정하고 달콤한 교리 묵상
내가 기다렸던

세움북스는 기독교 가치관으로 교회와 성도를 건강하게 세우는 바른 책을 만들어 갑니다.

365 하이델베르크 요리문답 매일 묵상

내가 기다렸던, 다정하고 달콤한 교리 묵상

초판 1쇄 발행 2022년 12월 15일
초판 2쇄 발행 2023년 2월 20일

지은이 | 이태복
펴낸이 | 강인구

펴낸곳 | 세움북스
등 록 | 제2014-000144호
주 소 | 서울시 종로구 대학로 19 한국기독교회관 1010호
전 화 | 02-3144-3500
이메일 | cdgn@daum.net

디자인 | 참디자인

ISBN 979-11-91715-59-0 (03230)

* 이 책은 신저작권법에 의하여 국내에서 보호를 받는 저작물입니다.
출판사의 협의 없는 무단 전재와 무단 복제를 엄격히 금합니다.
* 책값은 뒤표지에 있습니다.
* 잘못된 책은 교환하여 드립니다.

이태복 지음

365 하이델베르크 요리문답

매일 묵상

내가 기다렸던,
다정하고 달콤한 교리 묵상

추천사

✦

조엘 R. 비키 (Joel R. Beeke)
퓨리탄 리폼드 신학교 학장,
Banner of Sovereign Grace Truth 편집자,
Reformation Heritage Books / Inheritance Publishers 대표

✦ 하이델베르크 요리문답만큼 우리 마음에 감동을 주는 요리문답은 없습니다. 그것은 우리의 비참함을 보여 줍니다. 그 비참함의 원인이 하나님에 대한 우리의 죄에 있음을 보여 줍니다. 우리의 삶과 죽음에서 복음이 주는 참된 위안을 제시합니다. 그리고 주 예수 안에 있는 구원의 길을 보여 줍니다. 그런 다음, 구원에 감사하는 방법을 가르쳐 줍니다. 이 모든 일을 행할 때 하이델베르크 요리문답은 하나님의 말씀인 성경을 우리에게 가르칩니다. 한마디로 말해서, 하이델베르크 요리문답은 자기 백성을 위하시는 그리스도 자신과 그분의 모든 것을 우리에게 보여 줍니다.

개혁 교회는 그리스도인들과 그들의 가족이 1년 동안 매주 교리를 배울 수 있도록 하이델베르크 요리문답을 52주로 나누었습니다. 개혁 교회 목사들은 주일 저녁 예배 시간에 그 주간의 요리문답을 설교합니다. 나의 유능하고 충실한 친구이자 청교도 개혁주의 신학교(Puritan Reformed Theological Seminary)의 졸업생인 이태복 목사는 창의력을 발휘하여 요리문답의 매주 분량을 일곱 개의 묵상으로 나누어 묵상집을 만들었습니다. 1년 동안 날마다 요리문답을 묵상할 수 있도록 그렇게 한 것입니다. 참으로 훌륭한 생각이 아닐 수 없습니다.

개혁주의 신앙은 교리가 튼튼합니다. 우리는 성경의 가르침으로 우리의 머리를 채웁니다. 하지만 하이델베르크 요리문답은 개혁주의 신앙이 믿음과 소망과 사랑으로 우리의 마음까지도 채운다는 것을 상기시켜 줍니다. 하나님은 따뜻하고 친근한 방식으로 진리를 우리에게 적용함으로써 풍성한 은혜로 우리의 마음을

채우십니다. 바로 이 점에서 이태복 목사의 이 묵상집은 특별히 유용합니다. 이 묵상집에서 이태복 목사는 요리문답이 가르치는 교리를 우리의 머리뿐 아니라 우리의 마음과 삶에도 강하게 각인시켜 주기 때문입니다.

그리스도인들이 날마다 성경을 읽으면서 이 묵상집을 함께 읽는다면 매우 큰 유익을 얻게 될 것입니다. 교회의 목사님들은 자신이 섬기는 교회 전체에게 이 묵상집을 읽히면 좋을 것입니다. 어떤 교회든 모든 교인과 그들의 자녀들이 집에서 이 묵상집을 날마다 읽는다면, 주일에 교회에서 목사가 요리문답으로 성경적 진리를 설교할 때 잘 이해할 수 있을 것입니다. 주일에 설교로 배울 교리의 내용과 적용을 이 묵상집을 읽으면서 이미 배웠기 때문입니다. 강의로 교리를 배울 때나 소그룹에서 교리를 공부할 때, 주중에 이 묵상집을 각자 읽는다면, 강의나 소그룹 모임이 훨씬 더 풍성해질 것입니다. 모쪼록 하나님께서 이 묵상집에 복을 주셔서 한국과 전 세계에서 주의 말씀이 흥왕하고 영광스럽게 되기를(살후 3:1) 바랍니다.

고상섭 목사
그사랑교회 목사, CTC 코리아 이사

✦ '인간의 유일한 위로'로 시작되는 하이델베르크 요리문답을 공부하다 보면 마지막엔 늘 '위로받지 못하고' 끝날 때가 많았습니다. 중간중간 기쁨과 은혜를 누리기도 했지만, 하이델베르크라는 거대한 숲에서 길을 잃어버릴 때가 많았습니다. 이태복 목사님의 《365 하이델베르크 요리문답 매일 묵상》은 교리라는 거대한 숲에서 친절한 안내자가 될 뿐 아니라, 스스로 길을 찾아가게 하는 힘을 길러 주는 책입니다. 그동안 하이델베르크 요리문답에 관한 좋은 해설서는 많이 나왔지만, 스스로 묵상할 수 있도록 도와주는 안내자 역할을 하는 책은 없었던 것 같습니다.

이 책은 하나님을 사랑해서 교리를 깊이 연구했고, 사람을 사랑해서 어떻게 하면 이렇게 아름다운 교리를 잘 전달할 수 있을지를 고민한 목회자의 삶에서 나온 책입니다. 한국에 청교도 책이 많이 소개되지 않았을 때부터 청교도 저작을 한국 교회에 소개하려고 힘썼던 이태복 목사님의 숙성된 글이라 그 깊이와 넓이가 다르게 느껴집니다. 매일 이 책의 묵상을 따라가다 보면 교리적 체계와 교리 속에 녹아 있는 하나님의 성품을 만나게 될 것입니다. 이 책을 통해 앞으로 한국 교회 교리 교육에 새로운 패러다임이 시작될 것 같습니다. 이 책을 보고서야 이런 책을 늘 기다려 왔었다는 것을 알았습니다. 교리 교육이라는 메마른 사막에서 오아시스를 만난 기분입니다. 톨레레게(*tolle lege*)!

김태희 목사
부산 비전교회 담임, 《365 통독 주석》 저자

✦ 신앙고백서는 딱딱한 글이라고 생각하는 사람들이 많습니다. 현대인의 삶과 거리가 멀다는 선입견을 가진 사람들도 많습니다. 대체로 사실입니다. 신앙고백서 해설서 중 상당수가 딱딱하고, 무미건조합니다. 딴 세상 이야기를 하는 것 같기도 합니다. 하지만 이태복 목사님의 《356 하이델베르크 요리문답 매일 묵상》은 전혀 그렇지 않습니다. 따뜻하고, 다정하고, 현대적입니다. 잘 읽히고, 감동적이며, 마치 내 마음의 이야기를 하는 것 같습니다. 내가 느끼는 감정, 내가 겪는 슬픔, 내가 가진 궁금증이 솔직 담백하게 담겨 있습니다. 물론 물음에 대한 해답도 함께 있습니다.

결론적으로 이 책은 차원이 다른 신앙고백서 해설집이라고 생각합니다. 이 책은 신앙고백서나 교리 문답을 처음 접하는 사람들에게 딱입니다. 신앙 공동체(교회)의 연중 묵상집으로 딱입니다. 가정에서 자녀들의 신앙 교육 교재로도 딱입니다. 좋은 책을 만난 기쁨과 함께 슬픔이 밀려옵니다. '나는 언제쯤 이렇게 좋은 글을 쓸 수 있을까?' 정말 읽는 내내 감동이었습니다.

이상웅 교수
총신대학교 신학대학원 조직신학

✦ 그리스도인들에게 성경은 삶과 신앙에 있어 정확 무오한 하나님의 말씀으로서 절대적인 기준이 됩니다. 하지만 그 성경의 핵심 내용, 반드시 알아야 하고 믿어야 할 주요 내용이 무엇이냐고 묻는다면, 우리 개혁 교회 교인들에게는 기본적으로 종교개혁의 진리를 잘 요약한 벨직 신앙고백서, 하이델베르크 요리문답, 도르트 신경 등의 "일치를 위한 세 신앙 문서"(Drie formuleren van Eenigheid)와 영미 장로교회의 표준문서들인 웨스트민스터 신앙고백서와 대소교리문답을 들 수가 있을 것입니다. 이상에 열거한 여섯 개의 신앙고백 문서들은 단지 박식하고 훌륭한 개인의 신앙고백을 담은 것이 아니고, 공교회적으로 인정받은 표준적인 문서들이어서 우리가 성경을 바르게 읽고 이해하도록 도와줄 뿐 아니라, 우리가 무엇을 믿고, 소망하고, 어떻게 사랑해야 하는지를 일목요연하게 잘 보여 줍니다.

하이델베르크 요리문답은 1563년 팔츠의 선제후 프리드리히 3세가 통치하고 있던 하이델베르크에서 자카리아스 우르시누스(Zacharias Ursinus, 1534-1583)에 의해 작성되었던 신앙고백 문서로서 총 129개 문답으로 구성되어 있습니다. 교회

교육을 위해서 이 고백서가 사용될 수 있도록 129개의 문답을 총 52주로 나눈 것은 1563년에 된 일이고, 유럽 개혁 교회가 공교회적으로 받아들인 것은 1619년 도르트회의 후반부 회의 일정 가운데였습니다. 그 후 적어도 화란 개혁 교회나 그 영향하에 있는 미국 CRC 교단의 경우는 교회의 직분자가 되기 위해서는 하이델베르크 요리문답을 비롯한 '일치를 위한 세 신앙 문서'에 서명을 해야만 합니다. 아뻴도오른 신학대학교는 박사 과정에 진학하는 유학생들에게조차도 이 신앙 문서들에 따라 학문 활동할 것을 서약하게 만듭니다. 이렇게도 중요한 신앙고백 문서이기에 하이델베르크 요리문답은 화란 개혁 교회에서 매주 오후 시간에 1년 단위로 설교되어 왔습니다. 목회 사정이 그러하다 보니 웬만한 화란 개혁 교회 목회자들은 자신의 해설서를 쓸 수가 있었습니다. 저자 이태복 목사님이 언급한 께르쓰뜬(G. H. Kertsten)이나 바빙크의 아버지 얀 바빙크(Jan Bavinck)가 그 예입니다.

이 소중한 요리문답을 배우고 익히는 방법은 다양합니다. 전통적인 주일 오후 설교 방식이나 우르시누스의 요리문답 해설과 같은 해설서를 읽는 방식도 있을 것입니다. 하지만 이번에 이태복 목사님은 매일의 묵상 거리로 요리문답 공부 방식을 선택했습니다. 이전에 20여 권의 청교도 문헌 번역자로 알았고, 청교도 영성 형성에 관한 책으로도 잘 알려진 저자가 목회 현장에서 교우들이 쉽게 이 요리문답에 접근하도록 매일 묵상록을 집필한 것을 축하드립니다. 어떤 방식보다도 이러한 매일 묵상의 방식이 일반 신자들이 이 요리문답에 편한 마음으로 접근할 수 있는 길이 될 것이라고 믿습니다. 터가 무너진 것과 같은 어지러운 시대에 진리의 길을 사모하는 그리스도인들에게 매일 묵상 거리로 본서를 애독하실 것을 권합니다.

저자 서문

✦

'하이델베르크 요리문답을 쉽게 공부할 수 있는 방법은 없을까?' 하이델베르크 요리문답을 공부하면서 이런 고민을 하지 않는 사람이 있을까요? 저는 하이델베르크 요리문답을 공부할 때 두 권의 책을 교과서로 삼았습니다. 한 권은 우르시누스(Zacharias Ursinus, 1534-1583)가 쓴 해설집이고, 다른 한 권은 네덜란드 개혁교회의 설교자 께르스뜬(G. H. Kertsten, 1882-1948)의 설교집입니다. 이 두 권의 책을 읽으면서 많은 유익이 있었습니다. 그러나 솔직히 지칠 때도 있었습니다. 읽을 분량이 많았고 내용도 쉽지 않았기 때문입니다. 그래서 저는 질문하게 되었습니다. '하이델베르크 요리문답을 쉽게 공부할 수 있는 방법은 없을까?'

'하이델베르크 요리문답을 따뜻하게 전달할 수 있는 방법은 없을까?' 하이델베르크 요리문답을 설교하면서 이런 고민을 하지 않는 설교자가 있을까요? 저는 교회에서 주일 오전 예배 시간에 격주로 하이델베르크 요리문답을 설교하는데, 아무래도 교리 설교의 특성상 교리(개념)를 설명하는 시간이 많습니다. 그러다 보니 설교는 딱딱해지기 쉽고 교리를 교인들의 마음에까지 전달하는 일은 늘 요원하게 느껴집니다. 짧은 설교 시간에 그것까지 할 수가 없어, 묵상은 교인들에게 숙제로 내어 주고서 설교를 마무리할 때가 많습니다. 그래서 저는 질문하게 되었습니다. '하이델베르크 요리문답을 따뜻하게 전달할 수 있는 방법은 없을까?'

위의 두 가지 질문을 가슴에 품고 고민하던 중에 문득 한 가지 방법이 떠올랐습니다. 하이델베르크 요리문답을 매일 조금씩 묵상하는 묵상집을 만드는 것입니다. 하이델베르크 요리문답의 내용을 기초로, 분량은 짧으나 핵심을 관통하는 묵상 글을 써서 교리 해설집이나 교리 설교의 보조 자료로 사용하면 좋겠다고 생각했습니다. 짧은 묵상의 글은 교리를 깊이 설명하지는 못하는 단점이 있으나 핵심은 얼마든지 전달할 수 있고, 읽다 보면 자연스럽게 그 글의 흐름을 따라 생각하게 되어 교리를 스스로 묵상하는 자리까지 나아갈 수 있게 하는 장점이 있겠다고 생각했습니다. 하이델베르크 요리문답으로 이런 자료를 만들면 여러모로 유익할 것 같았습니다.

저는 특별히 다음과 같은 분들을 생각하며 하이델베르크 요리문답 묵상 글이 필요하다고 생각했습니다. 기독교의 핵심 교리를 잘 배우고 싶은 분, 교리 공부를 하고 있는데 왠지 교리가 딱딱하게만 느껴져서 힘든 분, 기질상 교리 공부가 체질에 맞지 않는다고 생각하며 교리 공부를 싫어하는 분, 교리 공부 책의 내용이 너무 깊고 자세하여 읽다가 지쳐서 포기하신 분, 교리가 머리에 쌓일 뿐 마음에 쌓이지 않아 답답하신 분, 주일에 설교로 들은 교리를 매일 묵상하고 싶은데 어떻게 해야 할지 몰라 실천하지 못하고 계신 분 등등. 누군가 하이델베르크 요리문답을 묵상 글로 펴낸다면 이런 분들에게 크게 도움이 될 것이라고 생각했습니다.

그래서 하이델베르크 요리문답을 가지고 2014년부터 묵상 글을 쓰기 시작했습니다. 중간에 글쓰기를 중단하기도 했지만, 2022년 초에 세움북스 강인구 대표의 출판 결정으로 용기를 얻고 집필을 마치게 되었습니다. 원고를 탈고하면서 저에게는 간절한 바람이 있습니다. 교리를 배우고 싶은 분들이 이 책을 읽고 묵상하면서 유익을 얻는 것입니다. 교리를 딱딱하게만 느끼던 분들이 교리의 달콤함을 경험하는 것입니다. 기질상 맞지 않아 교리 공부를 피하던 분들이 교리 공부를 좋아하며 즐거워하는 자리로 나아가는 것입니다. 교리를 머리로만 배우던 분들이 교리를 마음으로 배우며 기쁨을 경험하는 것입니다. 주일에만 교리를 듣고 배우던 분들이 날마다 교리와 함께 사는 것입니다.

"솔직히 말해서 하이델베르크 요리문답은 참 좋은데,
설교를 듣거나 해설집을 읽어 보면 내용이 너무 많아서
다 이해하기도 어렵고 다 기억하기는 더 어렵다.
교리를 마음에 간직할 수 있도록 만들어 주면 좋겠다."

제가 2018년부터 2019년까지 미국에서 출석했던 네덜란드 개혁교회의 교인이 저에게 들려준 솔직한 고백입니다. 한국 교회 안에도 하이델베르크 요리문답을 좋아해 배우고 싶으나 그것을 배우는 과정이 힘들어 비슷한 생각을 하시는 분들이 있지 않을까 싶습니다. 하나님께서 이 책을 사용하셔서 그런 분들의 소원이 이루어질 수 있기를 바라는 마음이 간절합니다.

✦

이 책의 구성은 하이델베르크 요리문답의 구성을 그대로 따랐습니다. 하이델베르크 요리문답은 총 129개의 문답을 52주로 구분해서 한 주간씩 공부할 내용을 정해 놓았는데, 그것을 그대로 따른 것입니다. 다만 한 주간에 공부할 내용을 주일부터 토요일까지 조금씩 나누어 묵상할 수 있도록 분량과 내용을 적절하게 구성하였습니다. 하이델베르크 요리문답의 한 주간 분량을 한 시간 미만의 설교로 다 듣거나 책으로 다 읽는 것도 좋지만 날마다 조금씩, 그러나 깊이, 그리고 오래 묵상하는 것도 크게 유익할 수 있기 때문입니다. 많은 내용을 한두 시간 안에 다 읽거나 다 듣는 것도 좋지만, 짧은 내용을 깊고 오래 그리고 꾸준히 묵상하는 것처럼 좋은 것은 없습니다.

이 책에 실린 묵상 글은 일종의 마중물입니다. 펌프로 물을 끌어 올리기 전에 펌프에 붓는 마중물의 분량은 적지만 마중물을 펌프에 붓고 펌프질 하면 맑은 물이 끊임없이 흘러나오게 됩니다. 이 책에 실린 묵상 글도 분량은 짧으나 우리 마음에 마중물로 붓고 진리의 영이신 성령 하나님의 인도와 도움을 의지하며 묵상하고 또 묵상하면, 샘물처럼 맑고 시원한 기독교 핵심 교리가 우리 마음에 끊임없이 흐르게 될 것입니다. 그러므로 묵상 글의 분량이 짧은 것 때문에, 또는 내용이 바라는 것처럼 깊지 않은 것 때문에 실망하지 않기를 바랍니다. 오히려 마중물로 삼아 마음에 붓고, 묵상하고 또 묵상하시기를 바랍니다. 진리의 영이신 성령 하나님께서 우리를 도와주실 줄 믿습니다.

이 책에 실린 묵상 글을 깊이 묵상하는 것도 중요하지만, 기도하는 것 역시 매우 중요합니다. 이 책에 실린 거의 모든 묵상 글은 저자의 짧은 기도로 끝이 납니다. 우리에게 말씀을 묵상하게 하신 하나님 앞에서 우리의 반응을 기도로 표현하는 것은 매우 당연한 일입니다. 그러므로 묵상 글을 충분하게 묵상한 다음에는 반드시 충분하게 기도하십시오. 시편 119편을 읽어 보면, 시편 기자는 하나님의 말씀을 깨닫고 순종하기 위해 집요하게 하나님의 은혜를 구하고 하나님께 매달립니다. 오늘날 우리는 얼마든지 온라인과 오프라인에서 좋은 설교자들의 영상을 찾아보거나 유명한 책들을 찾아 읽을 수 있습니다. 하지만, 묵상과 함께 충분한 기도를 하는 것이 제일 좋은 방법입니다.

✦

이 책은 다양한 용도로 사용할 수 있습니다. 개인적으로 1년 365일 동안 기독교 핵심 교리를 날마다 묵상하는 용도로 사용하는 편이 제일 좋을 수 있습니다. 하지만 다른 용도로도 얼마든지 사용 가능합니다. 예를 들어, 가족이 함께 모여 가정 예배를 드릴 때도 이 책을 사용할 수 있습니다. 이 책에 실린 묵상 글 한 편을 읽고 함께 묵상하는 시간을 가진 후에 서로 대화를 나누면, 가족이 함께 기독교 핵심 교리에 든든히 설 수 있을 것입니다. 소그룹도 마찬가지입니다. 소그룹의 경우에는 각자가 한 주간의 분량을 먼저 읽고 묵상한 후, 서로 모였을 때 각자 묵상한 내용(깨달음과 다짐 등)을 서로 나누면 많은 유익이 있을 것입니다.

오늘날 우리 시대는 인터넷의 발달로 그리스도인들마저 수많은 영상을 보고 듣느라 바쁜 시대입니다. 하지만 스스로 묵상하지 않고 스스로 기도하지 않으면서 그저 보고 듣는 것만으로는 진리가 마음에 깊이 새겨지기 어렵습니다. 귀만 커지고 듣는 수준만 높아져 나중에는 더 자극적이고 더 수준 높은 것을 보고 듣기 위해 찾아 헤매는 비정상적인 상태에 이를 뿐입니다. 오늘날 우리에게 정말로 필요한 것은 하나님의 말씀을 깊이, 그리고 오래 묵상하는 것입니다. 그리고 하나님에게서 깨달음과 확신을 얻기 위하여 매달리는 것입니다. 이 책을 읽고 묵상하며 기도하는 모든 독자에게 하나님의 크신 은혜가 함께하기를 바랍니다.

✦

끝으로, 저의 글을 책으로 만들어 주신 세움북스의 멋진 세 분에게 감사의 인사를 전합니다. 강인구 대표는 발행인으로서 이 책의 출판을 과감하게 결정하고 출판의 모든 과정을 이끌었습니다. 류성민 대리는 첫 번째 독자가 되어 세심한 마음으로 모든 문장과 글의 흐름을 확인하고 독자들이 편안하게 읽을 수 있도록 훌륭하게 다듬었습니다. 그리고 이정희 과장은 독자들이 표지를 볼 때나 내지를 읽을 때 눈이 시원하고 가독성이 좋도록 책의 내지와 표지를 예쁘게 디자인하였습니다. 모쪼록 세움북스의 모든 수고가 독자 여러분의 마음에 하나님의 진리를 풍성하게 하는 복의 통로가 되었으면 좋겠습니다.

이 책의 활용법

날

연중 어느 때 시작해도 상관없습니다. 시작한 날부터 1일! 성경 전체의 의미를 담아 놓은 기독교의 핵심 교리를 조금씩, 차근차근, 깊이 있게 묵상해 보세요.

문답

오늘 묵상할 하이델베르크 요리문답 내용이에요. 오늘의 묵상 주제입니다. 129개의 질문과 답을 하루하루 살펴보면서 성경이 가르치는 기독교의 핵심 교리가 무엇인지 확인해 보세요.

묵상

기독교의 핵심 교리를 머리가 아닌 마음으로 이해할 수 있도록, 신앙과 삶에 적용할 수 있도록 써놓은 저자의 다정한 안내를 받아 보세요. 묵상의 내용을 뒷받침하는 성경 말씀이 더욱 달콤하게 느껴질 거예요.

기도

말씀을 묵상하게 하신 하나님 앞에서 우리의 반응을 기도와 고백, 감사와 찬송으로 표현해 보세요. 눈으로만 읽지 말고 마음을 담아 소리 내어 읽어 보세요.

나의 묵상과 기도

오늘 묵상을 통해서 깨닫게 된 나만의 묵상 내용이나 기도, 혹은 다짐을 적어 보세요. 진리의 영이신 성령 하나님께서 우리를 도와주실 거예요.

021일

제8문 그렇다면 우리는 그토록 부패하여 선을 전혀 행할 수 없으며, 온갖 악을 행하는 성향만 지니고 있습니까?

답 **그렇습니다. 우리가 하나님의 성령으로 거듭나지 않는 한 그렇습니다.**

사람이 엄마 배 속에 잉태되는 순간부터 가지고 있는 부패한 본성은 어느 정도로 부패한 본성일까? 흔히 사람들은 자기에게 악하고 부패한 본성이 있음을 어느 정도 인정한다. 살다 보면, 그것을 인정하지 않을 수 없는 수많은 증거를 자신의 마음과 말과 행실에서 보게 되기 때문이다. 하지만 사람들이 끝까지 인정하기를 거부하는 것이 있다. 자기에게는 선을 행할 능력이 전혀 없고 온갖 악만 행하는 성향만 있다는 것이다. 살다 보면, 착한 일을 했다고 느끼는 때도 있고 착한 일을 하고 싶은 의지가 자신의 마음에 있다고 느끼는 때도 있기 때문이다. 여기에서 잠시 생각해 본다. 사람은 악하고 부패한 본성을 가지고 있지만, 그것이 완전하게 악하고 완전하게 부패한 본성은 아닌 걸까? 여전히 사람에게는 선을 행하고자 하는 의지와 성향, 그리고 능력이 남아 있는 것일까?

하나님의 판단을 들어 본다. "여호와께서 사람의 죄악이 세상에 가득함과 그의 마음으로 생각하는 모든 계획이 항상 악할 뿐임을 보시고"[창 6:5] "의인은 없나니 하나도 없으며 깨닫는 자도 없고 하나님을 찾는 자도 없고 다 치우쳐 함께 무익하게 되고 선을 행하는 자는 없나니 하나도 없도다 그들의 목구멍은 열린 무덤이요 그 혀로는 속임을 일삼으며 그 입술에는 독사의 독이 있고 그 입에는 저주와 악독이 가득하고 그 발은 피 흘리는 데 빠른지라…"[롬 3:10-18] 하나님께서 이렇다고 말씀하셨으면 이것이 옳은 판단이다. 솔직히 내 마음과 말과 행실을 살펴보아도 이것이 옳은 판단이다. 성령으로 거듭나기 전까지 우리 모두는 이런 상태에 있다. 오늘 나는 인정한다.

"오, 주여! 제 안에는 선(善)이 전혀 없습니다."

나의 묵상과 **기도**

이렇게 활용해 보세요!

목차

01주 · 23

제1문 사나 죽으나 당신의 유일한 위로는 무엇입니까?
제2문 이러한 위로 가운데 복된 인생으로 살고 죽기 위해서 당신은 무엇을 알아야 합니까?

02주 · 31

제3문 당신의 죄와 비참함을 어떻게 압니까?
제4문 하나님의 율법이 우리에게 요구하는 것은 무엇입니까?
제5문 당신은 이 모든 것을 온전히 지킬 수 있습니까?

03주 · 39

제6문 하나님께서 사람을 그렇게 악하고 패역한 상태로 창조하셨습니까?
제7문 그러면 이렇게 부패한 사람의 본성은 어디에서 왔습니까?
제8문 그렇다면 우리는 그토록 부패하여 선은 전혀 행할 수 없으며, 온갖 악을 행하는 성향만 지니고 있습니까?

04주 · 47

제9문 하나님께서 사람이 행할 수 없는 것을 율법으로 요구하신다면, 이것은 부당한 일이 아닙니까?
제10문 하나님께서는 그러한 불순종과 반역을 형벌하지 않으시고 내버려 두십니까?
제11문 그러나 하나님은 자비하신 분이 아니십니까?

05주 · 55

제12문 하나님의 의로운 심판에 의해 우리는 이 세상에서 그리고 영원히 형벌을 받아 마땅합니다. 그러면 어떻게 이 형벌을 피하고 다시 하나님의 은혜를 입을 수 있습니까?
제13문 우리가 스스로 하나님의 의를 만족시킬 수 있습니까?
제14문 다른 피조물이 우리를 대신하여 하나님의 의를 만족시킬 수 있습니까?
제15문 그렇다면 우리는 어떠한 중보자와 구원자를 찾아야 합니까?

06주 · 63

제16문 중보자는 왜 참사람이고 진정 의로운 분이어야 합니까?
제17문 중보자는 왜 동시에 참하나님이셔야 합니까?
제18문 그렇다면 참하나님이시면서 동시에 참사람이고 진정 의로운 그 중보자는 누구입니까?
제19문 당신은 이것을 어떻게 압니까?

07주 · 71

제20문 그러면 아담 안에서 모든 사람이 멸망한 것처럼, 그리스도를 통해 모든 사람이 구원을 받습니까?
제21문 참된 믿음이란 무엇입니까?
제22문 그러면 그리스도인은 무엇을 믿어야 합니까?
제23문 사도신경의 조항들은 무엇입니까?

08주 · 79

제24문 이 조항들은 어떻게 나누어집니까?
제25문 오직 한 분 하나님만 계신다고 하는데, 당신은 왜 삼위(三位), 곧 성부·성자·성령을 말합니까?

09주 · 87

제26문 "전능하사 천지를 만드신 하나님 아버지를 내가 믿사오며"라고 고백할 때 당신은 무엇을 믿습니까?

10주 · 95

제27문 하나님의 섭리란 무엇입니까?
제28문 하나님의 창조와 섭리를 아는 것이 우리에게 어떤 유익을 줍니까?

11주 · 103

제29문 왜 하나님의 아들을 '예수', 곧 '구주'(救主)라고 부릅니까?
제30문 그렇다면 자신의 구원과 복을 소위 성인(聖人)에게서, 혹은 자기 자신이나 다른 데서 구원과 복을 찾는 사람들도 유일한 구주이신 예수를 참으로 믿는 것입니까?

12주 · 111

제31문 그분을 왜 '그리스도', 곧 '기름 부음받은 자'라고 부릅니까?
제32문 그런데 당신은 왜 '그리스도인'이라고 불립니까?

13주 · 119

제33문 우리 역시 하나님의 자녀인데, 왜 그리스도만 하나님의 "외아들"이라고 부릅니까?
제34문 당신은 왜 그리스도를 "우리 주"라고 부릅니까?

14주 · 127

제35문 "이는 성령으로 잉태하사 동정녀 마리아에게 나시고"라는 말로 당신은 무엇을 고백합니까?
제36문 그리스도의 거룩한 잉태와 탄생은 당신에게 어떤 유익을 줍니까?

15주 · 135

제37문 "고난을 받으사"라는 말로 당신은 무엇을 고백합니까?
제38문 그리스도께서는 왜 재판장 "본디오 빌라도에게" 고난을 받으셨습니까?
제39문 그리스도께서 다른 방법이 아닌 "십자가에 못 박혀 죽으신 것"에 특별한 의미가 있습니까?

16주 · 143

제40문 그리스도께서는 왜 죽음의 길로 가셔야만 했습니까?
제41문 그리스도께서는 왜 "장사"되셨습니까?
제42문 그리스도께서 우리를 위해 죽으셨는데, 왜 우리는 여전히 죽어야 합니까?
제43문 그리스도의 십자가의 제사와 죽으심에서 우리가 받는 또 다른 유익은 무엇입니까?
제44문 "음부에 내려가셨으며"라는 조항이 왜 덧붙여져 있습니까?

17주 · 151

제45문 그리스도의 "부활"은 우리에게 어떤 유익을 줍니까?

18주 · 159

제46문 "하늘에 오르사"라는 말의 의미는 무엇입니까?
제47문 그렇다면 세상 끝 날까지 우리와 함께 있으리라는그리스도의 약속은 어떻게 됩니까?
제48문 그런데 그리스도의 신성이 있는 곳마다 인성이 있는 것이 아니라면, 그리스도의 두 본성이 서로 분리되어 있다는 말입니까?
제49문 그리스도께서 하늘에 오르심은 우리에게 어떤 유익을 줍니까?

19주 · 167

제50문 "하나님 우편에 앉아 계시다가"라는 말이 왜 덧붙여졌습니까?
제51문 우리의 머리 되신 그리스도의 이 영광은 우리에게 어떤 유익을 줍니까?
제52문 "산 자와 죽은 자를 심판하러" 그리스도께서 다시 오심은 당신에게 어떠한 위로를 줍니까?

20주 · 175

제53문 "성령"에 관하여 당신은 무엇을 믿습니까?

21주 · 183

제54문 "거룩한 공교회"에 관하여 당신은 무엇을 믿습니까?
제55문 "성도가 서로 교통하는 것"을 당신은 어떻게 이해합니까?
제56문 "죄를 사하여 주시는 것"에 관하여 당신은 무엇을 믿습니까?

22주 · 191

제57문 "몸이 다시 사는 것"은 당신에게 어떠한 위로를 줍니까?
제58문 "영원히 사는 것"은 당신에게 어떠한 위로를 줍니까?

23주 · 199

제59문 이 모든 것을 믿으면, 지금 당신에게 어떤 유익이 있습니까?
제60문 당신은 어떻게 하나님 앞에서 의롭게 됩니까?
제61문 당신은 왜 오직 믿음으로만 의롭게 된다고 말합니까?

24주 · 207

제62문 우리의 선행은 왜 하나님 앞에서 의가 될 수 없으며 의의 한 부분이라도 될 수 없습니까?

제63문 하나님께서는 우리의 선행에 대해 이 세상과 오는 세상에서 상 주시겠다고 약속하시는데, 당신은 왜 우리의 선행이 아무 공로가 없다고 말하는 것입니까?

제64문 그렇다면 사람들은 이러한 가르침 때문에 선행에 관하여 무관심해지고 사악해지지 않겠습니까?

25주 · 215

제65문 오직 믿음으로만 우리가 그리스도와 그의 모든 은택에 참여할 수 있는데, 이 믿음은 어디에서 옵니까?

제66문 성례가 무엇입니까?

제67문 그러면 말씀과 성례 모두 우리의 믿음을 우리 구원의 유일한 근거가 되는 예수 그리스도의 십자가 제사로 향하게 하기 위한 것입니까?

제68문 그리스도께서는 신약에서 몇 가지의 성례를 제정하셨습니까?

26주 · 223

제69문 세례는 그리스도께서 십자가 위에서 단번에 이루신 제사가 당신에게 유익이 된다는 것을 어떻게 깨닫게 하며 확신하게 합니까?

제70문 그리스도의 피와 영으로 씻겨진다는 것은 무슨 뜻입니까?

제71문 그리스도께서는 우리가 물세례로 씻겨지는 것처럼 자기 피와 영으로 우리를 씻으신다는 확실한 약속을 어디에서 하셨습니까?

27주 · 231

제72문 세례에서 물로 씻는 것 자체가 곧 죄를 씻는 것입니까?

제73문 그러면 왜 성령께서는 세례를 "중생의 씻음"과 "죄를 씻음"이라고 하셨습니까?

제74문 유아들도 세례를 받아야 합니까?

28주 · 239

제75문 성찬은 그리스도께서 십자가 위에서 이루신 단번의 제사와 그의 모든 공효(功效)에 당신이 참여하고 있음을 어떻게 깨닫게 하며 확신하게 합니까?

제76문 십자가에 달리신 그리스도의 몸을 먹고 그분의 흘리신 피를 마신다는 것은 무슨 뜻입니까?

제77문 신자들이 이 뗀 떡을 먹고 이 잔을 마시는 것처럼, 그리스도께서는 그들을 자신의 몸과 피로 양육하시고 새롭게 하시겠다는 확실한 약속을 어디에서 하셨습니까?

29주 · 247

제78문 떡과 포도주가 그리스도의 실제 몸과 피로 변합니까?
제79문 그렇다면 왜 그리스도께서는 떡을 자신의 몸이라고 하시고, 잔을 자신의 피 혹은 자신의 피로 세운 새 언약이라고 말씀하십니까? 그리고 왜 사도 바울은 '그리스도의 몸과 피에 참여한다'라고 말합니까?

30주 · 255

제80문 성찬과 로마 가톨릭교회의 미사는 어떻게 다릅니까?
제81문 누가 주의 상에 참여할 수 있습니까?
제82문 말과 행위로 불신앙과 불경건함을 드러내는 사람들을 이 성찬에 참여하게 해도 됩니까?

31주 · 263

제83문 천국 열쇠가 무엇입니까?
제84문 거룩한 복음의 설교를 통해 어떻게 천국이 열리고 닫힙니까?
제85문 교회의 권징을 통해서 어떻게 천국이 열리고 닫힙니까?

32주 · 271

제86문 우리는 우리의 공로가 아닌 그리스도를 통하여 오직 은혜로 말미암아 우리의 비참함으로부터 구원을 받았습니다. 그런데 왜 우리는 여전히 선을 행해야만 합니까?
제87문 감사할 줄도 모르고 뉘우치지도 않는 삶을 계속 살면서 하나님께로 돌이키지 않는 사람들은 구원을 받을 수 있습니까?

33주 · 279

제88문 참된 회개 또는 회심이란 무엇입니까?
제89문 옛 사람이 죽는다는 것은 무엇입니까?
제90문 새사람으로 산다는 것은 무엇입니까?
제91문 선행이란 무엇입니까?

34주 · 287

제92문 하나님의 율법은 무엇입니까?
제93문 십계명은 어떻게 구분됩니까?
제94문 제1계명에서 하나님께서 요구하시는 것은 무엇입니까?
제95문 우상 숭배란 무엇입니까?

35주 · 297

제96문 제2계명에서 하나님께서 원하시는 것은 무엇입니까?
제97문 그렇다면 우리는 어떤 형상도 만들면 안 됩니까?
제98문 그렇다면 형상들이 교회에서 '일반 성도를 위한 교보재'로 허용될 수 없습니까?

36주 · 305

제99문 제3계명에서 하나님께서 원하시는 것은 무엇입니까?
제100문 맹세나 저주로 하나님의 이름을 욕되게 하는 것은, 그러한 죄를 힘을 다해 막거나 금하려고 하지 않은 사람들에게까지 하나님께서 진노하실 만큼 심각한 죄입니까?

37주 · 313

제101문 그렇다면 하나님의 이름으로 경건하게 맹세할 수는 있습니까?
제102문 성인(聖人)이나 다른 피조물로도 맹세할 수 있습니까?

38주 · 321

제103문 제4계명에서 하나님께서 원하시는 것은 무엇입니까?

39주 · 329

제104문 제5계명에서 하나님께서 원하시는 것은 무엇입니까?

40주 · 337

제105문 제6계명에서 하나님께서 원하시는 것은 무엇입니까?
제106문 제6계명은 오직 살인에 대해서만 말하는 것입니까?
제107문 그러면, 앞에서 말한 방식으로 우리의 이웃을 죽이지만 않는다면 그것으로 충분하다는 것입니까?

41주 · 345

제108문 제7계명에서 하나님께서 원하시는 것은 무엇입니까?
제109문 하나님께서는 제7계명에서 간음이나 그와 같은 추악한 죄만을 금하셨습니까?

42주 · 353

제110문 제8계명에서 하나님께서 금하신 것은 무엇입니까?
제111문 제8계명에서 하나님께서 원하시는 것은 무엇입니까?

43주 · 361

제112문 제9계명에서 하나님께서 원하시는 것은 무엇입니까?

44주 · 369

제113문 제10계명에서 하나님께서 원하시는 것은 무엇입니까?
제114문 그렇다면 하나님께 돌아온 사람은 이 계명들을 완전하게 지킬 수 있습니까?
제115문 이 세상에서는 아무도 십계명을 완전하게 지킬 수 없는데, 하나님께서는 왜 그토록 엄격하게 십계명이 설교되길 원하십니까?

45주 · 377

제116문 그리스도인에게 왜 기도가 필요합니까?
제117문 하나님께서 들으시는 기도는 어떠한 기도입니까?
제118문 하나님께서는 우리에게 무엇을 기도하라고 명하셨습니까?
제119문 주님께서 가르쳐 주신 기도란 무엇입니까?

46주 · 385

제120문 그리스도께서는 왜 하나님을 "우리 아버지"라고 부르도록 명하셨습니까?
제121문 "하늘에 계신"이라는 말이 왜 덧붙여졌습니까?

47주 · 393

제122문 첫 번째 간구의 의미는 무엇입니까?

48주 · 401

제123문 두 번째 간구의 의미는 무엇입니까?

49주 · 409

제124문 세 번째 간구의 의미는 무엇입니까?

50주 · 417

제125문 네 번째 간구의 의미는 무엇입니까?

51주 · 425

제126문 다섯 번째 간구의 의미는 무엇입니까?

52주 · 433

제127문 여섯 번째 간구의 의미는 무엇입니까?
제128문 이 기도의 결론이 가지는 의미는 무엇입니까?
제129문 "아멘"이라는 이 짧은 말은 무엇을 뜻합니까?

01주

제1문 사나 죽으나 당신의 유일한 위로는 무엇입니까?

| 답 |

사나 죽으나 나는 나의 것이 아니요, 내 몸과 영혼이 신실하신 나의 구주 예수 그리스도의 것이라는 사실입니다. 그리스도께서는 자신의 피로 나의 모든 죗값을 완전히 치르시고, 나를 마귀의 모든 권세에서 해방하셨습니다. 또한 하늘에 계신 내 아버지의 뜻이 아니면 머리털 하나도 땅에 떨어지지 않도록 나를 보호하시며, 참으로 모든 것이 합력하여 나의 구원을 이루도록 하십니다. 그러하므로 그리스도께서는 자신의 성령으로 나에게 영생을 확신시켜 주시고, 이제부터는 마음을 다해 기꺼이 그분을 위해 살도록 하십니다.

제2문 이러한 위로 가운데 복된 인생으로 살고 죽기 위해서 당신은 무엇을 알아야 합니까?

| 답 |

다음의 세 부분을 알아야 합니다.
첫째, 나의 죄와 비참함이 얼마나 큰지,
둘째, 나의 모든 죄와 비참함으로부터 어떻게 구원을 받을 수 있는지,
셋째, 그러한 구원을 베푸신 하나님께 어떻게 감사를 드려야 하는지를 알아야 합니다.

001일

제1문 사나 죽으나 당신의 유일한 위로는 무엇입니까?

이 질문 앞에 서니 눈물이 날 것만 같다. 짧은 인생을 살면서 벌써 수많은 절망을 경험하고 위로받을 데 없어 외로울 적 많은 우리에게 맨 처음 던지는 질문이 너무나 따뜻하고 진지해서 눈물이 날 것만 같다. "사나 죽으나 당신의 유일한 위로는 무엇입니까?" 애써 눈물을 참고 이 질문을 곰곰이 생각해 본다. 내 대답을 듣고 싶어 물어보는 말 같아서 답변을 준비하느라 고심했는데, 오히려 나에게 무엇인가 간절히 가르쳐 주고 있는 선언으로 들린다. "사나 죽으나 당신에게는 참된 위로가 있습니다! 삶에서도 죽음 앞에서도 소망 없는 이 세대 가운데 그것을 다시 한번 분명하게 확인하십시오!" 그 외침이 너무나 간절하고 고마워서 울지 않을 수 없다. 그렇다. 사나 죽으나 우리에게는 소망이 있고 위로가 있다. 그것은 무엇일까?

욥을 생각해 본다. 고난 중에 있던 욥은 살아 있는 것도 고통스럽고 죽음도 절망스러워서 인생에게는 사나 죽으나 소망이 없노라고 절규하였다. "나의 날은 베틀의 북보다 빠르니 희망 없이 보내는구나"[욥 7:6]. "무덤에게 너는 내 아버지라, 구더기에게 너는 내 어머니, 내 자매라 할지라도 나의 희망이 어디 있으며 나의 희망을 누가 보겠느냐 우리가 흙 속에서 쉴 때에는 희망이 스올의 문으로 내려갈 뿐이니라"[욥 17:14-16]. 그러나 하나님은 욥처럼 절망하는 우리에게 선언하신다. "여호와의 말씀이니라 너희를 향한 나의 생각을 내가 아나니 평안이요 재앙이 아니니라 너희에게 미래와 희망을 주는 것이니라"[렘 29:11]. 하나님의 선언을 듣고 나니 묻지 않을 수 없다. "사나 죽으나 나의 유일한 위로는 무엇인가? 나는 그것을 굳게 붙잡고 있는가?" 오늘 나는 기도한다.

"오, 주여! 내게 참된 위로를 가르쳐 주옵소서."

002일

답1 사나 죽으나 나는 나의 것이 아니요, 내 몸과 영혼이 신실하신 나의 구주 예수 그리스도의 것이라는 사실입니다.

살다 보면 내가 내 것이 아닌 것 같아서 문득문득 공허함을 느낀다. 다른 누군가가, 혹은 다른 무엇이 나와 내 삶을 사로잡고 제멋대로 뒤흔드는 것 같기 때문이다. 그래서 나는 늘 내 존재감을 확인하려고 애쓴다. 살다 보면 나를 지탱해 줄 안전망이 없는 것 같아서 문득문득 불안함을 느낀다. 지금 나를 지탱해 주는 것들이 한순간에 무너져 내릴 것 같기 때문이다. 그래서 나는 늘 오래 나를 지탱해 줄 수 있는 것을 찾아다닌다. 살다 보면 내가 나를 지킬 수 없을 것 같아 문득문득 무력감을 느낀다. 나와 내 삶을 무너뜨리려고 하는 것들은 많은데 그 앞에서 나는 속수무책인 것 같기 때문이다. 그래서 나는 늘 나를 더 강하게 만들려고 애쓴다. 이렇게 산다고 해서 내 장래가 밝아지는 것도 아니고 내 현재의 삶은 더 고단해질 뿐이다. 하지만 주변을 둘러보면 다들 이렇게 살고 있다. 그래서 나도 이렇게 살아야 할 것만 같다.

그런데 하나님 앞에서 내 존재와 인생을 놓고 곰곰이 생각해 보면, 이렇게 살 필요도 이유도 없다. 사도 바울은 다음과 같이 말하지 않았던가! "그러므로 사나 죽으나 우리가 주의 것이로다"[롬 14:8]. 다윗은 다음과 같이 노래하지 않았던가! "여호와는 나의 목자시니 내게 부족함이 없으리로다"[시 23:1]. 그리고 예수님은 다음과 같이 확언하지 않으셨던가! "내가 그들에게 영생을 주노니 영원히 멸망하지 아니할 것이요 또 그들을 내 손에서 빼앗을 자가 없느니라"[요 10:28]. 예수를 믿는 나는 예수 그리스도의 소유이고 그분의 완전한 사랑과 돌봄과 보호 아래 살고 있다. 그러므로 내가 스스로 내 존재감을 확인하거나 나를 오래 지탱해 줄 것을 찾아다니거나 나를 강하게 할 필요가 전혀 없지 않은가! 이것이 나의 참된 위로다. 그래서 오늘 나는 외친다.

"오, 주여! 사나 죽으나 주님의 것이라서 행복합니다."

003일

답2 그리스도께서는 자신의 피로 나의 모든 죗값을 완전히 치르시고, 나를 마귀의 권세에서 해방하셨습니다.

어떻게 해서 나 같은 사람이 주님의 것이 되었을까? 사나 죽으나 내가 예수님의 소유가 된 것은 내가 무엇을 잘했기 때문이 아니다. 예수님께서 나를 자기 소유로 삼기 위해 내 죄를 짊어지시고 십자가에서 고난받고 죽으셨기 때문이다. "예수께서 우리를 위하여 죽으사 우리로 하여금 깨어 있든지 자든지 자기와 함께 살게 하려 하셨느니라"[살전 5:10]. 본래 나는 태어나면서부터 죄의 종이었고, 마귀의 권세에 짓눌려 있었고, 영원한 진노의 자녀였다. "죄를 짓는 자는 마귀에게 속하나니"[요일 3:8]. "전에는 우리도 … 다른 이들과 같이 본질상 진노의 자녀이었더니"[엡 2:3]. 그런데 그런 나를 긍휼히 여기신 주님께서 나 대신 십자가에 못 박혀 영원한 죄의 형벌을 받으셨다. 내 죗값을 완전히 지불하시고 죄와 마귀의 모든 권세를 깨뜨리사 나를 자유하게 하시면서 나를 자기 소유로 삼으셨다. 생각만 해도 감사하다.

어떻게 해서 나 같은 사람이 주님의 것이 되었을까? 사나 죽으나 내가 예수님의 소유가 된 것은 그것에 보탬이 될 일을 내가 하나라도 했기 때문이 아니다. 예수님은 혼자서 그 모든 일을 이루셨다. 내가 아직 하나님의 원수였을 때, 내가 구원해 달라고 한 번도 외치지 않았을 때, 내가 하나님을 철저히 외면하고 무시하고 짓밟고 있던 바로 그때, 예수님은 혼자서 묵묵히 십자가를 짊어지셨고 피 흘려 죽으셨다. 그러므로 이제 내가 주님의 소유가 되어 사나 죽으나 참된 위로를 누리게 된 것은 오직 주님의 은혜와 긍휼 때문이다. "너희가 알거니와 너희 조상이 물려 준 헛된 행실에서 대속함을 받은 것은 은이나 금 같이 없어질 것으로 된 것이 아니요 오직 흠 없고 점 없는 어린 양 같은 그리스도의 보배로운 피로 된 것이니라"[벧전 1:18-19]. 오늘 나는 질문한다.

"오, 주님. 제가 무엇이라고 이렇게까지 하셨습니까?"

 나의 묵상과 기도

004일

답3 또한, 하늘에 계신 내 아버지의 뜻이 아니면 머리털 하나도 땅에 떨어지지 않도록 나를 보호하시며, 참으로 모든 것이 합력하여 나의 구원을 이루도록 하십니다.

공사 현장을 지날 때마다 보게 되는 표지판이 있다. “안전 제일!” 언제나 공사 현장은 사고가 일어날 가능성이 커서 사람들은 그런 표지판을 세워 놓고 그걸 보며 안전에 대한 경각심을 갖는다. 그런데 생각해 보면, 나도 내 삶에 그런 표지판을 세워 놓고 산다. “안전 제일!” 내 삶의 현장에서도 크고 작은 사고가 일어날 수 있기에 나도 그런 표지판을 세워 놓고 그걸 보며 정신을 바짝 차린다. 하지만 그런 표지판을 세워 놓고 그걸 매일 보며 정신 바짝 차리고 살아도 소용없다. 내 인생에 사고가 생기면 안 된다고 생각하고 늘 조심하며 최선을 다해 살아도 크고 작은 사고는 늘 일어나기 때문이다. 건강이 무너지고, 가정이 흔들리며, 사업이 망하고, 자녀의 삶이 잘 풀리지 않는 등 많은 사고가 우리 삶의 현장에 생기기 마련이다. 내가 조심한다고 해서 내 삶이 안전한 것은 결코 아니다.

주님은 자기 소유된 사람들에게 신자의 삶에 작동하는 두 가지 신비를 가르쳐 주신다. 한 가지는, 우리 삶에 사건 사고가 아무리 빈번하고 심각해도 하늘에 계신 우리 아버지의 뜻 안에서 주님은 항상 우리를 보호하신다는 것이다. “내가 그들에게 영생을 주노니 영원히 멸망하지 아니할 것이요 또 그들을 내 손에서 빼앗을 자가 없느니라 그들을 주신 내 아버지는 만물보다 크시매 아무도 아버지 손에서 빼앗을 수 없느니라”[요 10:28-29]. 다른 한 가지는, 우리 삶에 일어나는 많은 사건 사고가 주님의 신비한 능력으로 서로 연결되어 우리의 구원을 위한 선한 일이 된다는 것이다. “모든 것이 합력하여 선을 이루느니라”[롬 8:28]. 그러니 신자의 삶은 참으로 신비롭고 안전하다. 그래서 오늘 나는 “안전 제일!” 표지판을 철거하고, 그 자리에 새로운 표지판을 세워 놓는다.

“오, 주님. 나는 주님 때문에 안전합니다.”

005일

답4 그러하므로 그리스도께서는 자신의 성령으로 나에게 영생을 확신시켜 주시고, 이제부터는 마음을 다해 기꺼이 그분을 위해 살도록 하십니다.

주님은 자기 소유된 백성에게 탄탄대로를 걷게 하시는 일이 별로 없다. 오히려 좁고 협착한 길을 걷게 하신다. "생명으로 인도하는 문은 좁고 길이 협착하여 찾는 자가 적음이라"[마 7:14]. 그래서 예수님의 소유된 신자는 현실의 삶에서 마음이 상하고 지치며 낙심하게 된다. 예수님을 따라가는 길이 좁고 협착한 줄 알고 시작했지만, 가도 가도 끝이 보이지 않고 오히려 길이 더 협착해지기 때문이다. 그 길에서 예수님의 강력한 보호를 받고 모든 일이 합력하여 선을 이루는 신비도 경험하지만, 연약한 사람인지라 문득문득 마음이 지치고 상하게 된다. 그러다 보면 믿음으로 살아가는 발걸음이 무거워지고 느려진다. 하나님을 믿고 섬기는 삶에서 기쁨과 열심을 잃어버린다. 주님의 소유가 되었다는 사실에서 큰 감격을 느끼지 못한다. 그래서 주님은 좁고 협착한 길을 걷는 자기 사람들에게 두 가지 선물을 주신다.

첫 번째 선물은, 성령을 통해 영원한 생명을 늘 확신시켜 주시는 것이다. "성령이 친히 우리의 영과 더불어 우리가 하나님의 자녀인 것을 증언하시나니"[롬 8:16]. 두 번째 선물은, 성령을 통해 신실한 마음과 신령한 즐거움과 민첩한 발걸음을 주시는 것이다. "또 새 영을 너희 속에 두고 새 마음을 너희에게 주되 너희 육신에서 굳은 마음을 제거하고 부드러운 마음을 줄 것이며 또 내 영을 너희 속에 두어 너희로 내 율례를 행하게 하리니"[겔 36:26-27]. "소망의 하나님이 모든 기쁨과 평강을 믿음 안에서 너희에게 충만하게 하사 성령의 능력으로 소망이 넘치게 하시기를 원하노라"[롬 15:13]. 걷는 길은 좁고 협착하나 성령의 이런 선물이 우리 마음에 있음을 보며, 우리가 주님의 소유인 것을 확신하게 되고 소망 가운데 살게 된다. 오늘 나는 감사한다.

"오, 주님! 내 마음에 주시는 선물이 매우 귀합니다."

나의 묵상과 기도

006일

제2문 이러한 위로 가운데 복된 인생으로 살고 죽기 위해서 당신은 무엇을 알아야 합니까?

주님은 보배로운 피를 흘려 나를 자기 소유로 삼아 주시고, 귀한 복과 위로를 베풀어 주신다. 그렇다면, 생각해 보자. 내 삶 가운데 그 모든 복과 위로를 값없이 선물로 받아 평생 풍성히 누리며 살다가 그 모든 복과 위로 속에서 죽는 것보다도 더 중요한 일이 있을까? 당연히 없다. 또한, 주님은 자기의 보배로운 피를 흘리면서까지 그 귀한 복과 위로를 내게 주시고, 지금도 그 복과 위로를 더 풍성히 주시려고 하나님의 우편에서 쉬지 않고 일하신다. 그렇다면 생각해 보자. 나도 그 복과 위로를 누리려고 살아 있는 모든 순간 쉼 없이 믿음으로 주님께 달려가야 하지 않을까? 당연히 그래야 한다. 그러므로 사나 죽으나 나에게 참된 위로가 무엇인지를 알게 되었으니 내 인생의 방향을 거기에 맞추어야 한다. 지금부터 내 삶의 나아갈 방향은 참된 위로 가운데 복된 인생을 살다가 참된 위로 가운데 죽는 것이다.

삶의 방향을 이렇게 정하고 나니 문득 예수님의 말씀이 생각난다. "수고하고 무거운 짐 진 자들아 다 내게로 오라 내가 너희를 쉬게 하리라 나는 마음이 온유하고 겸손하니 나의 멍에를 메고 내게 배우라 그리하면 너희 마음이 쉼을 얻으리니 이는 내 멍에는 쉽고 내 짐은 가벼움이라 하시니라"**[마 11:28-30]**. 예수님께서는 우리에게 쉼을 약속하시면서 우리에게 배울 것이 있다고 말씀하셨다. 사도 베드로의 말도 생각난다. "하나님과 우리 주 예수를 앎으로 은혜와 평강이 너희에게 더욱 많을지어다"**[벧후 1:2]**. 베드로도 우리가 마땅히 알 것을 알아야 은혜와 평강을 풍성히 누릴 수 있다고 강조했다. 그렇다면, 참된 위로 가운데 복된 인생을 살다가 참된 위로 가운데 죽기 위해서 우리는 무엇을 알아야 할까? 오늘 나는 주님에게 질문한다.

"오, 주여! 제가 반드시 알아야 할 것이 무엇인지 가르쳐 주옵소서."

007일

답 다음의 세 부분을 알아야 합니다. 첫째, 나의 죄와 비참함이 얼마나 큰지, 둘째, 나의 모든 죄와 비참함으로부터 어떻게 구원을 받을 수 있는지, 셋째, 그러한 구원을 베푸신 하나님께 어떻게 감사를 드려야 하는지를 알아야 합니다.

참된 위로 가운데서 복된 인생을 살고 참된 위로 속에서 죽기 위해 내가 알아야 할 것은 무엇일까? 예수님께서 가르치신 말씀의 핵심을 보면 그것을 알 수 있다. 예수님은 우리의 삶을 그런 방향으로 이끌기 위해 하나님의 말씀을 친히 가르치셨는데, 그 내용을 살펴보면 결국 핵심 내용은 세 가지로 요약된다. 먼저, 예수님의 말씀을 들어 보자. "회개하고 복음을 믿으라"[막 1:15]. "너희 빛이 사람 앞에 비치게 하여 그들로 너희 착한 행실을 보고 하늘에 계신 너희 아버지께 영광을 돌리게 하라"[마 5:16]. 첫째, 예수님은 우리의 죄와 비참함이 무엇인지를 늘 가르치시면서, 우리에게 회개를 명하셨다. 둘째, 예수님은 우리의 구원에 관하여 늘 가르치시면서, 우리에게 믿음을 명하셨다. 셋째, 예수님은 하나님의 은혜에 감사함으로 선한 삶을 살 것을 늘 가르치시면서, 우리에게 순종을 명하셨다.

그러므로 참된 위로 가운데서 복된 인생을 살고 참된 위로 속에서 죽기 위해 내가 알아야 할 것은 세 가지다. 죄와 비참함, 죄와 비참함에서의 구원, 그리고 구원을 주신 하나님께 감사하는 삶의 내용과 방법이다. 나는 이 세 가지를 각각 정확하게 알아야 한다. 어느 하나라도 제대로 알지 못하면 참된 위로 속에서 살고 죽는 것은 어렵기 때문이다. 나는 이 세 가지를 올바른 순서를 따라 알아야 한다. 죄와 비참함을 먼저 알아야 구원을 알 수 있고 구원을 알아야 감사의 삶을 알 수 있기 때문이다. 나는 이 세 가지를 서로 연결해서 알아야 한다. 이 세 가지는 역동적으로 서로 얽혀서 우리의 신앙을 세워 주기 때문이다. 이렇게 생각하다 보니, 과연 내가 내 힘과 노력으로 이 세 가지를 이런 방식으로 알 수 있을 것 같지 않다. 그래서 오늘 나는 겸손히 간구한다.

"오, 주여! 저는 무지하오니 주께서 가르쳐 주옵소서."

02주

제3문 당신의 죄와 비참함을 어떻게 압니까?

| 답 |

하나님의 율법을 통해 나의 죄와 비참함을 압니다.

제4문 하나님의 율법이 우리에게 요구하는 것은 무엇입니까?

| 답 |

그리스도께서는 마태복음 22장에서 이렇게 요약하여 가르치십니다. “네 마음을 다하고 목숨을 다하고 뜻을 다하여 주 너의 하나님을 사랑하라 하셨으니 이것이 크고 첫째 되는 계명이요 둘째도 그와 같으니 네 이웃을 네 자신같이 사랑하라 하셨으니 이 두 계명이 온 율법과 선지자의 강령이니라”(마 22:37-40).

제5문 당신은 이 모든 것을 온전히 지킬 수 있습니까?

| 답 |

지킬 수 없습니다.

나에게는 본성적으로 하나님과 이웃을 미워하는 성향이 있습니다.

008일

제3문 당신의 죄와 비참함을 어떻게 압니까?

흔히 사람들은 말한다. "잊는 것이 최선이다." 마음에 죄책감이 있거나 심한 괴로움을 느낄 때 잊어버리는 것이 최선이라는 말이다. 그래서 사람들은 여러 가지 방법으로 '망각'이라는 진통제를 먹는다. 술을 진탕 마시거나 유흥 또는 오락에 푹 빠짐으로써 죄책감이나 괴로움을 잊으려고 애쓴다. 하지만 그렇게 잊는다고 해서 현실이 바뀌는 것도 아니고 마음이 달라지는 것도 아니다. 술이 깨고 유흥이 끝나면 다시 그 현실로 돌아갈 수밖에 없다. 그런데도 사람들은 망각이라는 일시적인 진통제를 먹으며 하루하루 살아간다. 그것 외에는 달리 좋은 방법이 없다고 생각하기 때문이다. 그것 외에는 달리 좋은 방법을 모르기 때문이다. 사람들이 그것 외에는 달리 좋은 방법이 없다고 말하기 때문이다. 하지만 과연 그럴까? 과연 그것 외에는 달리 좋은 방법이 없는 걸까?

성경은 다른 방법이 있다고 가르친다. 참된 위로를 누리고 싶으면 제일 먼저 우리의 죄와 그 죄에서 파생된 모든 비참함을 먼저 알고 더 깊이 알라고 가르친다. 바울은 자신의 비참함을 더 깊이 알아 갈수록 예수 그리스도 안에 있는 놀라운 구원을 더 의지하고 더 기뻐하게 되었다. "오호라 나는 곤고한 사람이로다 이 사망의 몸에서 누가 나를 건져내랴 우리 주 예수 그리스도로 말미암아 하나님께 감사하리로다"[롬 7:24-25]. 이처럼 성경은 '망각'이라는 진통제와 전혀 다른 해결책을 제시한다. 아니, 잊어도 시원찮을 우리의 죄와 비참함을 더 깊이 알고 직시하라니! 보통 독한 해결책이 아니다. 하지만 이 독한 해결책을 제대로 받아들일 때 예수 그리스도 안에 있는 놀라운 구원을 볼 수 있고 참된 믿음과 위로에 도달하게 된다. 그래서 오늘 나는 고백한다.

"오, 주여! 내 죄와 비참함을 더 알고 싶습니다."

009일

답 하나님의 율법을 통해 나의 죄와 비참함을 압니다.

나의 죄와 비참함을 정확하게 알려 주는 것은 하나님의 율법이다. “율법으로 말미암지 않고는 내가 죄를 알지 못하였으니 곧 율법이 탐내지 말라 하지 아니하였더라면 내가 탐심을 알지 못하였으리라”[롬 7:7]. 물론 내 양심도 내 죄와 비참함을 알려 준다. 사회의 윤리도 내 죄와 비참함을 알려 준다. 하지만 내 양심과 사회의 윤리는 죄로 심각하게 오염되어 있고, 옳고 그름의 내용과 기준 또한 심하게 왜곡되어 있어서 내 죄와 비참함을 정확하게 알려 주지 못한다. 또한 어느 때는 매우 민감하게 작용하여 내 죄와 비참함을 드러내지만, 어느 때는 심하게 무뎌지고 깊은 잠에 빠져서 아무런 작용도 하지 못한다. 그러므로 양심이나 사회의 윤리를 통해 자신의 죄와 비참함을 알려는 사람은 자신의 죄와 비참함을 제대로 알 수 없다. 그것은 불가능한 일이고 속기 쉬운 일이다.

반면에 하나님의 율법은 사람이 하나님 앞에서 순종해야 할 계명의 모든 내용을 하나도 빠짐없이 보여 준다. “네 마음을 다하고 목숨을 다하고 뜻을 다하여 주 너의 하나님을 사랑하라”[마 22:37]. “네 이웃을 네 자신같이 사랑하라”[마 22:39]. 또한 하나님의 율법은 하나님께서 우리에게 요구하시는 순종의 올바른 동기와 수준도 정확하게 보여 주며, 순종에 따르는 상과 불순종에 따르는 심판과 형벌도 분명하게 보여 준다. “무릇 율법 행위에 속한 자들은 저주 아래에 있나니 기록된 바 누구든지 율법 책에 기록된 대로 모든 일을 항상 행하지 아니하는 자는 저주 아래에 있는 자라 하였음이라”[갈 3:10]. 그러므로 하나님의 율법 앞에 서서 우리 자신을 보면, 우리는 우리의 죄와 비참함을 제대로 인식할 수 있다. 그러므로 오늘 나는 기도한다.

“오, 주여! 하나님의 율법 앞에서 저의 죄와 비참함을 알게 하소서.”

010일

제4문 하나님의 율법이 우리에게 요구하는 것은 무엇입니까?

하나님의 율법 앞에서 우리의 죄와 비참함을 제대로 알려면, 먼저 정확하게 알아야 할 것이 있다. 하나님의 율법이 우리에게 요구하는 것이 무엇인가 하는 것이다. 구체적으로 말하자면, 하나님의 율법이 우리에게 요구하는 순종의 내용과 동기, 수준과 목적을 정확하게 아는 것이다. 이것을 먼저 정확하게 알지 못하는 상태로 하나님의 율법 앞에 서게 되면, 결국에는 하나님의 율법을 우리 양심의 수준과 사회 윤리의 수준으로 오해하게 되고, 하나님의 율법을 나름대로 잘 지켜 왔다는 착각에 빠지게 되며, 자기가 하나님의 율법 앞에서 경건하고 의로운 사람이라고 자부하게 된다. 옛날 유대인들이 이런 오해, 이런 착각, 이런 자부심에 빠져서 세상의 구원자이신 예수님을 미워했고, 이웃들을 지독하게 무시했고, 마침내는 예수님을 십자가에 못 박아 죽이라고 미친 듯이 외쳤던 것을 생각해 본다. 참으로 끔찍한 일이다!

그래서 예수님은 산상설교에서 하나님의 율법이 우리에게 요구하는 순종의 내용과 동기, 수준과 목적을 자세히 설명해 주셨다. "옛 사람에게 말한 바 살인하지 말라 누구든지 살인하면 심판을 받게 되리라 하였다는 것을 너희가 들었으나 나는 너희에게 이르노니 형제에게 노하는 자마다 심판을 받게 되고 형제를 대하여 라가라 하는 자는 공회에 잡혀가게 되고 미련한 놈이라 하는 자는 지옥 불에 들어가게 되리라"[마 5:21-22]. "또 간음하지 말라 하였다는 것을 너희가 들었으나 나는 너희에게 이르노니 음욕을 품고 여자를 보는 자마다 마음에 이미 간음하였느니라"[마 5:27-28]. 하나님의 율법이 우리에게 요구하는 순종의 내용과 동기, 수준과 목적을 정확하게 아는 것은 참으로 기본적인 일이며 중요한 일이다. 그러므로 오늘 나는 질문한다.

"오, 주여! 하나님의 율법이 우리에게 요구하는 것은 진정 무엇입니까?"

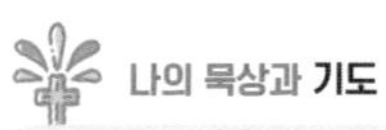

011일

답1 그리스도께서는 마태복음 22장에서 이렇게 요약하여 가르치십니다. "네 마음을 다하고 목숨을 다하고 뜻을 다하여 주 너의 하나님을 사랑하라 하셨으니 이것이 크고 첫째 되는 계명이요"(마 22:37-38).

예수님은 율법이 우리에게 요구하는 순종의 내용과 동기, 수준과 목적을 두 가지로 요약해 주셨다. 첫 번째는 마음을 다하고 목숨을 다하고 뜻을 다해 주 되신 하나님을 사랑하라는 것이다. 순종의 내용은 하나님을 사랑하는 것이다. 순종의 동기는 하나님께서 우리의 주, 우리의 하나님이시기 때문이다. 순종의 수준은 마음을 다하고 목숨을 다하고 뜻을 다해 사랑하는 것이다. 마음을 다한다는 것은 우리 마음에 있는 모든 정서와 간절한 열망을 다해 하나님을 지극정성으로 사랑하는 것이다. 목숨을 다한다는 것은 우리의 하나뿐인 목숨도 아깝지 않고 내어놓을 수 있을 정도로 하나님을 유일하게 사랑하는 것이다. 뜻을 다한다는 것은 하나님을 최고로 사랑하기 위해 우리의 모든 생각을 집중하고 뜻을 합쳐서 사랑하는 것이다. 순종의 목적은 이런 사랑을 요구하신 하나님을 만족시키고 행복하게 하는 것이다.

하나님의 율법이 모든 사람에게 요구하는 첫 번째 의무는 마땅하고 아름다우며 복된 것이다. 하나님께서 지극히 큰 사랑으로 사람을 창조하시고 살게 하시며 늘 사랑하시니, 사람이 그런 하나님을 사랑하되 마음을 다하고 뜻을 다하며 목숨을 다해 사랑한다는 것은 지극히 마땅한 일 아닌가! 흙으로 빚어졌으나 하나님의 형상을 닮도록 창조된 사람이 우주 안에서 유일하게 신적인 존재이신 하나님을 사랑하되, 마음을 다하고 목숨을 다하고 뜻을 다해 사랑한다는 것은 지극히 아름다운 일 아닌가! 만복의 근원이 하나님이신데, 사람이 그런 하나님을 사랑하되 마음을 다하고 목숨을 다하며 뜻을 다해 사랑한다면, 하나님께서 그런 사람에게 어찌 모든 복을 주시지 않겠는가! 그러므로 오늘 나는 감사한다.

"오, 주여. 우리에게 이처럼 마땅하고 아름답고 선한 계명을 주셔서 감사합니다."

012일

답2 **"둘째도 그와 같으니 네 이웃을 네 자신같이 사랑하라 하셨으니 이 두 계명이 온 율법과 선지자의 강령이니라"**(마 22:39-40).

예수님은 율법이 우리에게 요구하는 순종의 내용과 동기, 수준과 목적을 두 가지로 요약해 주셨다. 두 번째는 우리 이웃을 우리 자신처럼 아끼고 사랑하라는 것이다. 순종의 내용은 이웃을 사랑하는 것이다. 순종의 동기는 그들이 우리의 이웃이기 때문이다. 순종의 수준은 우리 자신을 아끼고 사랑하는 것처럼 이웃을 아끼고 사랑하는 것이다. 하나님을 사랑하라는 첫 번째 계명에서는 마음을 다하고 목숨을 다하고 뜻을 다하는 최고의 사랑이 요구되었다. 그러나 이웃을 사랑하라는 두 번째 계명에서는 우리 자신을 사랑하는 것만큼 이웃을 사랑하라고 요구하신다. 그렇다고 대강 사랑하라는 뜻은 아니다. 사람들은 자기 자신을 가장 끔찍하게 아끼고 사랑한다. 그러니 이웃도 그 정도로 끔찍하게 아끼고 사랑하라는 것이다. 마지막으로 순종의 목적은 이런 사랑을 요구하신 하나님을 만족시키고 행복하게 하는 것이다.

하나님의 율법이 요구하는 두 번째 의무가 우리의 마음과 삶에 실제로 온전하게 이루어진다면 이 세상은 얼마나 아름다운 세상이 될까? 이 세상 모든 사람이 자기 자신을 아끼고 사랑하는 만큼만이라도 다른 사람을 아끼고 사랑한다면 이 세상은 지금과 전혀 다른 모습일 것이다. 하나님의 율법이 요구하는 두 번째 의무가 우리의 마음과 삶에 실제로 온전히 이루어진다면 이 세상은 얼마나 행복한 세상이 될까? 사람이 서로 순수한 사랑을 주고받고 따뜻한 돌봄을 주고받는 것이 제일 큰 행복일진대, 이 세상 모든 사람이 그런 사랑과 돌봄을 주고받는다면 이 세상은 지금과 전혀 다른 모습일 것이다. 아, 하나님께서는 우리가 사는 세상이 행복하고 아름다운 곳이 될 수 있도록 두 번째 계명을 주신 것이구나. 오늘 나는 다시 감사한다.

"오, 주여! 저희의 행복과 안전을 위하여 이런 계명을 주셔서 감사합니다."

나의 묵상과 **기도**

013일

제5문 당신은 이 모든 것을 온전히 지킬 수 있습니까?

하나님의 율법 앞에서 우리의 죄와 비참함을 제대로 알려면, 먼저 정확하게 알아야 할 것이 있다고 했다. 하나님의 율법이 우리에게 요구하는 것이 무엇인가 하는 것이다. 하나님의 율법이 우리에게 요구하는 순종의 내용과 동기, 수준과 목적을 정확하게 아는 것이다. 이것을 정확하게 알았다면 따져 봐야 할 것이 있다. 과연 우리가 율법이 요구하는 순종을 이행할 수 있느냐 하는 것이다. 하나님의 율법은 우리에게 순종을 요구한다. 그러므로 우리가 순종했는지 안 했는지, 순종할 수 있는지 없는지를 따지는 것은 매우 중요하고 필수적이다. 그리고 이것을 따질 때 중요하게 생각해야 할 성경 구절이 두 개 있다. "누구든지 율법 책에 기록된 대로 모든 일을 항상 행하지 아니하는 자는 저주 아래에 있는 자라 하였음이라"[갈 3:10]. "누구든지 온 율법을 지키다가 그 하나를 범하면 모두 범한 자가 되나니"[약 2:10].

하나님의 율법이 우리에게 요구하는 순종은 율법이 요구하는 모든 순종을 전부 다 이행하되, 전부 다 완전한 수준으로 이행하고 전부 다 완전한 수준으로 이행하는 일을 한순간도 빠짐없이 항상 하는 것이다. 그러므로 우리는 다음 세 가지 질문을 해야 한다. 첫째, "나는 율법이 요구하는 모든 순종을 과거에 전부 다 이행했고, 지금도 전부 다 이행하고 있고, 앞으로도 전부 다 이행할 수 있는가?" 둘째, "나는 율법이 요구하는 모든 순종을 과거에도 현재에도 미래에도 전부 다 이행하되, 전부 다 완전한 수준으로 이행하는가?" 셋째, "나는 율법이 요구하는 모든 순종을 과거에도 현재에도 미래에도 전부 다 이행하되, 전부 다 완전한 수준으로 이행하고 전부 다 완전한 순종으로 이행하는 일을 한순간도 빠짐없이 항상 그렇게 하는가?" 오늘 나는 기도한다.

"오, 주여! 세 가지 질문 앞에서 정직하게 대답할 수 있게 하소서."

014일

답 지킬 수 없습니다. 나에게는 본성적으로 하나님과 이웃을 미워하는 성향이 있습니다.

하나님의 율법이 요구하는 완전한 순종을 과거에 온전히 이행했고, 지금도 온전히 이행하고 있으며, 앞으로도 온전히 이행할 수 있느냐는 질문 앞에서 과거와 현재와 미래를 넘나들며 나의 행실과 마음을 살펴본다. 과연 나는 하나님의 율법이 요구하는 완전한 순종을 이행한 사람인가? 먼저, 나는 행실에 있어서 완전한 실패를 고백할 수밖에 없다. 나는 율법이 요구하는 완전한 순종을 과거에도 행한 적이 없고, 지금도 행하고 있지 않으며, 앞으로도 행하지 못할 것이다. 또한, 나는 내 마음의 부패함도 고백할 수밖에 없다. 내 마음은 내 행실의 근원인데, 죄로 오염되어 있어서 율법이 요구하는 순종을 거부하고 오히려 정반대로 살고자 하는 성향이 날 때부터 있었고 지금도 있고 앞으로도 있을 것이다. 내 마음 안에는 하나님을 미워하고 이웃을 미워하는 성향이 늘 작동하고 있으니, 어찌 완전한 순종이 가능하겠는가!

성경은 거듭나기 전 모든 사람의 상태를 다음과 같이 묘사한다. "전에는 우리도 다 그 가운데서 우리 육체의 욕심을 따라 지내며 육체와 마음의 원하는 것을 하여 다른 이들과 같이 본질상 진노의 자녀이었더니"[엡 2:3]. 또한, 거듭난 모든 신자의 상태를 다음과 같이 묘사한다. "내 지체 속에서 한 다른 법이 내 마음의 법과 싸워 내 지체 속에 있는 죄의 법으로 나를 사로잡는 것을 보는도다"[롬 7:23]. 그러므로 하나님의 율법 앞에 서서 우리 자신의 행실과 마음만 판단해 보면, 절규하지 않을 수 없다. "오호라 나는 곤고한 사람이로다 이 사망의 몸에서 누가 나를 건져내랴"[롬 7:24]. 또한, 눈을 들어 하늘을 우러러보지 못하고 가슴을 치며 외치지 않을 수 없다. "하나님이여 불쌍히 여기소서 나는 죄인이로소이다"[눅 18:13]. 오늘 나는 고백한다.

"오, 주여! 율법 앞에서 저의 죄와 비참함을 봅니다."

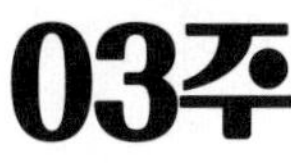

03주

제6문 하나님께서 사람을 그렇게 악하고 패역한 상태로 창조하셨습니까?

| 답 |

아닙니다. 하나님께서는 사람을 선하게, 자기 형상대로, 곧 참된 의와 거룩함으로 창조하셨습니다. 그리하여 사람이 자신의 창조주 하나님을 바르게 알고, 마음을 다해 사랑하며, 그분의 영광과 찬양을 위해 영원한 복락 가운데서 그분과 함께 살도록 하셨습니다.

제7문 그러면 이렇게 부패한 사람의 본성은 어디에서 왔습니까?

| 답 |

우리의 시조(始祖) 아담과 하와가 에덴동산에서 불순종하고 타락한 데서 왔습니다. 그 타락으로 인해 사람의 본성이 심히 부패하여 우리는 모두 죄악 중에 잉태되고 출생합니다.

제8문 그렇다면 우리는 그토록 부패하여 선은 전혀 행할 수 없으며, 온갖 악을 행하는 성향만 지니고 있습니까?

| 답 |

그렇습니다. 우리가 하나님의 성령으로 거듭나지 않는 한 그렇습니다.

015일

제6문 하나님께서 사람을 그렇게 악하고 패역한 상태로 창조하셨습니까?

사람은 하나님 탓하기를 좋아한다. 인류의 첫 조상 아담 때부터 늘 그러했다. 아담은 하나님의 계명을 어겨 놓고 부끄러운 줄도 모르고 도리어 하나님을 원망했다. "하나님이 주셔서 나와 함께 있게 하신 여자 그가 그 나무 열매를 내게 주므로 내가 먹었나이다"[창 3:12]. 적반하장도 이렇게 뻔뻔한 적반하장이 없다. 그런데 오늘날에도 사람들은 인간의 죄와 죄 때문에 파생된 비참함에 관하여 하나님께 책임을 돌린다. "아니, 왜 하나님은 에덴동산에 선악과를 만들고 그것을 먹지 말라고 명하셨는가?", "아니, 왜 하나님은 사람이 죄를 지을 때 그걸 막지 않고 그냥 지켜보고만 계셨는가?", "아니, 왜 하나님은 사람을 창조하실 때 죄를 지을 수도 있는 존재로 창조하셨는가?" 심지어 다음과 같은 말도 한다. "아니, 왜 하나님은 사람을 창조하셔서 이런 사달이 나게 하셨는가?"

몰라서 그렇다. 하나님께서 사람을 창조하실 때 얼마나 선하고 아름답고 완벽하게 창조하셨는지 몰라서 그렇다. 하나님께서는 사람을 창조하신 후에 사람을 포함한 모든 피조물을 보시며 심히 만족스러워하셨다. "하나님이 지으신 그 모든 것을 보시니 보시기에 심히 좋았더라"[창 1:31]. 이때 이미 하나님께서는 그렇게 창조된 사람에게 선악을 알게 하는 나무의 열매와 관련하여 계명을 주실 계획을 세워 놓고 계셨다. 이때 이미 하나님께서는 사람이 그 계명을 순종하지 못하고 반역할 것도 알고 계셨다. 그런데도 하나님께서는 창조된 사람을 보시면서 한 점의 후회도 없이 만족스러워하셨다. 왜 그러셨을까? 하나님께서 창조하신 사람 자체는 선하고 거룩하고 아름답고 완벽하게 창조되었기 때문이다. 그러므로 사람의 죄와 비참함에 관하여 하나님께 책임을 돌릴 수 없다. 오늘 나는 간구한다.

"오, 주여! 우리의 뻔뻔함을 용서하소서."

016일

답1 아닙니다. 하나님께서는 사람을 선하게, 자기 형상대로, 곧 참된 의와 거룩함으로 창조하셨습니다.

세상에서 제일 무서운 것도 사람이고 세상에서 제일 악한 것도 사람이라는 말이 있다. 인류의 역사와 오늘의 현실을 보면 그 말에 고개를 끄덕이지 않을 수 없다. 하지만 본래는 그렇지 않다. 아담이 죄를 짓고 타락하기 전에는 전혀 그렇지 않았다. 그때는 세상에서 제일 아름다운 피조물이 사람이었고 세상에서 제일 선한 피조물도 사람이었다. 그럴 수밖에 없었다. 사람은 완전하게 선하시고 거룩하시며 아름다우신 하나님의 형상으로 창조되었기 때문이다. "하나님이 자기 형상 곧 하나님의 형상대로 사람을 창조하시되 남자와 여자를 창조하시고"[창 1:27]. 신약 성경은 하나님의 형상을 이렇게 설명한다. "하나님을 따라 의와 진리의 거룩함으로 지으심을 받은 새 사람을 입으라"[엡 4:24]. 종합해 보면, 본래 사람은 하나님의 형상을 따라 온전한 지식, 온전한 의, 온전한 거룩함을 지닌 존재로 창조되었다는 말이다.

하나님께서 사람을 창조하신 후에 사람을 포함하는 모든 피조물을 바라보시며 느끼신 감정을 다시 생각해 본다. "하나님이 지으신 그 모든 것을 보시니 보시기에 심히 좋았더라"[창 1:31]. 여기 보면, 하나님께서 그냥 어중간하게 좋게 느끼셨다고 적혀 있지 않다. 심히 좋게 느끼셨다고 적혀 있다. 피조물의 중심에 서 있던 사람이 얼마나 선하고 아름다웠으면 하나님께서 그렇게 느끼셨을까? 곰곰이 생각해 본다. 하나님은 선과 아름다움에 있어서 최고로 높은 기준을 가지고 계신 분이시므로, 그런 하나님께서 무엇을 보시고 심히 좋게 느끼셨다면 그것은 참으로 지극히 선하고 아름다운 것이었으리라! 곰곰이 생각해 본다. 타락 이전의 사람의 선함과 아름다움은 얼마나 위대하고 숭고했을까? 얼마나 위대하고 숭고했으면 하나님께서 심히 좋게 느끼셨을까? 오늘 나는 고백한다.

"오, 주여! 주님께서는 사람을 선하게 지으셨나이다."

017일

답2 **그리하여 사람이 자신의 창조주 하나님을 바르게 알고, 마음을 다해 사랑하며, 그분의 영광과 찬양을 위해 영원한 복락 가운데서 그분과 함께 살도록 하셨습니다.**

왜 하나님께서는 사람을 창조하실 때 자기 형상으로 창조하셨을까? 우리가 하나님의 형상으로 창조되면 좋은 점들이 많기 때문일 것이다. 그렇다면, 우리가 하나님의 형상으로 창조되면 어떤 좋은 점들이 있을까? 곰곰이 생각해 본다. 세 가지 좋은 점이 있다. 첫째, 우리가 하나님의 형상으로 창조되면 우리는 우리의 창조주이신 하나님을 쉽게 알 수 있고 바르게 알 수 있다. 서로 닮으면 상대방을 더 쉽게 알 수 있고 더 바르게 알 수 있는 법이다. 둘째, 우리가 하나님의 형상으로 창조되면 우리는 자연스럽게 하나님을 마음을 다해 사랑하게 된다. 서로 닮으면 상대방을 좋아하는 일이 자연스럽고 편안하게 이루어지는 법이다. 셋째, 우리가 하나님의 형상으로 창조되면 우리는 하나님과 함께 살 수 있고 하나님의 영원한 복락을 함께 누릴 수 있다. 서로 닮으면 함께 사는 것이 쉽고 함께 많은 것을 공유할 수 있는 법이다. 하나님께서는 위의 세 가지 이유로 사람을 자기 형상으로 창조하셨다. 이 일을 곰곰이 생각하다 보니 시편 기자의 고백이 마음에 와닿는다. "사람이 무엇이기에 주께서 그를 생각하시며 인자가 무엇이기에 주께서 그를 돌보시나이까 그를 하나님보다 조금 못하게 하시고 영화와 존귀로 관을 씌우셨나이다"[시 8:4-5]. 눈물이 난다. 감사의 눈물이다. 사람을 영화롭고 존귀하게 창조하신 하나님의 은혜에 대한 감사의 눈물이다. 눈에는 눈물이 고이지만 마음은 크게 기쁘다. 감사의 기쁨이다. 나를 하나님의 형상을 닮은 사람으로 이 세상에 존재하게 하신 하나님의 은혜에 대한 감사의 기쁨이다. 마음이 기쁘니 입에서 찬송이 흘러나온다. 감사의 찬양이다. 사람을 하나님의 자기 형상으로 만들어 주신 하나님의 은혜에 대한 감사의 찬양이다. 오늘 나는 감사한다.

"오, 주여! 주를 찬송하고 영화롭게 하도록 사람을 지으셨나이다."(사 43:21)

018일

제7문 그러면 이렇게 부패한 사람의 본성은 어디에서 왔습니까?

답1 **우리의 시조(始祖) 아담과 하와가 에덴동산에서 불순종하고 타락한 데서 왔습니다.**

하나님의 창조 사역을 들여다보면 인간의 부패한 본성에 대한 책임이 하나님께 하나도 있지 않음을 확인할 수 있다. 하나님께서는 사람을 선하게 창조하셨고, 자기 형상, 곧 참된 의와 거룩함으로 창조하셨다. 그렇다면, 아담 이후로 모든 사람이 태어나면서부터 가지고 있는 부패한 본성은 어디에서 온 것일까? 성경은 다음과 같이 대답한다. "그러므로 한 사람으로 말미암아 죄가 세상에 들어오고 죄로 말미암아 사망이 들어왔나니"[롬 5:12]. 여기에서 "한 사람"은 인류의 맨 처음 사람이었던 아담을 가리킨다. 또한, "한 사람으로 말미암아 죄가 세상에 들어오고"라는 대목은 아담이 에덴동산에서 하나님의 금령을 어기고 선악을 알게 하는 나무의 열매를 먹음으로써 죄를 범한 일을 가리킨다. 성경은 바로 그 한 사람, 바로 그 한 사건을 통해서 죄가 이 세상에 들어왔다고 말한다. 그렇게 아담과 하와가 낙원에서 하나님의 계명을 어기고 선악을 알게 하는 나무의 열매를 먹는 순간부터 아담과 하와의 마음은 죄로 부패하였다. 아담과 하와가 하나님을 만나지 않기 위하여 숨은 것을 보라. "아담과 그의 아내가 여호와 하나님의 낯을 피하여 동산 나무 사이에 숨은지라"[창 3:8]. 아담과 하와가 자신들의 악행을 부끄러워하지 않은 것을 보라. 아담과 하와가 자신들의 악행에 대한 책임을 다른 곳에 전가하고, 심지어는 하나님께도 책임을 전가한 것을 보라. "아담이 이르되 하나님이 주셔서 나와 함께 있게 하신 여자 그가 그 나무 열매를 내게 주므로 내가 먹었나이다"[창 3:12]. 이렇듯 맨 처음 사람인 아담과 하와가 에덴동산에서 하나님께 불순종하여 죄를 지으면서, 그들의 마음은 더럽고 악하고 추한 마음으로 변하게 되었다. 오늘 나는 회개한다.

"오, 주여! 에덴동산에서의 불순종이 부끄럽습니다."

나의 묵상과 **기도**

019일

답2 그 타락으로 인해 사람의 본성이 심히 부패하여 우리는 모두 죄악 중에 잉태되고 출생합니다.

아담과 하와가 에덴동산에서 불순종하고 타락했을 때 그들의 마음이 죄로 부패하게 되었다면, 그 후에 태어나는 모든 사람도 각자의 삶에서 불순종하고 타락할 때 그들의 마음이 죄로 부패하는 것일까? 성경은 그렇지 않다고 대답한다. 다윗이 죄를 회개하는 중에 고백한 말이 생각이 난다. "내가 죄악 중에서 출생하였음이여 어머니가 죄 중에서 나를 잉태하였나이다"[시 51:5]. 다윗은 자신이 엄마의 배 속에 잉태될 때부터 이미 죄 중에 있었다고 고백한다. 또한, 엄마 배에서 나올 때도 이미 죄 중에 있었다고 고백한다. 그러니까 죄가 되는 행위를 실제로 하기도 전에 이미 마음은 죄로 부패해 있었고 부패한 본성을 가지고 있었다는 고백이다. 그러므로 아담 이후로 태어나는 모든 사람은 엄마 배 속에 잉태될 때부터 이미 타락한 본성을 가지고 있다고 보아야 한다. 하나님의 말씀인 성경이 그렇다고 가르치기 때문이다.

갑자기 궁금해진다. 사람이 엄마 배 속에 잉태되는 때는 아직 죄가 되는 행위를 하기 전인데, 어떻게 마음은 이미 죄로 부패된 상태일 수 있을까? 혹시 마음의 부패함도 부모로부터 유전되는 것일까? 로마서 5장이 이와 관련하여 가르치는 내용을 상고하면서 해답을 찾아본다. "그러므로 한 사람으로 말미암아 죄가 세상에 들어오고 죄로 말미암아 사망이 들어왔나니 이와 같이 모든 사람이 죄를 지었으므로 사망이 모든 사람에게 이르렀느니라"[롬 5:12]. "한 사람의 범죄를 인하여 많은 사람이 죽었은즉"[롬 5:15]. "한 사람의 범죄로 말미암아 사망이 그 한 사람을 통하여 왕 노릇하였은즉"[롬 5:17]. "한 범죄로 많은 사람이 정죄에 이른 것 같이"[롬 5:18]. "한 사람이 순종하지 아니함으로 많은 사람이 죄인 된 것 같이"[롬 5:19]. 오늘 나는 기도한다.

"오, 주여! 아담의 죄와 부패함이 우리에게 전달되는 방식을 알려 주소서."

020일

답2 그 타락으로 인해 사람의 본성이 심히 부패하여 우리는 모두 죄악 중에 잉태되고 출생합니다.

사람이 엄마의 배 속에 잉태되는 때는 아직 죄가 되는 행위를 하기 전인데 어떻게 마음은 이미 죄로 부패된 상태일 수 있을까? 로마서 5장에서 특별히 12절 말씀을 주목해 본다. "이러므로 한 사람으로 말미암아 죄가 세상에 들어오고 죄로 말미암아 사망이 왔나니 이와 같이 모든 사람이 죄를 지었으므로 사망이 모든 사람에게 이르렀느니라"[12절]. 아담이 에덴동산에서 선악을 알게 하는 나무의 열매를 먹었을 때 아담 이후에 태어날 모든 사람도 그때 이미 죄를 지은 것이라는 말이다. 그때 에덴동산에는 아담과 하와만 있었고 모든 사람은 아직 태어나기도 전이지만 아담이 모든 인류를 대표하는 사람으로 에덴동산에 있었기 때문에 아담이 죄를 범했을 때 대표의 원리에 따라서 모든 사람도 죄를 범한 것이 된다는 말이다. 흔히 이것을 원죄라고 부른다.

그때 에덴동산에는 아담과 하와만 있었고 모든 사람은 아직 태어나기도 전이다. 하지만 아담이 모든 인류를 대표하는 사람으로 에덴동산에 있었기 때문에 아담이 죄를 범했을 때 모든 사람도 죄를 범한 것이 되는 것처럼, 아담이 죄를 짓는 순간 그의 마음이 죄로 오염되고 부패했을 때 대표의 원리에 따라서 모든 사람의 마음도 죄로 오염되고 부패했다고 보아야 한다. 그래서 아담 이후에 남자와 여자의 결합으로 태어나는 모든 사람은 잉태되는 순간에 이미 부패한 본성을 가지게 되는 것이다. 시편 기자는 자신의 죄를 회개하는 과정에서 이것을 깨닫고 자신의 부패함이 얼마나 뿌리 깊은지를 하나님 앞에 고백하며 은혜를 구하였다. "내가 죄악 중에서 출생하였음이여 어머니가 죄 중에서 나를 잉태하였나이다"[시 51:5]. 오늘 나도 소원한다.

"오, 주여! 제 안에 이처럼 뿌리 깊은 마음의 부패함이 있으니 저를 긍휼히 여기소서."

 나의 묵상과 **기도**

021일

제8문 그렇다면 우리는 그토록 부패하여 선을 전혀 행할 수 없으며, 온갖 악을 행하는 성향만 지니고 있습니까?

답 **그렇습니다. 우리가 하나님의 성령으로 거듭나지 않는 한 그렇습니다.**

사람이 엄마 배 속에 잉태되는 순간부터 가지고 있는 부패한 본성은 어느 정도로 부패한 본성일까? 흔히 사람들은 자기에게 악하고 부패한 본성이 있음을 어느 정도 인정한다. 살다 보면, 그것을 인정하지 않을 수 없는 수많은 증거를 자신의 마음과 말과 행실에서 보게 되기 때문이다. 하지만 사람들이 끝까지 인정하기를 거부하는 것이 있다. 자기에게는 선을 행할 능력이 전혀 없고 온갖 악만 행하는 성향만 있다는 것이다. 살다 보면, 착한 일을 했다고 느끼는 때도 있고 착한 일을 하고 싶은 의지가 자신의 마음에 있다고 느끼는 때도 있기 때문이다. 여기에서 잠시 생각해 본다. 사람은 악하고 부패한 본성을 가지고 있지만, 그것이 완전하게 악하고 완전하게 부패한 본성은 아닌 걸까? 여전히 사람에게는 선을 행하고자 하는 의지와 성향, 그리고 능력이 남아 있는 것일까?

하나님의 판단을 들어 본다. "여호와께서 사람의 죄악이 세상에 가득함과 그의 마음으로 생각하는 모든 계획이 항상 악할 뿐임을 보시고"[창 6:5]. "의인은 없나니 하나도 없으며 깨닫는 자도 없고 하나님을 찾는 자도 없고 다 치우쳐 함께 무익하게 되고 선을 행하는 자는 없나니 하나도 없도다 그들의 목구멍은 열린 무덤이요 그 혀로는 속임을 일삼으며 그 입술에는 독사의 독이 있고 그 입에는 저주와 악독이 가득하고 그 발은 피 흘리는 데 빠른지라…"[롬 3:10-18]. 하나님께서 이렇다고 말씀하셨으면 이것이 옳은 판단이다. 솔직히 내 마음과 말과 행실을 살펴보아도 이것이 옳은 판단이다. 성령으로 거듭나기 전까지 우리 모두는 이런 상태에 있다. 오늘 나는 인정한다.

"오, 주여! 제 안에는 선(善)이 전혀 없습니다."

04주

제9문 하나님께서 사람이 행할 수 없는 것을 율법으로 요구하신다면, 이것은 부당한 일이 아닙니까?

| 답 |

아닙니다. 하나님께서는 사람이 율법을 지켜 행할 수 있도록 창조하셨습니다. 그러나 사람은 마귀의 유혹에 빠져 고의(故意)로 불순종하였고, 그 결과 자기 자신뿐 아니라 그의 모든 후손도 하나님께서 주신 그 능력을 상실하게 되었습니다.

제10문 하나님께서는 그러한 불순종과 반역을 형벌하지 않으시고 내버려 두십니까?

| 답 |

결코 그렇지 않습니다. 하나님께서는 우리의 자범죄(自犯罪)뿐만 아니라 원죄(原罪)에 대해서도 매우 진노하셔서, 그 죄들을 이 세상에서 그리고 영원토록 의로운 심판으로 형벌하실 것입니다. 하나님께서는 "누구든지 율법 책에 기록된 대로 모든 일을 항상 행하지 아니하는 자는 저주 아래에 있는 자라"(갈 3:10)고 선언하셨습니다.

제11문 그러나 하나님은 자비하신 분이 아니십니까?

| 답 |

하나님은 참으로 자비하신 분이시지만, 동시에 공의로우신 분이십니다. 하나님의 공의는 죄, 곧 하나님의 지극히 높으신 권위에 대항하는 것에 대해 최고의 형벌, 즉 몸과 영혼에 영원한 형벌을 내릴 것을 요구합니다.

022일

제9문 하나님께서 사람이 행할 수 없는 것을 율법으로 요구하신다면, 이것은 부당한 일이 아닙니까?

하나님을 향한 사람들의 불평은 끝이 없다. 사람들은 하나님께서 사람을 창조하신 일에 무슨 하자라도 있어서 사람이 죄를 짓고 타락했다는 식으로 하나님의 창조에 책임을 전가한다. 하지만 이런 사람들도 아담의 타락과 부패를 알게 되면 더는 하나님의 창조에 책임을 전가할 수 없게 된다. 하지만 사람들은 또 다른 구실을 찾아내서 하나님이 부당하게 행동하시는 것처럼 비난한다. 아담의 타락과 함께 모든 사람이 죄를 짓고 부패한 본성을 지니게 되었는데, 그런 사람들에게 하나님께서 율법을 주시고 순종을 요구하시는 일은 부당하다는 주장이다. 과연 그런 것일까? 모든 사람이 전적으로 타락하고 부패했으니까 하나님께서 사람에게 율법을 주시면 안 되는 것일까? 혹 율법을 주신다고 해도 순종을 요구하면 안 되는 것일까? 얼핏 들으면 일리 있는 말처럼 들리는 사람들의 불평을 판단해 본다.

하나님은 온 우주의 최고 통치자로서, 율법을 제정하고 선포하는 절대적 권리가 있으시다. 더욱이 아담의 타락 이후로 모든 사람이 전적으로 부패하여 하나님의 법도를 잊게 되었으니, 하나님께서 율법을 선포해 주시는 일은 꼭 필요했다. 율법이 있어야 사람들은 하나님께서 사람에게 요구하시는 것을 알 수 있고, 자신의 죄와 비참함을 볼 수 있으며, 궁극적으로는 구원을 바라며 그리스도께로 갈 수 있다. 한편, 하나님께서 율법을 주시면서 모든 사람에게 순종을 요구하신 것도 당연한 일이다. 모든 사람은 전적으로 부패하였지만, 여전히 하나님의 법을 순종해야 할 의무가 있기 때문이다. 그리고 순종의 요구 앞에서 자신의 죄를 발견할 수 있고, 그래야 구원을 얻기 위해 그리스도께로 나아갈 수 있기 때문이다. 오늘 나는 고백한다.

"오, 주여! 율법을 주신 일도, 순종을 요구하신 일도 모두 당연한 일입니다."

023일

답 아닙니다. 하나님께서는 사람이 율법을 지켜 행할 수 있도록 창조하셨습니다. 그러나 사람은 마귀의 유혹에 빠져 고의(故意)로 불순종하였고, 그 결과 자기 자신뿐 아니라 그의 모든 후손도 하나님께서 주신 그 능력을 상실하게 되었습니다.

우리는 성령으로 거듭나기 전까지는 죄 때문에 전적으로 부패해 있고, 하나님의 율법에서 요구하시는 것을 순종할 수 없는 상태에 있다. 하지만 우리가 그런 상태에 있다고 해서 하나님께서 율법을 주신 일을 탓해도 되는 것일까? 하나님께서 율법을 주시며 우리에게 순종을 요구하신 것을 탓해도 되는 것일까? 그렇게 하나님을 탓하는 것은 다음과 같이 말하는 것이다. "하나님, 우리는 죄 때문에 전적으로 부패해 있으니 아무런 법도 주지 마십시오. 혹 우리에게 법을 주시더라도 순종은 요구하지도 기대하지도 마십시오. 우리는 그런 순종을 할 수 있는 상태가 못 됩니다." "하나님, 우리는 죄 때문에 전적으로 부패해 있는데 왜 법을 주십니까? 우리에게 법을 주시더라도 순종은 요구하지 마셔야지 왜 순종까지 요구하십니까? 우리가 그런 순종을 할 수 있는 상태라고 보십니까?" 만일 하나님께서 사람을 처음 창조하실 때 율법이 요구하는 순종을 이행할 수 없는 상태로 창조하셨다면, 그런 불평과 항의가 일리 있을 것이다. 하지만 하나님께서는 사람을 처음 창조하실 때 사람을 자기 형상으로 창조하셨다. 하나님께서는 의롭고 거룩하고 선한 분이시니, 사람도 의롭고 거룩하고 선하게 창조하셨다는 말이다. 문제는 맨 처음 사람인 아담이 어리석게도 스스로 불순종의 길과 반역의 길을 선택했다는 것이다. 그리고 그 결과 전적으로 부패한 상태가 되어 더는 하나님의 법을 순종할 의지도 능력도 성향도 전혀 없게 되었다는 것이다. 그런데 사람이 자기 스스로 초래한 전적인 부패를 구실로 삼아 이제는 하나님께서 율법을 주시고 순종을 요구하시는 일을 거부하며, 도리어 하나님을 원망하고 비난하는 일이 가당키나 한 일인가? 오늘 나는 회개한다.

"오, 주여! 인간의 악함을 용서하소서."

나의 묵상과 기도

024일

제10문 하나님께서는 그러한 불순종과 반역을 형벌하지 않으시고 내버려 두십니까?

하나님께서 율법을 주신 일과 모든 사람에게 순종을 요구하신 일이 지극히 정당하고 당연한 일인 것을 알게 되면, 사람들은 더 이상 하나님을 탓하지 못한다. 하지만 사람들은 이내 새로운 내용의 주장을 펼치기 시작한다. "사람은 죄를 지어 타락하고 부패하여 하나님의 율법이 요구하는 순종을 이행할 수 없다. 이것은 전적으로 사람의 책임이고 사람의 잘못이다. 하지만 하나님은 사람의 불순종과 반역을 벌하시지 말아야 한다. 오히려 용서하셔야 한다. 혹시 사람의 불순종과 반역을 벌하시더라도 일시적으로 약하게 벌하셔야지 영원토록 벌하시거나 지옥의 형벌로 벌하시지 말아야 한다."라고 말이다. 이렇듯 타락하고 부패한 사람은 자신의 분수를 모르기에 하나님이 자기 아래 있는 줄 알고 하나님은 이래야 한다, 저래야 한다고 하며 자꾸 법을 만들고, 하나님이 자기가 만든 법에 따라야 한다고 우긴다.

사람들이 나중에 이럴 줄 아시고 하나님께서 그러신 걸까? 인류 역사 초기에 하나님께서는 죄를 무섭게 심판하신다는 사실을 분명하게 보여 주셨다. 노아의 홍수! 그때 하나님께서는 죄로 가득 찬 세상을 홍수로 쓸어 버리셨다. 노아의 가족 여덟 명과 방주에 탄 짐승들만 살려 주시고 지구상에 있는 모든 것을 멸망시키셨다. 소돔과 고모라의 멸망! 그때 하나님께서는 하늘로부터 불과 유황을 내려 죄악으로 가득 찬 큰 도시 둘을 멸망시키셨다. 아브라함의 조카 롯의 가족만 살리시고 그 도시 안에 살던 남녀노소 모든 사람을 죽이셨다. 이렇게 분명하고 규모가 큰 심판과 형벌의 증거가 있는데도, 하나님은 죄를 심판하시거나 벌하시지 않는 분이라고 기대하거나 하나님은 당연히 그래야 한다고 억지 주장을 펼치는 사람들은 대체 왜 그러는 것일까? 오늘 나는 탄식한다.

"오, 주여! 사람의 어리석음은 도무지 끝이 안 보입니다."

025일

답1 **결코 그렇지 않습니다. 하나님께서는 우리의 자범죄(自犯罪)뿐만 아니라 원죄(原罪)에 대해서도 매우 진노하셔서, 그 죄들을 이 세상에서 그리고 영원토록 의로운 심판으로 형벌하실 것입니다.**

성경은 하나님을 자비로운 아버지로도 묘사하지만 무서운 심판자로도 묘사한다. 하나님은 실제로 그러한 분이시기 때문이다. "하나님은 의로우신 재판장이심이여 매일 분노하시는 하나님이시로다 사람이 회개하지 아니하면 그가 그의 칼을 가심이여 그의 활을 이미 당기어 예비하셨도다 죽일 도구를 또한 예비하심이여 그가 만든 화살은 불화살들이로다"[시 7:11-13]. "여호와는 질투하시며 보복하시는 하나님이시니라 여호와는 보복하시며 진노하시되 자기를 거스르는 자에게 여호와는 보복하시며 자기를 대적하는 자에게 진노를 품으시며"[나 1:2]. "하나님의 진노가 불의로 진리를 막는 사람들의 모든 경건하지 않음과 불의에 대하여 하늘로부터 나타나나니"[롬 1:18]. "하나님을 모르는 자들과 우리 주 예수의 복음에 복종하지 않는 자들에게 형벌을 내리시리니 이런 자들은 …"[살후 1:8-9].

하나님께서 심판하시는 죄는 두 가지다. 하나는 원죄, 다른 하나는 자범죄다. 원죄는 우리가 아담 안에서 범한 한 가지 죄를 의미한다. 자범죄는 우리가 태어난 후 생각과 말과 행동으로 범한 수많은 죄를 가리킨다. 하나님께서는 이 두 가지 죄를 함께 심판하시는데, 우리 모두에게는 이 두 가지 죄가 함께 있다. 또한, 하나님께서 죄를 심판하시는 세상도 두 가지다. 하나는 이 세상, 다른 하나는 죽음 너머의 영원한 세상이다. 하나님께서는 이 세상에서도 우리의 죄를 심판하신다. 다만 이 세상에서는 아직 구원의 문이 열려 있으므로 우리의 죄에 대해서 즉각적으로 완전하게 심판하시지 않는다. 하지만 영원한 세상에서는 모든 죄에 대한 완전하고 의로운 심판과 형벌이 영원토록 실행된다. "우리 하나님은 소멸하는 불이심이라"[히 12:29]. 오늘 나는 간구한다.

"오, 주여! 온 세상이 주 앞에서 떨게 하소서."

나의 묵상과 **기도**

026일

답2 하나님께서는 "누구든지 율법 책에 기록된 대로 모든 일을 항상 행하지 아니하는 자는 저주 아래에 있는 자라"(갈 3:10)고 선언하셨습니다.

하나님께서 사람의 모든 불순종과 반역을 반드시 심판하시고 영원히 형벌하신다는 진리를 알게 되면, 사람들은 그것을 어느 정도 인정하고 받아들인다. 하지만 이번에도 억지 주장을 한다. 내용은 다음과 같다. "하나님은 죄를 반드시 심판하시고 영원히 벌하십니다. 하지만 나는 그런 심판과 벌을 받지 않을 것입니다. 내가 지은 죄는 무섭게 벌을 받거나 영원히 벌을 받을 만한 것이 못 됩니다. 내가 이런저런 죄를 지은 것은 사실입니다. 하지만 내가 지은 죄의 죄질을 따져 보면 매우 심각한 죄는 몇 개밖에 안 됩니다. 더구나 나는 죄만 짓고 산 것이 아니라 착한 일도 꽤 많이 했습니다. 나는 앞으로 착한 일을 더 많이 할 것입니다. 그러므로 이런 점을 모두 참작한다면, 하나님은 내 죄를 눈감아 주실 것입니다. 하나님은 나를 두렵고 영원한 형벌로 다스리지 않으실 것입니다."

사람들이 이런 생각을 하고 이런 주장을 펼치는 이유는 하나님의 율법이 요구하는 의를 제대로 모르기 때문이다. 하나님의 율법이 우리에게 요구하는 순종은 율법이 요구하는 모든 일을 순종하되 완전하게 순종하는 것이고 완전한 순종을 한 순간도 빠짐없이 항상 하는 것이다. 이와 같은 순종이 아니면 하나님의 율법은 그 모든 것을 의로 인정하지 않고 죄로 단정한다. 그러므로 이와 같은 순종을 항상 행하지 않는 사람은 율법 전체를 범한 사람이 되고 율법이 경고한 심판과 저주와 형벌을 피할 수 없게 된다. 성경은 분명하게 가르친다. "누구든지 온 율법을 지키다가 그 하나를 범하면 모두 범한 자가 되나니"[약 2:10]. "기록된 바 누구든지 율법 책에 기록된 대로 모든 일을 항상 행하지 아니하는 자는 저주 아래에 있는 자라 하였음이라"[갈 3:10]. 오늘 나는 고백한다.

"오, 주여! 우리의 비참함을 이제 알겠습니다."

027일

제11문 그러나 하나님은 자비하신 분이 아니십니까?

답1 **하나님은 참으로 자비하신 분이시지만 동시에 공의로우신 분이십니다.**

사람들은 자신들이 하나님의 심판과 형벌을 피할 수 없다는 것을 알게 되면, 하나님의 사랑과 자비하심을 내세우면서 하나님은 심판하시거나 형벌하시면 안 된다고 새로운 주장을 펼치기 시작한다. "하나님은 사랑이 많고 자비로운 분이 아니십니까? 하나님은 사랑이시라면서, 왜 우리의 죄를 심판하시고 영원한 형벌로 벌하시는 겁니까? 하나님은 사랑이시라면서, 왜 영원한 형벌의 장소인 지옥을 만드신 겁니까? 하나님이 사랑이 많고 자비로운 분이시라면 모든 사람을 무조건 다 용서해야 하는 것 아닙니까? 예수님께서 우리의 죄를 짊어지시고 대신 죽는 일이 없어도 하나님 안에 있는 사랑과 자비로 인해 우리를 무조건 다 용서하셔야 하는 것 아닙니까? 그래야만 하나님은 사랑이시고 자비가 무한하신 분이라고 말할 수 있습니다." 과연 그럴까? 사람들의 주장을 곰곰이 생각해 본다. 하나님께서 친히 하신 말씀을 들어 보자. "여호와께서 그의 앞으로 지나시며 선포하시되 여호와라 여호와라 자비롭고 은혜롭고 노하기를 더디하고 인자와 진실이 많은 하나님이라 인자를 천대까지 베풀며 악과 과실과 죄를 용서하리라 그러나 벌을 면제하지는 아니하고 아버지의 악행을 자손 삼사 대까지 보응하리라"[출 34:6-7]. 하나님은 자비롭고 은혜로우신 사랑의 하나님이시다. 하지만 동시에 하나님은 공의로우셔서 형벌받을 자는 절대 면죄하지 않고 반드시 벌하시는 공의의 하나님이시다. 예수 그리스도의 십자가를 바라보라. 하나님은 자기 아들을 우리 대신 죽이셔서 공의를 만족시키면서 우리에게 자비를 베풀어 주셨다. 그러므로 하나님은 자비롭고 사랑이 많으시니까 우리의 죄를 그냥 봐주시고 벌하시지 않는다고 착각하지 말자. 오늘 나는 고백한다.

"오, 주여! 주는 의로운 재판장이십니다."

028일

답2 하나님의 공의는 죄, 곧 하나님의 지극히 높으신 권위에 대항하는 것에 대해 최고의 형벌, 즉 몸과 영혼에 영원한 형벌을 내릴 것을 요구합니다.

하나님께서 사람의 모든 죄를 반드시 심판하시고 영원히 형벌하신다는 진리를 알았으니, 오늘은 하나님의 심판과 형벌이 어떤 것인지 생각해 본다. 모든 죄는 그 죄질에 따라 형량이 결정되는데, 어떤 죄의 죄질을 따질 때는 그 죄가 어떤 대상을 향하여, 어떤 상황에서, 얼마나 나쁘게 저질러졌느냐를 중요하게 생각한다. 이런 관점으로 우리가 하나님 앞에서 범한 죄를 생각해 보면, 우리의 모든 죄는 하나하나가 하나님의 법정에서 최고의 형벌을 받아야 한다. 우리의 모든 죄는 지극히 높고 위대하신 하나님을 향하여 저지른 것이고, 하나님께서 우리를 선하고 은혜롭게 대하시는 상황에서 저지른 것이며, 하나님을 반역하고 우리가 그 자리에 서려는 성격의 범죄이기 때문이다. 그러므로 하나님의 공의는 우리의 모든 죄 하나하나에 대해 법정 최고형인 영원한 사망을 구형하고 선고한다. "죄의 삯은 사망이요"[롬 6:23]. 이때 성경이 말하는 '사망'은 사람을 구성하는 몸과 영혼이 함께 죽는 것을 가리키는데, 몸과 영혼이 죽어 존재가 끝나거나 사라지는 것이 아니다. 오히려 몸과 영혼이 영원히 살아 있으면서 가장 두려운 최고의 형벌을 영원히 받는 것이다. 그것도 몸과 영혼이 하나님으로부터 완전하게 분리되어 있어서 가장 사악한 상태로 변하여 그 어떤 자비나 긍휼도 힘입지 못하고 영원히 형벌을 받는 것이다. 이러한 하나님의 최종 심판을 성경은 다음과 같이 묘사하고 있다. "바다가 그 가운데에서 죽은 자들을 내주고 또 사망과 음부도 그 가운데에서 죽은 자들을 내주매 각 사람이 자기의 행위대로 심판을 받고 사망과 음부도 불못에 던져지니 이것은 둘째 사망 곧 불못이라 누구든지 생명책에 기록되지 못한 자는 불못에 던져지더라"[계 20:13-15]. 오늘 나는 간구한다.

"오, 주여! 이런 형벌에 떨어지지 않게 하소서."

05주

제12문 하나님의 의로운 심판에 의해 우리는 이 세상에서 그리고 영원히 형벌을 받아 마땅합니다. 그러면 어떻게 이 형벌을 피하고 다시 하나님의 은혜를 입을 수 있습니까?

| 답 |

하나님께서는 자신의 의(義)가 만족되기를 원하십니다. 따라서 우리는 우리 스스로든, 아니면 다른 이에 의해서든 하나님의 의를 완전히 만족시켜 드려야 합니다.

제13문 우리가 스스로 하나님의 의를 만족시킬 수 있습니까?

| 답 |

결코 그럴 수 없습니다. 오히려 우리는 날마다 우리의 죄책(罪責)을 더해 가고 있습니다.

제14문 다른 피조물이 우리를 대신하여 하나님의 의를 만족시킬 수 있습니까?

| 답 |

그럴 수 없습니다. 우선, 하나님께서는 사람의 죄책 때문에 다른 피조물을 형벌하길 원치 않으십니다. 게다가 어떤 피조물도 죄에 대한 하나님의 영원한 진노의 무게를 감당할 수 없고, 다른 피조물을 거기에서 구해 낼 수도 없습니다.

제15문 그렇다면 우리는 어떠한 중보자와 구원자를 찾아야 합니까?

| 답 |

참 사람이시고 진정 의로운 분이시면서, 동시에 모든 피조물보다 큰 능력을 가지신 참하나님이신 분이셔야 합니다.

029일

제12문 하나님의 의로운 심판에 의해 우리는 이 세상에서 그리고 영원히 형벌을 받아 마땅합니다. 그러면 어떻게 이 형벌을 피하고 다시 하나님의 은혜를 입을 수 있습니까?

이 세상에서든 영원한 세상에서든 하나님의 의로운 심판을 결코 피할 수 없다는 사실을 알고 나서, 사람이 가장 중요하게 해야 할 일은 무엇일까? 이렇게 심각한 문제가 우리 앞에 있는데도 이 문제에 관해서는 눈을 감고, 그저 잠시 살다 가는 이 세상에서 잘 먹고 잘사는 일에 계속 전념해도 되는 걸까? 그저 알량하게 도덕적이고 윤리적인 삶을 살면서 나름대로 만족감과 자부심을 느끼는 것으로 만족해도 되는 걸까? 사람이 죽으면 그것으로 다 끝난다고 말하며 인생을 즐겨야 한다고 노래를 불러도 되는 걸까? 그래서는 안 된다. 이 세상에서든 영원한 세상에서든 하나님의 의로운 심판을 결코 피할 수 없다면, 마땅히 우리는 "내가 어떻게 하여야 구원을 받으리이까?"[행 16:30]라고 절규해야 한다. 그러면서 진심과 전심으로 구원을 추구해야 한다. 구원을 얻을 때까지 쉬지 말아야 한다.

주의할 것이 있다. 우리는 당연히 구원받을 만한 자격이 있고 하나님은 당연히 우리를 구원해야 할 의무가 있는 것처럼 생각하지 말아야 한다. 사실 우리에게는 구원을 구하거나 받을 권리도 없고, 자격도 없다. 에덴동산에서 하나님께서 맨 처음 사람 아담에게 말씀하신 바를 기억해 보자. "선악을 알게 하는 나무의 열매는 먹지 말라 네가 먹는 날에는 반드시 죽으리라 하시니라"[창 2:17]. 그렇다. 인간의 타락과 부패에는 정녕 죽는 것 외에 달리 약속된 바가 없다. 그런데도 이제 우리가 구원을 추구하고 구원을 받을 수 있는 것은 하나님께서 자기 아들을 우리 대신 벌하시고, 우리가 구원받을 수 있는 새로운 길을 여시고 우리를 부르고 계시기 때문이다. "보라 지금은 은혜 받을 만한 때요 보라 지금은 구원의 날이로다"[고후 6:2]. 오늘 나는 감사한다.

"오, 주여! 주의 구원을 바랄 수 있어서 감사합니다."

030일

답 **하나님께서는 자신의 의(義)가 만족되기를 원하십니다. 따라서 우리는 우리 스스로든, 아니면 다른 이에 의해서든 하나님의 의를 완전히 만족시켜 드려야 합니다.**

죄인이 죄와 하나님의 심판, 그리고 영원한 형벌로부터 구원을 받는다는 것은 단순히 거기에서 빠져나온다는 것만 의미하지 않는다. 오히려 하나님 앞에서 의롭다 인정을 받고 하나님의 심판대에서 상을 받으며 영원한 생명을 얻는다는 것을 의미한다. 이렇게 복되고 영광스러운 일이 죄인에게 이루어지려면 무엇이 먼저 있어야 할까? 에덴동산에서 있었던 한 가지 일 때문에 죄와 하나님의 심판, 그리고 영원한 형벌이 이 세상에 들어왔으니 그 일을 생각해 보면 무엇이 필요한지 알 것 같다. 하나님께서는 아담에게 계명을 주시며 순종을 요구하셨다. 그런데 아담은 순종하지 않았다. 그리하여 하나님께서 요구하시는 의를 이루지 못했다. 그런데 그것이 전부가 아니다. 아담은 순종의 반대편으로 가서 죄를 저질렀다. 그리하여 하나님의 의는 죄에 대한 영원한 심판과 형벌을 요구하게 되었다.

그러므로 죄인이 죄와 하나님의 심판 그리고 영원한 형벌로부터 구원을 받으려면, 하나님 앞에서 의롭다 인정을 받고 하나님의 심판대에서 상을 받으며 영원한 생명을 얻으려면, 에덴동산에서 발생한 이 두 가지 일이 먼저 해결되어야 한다. 아담이 순종하지 않음으로 하나님께서 요구하시는 의를 이루지 못했으니, 순종을 통하여 하나님께서 요구하시는 의를 이루고 하나님을 만족케 해드려야 한다. 또한, 아담의 범죄로 하나님의 의가 죄에 대한 영원한 심판과 형벌을 요구하고 있으니, 죄에 대한 영원한 심판과 형벌을 받아서 하나님께서 요구하시는 의를 만족케 해드려야 한다. 죄인 스스로 이 두 가지 일을 할 수 있다면 스스로 이 두 가지 일을 해야 하고, 죄인 스스로 이 두 가지 일을 할 수 없다면 자격 있는 대리인이 죄인을 대신하여 이 두 가지 일을 해야 한다. 오늘 나는 기도한다.

"오, 주여! 구원의 길을 가르쳐 주옵소서."

031일

제13문 우리가 스스로 하나님의 의를 만족시킬 수 있습니까?

답 **결코 그럴 수 없습니다. 오히려 우리는 날마다 우리의 죄책(罪責)을 더해 가고 있습니다.**

죄인이 죄와 하나님의 심판 그리고 영원한 형벌로부터 구원을 받으려면, 하나님 앞에서 의롭다 인정받으며 하나님의 심판대에서 상을 받고 영생을 얻으려면, 죄인 스스로 혹은 자격 있는 대리인이 하나님의 의를 두 가지 측면에서 만족시켜야만 한다고 했다. 그래서 나는 질문한다. "나는 스스로 하나님의 의를 만족시킬 수 있을까? 나는 하나님의 모든 계명을 순종하여 하나님께서 요구하시는 의를 이루고 하나님을 만족케 할 수 있을까? 또한, 나는 죄에 대한 영원한 심판과 형벌을 받아서 하나님께서 요구하시는 의를 만족케 할 수 있을까? 나는 이 두 가지 일을 스스로 할 수 있을까?" 오래 생각할 필요도 없고 깊이 생각할 필요도 없다. 나는 두 가지 일 중의 어느 하나도 스스로 이행할 수 없다. 그러니 두 가지 일을 함께 이행한다는 것은 더더욱 불가능하다. 내게는 그럴 만한 능력이 전혀 없다.

생각해 보면, 내게는 위의 두 가지 일을 이행할 능력만 없는 게 아니다. 내게는 위의 두 가지 일을 이행하겠다고 나설 자격도 없다. 나는 이미 죄를 지어 순종하는 일에 실패한 사람이고, 이미 형벌을 선고받아 형벌의 시행을 기다리고 있기 때문이다. 어떤 경기에서 잘못을 저질러 실격한 사람이 경기장에 다시 올라와 뛰겠다고 하면 누가 그것을 용납하겠는가? 그런 일은 오히려 경기를 방해하는 행위가 될 뿐이다. 그러니 하나님의 의를 이미 만족시키지 못해 실격한 우리가 스스로 하나님의 의를 만족시키겠다고 나서서 이 일 저 일을 하면 어찌 되겠는가? 우리의 죄책만 더 증가할 뿐이다. 그러므로 우리 스스로 하나님의 의를 만족시키겠다는 생각을 완전히 포기해야 한다. 그 일은 불법이요 불가능한 일이다. 오늘 나는 고백한다.

"오, 주여! 나는 스스로 하나님의 의를 만족시킬 수 없습니다."

나의 묵상과 **기도**

032일

제14문 다른 피조물이 우리를 대신하여 하나님의 의를 만족시킬 수 있습니까?

답1 그럴 수 없습니다. 우선, 하나님께서는 사람의 죄책 때문에 다른 피조물을 형벌하길 원치 않으십니다.

우리가 스스로 하나님의 의를 만족시킬 수 없다면, 결국 누군가가 우리를 대신해서 하나님의 의를 만족시켜야만 한다. 그렇다면, 누가 우리를 대신하고 우리를 위하여 하나님의 의를 만족시킬 수 있을까? 혹시 사람 중에 도덕적으로 매우 탁월한 사람이, 종교적으로 매우 탁월한 사람이, 또는 우리와 매우 가까운 사람이 우리를 위해 우리를 대신하여 그런 일을 할 수 있을까? 혹시 하늘에 떠 있는 해와 달, 하늘의 천사나 땅의 어떤 동물이 우리를 위해 우리를 대신하여 그런 일을 할 수 있을까? 절대 그럴 수 없다. 하나님께서 그것을 원치 않으신다. 하나님께서는 다른 사람이 우리를 대신하고 우리를 위해서 하나님의 의를 만족시키는 것을 절대 원치 않는다고 분명하게 선언하셨다. "아들은 아버지의 죄악을 담당하지 아니할 것이요 아버지는 아들의 죄악을 담당하지 아니하리니"[겔 18:20].

구약의 제사 제도를 보면 마치 다른 피조물이 우리를 대신하여 하나님의 의를 이룰 수 있는 것처럼 보인다. 하나님께서 백성들의 죄를 용서해 주실 때 동물을 희생 제물로 바치게 하셨고, 대제사장이 백성들의 죄를 짊어지고서 하나님 앞에 서도록 하셨기 때문이다. 하지만 하나님께서 그런 제도를 만들어 시행케 하신 것은 예수 그리스도를 바라보게 함이었지, 어떤 동물이나 어떤 사람이 우리를 위해 하나님의 의를 이룰 수 있었기 때문은 아니었다. 성경은 희생 제물이나 제사장이 우리를 대신하거나 우리를 위해 죄를 없이 할 수 없다고 분명하게 선언한다. "이는 황소와 염소의 피가 능히 죄를 없이 하지 못함이라"[히 10:4]. "이 제사는 언제나 죄를 없게 하지 못하거니와"[히 10:11]. 오늘 나는 고백한다.

"오, 주여! 피조물은 우리를 구원할 수 없습니다."

033일

답2 게다가 어떤 피조물도 죄에 대한 하나님의 영원한 진노의 무게를 감당할 수 없고, 다른 피조물을 거기에서 구해 낼 수도 없습니다.

다른 피조물이 우리를 대신하여 하나님의 의를 만족시킬 수 없는 것은 하나님께서 그것을 절대로 원치 않으시기 때문이다. 하지만 여기에는 또 다른 이유가 있다. 단지 피조물로서는 하나님의 의를 만족시킨다는 것이 절대적으로 불가능하기 때문이다. 그 어떤 사람이, 그 어떤 동물이, 그 어떤 식물이, 그 어떤 물건이 우리를 대신하여 하나님의 의를 만족시키는 자리에 설 수 있다고 해도, 정말 우리를 대신하여 하나님의 의를 만족시킬 수 있겠는가? 우리를 대신하여 하나님의 모든 계명을 완전하게 순종할 수 있겠는가 말이다. 또 우리를 대신하여 우리가 받아야 할 죄의 모든 형벌, 곧 영원한 지옥의 형벌을 받을 수 있겠는가 말이다. 이 두 가지를 동시에, 그리고 함께 이룰 수 있겠는가 말이다. 오래 생각할 것도 없고 깊이 생각할 것도 없다. 그 두 가지 일을 동시에 모두 이행할 수 있는 피조물은 없다. 아니, 있을 수 없다.

성경은 모든 피조물의 현재 상태를 다음과 같이 설명한다. "그 바라는 것은 피조물도 썩어짐의 종노릇한 데서 해방되어 하나님의 자녀들의 영광의 자유에 이르는 것이니라 피조물이 다 이제까지 함께 탄식하며 함께 고통을 겪고 있는 것을 우리가 아느니라"[롬 8:21-22]. 그렇다. 모든 피조물은 썩어짐의 종노릇을 하고 있다. 종노릇은 스스로 벗어날 수 없는 굴레라서 거기에서 해방되기를 고대하고 있다. 그러면서도 현재의 고통 때문에 탄식하고 있다. 그러니 모든 피조물은 얼마나 불쌍하고 가여운 상태에 있는지! 그런데 이런 피조물이 우리를 대신하거나 우리를 위하여 하나님의 의를 만족시킬 수 있겠는가? 하나님의 모든 계명을 순종하여 하나님의 의를 이루고, 하나님의 의가 요구하는 우리 죄에 대한 영원한 형벌을 다 감당할 수 있겠는가? 오늘 나는 다시 고백한다.

"오, 주여! 피조물은 우리를 구원할 수 없습니다."

034일

제15문 그렇다면 우리는 어떠한 중보자와 구원자를 찾아야 합니까?

죄인이 죄와 하나님의 심판 그리고 영원한 형벌로부터 구원을 받으려면, 하나님 앞에서 의롭다 인정을 받고 하나님의 심판대에서 상을 받으며 영원한 생명을 얻으려면, 죄인 스스로 혹은 자격 있는 대리인이 하나님의 의를 두 가지 측면에서 만족시켜야만 한다고 했다. 그런데 죄인 스스로는 그 일을 할 수 없고, 다른 모든 피조물도 죄인을 위해 죄인을 대신하여 그 일을 할 수 없다고 했다. 그러므로 나는 질문한다. "우주 안에 있는 그 어떤 피조물도 자격이 안 되고 능력이 안 돼서 그 일을 할 수 없다면, 도대체 어떤 자격이어야 되고 어떤 능력이 있어야 그 일을 할 수 있단 말인가?" 이런 질문을 던지면서 오늘 나는 하나님과 죄인 사이에 서서 죄를 해결하고 의를 완성하여 하나님과 우리를 화목하게 할 수 있는 중보자, 곧 죄인을 하나님의 영원한 심판과 형벌로부터 구원해 줄 구원자를 찾는다.

생각해 보면, 죄인에게 필요한 것은 중보자나 구원자 가운데 하나가 아니다. 죄인에게 필요한 것은 중보자 한 명과 구원자 한 명, 이렇게 두 명도 아니다. 죄인에게 필요한 것은 중보자이면서 동시에 구원자이신 분이다. 중보자 역할을 완벽하게 하면서 동시에 구원자 역할을 완벽하게 할 수 있는 분이다. 왜 그런가? 죄 때문에 하나님과 사람은 서로를 원수처럼 미워하며 대적하고 있다. "전에 악한 행실로 멀리 떠나 마음으로 원수가 되었던 너희를"[골 1:21]. 하나님과 죄인은 이런 상태에 있으므로, 관계가 회복되기 위해서는 기본적으로 중보자가 필요하다. 그러나 그 중보자가 중보 역할만 해서는 안 된다. 양측의 관계를 깨뜨린 죄와 깨진 관계 때문에 파생된 모든 비참함을 해결해 주는 구원자 역할도 해야 한다. 오늘 나는 질문한다.

"오, 주여! 우리에게 중보자이시면서
구원자이신 분은 누구십니까?"

035일

답 참사람이시고 진정 의로운 분이시면서, 동시에 모든 피조물보다 큰 능력을 가지신 참하나님이신 분이셔야 합니다.

어제의 질문을 다시 생각해 보면서 답을 찾아본다. "우주 안에 있는 그 어떤 피조물도 자격이 안 되고 능력이 안 돼서 그 일을 할 수 없다면, 도대체 어떤 자격이 되고 어떤 능력이 있어야 그 일을 할 수 있단 말인가?" 명확하게 드러나 있는 답부터 하나씩 정리하다 보면 답을 완성할 수 있을 것 같다. 첫째, 우주 안에 있는 그 어떤 피조물도 자격이 안 되고 능력이 안 되니 우주 안에 있는 피조물이 아니어야 한다. 다르게 표현하면 모든 피조물보다 능력이 뛰어나신 분이어야 한다. 둘째, 하나님과 우리 사이에 서서 중보자 역할을 하셔야 하니 참사람이면서 동시에 참하나님이신 분이어야 한다. 중보자는 양쪽을 대신할 수 있어야 하기 때문이다. "그 중보자는 한 편만 위한 자가 아니나…"[갈 3:20]. 사람은 사람이 대신하고 하나님은 하나님이 대신할 수 있다. 그러니 참사람이면서 동시에 참하나님이셔야 한다.

셋째, 죄를 지은 적이 없어 실격한 일도 없고, 하나님의 모든 계명을 완전하게 순종할 능력도 있는 완전한 의인이어야 한다. 중보자일 뿐 아니라 구원자로서 우리의 죄를 대신 짊어지고 죄의 영원한 형벌을 받아야 하고 우리를 위해 하나님의 모든 계명을 순종하여 의를 이루어야 하기 때문이다. 그래서 성경은 하나님께서 세워 주신 중보자와 구원자에 관하여 다음과 같이 설명한다. "하나님이 죄를 알지도 못하신 이를 우리를 대신하여 죄로 삼으신 것은 우리로 하여금 그 안에서 하나님의 의가 되게 하려 하심이라"[고후 5:21]. 이렇게 정리한 세 가지 답을 한 문장으로 정리하면 다음과 같다. "우리에게 필요한 중보자와 구원자는 참사람이시고 의로운 분이시면서 동시에 참하나님이시고 모든 피조물보다 뛰어난 능력을 가지신 분이십니다." 오늘 나는 기도한다.

"오, 주여! 만민이 이런 중보자와 구원자를 찾게 하소서."

06주

제16문 중보자는 왜 참사람이고 진정 의로운 분이어야 합니까?

| 답 |

하나님의 의는 죄지은 사람이 죗값 치르기를 요구하지만, 죄인은 다른 사람을 위해서 죗값을 치를 수 없기 때문입니다.

제17문 중보자는 왜 동시에 참하나님이셔야 합니까?

| 답 |

그의 신성(神性)의 능력으로 하나님의 진노의 무게를 그의 인성(人性)에 짊어지시고, 의와 생명을 얻어 우리에게 돌려주시기 위함입니다.

제18문 그렇다면 참하나님이시면서 동시에 참사람이고 진정 의로운 그 중보자는 누구입니까?

| 답 |

우리 주 예수 그리스도이십니다. 그분은 우리를 완전히 구속(救贖)하시고, 하나님 앞에서 우리를 의롭게 하시기 위해 오신 분이십니다.

제19문 당신은 이것을 어떻게 압니까?

| 답 |

거룩한 복음을 통해서 압니다. 하나님께서는 이 복음을 에덴동산에서 처음으로 친히 계시하셨고, 후에는 족장들과 선지자들을 통해 선포하셨으며, 또한 율법의 제사들과 다른 의식(儀式)들로써 예표하셨고, 마지막에는 그분의 독생자를 통해 성취하셨습니다.

036일

제16문 중보자는 왜 참사람이고 진정 의로운 분이셔야 합니까?

답 **하나님의 의는 죄지은 사람이 죗값 치르기를 요구하지만, 죄인은 다른 사람을 위해서 죗값을 치를 수 없기 때문입니다.**

왜 우리의 중보자는 반드시 참사람이고 또한 진정 의로운 분이어야 할까? 먼저, 우리의 중보자가 참사람이어야 하는 이유부터 생각해 본다. 중보자는 하나님과 우리 사이에서 우리를 대신해야 하는데, 모든 면에서 참으로 사람인 중보자만이 합법적으로 우리를 대신할 자격이 있고 온전하게 우리를 대신할 수 있기 때문이다. "사망이 한 사람으로 말미암았으니 죽은 자의 부활도 한 사람으로 말미암는도다"[고전 15:21]. 모든 면에서 참으로 사람이어야 한다는 말에는 다음 두 가지가 포함되어 있다. 첫째로, 사람이 가지고 있는 모든 요소를 다 구비하고 있어야 함을 말한다. 몸과 영혼으로 구성된 사람이어야 하고 죄를 제외하고는 다른 모든 면에서 사람과 똑같아야 한다. 둘째로, 사람에게서 태어나야 함을 말한다. 모든 사람이 사람에게서 태어나는 것처럼 우리의 중보자도 그렇게 똑같이 태어나 우리와 혈육이 연결되어야 한다. 왜 우리의 중보자는 반드시 참사람이고 진정 의로운 분이어야 할까? 이번에는 우리의 중보자가 의로운 분이어야 하는 이유를 생각해 본다. 중보자는 하나님과 우리 사이에서 우리를 대신하여 두 가지 일을 해야 한다. 우리의 죄를 대신 짊어지고 우리가 받아야 할 영원한 형벌을 받는 것과 우리가 순종하지 못했던 하나님의 모든 계명을 우리를 위해서 순종하는 것이다. 그런데 만일 의로운 분이 아니어서 죄를 이미 범했고 부패한 본성을 가지고 있다면 어떨까? 우리를 위해 이 두 가지 일을 이해할 자격이 있겠는가? 우리를 위해서 이 두 가지 일을 행할 능력이 있겠는가? 그러므로 중보자는 반드시 의로운 분이어야 한다. 죄가 없어야 한다는 말이다. 원죄도 없어야 하고 자범죄도 없어야 한다. 오늘 나는 고백한다.

"오, 주여! 우리의 중보자는 참사람이시며 의로운 분이셔야 합니다."

037일

제17문 중보자는 왜 동시에 참하나님이셔야 합니까?

왜 우리의 중보자는 참사람이면서 동시에 참하나님이셔야 할까? 오늘은 우리의 중보자가 반드시 참하나님이셔야만 하는 이유를 생각해 본다. 중보자는 하나님과 우리 사이에서 화목을 원하시는 하나님을 대리하여 활동해야 하는데, 그런 하나님을 합법적으로 그리고 온전히 대리할 수 있으려면 당연히 모든 면에서 참으로 하나님이셔야 하기 때문이다. 그러므로 우리의 중보자는 반드시 모든 면에서 참하나님이셔야만 한다. 우리의 중보자는 다음과 같은 묘사가 완벽하게 어울리는 분이어야만 한다. "이는 하나님의 영광의 광채시요 그 본체의 형상이시라 그의 능력의 말씀으로 만물을 붙드시며 죄를 정결하게 하는 일을 하시고 높은 곳에 계신 지극히 크신 이의 우편에 앉으셨느니라"[히 1:3] "그의 어깨에는 정사를 메었고 그의 이름은 기묘자라, 모사라, 전능하신 하나님이라, 영존하시는 아버지라, 평강의 왕이라 할 것임이라"[사 9:6].

왜 우리의 중보자는 반드시 참하나님이셔야 할까? 중보자가 우리를 위하여 이행해야 하는 일의 성격에서 그 대답을 찾아보자. 우리의 중보자는 우리 죄를 대신 짊어지고 우리가 받아야 할 영원한 형벌을 받아야만 한다. 영원한 형벌은 하나님의 진노의 형벌을 끝없이 받는 것이다. 우리의 중보자는 그 영원한 형벌을 일정한 시간 안에 완전히 다 받아야 한다. 우리의 중보자가 영원한 형벌을 영원히 받고 있다면 우리의 중보자는 "다 이루었다."라고 선언할 수 없고, 죄에 대한 영원한 형벌을 요구하는 하나님의 공의는 만족되지 않으며, 우리의 구원은 미완성으로 끝나게 된다. 그런데 만일 우리의 중보자가 단순히 참사람이면서 의로운 분이라면, 어떻게 영원한 형벌을 일정한 시간 안에 완전히 다 받을 수 있겠는가? 그것은 불가능한 일이다. 오늘 나는 고백한다.

"오, 주여! 우리의 중보자는 반드시 참하나님이셔야 합니다."

나의 묵상과 기도

038일

답 그의 신성(神性)의 능력으로 하나님의 진노의 무게를 그의 인성(人性)에 짊어지시고, 의와 생명을 얻어 우리에게 돌려주시기 위함입니다.

왜 우리의 중보자는 참사람이시면서 동시에 참하나님이셔야 할까? 오늘은 우리의 중보자가 우리 대신 영원한 형벌을 받는 일을 좀 더 자세히 생각하면서 답을 찾아본다. 우리의 중보자가 우리 대신 영원한 형벌을 받을 때, 그는 오직 참사람으로서 우리가 받아야 할 영원한 형벌을 대신 받아야 한다. 이것을 신학적인 용어로 표현하자면, "우리의 중보자는 우리의 죄와 하나님의 진노의 무게를 그의 신성이 아니라 그의 인성에 짊어지셔야 한다."라고 말한다. 우리가 사람으로서 죄를 지었고 사람으로서 영원한 형벌을 받아야 하므로, 우리의 중보자도 오직 그의 인성에 우리의 죄를 짊어지시고 하나님의 영원한 형벌을 받으셔야만 하는 것이다. 바로 이 지점에서 우리의 중보자는 참하나님이셔야만 한다. 신성의 위대한 능력이 인성을 붙들어 주지 않으면 그 모든 일은 완성될 수 없기 때문이다.

하지만 이것이 전부는 아니다. 우리의 영적 상태 때문에도 우리의 중보자는 반드시 하나님이셔야 한다. 우리의 중보자가 우리를 대신하여 영원한 형벌을 다 받고 우리를 위해 의와 생명을 획득했다고 해도, 우리는 그것을 알지도 못하고 구하지도 않으며 받을 수도 없는 상태이다. 성경은 구원받기 전 사람의 영적 상태를 다음과 같이 묘사한다. "허물과 죄로 죽었던 너희를…"[엡 2:1]. 그러므로 우리의 중보자는 반드시 참하나님이셔야 한다. 그래야만 신성의 위대한 능력으로 우리를 거듭나게 하실 수 있고 의와 생명을 친히 우리에게 나누어 주실 수 있기 때문이다. 만일 우리의 중보자가 참하나님이 아니라면, 신성의 위대한 능력으로 우리를 붙들어 주실 수 없다면, 우리는 의와 생명을 얻을 수 없다. 오늘 나는 다시 고백한다.

"오, 주여! 우리의 중보자는 반드시 참하나님이셔야만 합니다."

039일

제18문 그렇다면, 참하나님이시면서 동시에 참사람이고 진정 의로운 그 중보자는 누구입니까?

우리의 중보자가 반드시 참사람이시고 의로운 분이시면서 동시에 참하나님이시여야 한다는 것을 알았다. 그러므로 오늘은 그런 조건을 모두 충족하는 대상을 찾아본다. 우리를 위하여 진정한 중보자가 될 수 있는 분은 누구인가? 일단, 명확한 것부터 시작해서 차츰 범위를 좁혀 가면 그 대상을 찾을 수 있을 것 같다. 먼저, 우리의 중보자는 참하나님이셔야 한다고 했다. 그러므로 우리의 중보자가 될 수 있는 분은 성부, 성자, 성령 하나님 가운데 한 분이어야만 한다. 성부, 성자, 성령 하나님 외에는 참하나님이 없기 때문이다. 그런데 성부 하나님은 우리의 중보자가 되실 수 없다. 성부 하나님은 인간의 타락과 범죄로 인해서 손상된 하나님의 의를 만족시키라고 요구하시며, 죄인에게 영원한 형벌을 선고하시고 시행하시는 당사자이시기 때문이다. 그러므로 남은 후보군은 성자 하나님과 성령 하나님뿐이다.

그런데 우리의 중보자는 참사람이셔야 한다고 했다. 그러므로 성령 하나님도 우리의 중보자가 될 수 없다. 성령 하나님은 영으로서 영원히 존재하시기 때문이다. 신자 안에 영으로서 들어와 사시기 때문이다. "그는 진리의 영이라 세상은 능히 그를 받지 못하나니 이는 그를 보지도 못하고 알지도 못함이라 그러나 너희는 그를 아나니 그는 너희와 함께 거하심이요 또 너희 속에 계시겠음이라"[요 14:17]. 이렇게 차츰 범위를 좁혀 보면, 우리의 중보자가 될 수 있는 분은 성자 하나님, 곧 예수 그리스도뿐이라는 결론에 도달할 수밖에 없다. 예수 그리스도는 본래 하나님의 영원하신 아들로서 영광과 능력이 하나님과 동등하시나, 우리와 똑같이 여자에게서 출생하여 몸과 영혼으로 구성된 인성을 취해 참사람이 되셨기 때문이다. 오늘 나는 외친다.

"오, 주여! 성자 예수 그리스도만이 우리의 중보자이십니다."

040일

답 우리 주 예수 그리스도이십니다. 그분은 우리를 완전히 구속하시고, 하나님 앞에서 우리를 의롭게 하시기 위해 오신 분이십니다.

성자 하나님이 우리의 유일한 중보자임을 알았으니 오늘은 그분을 묵상해 본다. 일단, 그분의 이름부터 생각해 본다. 성경은 그분을 일컬어 '우리 주 예수 그리스도'라고 부른다. '그리스도'라는 이름은 성자 하나님이 성부 하나님으로부터 중보자로 공식 임명을 받고 중보자의 직분에 합당한 능력을 받았다는 사실을 보여 준다. '예수'라는 이름은 성자 하나님이 중보자로서 우리를 죄에서 구원하시는 분이라는 사실을 보여 준다. '우리 주'라는 이름은 성자 하나님이 중보자로서 우리의 영원한 주인이 되어 우리를 다스리시고 돌보시며 지키신다는 사실을 보여 준다. 이 세 가지 이름을 모두 합치면 '우리 주 예수 그리스도'가 된다. 이것이 우리의 유일한 중보자이신 성자 하나님의 이름이다. 아, 얼마나 아름다운 이름인가! 아, 얼마나 복된 이름인가! 수천 번 수만 번 불러도 좋은 이름이다.

그분의 이름을 알았으니 이제는 그분의 출생과 사역을 생각해 본다. "예수는 하나님으로부터 나와서 우리에게 지혜와 의로움과 거룩함과 구원함이 되셨으니"[고전 1:30]. 우리의 중보자는 성부 하나님으로부터 나오셔서 우리에게 네 가지가 되신다. 첫째, 우리 안에 있는 어둠을 몰아내고 하늘의 지혜로 가득 채워 주시는 지혜가 되신다. 둘째, 하나님 앞에서 우리의 죄를 청산하시고 자기의 의를 우리에게 주심으로써 우리를 의롭다 인정받게 해주시는 의로움이 되신다. 셋째, 우리에게 있는 더럽고 부패한 것을 씻고 고쳐주심으로써 우리를 거룩하게 하시는 거룩함이 되신다. 넷째, 우리를 흑암의 나라와 사탄의 권세에서 건져냄으로써 하나님의 아들의 나라에서 영원히 살게 하시는 구속이 되신다. 아, 얼마나 완벽한 중보자요 구원자이신가! 오늘 나는 기쁨으로 노래한다.

"오, 주여! 주님은 아름답고 완벽한 중보자이십니다."

041일

제19문 당신은 이것을 어떻게 압니까?

답1 **거룩한 복음을 통해서 압니다.**

우리의 유일한 중보자가 누구이시며 어떤 일을 하시는지 정확하고 풍성하게 배울 수 있는 곳은 어디일까? 기록된 하나님의 말씀인 성경이다. 예수님 자신이 친히 말씀하신 내용을 들어 보자. "이 성경이 곧 내게 대하여 증언하는 것이니라"[요 5:39]. 하지만 여기에서 그치지 말고 좀 더 세밀하게 생각해 보자. 성경의 모든 내용을 크게 두 가지로 구별해 보면 율법과 복음이라고 할 수 있다. 그렇다면, 우리의 유일한 중보자가 누구이시며 어떤 일을 하시는지 정확하고 풍성하게 배울 수 있는 곳은 율법일까, 복음일까? 율법은 우리의 죄와 비참함을 보여 줌으로써 우리가 유일한 중보자이신 예수 그리스도를 찾아가도록 만든다. 하지만 복음은 예수 그리스도께서 중보자로서 이루신 모든 구원을 계시한다. 이런 점에서 우리의 유일한 중보자가 누구이시며 어떤 일을 하시는지 정확하고 풍성하게 배울 수 있는 곳은 복음이다.

사도 바울은 율법과 복음에 관하여 각각 다음과 같이 말하였다. "이같이 율법이 우리를 그리스도께로 인도하는 초등교사가 되어"[갈 3:24]. "나의 복음과 예수 그리스도를 전파함은"[롬 16:25]. 그렇다. 율법과 복음 모두 그리스도를 우리에게 계시하는 것이 목표이지만, 계시의 방법과 정도가 다르다. 율법은 우리에게 유일한 중보자이신 그리스도의 절대적인 필요성을 깨닫게 하여 우리를 그리스도에게로 인도하는 초등교사와 같은 역할을 한다. 그러나 복음은 '예수 그리스도를 전파함'과 동격이다. 다시 말해, 복음이 곧 예수 그리스도를 전파함이고, 예수 그리스도를 전파함이 곧 복음이다. 이처럼 복음은 우리의 유일한 중보자가 어떤 분이시고 어떤 일을 하시는지를 완전하고 풍성하게 계시한다. 오늘 나는 간구한다.

"오, 주여! 복음 안에서 우리의 중보자 예수를 온전히 알고 배우게 하옵소서."

042일

답2 하나님께서는 이 복음을 에덴동산에서 처음으로 친히 계시하셨고, 후에는 족장들과 선지자들을 통해 선포하셨으며, 또한 율법의 제사들과 다른 의식(儀式)들로써 예표하셨고, 마지막에는 그분의 독생자를 통해 성취하셨습니다.

우리의 유일한 중보자가 누구이시며 어떤 일을 하시는지 정확하고 풍성하게 배울 수 있는 곳이 복음임을 알았다. 그렇다면, 하나님께서 복음을 통해 우리의 중보자를 계시하시는 일은 언제 시작되었고, 어떤 과정을 통해 오늘에 이르게 되었을까? 사도 바울의 말이 떠오른다. "이 비밀은 만세와 만대로부터 감추어졌던 것인데 이제는 그의 성도들에게 나타났고"[골 1:26]. 그렇다. 복음은 영원 전에 하나님의 뜻 안에서 세워진 비밀이었다. 그런데 이제는 하나님의 백성들에게 공개되었다. 언제 처음 공개되었을까? 아담과 하와가 타락한 직후다. 하나님께서는 뱀을 저주하시면서 복음을 처음 공개하셨다. "내가 너로 여자와 원수가 되게 하고 네 후손도 여자의 후손과 원수가 되게 하리니 여자의 후손은 네 머리를 상하게 할 것이요 너는 그의 발꿈치를 상하게 할 것이니라 하시고"[창 3:15].

에덴동산에서 복음이 처음 공개될 때는 거기까지만 공개되었다. 하지만 그것이 끝은 아니었다. 이후에도 하나님께서는 차근차근 복음을 점점 더 온전하고 더 풍성하게 계시하셨다. 처음에는 여러 족장을 통해서 그렇게 하셨고 나중에는 오랜 세월에 걸쳐 수많은 선지자를 통해서 그렇게 하셨다. 어떤 선지자를 통해서는 복음의 어떤 부분을 더 선명하게 드러내시고 다른 선지자를 통해서는 복음의 또 다른 부분을 선명하게 드러내시면서, 시간의 흐름 속에서 복음을 점점 더 온전하고 더 풍성하게 계시하셨다. 그리고 마지막에는 하나님의 아들이신 예수 그리스도를 통해 마침내 복음을 완전하게 계시하셨다. "옛적에 선지자들을 통하여 여러 부분과 여러 모양으로 우리 조상들에게 말씀하신 하나님이 이 모든 날 마지막에는 아들을 통하여 우리에게 말씀하셨으니…"[히 1:1-2]. 오늘 나는 감사한다.

"오, 주여! 복음은 최고의 선물입니다."

07주

제20문 그러면 아담 안에서 모든 사람이 멸망한 것처럼, 그리스도를 통해 모든 사람이 구원을 받습니까?

| 답 | 아닙니다. 오직 참된 믿음으로 그리스도께 연합되어 그의 모든 은택(恩澤)을 받아들이는 사람들만 구원을 받습니다.

제21문 참된 믿음이란 무엇입니까?

| 답 | 참된 믿음이란 하나님께서 그의 말씀에서 우리에게 계시하신 모든 것을 진리라고 여기는 확실한 지식이요, 동시에 성령님께서 복음을 통해 내 마음속에 일으키시는 굳건한 신뢰, 곧 오직 그리스도의 공로로 얻은 순전한 은혜로 말미암아 다른 사람뿐 아니라 나도 죄 사함과 하나님 앞에서의 영원한 의와 구원을 받았다고 믿는 것입니다.

제22문 그러면 그리스도인은 무엇을 믿어야 합니까?

| 답 | 하나님께서 복음으로 우리에게 약속하신 모든 것을 믿어야 합니다. 이 복음은 보편적이고 의심할 여지 없는 우리 기독교 신앙의 조항들인 사도신경에 요약되어 있습니다.

제23문 사도신경의 조항들은 무엇입니까?

| 답 | 1. 전능하사 천지를 만드신 하나님 아버지를 내가 믿사오며 2. 그 외아들 우리 주 예수 그리스도를 믿사오니 3. 이는 성령으로 잉태하사 동정녀 마리아에게 나시고 4. 본디오 빌라도에게 고난을 받으사, 십자가에 못 박혀 죽으시고, (음부에 내려가셨으며,) 장사한 지, 5. 사흘 만에 죽은 자 가운데서 다시 살아나시며, 6. 하늘에 오르사 전능하신 하나님 우편에 앉아 계시다가, 7. 저리로서 산 자와 죽은 자를 심판하러 오시리라. 8. 성령을 믿사오며, 9. 거룩한 교회와 성도가 서로 교통하는 것과 10. 죄를 사하여 주시는 것과 11. 몸이 다시 사는 것과 12. 영원히 사는 것을 믿사옵나이다. 아멘.

043일

제20문 그러면 아담 안에서 모든 사람이 멸망한 것처럼, 그리스도를 통해 모든 사람이 구원을 받습니까?

참 하나님이시면서 동시에 참사람이신 예수 그리스도께서 하나님과 사람 사이에 유일한 중보자임을 알았다. "하나님은 한 분이시요 또 하나님과 사람 사이에 중보자도 한 분이시니 곧 사람이신 그리스도 예수라"[딤전 2:5]. 오늘은 중보자가 얼마나 많은 사람을 구원할 수 있는지를 생각해 본다. 성경은 한 사람의 범죄로 모든 사람이 죄인 되었고 멸망에 처하게 되었다고 가르친다. "한 사람으로 말미암아 죄가 세상에 들어오고 죄로 말미암아 사망이 들어왔나니 이와 같이 모든 사람이 죄를 지었으므로 사망이 모든 사람에게 이르렀느니라"[롬 5:12]. 그렇다면, 유일한 중보자이신 예수 그리스도 한 분을 통해서 모든 사람이 의인 되고 구원받는 것일까? 교회 안에는 그렇게 된다고 생각하는 사람도 있고 그렇게 안 된다고 믿는 사람도 있다. 어느 쪽이 맞을까? 로마서 5장을 펼쳐 놓고 성경의 가르침을 상고해 본다.

"한 사람으로 말미암아 … 모든 사람이 죄를 지었으므로 사망이 모든 사람에게 이르렀느니라"[12절]. "한 사람의 범죄를 인하여 많은 사람이 죽었은즉 더욱 하나님의 은혜와 또한 한 사람 예수 그리스도의 은혜로 말미암은 선물은 많은 사람에게 넘쳤느니라"[15절]. "그런즉 한 범죄로 많은 사람이 정죄에 이른 것 같이 한 의로운 행위로 말미암아 많은 사람이 의롭다 하심을 받아 생명에 이르렀느니라"[18절]. "한 사람이 순종하지 아니함으로 많은 사람이 죄인 된 것 같이 한 사람이 순종하심으로 많은 사람이 의인이 되리라"[19절]. 여기 보면, 한 사람으로 말미암아 모든 사람이 죄를 지었고 사망이 모든 사람에게 이르렀다는 표현은 있다. 하지만, 예수 그리스도 한 분을 통하여 모든 사람이 의인이 되고 모든 사람이 구원을 받는다는 표현은 한 번도 등장하지 않는다. 오늘 나는 기도한다.

"오, 주여! 저를 가르쳐 주소서."

044일

답 **아닙니다. 오직 참된 믿음으로 그리스도께 연합되어 그의 모든 은택(恩澤)을 받아들이는 사람들만 구원을 받습니다.**

유일한 중보자이신 예수 그리스도 한 분을 통해서 모든 사람이 의인 되고 구원받는 것일까? 오늘은 예수님의 말씀에서 해답을 찾아본다. 예수님은 십자가 위에서 다음과 같이 말씀하셨다. "다 이루었다"[요 19:30]. 그렇게 예수님은 자신이 십자가에서 행하신 일이 죄인의 구원에 필요한 모든 일을 다 이루신 것이라고 선언하셨다. 하지만 부활하신 예수님은 제자들에게 다음과 같이 말씀하셨다. "믿고 세례를 받는 사람은 구원을 얻을 것이요 믿지 않는 사람은 정죄를 받으리라"[막 16:16]. 예수님의 이 말씀에 따르면, 세상에 있는 모든 사람이 다 그리스도를 통해서 구원받는 것은 아님이 분명하다. 예수님께서 친히 말씀하시기를, 구원을 얻는 사람들이 있고 구원을 얻지 못해서 정죄 가운데 영원히 멸망하는 사람들이 있다고 하셨다. 그러므로 모든 사람이 다 구원을 받는 것은 아니다.

그렇다면, 어떤 사람들이 구원을 받는가? 하나님과 사람 사이에 유일한 중보자가 되시는 예수님을 믿는 사람들이다. 예수님의 말씀에 귀 기울여 보자. "그를 믿는 자는 심판을 받지 아니하는 것이요 믿지 아니하는 자는 하나님의 독생자의 이름을 믿지 아니하므로 벌써 심판을 받은 것이니라"[요 3:18]. 참된 믿음은 그 자체로는 마치 빈손처럼 아무것도 아니지만, 예수님과 신자를 연합시킨다. 은혜로운 구주이신 예수님께서 자기를 믿는 모든 사람에게 자기 자신과 자기에게 있는 모든 것을 주시기 때문이다. 예수님의 말씀에 귀 기울여 보자. "나는 포도나무요 너희는 가지라 그가 내 안에, 내가 그 안에 거하면 사람이 열매를 많이 맺나니"[요 15:5]. 그러므로 예수님을 믿는 사람은 그 연합을 통해서, 예수님께서 중보자로 이루신 모든 일의 유익을 누리게 된다. 오늘 나는 고백한다.

"오, 주여! 믿음은 참으로 귀합니다."

045일

제21문 참된 믿음이란 무엇입니까?

오직 유일한 중보자이신 예수 그리스도를 믿음으로 하나님의 심판과 영원한 형벌에서 구원을 얻는다면, 믿음처럼 중요한 것은 없다. 그러므로 오늘은 믿음을 깊이 생각해 본다. 유일한 중보자이신 예수 그리스도를 믿는다는 것은 무엇일까? 어떻게 믿어야 정말로 구원을 받을 수 있는 걸까? 예수님은 어떤 사람들이 평생 예수를 잘 믿고 살았다고 스스로 자부할지라도, 죽은 다음에서야 비로소 자기가 예수를 믿은 게 아니었다는 충격적인 사실을 알게 된다고 말씀하셨다. "그날에 많은 사람이 나더러 이르되 주여 주여 우리가 주의 이름으로 선지자 노릇 하며 주의 이름으로 귀신을 쫓아내며 주의 이름으로 많은 권능을 행하지 아니하였나이까 하리니 그때에 내가 그들에게 밝히 말하되 내가 너희를 도무지 알지 못하니 불법을 행하는 자들아 내게서 떠나가라 하리라"[마 7:22-23]. 이 얼마나 끔찍한 일인가! 이 얼마나 두려운 일인가! 이런 사람이 되지 않으려면 어떻게 해야 할까? 먼저는 예수 그리스도를 믿는 일을 쉽게 생각하지 말아야 한다. 성경이 예수님에 관하여 믿으라고 하는 것을 믿지 않으면서, 자기 멋대로 믿으면서, 엉뚱하게 믿으면서, 대충 대강 믿으면서, 심지어는 믿지 않으면서 '나는 예수 그리스도를 믿는 사람이다.'라고 생각해서는 안 된다. 다음으로는 구원에 이르는 믿음 또는 참된 믿음의 내용이 무엇인지 정확하게 알아야 한다. 믿음의 대상이 예수 그리스도라 할지라도 믿음의 내용이 성경적이지 않으면, 그런 믿음은 구원에 이르는 믿음 또는 참된 믿음이 될 수 없다. 그러므로 그것을 정확하게 알아야 한다. 마지막으로는 믿음과 관련하여 하나님의 은혜를 진실하게 구해야 한다. 거짓된 믿음에서 건져 주시고 참된 믿음으로 살게 해달라는 간구를 올려야 한다. 오늘 나는 기도한다.

"오, 주여! 참된 믿음으로 구원에 이르게 하소서."

046일

답1 참된 믿음이란 하나님께서 그의 말씀에서 우리에게 계시하신 모든 것을 진리라고 여기는 확실한 지식이요,

구원에 이르는 믿음 또는 참된 믿음의 내용이 무엇인지 정확하게 알아야 한다고 했다. 그러므로 오늘은 참된 믿음의 내용에 관해 생각해 본다. 참된 믿음은 어떤 내용을 구비하고 있어야 할까? 참된 믿음에 반드시 있어야 할 첫 번째 내용은 '지식'이다. 하나님께서 말씀을 통해 계시하신 모든 것을 진리라고 여기고, 그것을 확실하게 아는 지식이다. 하나님께서는 우리가 믿어야 할 것을 성경에서 가르쳐 주셨다. 우리는 그것을 읽고 듣고 배움으로써 우리가 믿어야 할 것을 믿게 된다. "믿음은 들음에서 나며 들음은 그리스도의 말씀으로 말미암았느니라"[롬 10:17]. 그러므로 참된 믿음의 가장 기본적인 내용은 하나님께서 말씀을 통해 계시하신 모든 것이 진리라고 여기고, 의심 없이 그것을 받아들여, 확실한 지식으로 소유하는 것이다. 이것이 없이는 참된 믿음이 성립할 수 없다.

그렇다면 참된 믿음은 하나님의 모든 말씀을 한 치의 의심도 없이 받아들이고 단 한 번도 의심하지 않는 것일까? 만일 우리가 하나님의 모든 말씀을 아무런 의심도 없이, 아무런 흔들림도 없이 믿을 수 있다면 그것이 제일 바람직하다. 하나님께서는 믿음과 의심이 우리 마음에 공존하는 것을 절대 원하시지 않는다. "오직 믿음으로 구하고 조금도 의심하지 말라"[약 1:6]. 하지만 약간의 의심이 있고 잠시 흔들리는 일이 있다고 해서 참된 믿음이 없다고 단정할 수는 없다. 참된 믿음 중에도 작고 연약한 믿음이 있을 수 있다. 크고 확고한 믿음도 때로는 흔들릴 수 있다. 작고 연약한 믿음은 하나님의 영광을 위해서나 신자의 행복을 위해서나 전혀 바람직하지 않지만 엄연한 현실이다. 오늘 나는 간구한다.

"오, 주여! 참된 믿음으로, 크고 강한 믿음으로 주님을 믿고 싶습니다."

047일

답2 동시에 성령님께서 복음을 통해 내 마음속에 일으키시는 굳건한 신뢰, 곧 오직 그리스도의 공로로 얻은 순전한 은혜로 말미암아 다른 사람뿐 아니라 나도 죄 사함과 하나님 앞에서의 영원한 의와 구원을 받았다고 믿는 것입니다.

구원에 이르는 믿음, 또는 참된 믿음의 내용이 무엇인지 정확하게 알아야 한다고 했다. 참된 믿음은 어떤 내용을 구비하고 있어야 할까? 참된 믿음에 반드시 있어야 할 두 번째 내용은 '마음의 신뢰'이다. 즉, 하나님께서 말씀을 통해 계시하신 모든 것을 마음속 깊은 곳에서부터 확고하게 신뢰하는 것이며, 그중에서도 중보자이신 예수 그리스도와 그가 행하신 일의 효력을 확고하게 신뢰하는 것이다. 좀 더 구체적으로 말하자면, 예수님이 하나님과 죄인 사이에 유일한 중보자이신 것을 마음으로 확고하게 신뢰하고, 예수 그리스도의 공로 때문에 순전히 은혜로 하나님께서 예수를 믿는 나에게도 죄 사함과 영원한 의로움과 구원을 주신다는 것을 마음으로 굳게 신뢰하는 것이다. 마음으로 굳게 신뢰하기 때문에 거기에 모든 기대와 소망을 거는 것이다.

그렇다면, 이런 신뢰는 어떻게 우리 마음속 깊은 곳에 견고하게 세워지는 걸까? 진리의 영이신 성령께서 복음을 통해 우리 마음에 심어 주시고 자라게 하신 결과이다. 예수님의 말씀을 들어 보자. "진리의 성령이 오시면 그가 너희를 모든 진리 가운데로 인도하시리니 그가 스스로 말하지 않고 오직 들은 것을 말하며 장래 일을 너희에게 알리시리라 그가 내 영광을 나타내리니 내 것을 가지고 너희에게 알리시겠음이라"[요 16:13-14]. 예수님의 약속대로 성령 하나님께서는 우리에게 복음의 모든 진리를 효과 있게 가르쳐 주시고, 그리스도의 영광도 우리에게 효과 있게 알려 주신다. 그럼으로써 우리 마음속 깊은 곳에 중보자이신 예수 그리스도와 그의 구원을 굳건하게 신뢰하도록 만들어 주신다. 오늘도 나는 복음의 말씀을 읽고 듣고 묵상하며 기도한다.

"오, 주여! 제 안에도 성령의 강한 힘으로 굳건한 신뢰가 있게 하소서."

048일

제22문 그러면 그리스도인은 무엇을 믿어야 합니까?

답 하나님께서 복음으로 우리에게 약속하신 모든 것을 믿어야 합니다. 이 복음은 보편적이고 의심할 여지 없는 우리 기독교 신앙의 조항들인 사도신경에 요약되어 있습니다.

참된 믿음이 어떤 것인지를 알았으니 오늘은 참된 믿음으로 믿어야 할 대상과 내용을 생각해 본다. 참된 믿음으로 무엇을 믿어야 할까? 예수 그리스도와 복음이다. 예수님은 공생애 초기에 다음과 같이 외치셨다. "회개하고 복음을 믿으라"[막 1:15]. 사도들은 구원받기를 원하는 사람들에게 다음과 같이 권면했다. "주 예수를 믿으라 그리하면 너와 네 집이 구원을 받으리라"[행 16:31]. 요한복음을 기록한 목적은 다음과 같다. "오직 이것을 기록함은 너희로 예수께서 하나님의 아들 그리스도이심을 믿게 하려 함이요"[요 20:31]. 그렇다. 참된 믿음으로 우리가 믿어야 할 대상은 우리의 유일한 중보자 예수 그리스도이시다. 또한 그가 우리에게 주신 복음이요, 복음의 모든 약속이다. 이것을 믿을 때 우리는 죄를 사함받고 하나님의 법정에서 의롭다 인정을 받으며 하나님의 자녀가 되고 영생을 얻는다. 이 지점에서 우리는 한 가지를 질문해 볼 수 있다. 우리가 참된 믿음으로 믿어야 할 복음의 모든 내용을 요약해 놓은 것이 있을까? 율법 중에서 보편적이고 영구적인 도덕법은 십계명에 요약되어 있다. 그와 마찬가지로 복음도 어딘가 요약판이 있을까? 일단, 성경에서는 율법의 요약판인 십계명에 견줄 만한 복음의 요약판이 발견되지 않는다. 그런데 교회의 역사에서는 율법의 요약판인 십계명에 견줄 만한 복음의 요약판이 발견된다. 그것은 사도신경이다. 사도신경은 신약의 교회가 세워진 후 성경이 완성되고 기독교 신앙의 핵심 조항을 정리할 필요가 생겼을 때, 많은 교회가 함께 정리하고 함께 확인하고 함께 인준하였기에 보편적이며 의심할 필요 없는 공인된 신앙고백서이다. 그래서 우리는 사도신경으로 우리의 신앙을 고백하는 것이다. 오늘 나는 고백한다.

"오, 주여! 사도신경에 요약된 복음의 전부를 믿습니다."

나의 묵상과 기도

049일

제23문 사도신경의 조항들은 무엇입니까?

답 1. 전능하사 천지를 만드신 하나님 아버지를 내가 믿사오며 2. 그 외아들 우리 주 예수 그리스도를 믿사오니 3. 이는 성령으로 잉태하사 동정녀 마리아에게 나시고 …

십계명이 율법 중에 도덕법의 요약판인 것처럼, 사도신경은 우리가 믿어야 할 복음의 요약판이다. 그러므로 오늘은 사도신경을 자세히 살펴본다. 먼저, 사도신경이 어떤 조항들로 구성되어 있는지 알기 위해 사도신경을 천천히 읽어 본다. "전능하사 천지를 만드신 하나님 아버지를 내가 믿사오며, 그 외아들 우리 주 예수 그리스도를 믿사오니, 이는 성령으로 잉태하사 동정녀 마리아에게 나시고, 본디오 빌라도에게 고난을 받으사, 십자가에 못 박혀 죽으시고, 장사한 지 사흘 만에 죽은 자 가운데서 다시 살아나시며, 하늘에 오르사, 전능하신 하나님 우편에 앉아 계시다가, 저리로서 산 자와 죽은 자를 심판하러 오시리라. 성령을 믿사오며, 거룩한 공회와, 성도가 서로 교통하는 것과, 죄를 사하여 주시는 것과, 몸이 다시 사는 것과, 영원히 사는 것을 믿사옵나이다. 아멘." 사도신경에 우리가 믿어야 할 복음이 요약되어 있다고 생각하니 한 문장 한 문장이 마음에 새롭게 다가온다. 사도신경을 다시 천천히 읽어 본다. "전능하사 천지를 만드신 하나님 아버지를 내가 믿사오며, 그 외아들 우리 주 예수 그리스도를 믿사오니, 이는 성령으로 잉태하사 동정녀 마리아에게 나시고, 본디오 빌라도에게 고난을 받으사, 십자가에 못 박혀 죽으시고, 장사한 지 사흘 만에 죽은 자 가운데서 다시 살아나시며, 하늘에 오르사, 전능하신 하나님 우편에 앉아 계시다가, 저리로서 산 자와 죽은 자를 심판하러 오시리라. 성령을 믿사오며, 거룩한 공회와, 성도가 서로 교통하는 것과, 죄를 사하여 주시는 것과, 몸이 다시 사는 것과, 영원히 사는 것을 믿사옵나이다. 아멘." 오늘 나는 간구한다.

"오, 주여! 사도신경에 요약된 복음의 모든 내용을 배우고 믿고 싶습니다."

08주

제24문 이 조항들은 어떻게 나누어집니까?

| 답 |

세 부분으로 나누어집니다.
즉, 성부 하나님과 우리의 창조,
성자 하나님과 우리의 구속(救贖),
성령 하나님과 우리의 성화(聖化)에 관한 것입니다.

제25문 오직 한 분 하나님만 계신다고 하는데, 당신은 왜 삼위(三位), 곧 성부·성자·성령을 말합니까?

| 답 |

왜냐하면, 하나님께서 말씀으로 자신을 그렇게 계시하셨기 때문입니다.
이 구별된 삼위가 곧 참되시고 영원하신 한 분 하나님이십니다.

050일

제24문 이 조항들은 어떻게 나누어집니까?

생소한 질문이다. "사도신경의 조항들은 어떻게 나누어집니까?" 우리는 늘 통째로 사도신경을 외우는데 사도신경의 조항들을 구분해 보라니 왠지 낯설다. 십계명도 열 가지 계명을 구분해 보면, 하나님을 향한 의무와 사람을 향한 의무로 구분할 수 있다. 사도신경은 어떨까? 하지만 오늘은 사도신경의 조항을 구분하기 전에 먼저 다른 것 한 가지를 생각해 본다. 사도신경과 관련하여 교회의 분열된 현실이다. 오늘날 어떤 사람들과 어떤 교회들은 사도신경이 인간의 창작물이라며 싫어하고 사용을 거부한다. 십계명이나 주기도문은 하나님과 예수님이 직접 작성해서 주신 것이지만, 사도신경은 그렇지 않으므로 권위가 없다고 주장한다. 심지어는 예배 시간에 사도신경을 신앙고백에 사용하는 교회는 심각하게 타락한 교회라고 날 선 비판을 한다. 과연 이런 주장이 옳은 것일까? 과연 사도신경은 사용하면 안 되는 것일까?

우선, 인정할 것은 인정하자. 사도신경은 하나님과 예수님이 작성해 주신 것이 아니다. 누가 각각의 문장을 작성했는지 알 수도 없다. 하지만 복음의 핵심을 짧게 요약하여 신앙을 교육하고 이단으로부터 신자들을 보호하기 위한 목적으로 작성되었다. 또한 교회의 공적인 회의를 통해서 사도신경의 전문이 성경에 비추어 점검되고 옳다고 확정되어 정식으로 인준되었다. 비록 십계명처럼 하나님께서 직접 만들어 주신 것은 아니지만 성경의 진리를 충실하게 반영하고 있다. 예배 시간에 설교자의 설교도 성경을 그대로 읽어 주는 것이 아니고 사람이 성경을 해석하고 적용하는 것이지만, 그것이 전적으로 성경에 근거를 두고 있으므로 하나님의 말씀으로 인정하고 예배 시간에 소중하게 두지 않는가? 그렇다면, 사도신경도 같은 이유에서 그렇게 해야 옳다. 오늘 나는 기도한다.

"오, 주님! 우리가 바르게 생각하고 판단하게 도우소서."

051일

답 세 부분으로 나누어집니다. 즉 성부 하나님과 우리의 창조, 성자 하나님과 우리의 구속(救贖), 성령 하나님과 우리의 성화(聖化)에 관한 것입니다.

사도신경이 어떤 내용과 어떤 흐름으로 전개되는지 살펴보면서 사도신경을 다시 읽어 본다. "전능하사 천지를 만드신 하나님 아버지를 내가 믿사오며, 그 외아들 우리 주 예수 그리스도를 믿사오니, 이는 성령으로 잉태하사 동정녀 마리아에게 나시고, 본디오 빌라도에게 고난을 받으사, 십자가에 못 박혀 죽으시고, 장사한 지 사흘 만에 죽은 자 가운데서 다시 살아나시며, 하늘에 오르사, 전능하신 하나님 우편에 앉아 계시다가, 저리로서 산 자와 죽은 자를 심판하러 오시리라. 성령을 믿사오며, 거룩한 공회와, 성도가 서로 교통하는 것과, 죄를 사하여 주시는 것과, 몸이 다시 사는 것과, 영원히 사는 것을 믿사옵나이다. 아멘." 내용의 흐름상 사도신경은 세 부분으로 나누어진다. 성부 하나님의 창조 사역, 성자 하나님의 구속 사역, 그리고 성령 하나님의 성화 사역, 이렇게 세 부분이다.

사도신경의 내용이 삼위 하나님의 사역으로 채워져 있는 것은 지극히 당연한 일이다. 사도신경이 복음의 요약판이라면 그럴 수밖에 없다. 왜냐하면, 복음은 삼위 하나님께서 우리의 구원을 위하여 각각 그리고 함께 사역하셨다는 기쁜 소식이기 때문이다. 또한 복음은 삼위 하나님의 그런 사역을 통해서 우리의 창조, 우리의 구원, 우리의 성화가 이루어졌다는 기쁜 소식이기 때문이다. 그러므로 사도신경의 내용이 이런 흐름으로 구성되어 있다는 것을 보면서 사도신경이 복음의 요약판이라는 설명을 한층 더 신뢰하게 된다. 그리고 복음의 핵심을 다시 생각하게 된다. 복음은 성부, 성자, 성령 삼위일체 하나님께서 우리의 창조와 구속과 성화를 위해 위대한 일을 행하셨다는 기쁜 소식이다. 오늘 나는 고백한다.

"오, 주여! 사도신경을 통해서
복음의 핵심을 배우고 또 배우고 싶습니다."

052일

제25문 오직 한 분 하나님만 계신다고 하는데, 당신은 왜 삼위(三位), 곧 성부·성자·성령을 말합니까?

복음의 요약판인 사도신경의 내용과 구성을 보면서 다음과 같은 질문을 할 수 있다. "하나님은 분명히 한 분이신데 왜 성부 하나님, 성자 하나님, 성령 하나님, 이렇게 말하는가?" 우선, 이 질문에 직접적으로 답변하기 전에 하나님이 한 분이라는 사실부터 다시 생각해 본다. 하나님은 한 분이시다! 신구약 성경은 하나님이 한 분이라고 분명하게 말한다. "이스라엘아 들으라 우리 하나님 여호와는 오직 유일한 여호와이시니"[신 6:4]. "나는 처음이요 나는 마지막이라 나 외에 다른 신이 없느니라"[사 44:6]. "우리가 우상은 세상에 아무것도 아니며 또한 하나님은 한 분밖에 없는 줄 아노라"[고전 8:4]. "주도 한 분이시요 믿음도 하나요 세례도 하나요 하나님도 한 분이시니"[엡 4:5-6]. 그러므로 우리는 성경의 증거를 받아들여 하나님이 한 분이시라는 것을 알고 믿는다.

예수를 믿어 구원을 얻고 성화의 삶을 살아가는 신자들을 한자리에 모아 놓고 다음과 같이 질문하면, 어떤 대답이 돌아올까? "여러분에게 죄를 깨닫게 해주시고 회개하도록 인도하시고 믿음을 선물로 주신 신적인 존재가 한 분이셨습니까? 여러 분이셨습니까?", "여러분이 예수를 믿고 구원을 얻은 후 성화의 삶을 살아갈 때 여러분의 마음을 날마다 거룩하게 해주시고 순종의 길로 이끌어 주신 신적인 존재가 한 분이셨습니까? 여러 분이셨습니까?", "험악한 세상을 살아가는 연약한 여러분을 날마다 긍휼히 여기시고 때마다 붙들어 주시며 필요한 은혜를 공급해 주시는 신적인 존재가 한 분이셨습니까? 여러 분이셨습니까?" 틀림없이 모든 신자는 이구동성으로 다음과 같이 대답할 것이다. "한 분이십니다." 성경이 계시하는 대로 하나님은 한 분이시다. 오늘 나는 고백한다.

"오, 주여! 하나님은 오직 한 분이십니다."

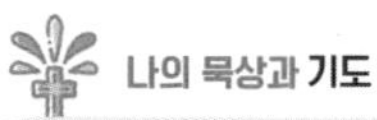

053일

답1 왜냐하면, 하나님께서 말씀으로 자신을 그렇게 계시하셨기 때문입니다.

"하나님은 분명히 한 분이신데 왜 성부 하나님, 성자 하나님, 성령 하나님, 이렇게 말하는가?" 오늘은 이 질문에 직접적으로 대답해 본다. 대답은 하나뿐이다. 하나님의 말씀으로서 우리 신앙의 유일한 규범인 성경이 성부, 성자, 성령을 말하고, 또 각각이 하나님이라고 분명하게 계시하기 때문이다. 성경을 보면, 하나님은 분명 한 분이시지만 여기저기에서 '나'라는 표현 대신에 '우리'라는 표현을 쓰신다. 또 성경을 보면, 하나님은 자기 아들이 있다고 말씀하시고 자기의 영, 곧 성령도 있다고 말씀하신다. 또 성경을 보면, 하나님을 가리켜 아버지, 아들, 성령이라는 호칭이 사용된다. 또 성경을 보면, 아버지, 아들, 성령이 똑같이 하나님이라고 계시한다. 성경이 하나님을 이렇게 계시하고 있기 때문에 우리는 성경을 따라, 성부 하나님, 성자 하나님, 성령 하나님이라고 말한다.

대표적인 말씀은 다음과 같다. "하나님이 이르시되 우리의 형상을 따라 우리의 모양대로 우리가 사람을 만들고"[창 1:26]. "하늘로부터 소리가 있어 말씀하시되 이는 내 사랑하는 아들이요"[마 3:17]. "그 후에 내가 내 영을 만민에게 부어 주리니"[욜 2:28]. "너희는 가서 모든 민족을 제자로 삼아 아버지와 아들과 성령의 이름으로 세례를 베풀고"[마 28:19]. "또한 우리가 참된 자 곧 그의 아들 예수 그리스도 안에 있는 것이니 그는 참하나님이시요 영생이시라"[요일 5:20]. "베드로가 이르되 아나니아야 어찌하여 사탄이 네 마음에 가득하여 네가 성령을 속이고 땅값 얼마를 감추었느냐 … 사람에게 거짓말한 것이 아니요 하나님께로다"[행 5:3-4]. 오늘 나는 간구한다.

"오, 주여! 성경이 계시하고 있는 하나님을
정확하게 알고 믿게 하소서."

054일

답2 이 구별된 삼위(三位)가 곧 참되시고 영원하신 한 분 하나님이십니다.

하나님은 오직 한 분이시다. 한 분 하나님 외에 다른 하나님은 없다. 그러므로 우리가 성경이 가르쳐 주는 대로 성부 하나님, 성자 하나님, 성령 하나님이라고 말할 때, 그것은 하나님이 세 분이시라는 뜻이 아니다. 그렇다고 해서 하나님이 세 부분으로 나누어져 존재한다는 뜻도 아니다. 오직 한 분이신 하나님께서 어떻게 동시에 세 분이시겠는가? 오직 한 분이신 하나님께서 어떻게 세 부분으로 나누어져 존재하시겠는가? 그러므로 성부 하나님, 성자 하나님, 성령 하나님이라고 말할 때, 그것은 하나님이 오직 한 분이시지만 성부, 성자, 성령이 각각 참되시고 영원하신 하나님으로서 서로 구별되시고, 그러면서도 한 분이시라는 말이다. 이것은 사람의 머리로 이해하기 힘든 심오한 진리이다. 그러나 성경이 이렇게 계시하기 때문에 우리는 머리로 다 이해할 수 없어도 경외심을 품고 이 진리를 받아들이고 믿는다.

이 지점에서 다음과 같은 질문이 가능하다. "성부 하나님, 성자 하나님, 성령 하나님이 각각 참되시고 영원하신 하나님으로서 서로 구별되시는데, 그러면서도 어떻게 세 분이 아니고 한 분이라는 말인가?" 신학자들은 이것을 설명하려고 '본체'(essence)와 '위격'(person)이라는 신학 용어를 사용한다. 하나님은 본체로서는 오직 한 분이신데, 위격으로는 세 위격이라고 설명한다. 여기에서 '위격'은 '인격체'와 비슷하면서도 크게 다르다. 세 인격체는 한 분이 될 수 없고 반드시 세 분이 된다. 그런데 성부, 성자, 성령 하나님은 각각 완전하며 서로 구별되는 인격체이시면서, 신비하게도 세 분이 아니라 한 분으로 존재하신다. 그래서 '위격'이라는 용어를 사용하여 하나님의 신비한 존재 방식을 설명하는 것이다. 오늘 나는 고백한다.

"오, 주여! 하나님의 존재 방식이 신비하므로
하나님을 더욱 경외하게 됩니다."

055일

답2 **이 구별된 삼위(三位)가 곧 참되시고 영원하신 한 분 하나님이십니다.**

성부 하나님, 성자 하나님, 성령 하나님은 한 분 하나님의 세 위격으로서 서로 구별되게 존재하신다. 예를 들어, 성자 하나님이신 예수님이 요단강에서 물세례를 받으실 때 성부 하나님은 하늘에 계셨고 성령 하나님은 예수님 위에 임하여 계셨다. "예수께서 세례를 받으시고 곧 물에서 올라오실새 하늘이 열리고 하나님의 성령이 비둘기 같이 내려 자기 위에 임하심을 보시더니 하늘로부터 소리가 있어 말씀하시되 이는 내 사랑하는 아들이요 내 기뻐하는 자라 하시니라"[마 3:16-17]. 성부 하나님께서는 스스로 존재하신다. "하나님이 모세에게 이르시되 나는 스스로 있는 자이니라"[출 3:14]. 반면에 성자 하나님은 성부께서 낳으셨다. "너는 내 아들이라 오늘 내가 너를 낳았도다"[시 2:7]. 반면에 성령 하나님은 성부와 성자로부터 나오신다. "보혜사 곧 아버지께서 내 이름으로 보내실 성령 그가…" [요 14:26].

또한 성부 하나님, 성자 하나님, 성령 하나님은 한 분 하나님의 세 위격으로서 서로 구별되게 사역하신다. 예를 들어, 성부 하나님은 영원 전에 구원을 계획하셨고 구원받을 자들을 선택하셨으며, 성자 하나님은 하나님과 죄인 사이에서 중보자로 구원에 필요한 모든 일을 실제로 성취하시고, 성령 하나님은 성자 하나님이 이루신 구원을 사람들의 마음에 적용시키는 일을 행하신다. "모든 일을 그의 뜻의 결정대로 일하시는 이의 계획을 따라 우리가 예정을 입어 그 안에서 기업이 되었으니 이는 우리가 그리스도 안에서 전부터 바라던 그의 영광의 찬송이 되게 하려 하심이라 그 안에서 너희도 진리의 말씀 곧 너희의 구원의 복음을 듣고 그 안에서 또한 믿어 약속의 성령으로 인치심을 받았으니"[엡 1:11-13]. 하지만 성부와 성자와 성령은 한 분 하나님이시다. 오늘 나는 고백한다.

"오, 주여! 성부, 성자, 성령 하나님을 모두 사랑합니다."

056일

답2 이 구별된 삼위(三位)가 곧 참되시고 영원하신 한 분 하나님이십니다.

성부 하나님, 성자 하나님, 성령 하나님은 한 분 하나님의 세 위격으로서 서로 구별되신다. 그러나 각각 그 자체로 완전하게 참되시고 영원하신 하나님이시다. 다시 말해, 하나님으로서 본질과 영광, 능력과 영원함이 동일하시고 동등하시다. "그리스도 예수의 마음이니 그는 근본 하나님의 본체시나 하나님과 동등됨을 취할 것으로 여기지 아니하시고"[빌 2:5-6]. "이와 같이 하나님의 일도 하나님의 영 외에는 아무도 알지 못하느니라"[고전 2:11]. "태초에 하나님이 천지를 창조하시니라 땅이 혼돈하고 공허하며 흑암이 깊음 위에 있고 하나님의 영은 수면 위에 운행하시니라"[창 1:1-2]. "태초에 말씀이 계시니라 이 말씀이 하나님과 함께 계셨으니 이 말씀은 곧 하나님이시니라 그가 태초에 하나님과 함께 계셨고 만물이 그로 말미암아 지은 바 되었으니 지은 것이 하나도 그가 없이는 된 것이 없느니라"[요 1:1-3].

그러므로 성부, 성자, 성령은 각각 완전하게 참되시고 영원하신 하나님이시기 때문에 각각 우리의 믿음, 우리의 예배, 우리의 사랑, 우리의 순종의 대상이시다. 우리는 성부 하나님과 성자 하나님과 성령 하나님 가운데 어느 한 위격이나 두 위격만을 선택하여 믿거나 예배하거나 사랑하거나 순종해서는 안 된다. 그렇게 할 수 없다. 우리는 성부 하나님과 성자 하나님과 성령 하나님 가운데 어느 한 위격이나 두 위격을 다른 위격보다 더 믿거나 더 예배하거나 더 사랑하거나 더 순종해서는 안 된다. 그렇게 할 수 없다. 성부 하나님, 성자 하나님, 성령 하나님은 각각 완전하게 참되시고 영원하신 하나님이시면서 한 분 하나님이신데 어찌 그렇게 할 수 있겠는가? 또 그렇게 하는 일이 어떻게 옳을 수 있겠는가? 오늘 나는 고백한다.

"오, 주여! 삼위일체 하나님을 믿고
예배하고 사랑하고 순종합니다."

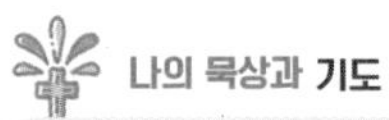

09주

제26문 "전능하사 천지를 만드신 하나님 아버지를 내가 믿사오며"라고 고백할 때 당신은 무엇을 믿습니까?

| 답 |

나는 우리 주 예수 그리스도의 영원하신 아버지께서 아무것도 없는 가운데서 하늘과 땅, 그리고 그 안에 있는 모든 것을 창조하셨다는 것을 믿으며, 또한 그 분이 영원한 작정과 섭리로써 그 모든 것을 항상 보존하시고 다스리심을 믿으며, 이런 하나님이 그 아들 그리스도 때문에 나의 하나님과 나의 아버지가 되심을 믿습니다. 나는 이런 하나님을 전적으로 신뢰하므로 하나님께서 내 몸과 영혼에 필요한 모든 것을 채워 주실 것과 눈물 골짜기 같은 세상에서 내가 겪는 모든 악도 합력하여 선으로 이루어 주실 것을 조금도 의심치 않습니다. 하나님은 전능하신 하나님이시므로 능히 그렇게 하실 수 있고, 신실하신 아버지이시므로 그렇게 하기를 원하십니다.

057일

제26문 "전능하사 천지를 만드신 하나님 아버지를 내가 믿사오며"라고 고백할 때 당신은 무엇을 믿습니까?

복음의 요약판인 사도신경에서 우리는 복음을 배우기도 하지만 우리가 믿는 바를 고백하기도 한다. 그러므로 기본적으로 우리는 사도신경의 각 조항 앞에서 "나는 이 조항을 진실로 믿는가?"라는 질문을 던지고 그 질문에 대답해야 한다. 사도신경을 단순히 기계적으로 암송하는 건 아무 의미가 없다. 사도신경의 각 조항을 진실하게 믿지 않는 상태로 주일 예배 시간 신앙고백을 할 때 기계적으로 사도신경을 암송한다면, 그것은 예배의 대상이신 하나님을 기만하는 행위이다. 고백이라는 것은 언제나 마음 깊은 곳에서 진실하게 우러나올 때 비로소 가치가 있다. 그러므로 사도신경으로 우리의 신앙을 고백할 때 제일 중요한 것은 한 글자 한 글자 틀리지 않고 정확하게 암송하는 것이 아니라, 사도신경의 각 조항을 정말 마음속 깊은 곳에서 바르게 알고 확실히 믿어 진심으로 고백하는 것이다.

그러기 위해서는 필요한 일이 있다. 사도신경의 각 조항을 공부하는 일이다. 사도신경의 각 조항은 매우 짧은 문장이거나 매우 짧은 표현이지만, 그 안에 복음의 깊고 풍성한 핵심을 담고 있다. 그러므로 성경을 깊이 상고하면서 그것을 자세히 풀어서 알고 믿어야 한다. 그래야 사도신경으로 신앙을 고백할 때 올바르고 풍성한 고백을 할 수 있다. 여기에 하나가 더 있으면 좋다. 사도신경과 관련한 교회의 역사를 공부하는 일이다. 사도신경의 각 조항을 지난 세월 동안 교회들이 어떤 의미로 해석하고 믿었는지를 살펴보는 것이다. 그래야 사도신경으로 신앙을 고백할 때 그저 개인적으로 신앙을 고백하는 수준을 뛰어넘어 공교회와 함께 보편적으로 신앙을 고백하는 수준으로 올라갈 수 있게 된다. 오늘 나는 질문한다.

"'전능하사 천지를 만드신 하나님 아버지를 내가 믿사오며'라고 고백할 때,
나는 무엇을 믿는가?"

058일

답1 나는 우리 주 예수 그리스도의 영원하신 아버지께서 아무것도 없는 가운데서 하늘과 땅, 그리고 그 안에 있는 모든 것을 창조하셨다는 것을 믿으며,

사도신경의 첫 번째 조항은 "전능하사 천지를 만드신 하나님 아버지를 내가 믿사오며"이다. 이것이 우리가 하나님 앞에서 신앙을 고백할 때 제일 먼저 하는 고백이다. 생각해 보면, 당연한 것 같다. 하나님께서 성경을 기록하실 때 우리에게 제일 먼저 알고 믿으라고 가르쳐 주신 내용도 이것이기 때문이다. 성경의 맨 처음 문장은 다음과 같다. "태초에 하나님이 천지를 창조하시니라"[창 1:1]. 창세기 1장은 이렇게 첫 문장을 시작한 후에 하나님께서 우주 만물을 창조하신 일에 관하여 설명한다. 그리고 이렇게 마무리한다. "하나님이 지으신 그 모든 것을 보시니 보시기에 심히 좋았더라 저녁이 되고 아침이 되니 이는 여섯째 날이니라"[창 1:31]. 이렇듯 하나님께서 성경을 기록하시면서 우리에게 제일 먼저 알게 하시고 믿게 하시려고 한 것은, 하나님이 우주 만물의 창조자라는 것이다.

그러므로 사도신경의 맨 처음 항목이 다음과 같이 시작하는 것은 지극히 당연하다. "전능하사 천지를 만드신 하나님 아버지를 내가 믿사오며" 이렇게 고백할 때 나는 창세기 1장 전체가 계시하는 하나님을 믿는다고 고백하는 셈이다. 비록 내가 내 눈으로 하나님의 창조 사역을 직접 본 것도 아니고 과학이 그것을 다 설명해 주지도 않지만, 나는 성경에 계시된 대로 전능하신 하나님께서 아무것도 없는 중에 하늘과 땅과 그 가운데 있는 모든 것을 창조하셨다고 믿는다. 진화론을 믿는 사람들이 나를 무식하다고 비난하든 맹목적인 신앙에 중독되었다고 무시하든 상관없다. 나는 절대로 식언치 않으시며 거짓말할 줄 모르시는 하나님께서 성경에 계시해 주신 대로 믿는 것이 행복하고 감사하다. 오늘 나는 고백한다.

"오, 주여! 주는 온 우주와 그 안에 있는 모든 것을
창조하신 전능하신 하나님이십니다."

059일

답2 또한 그분이 영원한 작정과 섭리로써 그 모든 것을 항상 보존하시고 다스리심을 믿으며,

사도신경의 첫 번째 조항, "전능하사 천지를 만드신 하나님 아버지를 내가 믿사오며"를 다시 생각해 본다. 이 조항에 사용된 표현만 보면, 단순히 하나님께서 온 우주를 창조하셨다는 것을 믿는다는 고백처럼 보인다. 하지만 실제로 그럴까? 생각해 보면, 이 고백에는 온 우주를 창조하신 하나님께서 그 모든 것을 보존하시고 다스리신다는 고백도 포함되어 있다. 왜냐하면, 하나님께서는 온 우주를 창조만 해 놓고 그냥 내버려 두지 않으시고 그 모든 것을 항상 보존하시고 통치하시기 때문이다. 하나님의 아들 예수님은 하나님의 보존과 통치가 우주 구석구석에 다 미친다는 것을 다음과 같이 가르쳐 주셨다. "내 아버지께서 이제까지 일하시니"[요 5:17]. "참새 두 마리가 한 앗사리온에 팔리지 않느냐 그러나 너희 아버지께서 허락하지 아니하시면 그 하나도 땅에 떨어지지 아니하리라"[마 10:29].

성경은 하나님께서 모든 것을 항상 보존하시고 통치하실 때, 영원 전부터 자신의 원하심을 따라 분명한 목적을 위하여 세밀한 계획을 세우시고 그에 따라 정확하게 일하신다고 가르친다. "모든 일을 그의 뜻의 결정대로 일하시는 이의 계획을 따라 우리가 예정을 입어 그 안에서 기업이 되었으니 이는 우리가 그리스도 안에서 전부터 바라던 그의 영광의 찬송이 되게 하려 하심이라"[엡 1:11-12]. 하나님께서 영원 전에 세워 놓은 계획을 '영원한 작정'이라고 부른다. 하나님께서 그 계획을 따라 정확하게 일하시는 것을 '섭리'라고 부른다. 그러므로 하나님께서는 자신의 원하심을 따라 영원한 작정과 섭리로써 우주 만물을 보존하시고 통치하시는 것이다. 사도신경의 첫 번째 조항에서 우리는 이것을 믿고 이것을 고백한다. 오늘 나는 안심한다.

"오, 주여! 하나님께서 영원한 작정과 섭리로 만물을 통치하시니, 안심이 되고 행복합니다."

나의 묵상과 기도

060일

답3 이런 하나님이 그 아들 그리스도 때문에 나의 하나님과 나의 아버지가 되심을 믿습니다.

사도신경의 첫 번째 조항, "전능하사 천지를 만드신 하나님 아버지를 내가 믿사오며"를 다시 생각해 본다. 이 조항에 사용된 표현만 보면, 단순히 하나님께서 온 우주를 창조하셨다는 것을 믿는다는 고백처럼 보인다. 그러나 이 고백에는 하나님께서 영원한 작정과 섭리로써 우주 만물을 보존하시고 통치하신다는 고백도 포함되어 있다. 하지만 그것이 전부일까? 요한복음 1장이 떠오른다. 요한복음 1장도 창세기 1장처럼, 하나님께서 천지를 창조하신 내용으로 시작하기 때문이다. "태초에 말씀이 계시니라 이 말씀이 하나님과 함께 계셨으니 이 말씀은 곧 하나님이시니라 그가 태초에 하나님과 함께 계셨고 만물이 그로 말미암아 지은 바 되었으니 지은 것이 하나도 그가 없이는 된 것이 없느니라"[요 1:1-3]. 그런데 요한복음 1장은 창세기 1장에서 볼 수 없는 독특한 두 가지 메시지가 담겨 있다.

첫째는 하나님께서 예수 그리스도의 아버지시라는 것이다. "내가 보고 그가 하나님의 아들이심을 증언하였노라"[요 1:34]. 둘째는 예수 그리스도를 믿고 영접하는 사람은 예수 그리스도 때문에 하나님의 자녀가 된다는 것이다. "그가 세상에 계셨으며 세상은 그로 말미암아 지은 바 되었으되 세상이 그를 알지 못하였고 자기 땅에 오매 자기 백성이 영접하지 아니하였으나 영접하는 자 곧 그 이름을 믿는 자들에게는 하나님의 자녀가 되는 권세를 주셨으니"[요 1:10-12]. 그러므로 우리가 "전능하사 천지를 만드신 하나님 아버지를 내가 믿사오며"라고 고백할 때, 우리는 단순히 하나님께서 창조주이신 것만 고백하는 것이 아니라 아버지가 되신다는 것까지 함께 고백하는 것이다. 그러니 사도신경의 첫 번째 고백은 벅차오르는 감격으로 해야 할 고백이다. 오늘 나는 감사한다.

"오, 주여! 원수였던 저에게 아버지가 되어 주셔서 감사합니다."

061일

답4 그분을 전적으로 신뢰하기에 그분이 나의 몸과 영혼에 필요한 모든 것을 채워 주시며,

사도신경의 첫 번째 조항, "전능하사 천지를 만드신 하나님 아버지를 내가 믿사오며"를 다시 생각해 본다. 이 조항에 사용된 표현만 보면, 단순히 하나님께서 온 우주를 창조하셨다는 것을 믿는다는 고백처럼 보인다. 그러나 이 고백에는 하나님께서 영원한 작정과 섭리로써 우주 만물을 보존하시고 통치하신다는 고백도 포함되어 있다. 또한, 이 고백에는 하나님이 단순히 창조주이실 뿐만 아니라 그리스도 예수 안에서 우리의 아버지가 되신다는 고백도 포함되어 있다. 하지만 그것이 전부일까? 하나님이 우리의 창조주이시고 우리의 아버지시라면 영원한 작정과 섭리로써 우주 만물을 보존하시고 통치하실 때, 우리를 어떻게 보존하시고 통치하실 것인지를 생각해 본다. "전능하사 천지를 만드신 하나님 아버지를 내가 믿사오며"라는 고백 속에 그것에 대한 우리의 믿음도 함께 고백되어야 마땅하기 때문이다.

성경에는 이런 말씀이 있다. "까마귀 새끼가 하나님을 향하여 부르짖으며 먹을 것이 없어서 허우적거릴 때에 그것을 위하여 먹이를 마련하는 이가 누구냐"[욥 38:41]. 까마귀 새끼도 이렇게 지극정성으로 돌보시는 하나님이시라면 자녀인 우리는 얼마나 더 큰 무한 책임으로 먹이시고 돌보시며 지키시겠는가! 예수님은 말씀하셨다. "까마귀를 생각하라 심지도 아니하고 거두지도 아니하며 골방도 없고 창고도 없으되 하나님이 기르시나니 너희는 새보다 얼마나 더 귀하냐"[눅 12:24]. 그러므로 우리가 "전능하사 천지를 만드신 하나님 아버지를 내가 믿사오며"라고 고백할 때, 우리는 우리의 창조자이시면서 아버지 되시는 성부 하나님께서 우리의 몸과 영혼에 필요한 모든 것을 공급해 주신다는 믿음을 고백하지 않을 수 없다. 오늘 나는 행복하다.

"오, 주여! 내 몸과 영혼은 성부 하나님 때문에 늘 안전합니다."

062일

답5 이 눈물 골짜기 같은 세상에서 당하게 하시는 어떠한 역경도 선으로 바꾸어 주시리라는 것을 나는 조금도 의심치 않습니다.

사도신경의 첫 번째 조항, "전능하사 천지를 만드신 하나님 아버지를 내가 믿사오며"를 다시 생각해 본다. 우리가 이 고백을 하는 상황은 어떤 상황인가? 성경이 눈물 골짜기에 비유하는 인생길을 살면서 날마다 답답한 상황을 만나고 슬픈 일을 겪는 상황이다. "그들이 눈물 골짜기로 지나갈 때에"[시 84:6]. 그러니까 사도신경의 첫 번째 조항은 눈물 골짜기 같은 세상을 살면서 하는 고백이다. 그러므로 "전능하사 천지를 만드신 하나님 아버지를 내가 믿사오며"라는 고백에는 이런 상황에 맞는 내용의 고백도 포함되어 있어야 한다. "지금 우리는 눈물 골짜기 같은 세상을 살면서 여러 가지 슬픔과 난관과 악을 경험하고 있으나, 전능하신 창조주 하나님께서 예수 그리스도 안에서 우리의 아버지 되시므로 하나님께서 우리의 현재 삶에 이렇게 하실 것을 굳게 믿습니다." 이런 고백도 당연히 포함되어야 한다.

이 지점에서 제일 먼저 떠오르는 성경 구절은 로마서 8장 28절이다. "우리가 알거니와 하나님을 사랑하는 자 곧 그의 뜻대로 부르심을 입은 자들에게는 모든 것이 합력하여 선을 이루느니라"[롬 8:28]. 다음으로 떠오르는 성경 구절은 로마서 8장 37-39절이다. "그러나 이 모든 일에 우리를 사랑하시는 이로 말미암아 우리가 넉넉히 이기느니라 내가 확신하노니 사망이나 생명이나 천사들이나 권세자들이나 현재 일이나 장래 일이나 능력이나 높음이나 깊음이나 다른 어떤 피조물이라도 우리를 우리 주 그리스도 예수 안에 있는 하나님의 사랑에서 끊을 수 없으리라"[롬 8:37-39]. 전능하신 창조주 하나님께서 그리스도 때문에 우리의 아버지 되신다는 것을 믿는다면, 우리의 인생길과 관련하여 이런 내용을 믿지 않을 수 없다. 아니 기쁘게 믿을 수 있다. 오늘 나는 노래한다.

"오, 주여! 현실은 눈물 골짜기지만 마음은 기뻐 노래합니다."

063일

답6 그분은 전능하신 하나님이시기에 그리하실 수 있고, 신실하신 아버지이시기에 그리하기를 원하십니다.

사도신경의 첫 번째 조항, "전능하사 천지를 만드신 하나님 아버지를 내가 믿사오며"를 다시 생각해 본다. 여기에는 하나님께서 온 우주를 창조하셨다는 것을 믿는다는 고백이 가장 밑에 깔려 있다. 그리고 이런 고백 위에 다른 여러 가지 고백이 함께 세워져 있다. 하나님께서 영원한 작정과 섭리로써 우주 만물을 보존하시고 통치하심을 믿는다는 고백, 하나님이 단순히 창조주이실 뿐만 아니라 그리스도 예수 안에서 우리의 아버지 되심도 믿는다는 고백, 하나님께서 우리 몸과 영혼에 필요한 모든 것을 채워 주실 줄 믿는다는 고백, 그리고 하나님께서 우리가 인생길에서 겪는 모든 일을 합력하여 선으로 이뤄 내심을 믿는다는 고백이다. 그렇다면, 우리가 이 모든 것을 안심하고 믿고 확신에 차 고백할 수 있는 근거는 무엇일까? "전능하신 하나님 아버지"라는 표현에서 그 근거를 찾아본다.

이 표현은 하나님의 전능하심과 신실하심을 우리에게 보여 준다. 이 두 가지가 우리의 믿음과 확신의 확실한 근거이다. 만일 하나님이 전능하시지만 신실하지 않다면, 어떻게 될까? 우리는 전능하심 때문에 하나님을 믿겠지만 하나님의 변덕 때문에 늘 불안할 것이다. 반대로 하나님이 신실하시지만 전능하시지 않다면, 어떻게 될까? 우리는 신실하심 때문에 하나님을 믿겠지만 하나님의 무능 때문에 믿어 봐야 아무 소용도 없을 것이다. 그런데 하나님께서는 전능하실 뿐만 아니라 신실하시므로, 우리는 하나님을 안심하고 믿을 수 있고 불안해하지 않고 확신할 수 있다. "너희 하늘 아버지께서 이 모든 것이 너희에게 있어야 할 줄을 아시느니라"[마 6:32]. "하물며 하늘에 계신 너희 아버지께서 구하는 자에게 좋은 것으로 주시지 않겠느냐"[마 7:11]. 오늘 나는 기뻐한다.

"오, 주여! 주는 내 믿음과 확신의 굳건한 반석이십니다."

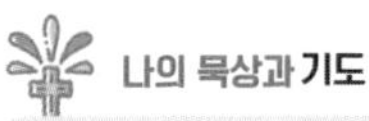
나의 묵상과 기도

10주

제27문 하나님의 섭리란 무엇입니까?

| 답 |

섭리란 전능하시며 언제 어디에나 미치시는 하나님의 능력으로서, 하나님께서 마치 자신의 손을 사용하시듯이 하늘과 땅과 모든 피조물을 여전히 보존하시고 다스리시는 것입니다. 그리하여 나뭇잎과 풀, 비와 가뭄, 풍년과 흉년, 먹을 것과 마실 것, 건강과 질병, 부와 가난, 이 모든 것이 참으로 우연이 아니라 하나님의 부성애적 손길을 통해 우리에게 임합니다.

제28문 하나님의 창조와 섭리를 아는 것이 우리에게 어떤 유익을 줍니까?

| 답 |

우리는 그 어떤 역경에서도 인내할 수 있고, 형통할 때 감사할 수 있으며, 또한 우리의 신실하신 아버지 하나님을 믿기에 장래 일에 대해서 어떠한 피조물도 우리를 하나님의 사랑에서 끊어 놓을 수 없다는 확신을 가질 수 있습니다. 모든 피조물이 다 하나님의 손안에 있으므로 그의 뜻을 거슬러 일어나거나 그렇게 되는 일은 하나도 없습니다.

064일

제27문 하나님의 섭리란 무엇입니까?

사도신경의 첫 번째 조항, "전능하사 천지를 만드신 하나님 아버지를 내가 믿사오며"에는 하나님께서 섭리로써 온 우주를 보존하시고 다스리심을 믿는다는 고백도 포함되어 있다. 하나님의 섭리란 무엇일까? 먼저, 섭리와 관련 있는 신학적인 용어부터 알아보자. '예지'는 하나님의 지식을 말하는 것인데, 하나님께서 자신이 장차 행하실 일들과 피조물들이 하나님의 허용 가운데 행할 일들을 영원 전부터 다 알고 계신다는 것이다. '작정'은 하나님의 결정을 말하는 것인데, 하나님께서 자신의 뜻과 소원을 따라 장차 일어날 모든 일을 미리 정해 놓으셨다는 것이다. '예정'은 하나님의 선택을 말하는데, 하나님께서 타락한 인류 가운데 일부를 구원하시기로 영원 전에 미리 정하셨다는 것이다. 반면에 '섭리'는 하나님의 통치를 말하는 것인데, 하나님께서 자신의 작정에 따라 모든 피조물을 가장 거룩하고 지혜롭고 능력 있게 다스리신다는 것이다.

하나님의 예지, 작정, 예정, 섭리는 깊은 신비의 영역이다. 하지만 그중에서도 예지, 작정, 예정은 오묘한 신비의 영역이다. 오직 하나님만 아시고 사람은 알도록 허락되지 않은 오묘한 신비의 영역이다. "감추어진 일은 우리 하나님 여호와께 속하였거니와"[신 29:29]. 그러므로 우리는 괜한 호기심으로 하나님의 예지, 작정, 예정을 함부로 들여다보고 추측해서는 안 된다. 오히려 순수한 경외심으로 멀리서 바라보고, 우리의 무지를 겸손하게 받아들이며 하나님을 찬송해야 한다. 그러나 하나님의 섭리는 다르다. 물론 하나님의 섭리도 깊은 신비의 영역이지만, 성경은 하나님의 섭리에 대해 많은 것을 가르쳐 준다. 하나님의 다스리심이 있는 세상을 살아가는 우리는 하나님의 섭리를 알고 이해해야만 하나님의 다스리심에 순복할 수 있기 때문이다. 오늘 나는 간구한다.

"오, 주여! 하나님의 섭리를 제게 가르쳐 주옵소서."

065일

답1 섭리란 전능하시며 언제 어디에나 미치시는 하나님의 능력으로서, 하나님께서 마치 자신의 손을 사용하시듯이 하늘과 땅과 모든 피조물을 여전히 보존하시고 다스리시는 것입니다.

하나님의 섭리란 무엇일까? 하나님의 섭리는 하나님께서 창조주의 자격과 능력으로 우주에 있는 모든 피조물을 보존하시고 다스리시는 모든 행위를 일컫는다. 창조주로서 하나님의 능력은 전능하며 미치지 못하는 데가 없고 영원히 변하지 않고 완전하게 작용한다. 태초에 하나님은 이런 능력으로 하늘과 땅과 모든 피조물을 창조하셨는데, 창조 직후부터 지금까지 동일한 능력으로 그 모든 것을 친히 보존하시고 다스리신다. 하나님의 이런 신적인 보존 행위와 통치 행위를 일컬어 '하나님의 섭리'라고 부른다. "여호와께서 다스리시니 스스로 권위를 입으셨도다 여호와께서 능력의 옷을 입으시며 띠를 띠셨으므로 세계도 견고히 서서 흔들리지 아니하는도다"[시 93:1]. "여호와께서 다스리시니 세계가 굳게 서고 흔들리지 않으리라 그가 만민을 공평하게 심판하시리라 할지로다"[시 96:10].

하나님께서 이렇게 섭리하시는 대상은 하나님께서 창조하신 모든 피조물이다. 하늘과 땅과 모든 피조물이다. 그러므로 하나님의 섭리에서 제외되는 것은 아무것도 없다. "그의 능력의 말씀으로 만물을 붙드시며"[히 1:3]. "우주와 그 가운데 있는 만물을 지으신 하나님께서는 천지의 주재시니 … 만민에게 생명과 호흡과 만물을 친히 주시는 이심이라 인류의 모든 족속을 한 혈통으로 만드사 온 땅에 살게 하시고 그들의 연대를 정하시며 거주의 경계를 한정하셨으니"[행 17:24-26]. "왕의 마음이 여호와의 손에 있음이 마치 봇물과 같아서 그가 임의로 인도하시느니라"[잠 21:1]. "참새 두 마리가 한 앗사리온에 팔리지 않느냐 그러나 너희 아버지께서 허락하지 아니하시면 그 하나도 땅에 떨어지지 아니하리라"[마 10:29]. 오늘 나는 각성한다.

"오, 주여! 만물이 주의 생생한 통치 아래 살고 있나이다."

066일

답2 그리하여 나뭇잎과 풀, 비와 가뭄, 풍년과 흉년, 먹을 것과 마실 것, 건강과 질병, 부와 가난, 이 모든 것이 참으로 우연이 아니라 하나님의 부성애적 손길을 통해 우리에게 임합니다.

성경은 하나님께서 전능하시며 언제 어디에나 미치는 능력으로 자신의 모든 피조물을 보존하시고 다스리신다고 천명한다. 그러므로 하늘에서 일어나는 모든 일, 땅에서 일어나는 모든 일, 그리고 그 어떤 피조물 가운데 일어나는 모든 일이 반드시 하나님의 섭리 안에서 일어난다는 것이다. 그러므로 하나님께서 원치 않으시고 허락하지 않으시고 간섭하지 않으셨는데 일어나는 일은 없다. 하늘과 땅과 모든 피조물 가운데 어떤 일이 발생한다면, 그것은 하나님께서 그것을 원하셨기 때문이고, 허락하셨기 때문이며, 간섭하셨기 때문이다. 그러므로 세상에 우연이라는 것은 없다. 그리스도인에게는 특별히 더 그렇다. 그리스도인에게 어떤 일이 일어난다면, 그것은 하나님께서 아버지로서 그것을 원하셨기 때문이고, 허락하셨기 때문이고, 간섭하셨기 때문이다.

우리는 모든 일을 좋은 일과 나쁜 일로 구별부터 하고 거기에 따라 대응하는 습관이 있다. 비와 풍년, 배부름과 건강, 부와 명예는 좋은 일로 분류하고 가뭄과 흉년, 배고픔과 질병, 가난과 비천함은 나쁜 일로 분류한다. 그런데 하나님의 섭리를 생각해 보면, 우리에게 일어나는 모든 일을 좋은 일과 나쁜 일로 구분하는 것 자체가 옳지 않다. 그 모든 일은 우리의 아버지이신 하나님께서 원하시고 허락하시고 간섭하시는 일이며, 결국에는 합력하여 선을 이루실 것인데, 어찌 좋은 일 나쁜 일이 따로 있겠는가! "우리가 알거니와 하나님을 사랑하는 자 곧 그의 뜻대로 부르심을 입은 자들에게는 모든 것이 합력하여 선을 이루느니라"[롬 8:28]. 우리에게 일어나는 모든 일은 하나님 아버지의 사랑의 손길이며, 합력하여 궁극적 선에 도달하게 된다. 오늘 나는 기도한다.

"오, 주여! 하나님의 섭리를 믿는 믿음으로 살게 하옵소서."

067일

제28문 하나님의 창조와 섭리를 아는 것이 우리에게 어떤 유익을 줍니까?

우리가 하나님의 섭리를 안다는 것은 무엇일까? 우리에게 일어난 어떤 일을 보면서, 하나님께서 왜 그 일을 허락하셨는지, 어떻게 그 일을 이끌고 가실 건지, 마지막에는 어떤 결과를 주실 건지를 자세하게 아는 것일까? 그것에 관하여 하나님께서 말씀하지 않으셨어도 우리가 하나님에 관한 지식을 총동원하여 그것을 자세하게 알아 내는 것일까? 욥의 친구들을 생각해 본다. 하나님께서는 욥이 겪고 있는 고난에 관해 아무 말씀도 하지 않으셨지만, 욥의 친구들은 욥이 겪고 있는 일들을 보면서 하나님께서 왜 그 일을 허락하시고, 어떻게 그 일을 이끌고 가시며, 마지막에는 어떤 결과를 주실 것인지 나름대로 신앙적인 사고를 통해 어떤 결론에 도달했다. 하지만 하나님은 다음과 같이 평가하셨다. "너희가 나를 가리켜 말한 것이 내 종 욥의 말같이 옳지 못함이니라"[욥 42:7]. 하나님의 섭리를 안다는 것은 그런 것이 아니다.

성경은 우리가 하나님의 깊은 뜻을 알 수 없다고 선언한다. "깊도다 하나님의 지혜와 지식의 부요함이여 그의 판단은 측량치 못할 것이며 그의 길은 찾지 못할 것이로다"[롬 11:33]. 그러므로 하나님의 섭리를 안다는 것은 지금 우리에게 일어나는 일이 왜 일어나며 앞으로 어떻게 진행되고 어떤 결말에 도달할지 몰라도, 하나님께서 창조주의 전능하신 능력으로 하늘과 땅과 모든 피조물을 보존하시고 통치하신다는 사실을 확고하게 아는 것이고, 특별히 하나님의 자녀인 우리에게는 자비하신 아버지의 사랑으로 우리의 영혼과 몸을 보존하시고 통치하시며, 우리에게 일어나는 모든 일이 합력하여 선을 이루게 하신다는 것을 확고하게 아는 것이다. 이런 방식으로 하나님의 섭리를 알 때, 우리에게는 많은 유익이 있다. 오늘 나는 질문한다.

"오, 주여! 과연 저는 하나님의 섭리를 제대로 알고 사는 사람입니까?"

068일

답1 우리는 그 어떤 역경에서도 인내할 수 있고, 형통할 때 감사할 수 있으며,

하나님의 섭리를 알고 믿을 때, 우리는 삶에서 어떤 유익을 얻게 될까? 형통의 때, 역경의 때와 관련하여 생각해 본다. 욥기 1장에서 욥은 하나님의 섭리를 믿는 신자의 모습을 보여 준다. 욥은 다음과 같이 고백하였다. "내가 모태에서 알몸으로 나왔사온즉 또한 알몸이 그리로 돌아가올지라 주신 이도 여호와시요 거두신 이도 여호와시오니 여호와의 이름이 찬송을 받으실지니이다 하고 이 모든 일에 욥이 범죄하지 아니하고 하나님을 향하여 원망하지 아니하니라"[욥 1:21-22]. 이처럼 욥은 형통할 때 그 모든 것이 하나님에게서 오는 것임을 알아 감사하는 삶을 살았고, 역경을 만났을 때는 그 모든 것 역시 하나님에게서 오는 것임을 알아 인내하는 삶을 살았다. 욥이 역경의 때든 형통의 때든 하나님 앞에서 순전함을 지킬 수 있었던 이유는 하나님의 섭리를 확고하게 믿었기 때문이다.

하나님의 섭리를 알지 못하고 믿지 않는 사람은 모든 일이 잘되는 만사형통의 때를 지날 때도, 모든 일이 잘 안 되는 역경의 때를 지날 때도 마음과 삶이 망가진다. 만사형통의 때를 지날 때는 자기의 노력과 실력으로 만사가 형통하는 줄 알고 마음이 잔뜩 교만해지는데 마음의 교만은 그 자체로도 나쁘지만, 하나님께서도 미워하시는 것이며, 결국 패망을 불러온다. 반대로 역경의 때를 지날 때는 자기의 뜻대로 되지 않는 현실 때문에 마음에 원망과 불평, 불안과 낙심이 가득해지는데, 이것은 마음을 병들게 하고 하나님 앞에서 죄가 되며 삶을 피폐하게 만든다. 그러나 하나님의 섭리를 알고 믿는 사람은 만사형통의 때를 지날 때도 역경의 때를 지날 때도 마음과 삶이 온전해진다. 그 어떤 역경 앞에서도 인내하며 형통할 때도 감사하기 때문이다. 오늘 나는 소원한다.

"오, 주여! 하나님의 섭리를 알고 믿기를 원합니다."

069일

답2 또한 우리의 신실하신 아버지 하나님을 믿기에 장래 일에 대해서 어떠한 피조물도 우리를 하나님의 사랑에서 끊어 놓을 수 없다는 확신을 가질 수 있습니다.

하나님의 섭리를 알고 믿을 때, 우리는 삶에서 어떤 유익을 얻게 될까? 오늘은 모든 사람이 가장 불안해하는 미래와 관련하여 생각해 본다. 사람에게는 과거, 현재, 그리고 미래, 이렇게 세 가지 시간이 있다. 그 가운데 우리를 제일 불안하고 두렵게 만드는 것은 미래다. 미래는 모든 것이 불확실한 영역이기 때문이다. 그러나 하나님의 섭리를 아는 사람은 하나님께서 신자의 미래에 관하여 명확하게 밝히신 섭리의 방향을 안다. "나 여호와가 말하노라. 너희를 향한 나의 생각은 내가 아나니 재앙이 아니라 곧 평안이요 너희 장래에 소망을 주려 하는 생각이라"[렘 29:11]. 하나님께서는 우리의 미래에 무슨 일이 일어날 것인지에 대해서는 비밀에 부치셨지만, 우리의 미래가 어떤 방향으로 확실하게 나아갈 것인지에 대해서는 이렇게 분명하게 말씀해 주셨다. 하나님의 섭리가 향하는 이 방향을 알고 믿는 사람에게는 미래가 불안할 수 없다. 그러므로 하나님의 섭리를 바르게 이해하고 믿는 사람은 미래를 바라보면서 무력함의 노래와 확신의 노래를 함께 부를 수 있다. "내일 일은 난 몰라요. 장래 일도 몰라요. 불행이나 요행함도 내 뜻대로 안 돼요. 험한 이 길 가고 가도 끝은 없고 곤해요." "내가 확신하노니 사망이나 생명이나 천사들이나 권세자들이나 현재 일이나 장래 일이나 능력이나 높음이나 깊음이나 다른 어떤 피조물이라도 우리를 우리 주 그리스도 예수 안에 있는 하나님의 사랑에서 끊을 수 없으리라"[롬 8:38-39]. 미래에 어떤 일이 일어날는지 전혀 알 수 없지만, 미래에서도 하나님의 섭리는 지혜롭고 선하게 작용할 것을 알기 때문이다. 모든 사람이 미래를 바라보며 불안해하지만, 하나님의 섭리를 알고 믿는 신자는 미래를 바라보면서 웃게 된다. 오늘 나는 간구한다.

"오, 주여! 하나님의 섭리를 믿음으로 기쁨과 확신이 충만하게 하소서."

070일

답3 **모든 피조물이 다 하나님의 손안에 있으므로 그의 뜻을 거슬러 일어나거나 그렇게 되는 일은 있을 수 없습니다.**

하나님의 섭리를 알고 믿을 때, 우리는 삶에서 어떤 유익을 얻게 될까? 오늘은 세상 돌아가는 일과 관련하여 생각해 본다. 하나님의 섭리를 모르고 안 믿는 사람은 세상을 보며 실망하고 절망하며 분노할 수밖에 없다. 시간이 흐를수록 세상은 점점 더 타락하고 불의한 일은 더 많아지며 재앙도 더 늘고 있기 때문이다. 세상이 마치 고삐 풀린 미친 말이 이리저리 날뛰는 것처럼, 그렇게 광기를 부리고 있기 때문이다. 그러나 하나님의 섭리를 알고 믿으면 이런 세상에서도 실망하거나 절망하거나 분노하지 않을 수 있다. 지금도 모든 피조물이 하나님의 손안에 있고 이 세상에 일어나는 모든 일이 지금도 하나님의 적극적인 의지나 허용을 통해 일어난다는 것을 알기 때문이다. 무엇보다도 이 세상에 일어나는 모든 일이 하나님이 영원 전에 세워 놓으신 선하고 거룩한 목표를 향하여 끊임없이 전진해 가는 중임을 알기 때문이다.

이 세상이 하나님의 섭리를 따라 어떤 목표를 향해 나아가는지 하나님의 말씀을 들어 보자. "이는 그가 모든 지혜와 총명을 우리에게 넘치게 하사 그 뜻의 비밀을 우리에게 알리신 것이요 그의 기뻐하심을 따라 그리스도 안에서 때가 찬 경륜을 위하여 예정하신 것이니 하늘에 있는 것이나 땅에 있는 것이 다 그리스도 안에서 통일되게 하려 하심이라 모든 일을 그의 뜻의 결정대로 일하시는 이의 계획을 따라 우리가 예정을 입어 그 안에서 기업이 되었으니 이는 우리가 그리스도 안에서 전부터 바라던 그의 영광의 찬송이 되게 하려 하심이라"[엡 1:8-12]. 죄가 이 세상에 들어오면서 하늘과 땅이 나뉘고 온 세상이 비참함에 빠졌지만, 하나님께서는 그리스도 안에서 하늘과 땅에 있는 모든 것을 완전하게 회복하시고 통일하시는 일을 마침내 이루실 것이다. 오늘 나는 고백한다.

"오, 주여! 섭리하시는 하나님 때문에 안심합니다."

11주

제29문 왜 하나님의 아들을 '예수', 곧 '구주'(救主)라고 부릅니까?

| 답 |

그분이 우리를 우리 죄에서 구원하시기 때문이고, 또 그분 외에는 그 어디에서도 구원을 찾아서도 안 되고 구원을 찾을 수도 없기 때문입니다.

제30문 그렇다면 자신의 구원과 복을 소위 성인(聖人)에게서, 혹은 자기 자신이나 다른 데서 구원과 복을 찾는 사람들도 유일한 구주이신 예수를 참으로 믿는 것입니까?

| 답 |

아닙니다. 비록 그들이 말로는 예수님을 자랑한다 해도, 행위로는 유일한 구주이신 예수님을 부인하는 것입니다. 예수님께서 완전한 구주가 아니시든지, 아니면 참된 믿음으로 이 구주를 영접한 사람들이 구원에 필요한 모든 것을 예수님 안에서 찾든지, 둘 중 하나만 가능합니다.

071일

제29문 왜 하나님의 아들을 '예수', 곧 '구주'(救主)라고 부릅니까?

복음의 요약인 사도신경에서 성부 하나님에 관한 신앙고백이 끝나면 곧바로 성자 하나님에 관한 신앙고백이 이어진다. "그 외아들 우리 주 예수 그리스도를 믿사오니" 이때 우리는 성자 하나님에 관하여 세 가지를 한꺼번에 고백하게 된다. 첫째는, 성부 하나님을 믿고 신뢰하는 것과 똑같은 수준으로 성자 하나님도 믿고 신뢰한다는 고백이다. 둘째는, 성자 하나님께서 성부 하나님의 여러 아들 중 한 분이 아니라 오직 하나뿐인 아들이라는 고백이다. 셋째는, 성자 하나님께서 우리의 중보자이신 주 예수 그리스도라는 고백이다. 사도신경의 흐름을 보면, 성자 하나님에 관한 이 세 가지 고백을 시작으로 여러 가지 신앙고백이 이어진다. 성육신, 동정녀 탄생, 십자가 고난, 죽음, 부활, 승천, 하나님 우편에 앉으심, 그리고 재림에 관한 고백이다. 이렇듯 성자 하나님에 관한 고백이 사도신경의 가장 많은 부분을 차지한다.

성자 하나님에 관한 첫 번째 고백에서 '예수'라는 이름을 생각해 본다. 왜 이 이름일까? 하나님의 아들에게는 이름이 많다. 임마누엘, 인자, 기묘자, 모사, 전능하신 하나님, 영원한 아버지, 평강의 왕 등등. 하지만 천사는 마리아에게 수태고지(受胎告知)를 하면서 한 가지 이름을 특정해 주었다. "보라 네가 잉태하여 아들을 낳으리니 그 이름을 예수라 하라"[눅 1:31]. 성부 하나님께서 자기 아들을 이 세상에 보내실 때 붙여 주신 공식 이름이 '예수'인 셈이다. 그래서 하나님의 아들은 이 땅에서 이 이름으로 불리셨다. "나사렛 예수"[요 1:45]. 십자가에 못 박혀 죽으실 때도 그 명패에 이 이름이 적혀졌다. "나사렛 예수 유대인의 왕"[요 19:19]. 부활하고 하늘로 올라가신 후에 사울에게 나타나실 때도 이 이름으로 자신을 소개하셨다. "나는 네가 박해하는 예수라"[행 9:5]. 오늘 나는 그 이름을 부른다.

"오, 주여! 예수여! 예수여!"

072일

답1 그분이 우리를 우리 죄에서 구원하시기 때문이고,

왜 성부 하나님께서는 자기 아들을 사람으로 이 세상에 보내실 때 '예수'라는 이름을 붙여 주셨을까? 천사는 그 이유를 다음과 같이 설명했다. "이는 그가 자기 백성을 그들의 죄에서 구원할 자이심이라"[마 1:21]. 부모가 자기 자녀에게 붙여 주는 이름에는 부모의 희망 사항이 반영되어 있다. 예를 들어, 어떤 부모가 갓 태어난 아기에게 '재상'이라는 이름을 지어 주었다면, 장차 그 아기가 나라의 큰 일꾼이 되기를 희망하기 때문일 것이다. 하지만 부모가 그렇게 이름을 지어 준다고 해서 그 아이가 자라서 반드시 그 이름의 의미대로 사는 것은 아니다. 그렇게 된다는 보장은 전혀 없다. 하지만 성부 하나님께서 자기 아들에게 '예수'라는 이름을 붙여 주신 일은 전혀 다르다. 성부 하나님께서는 자기 아들에게 '예수'라는 이름을 붙여 주실 때 자신의 희망 사항을 반영하신 것이 아니라, 반드시 될 일에 대한 보장을 반영하셨다.

그러니까 하나님께서는 자기 아들에게 '예수'라는 이름을 붙여 주실 때 우리에게 확실한 보장을 해주신 것이다. "내 아들 예수는 자기 백성을 저희 죄에서 반드시 구원할 것이다." 실제로 예수님은 성부 하나님께서 붙여 주신 이름의 의미를 완벽하게 성취하셨다. 예수님은 자기 백성을 저희 죄에서 구원하는 삶을 완전하게 사셨다. 그래서 예수님은 하나님 앞에서 자신 있게 다음과 같이 말씀하셨다. "아버지께서 내게 하라고 주신 일을 내가 이루어 아버지를 이 세상에서 영화롭게 하였사오니"[요 17:4]. 그래서 예수님은 이 땅에 사실 때도, 십자가에 달려 죽으실 때도, 부활 승천하신 이후에도 언제나 떳떳하게 자기 자신을 '예수'라고 밝히셨다. 그러므로 은혜와 긍휼을 얻기 위해 예수님에게 나아가는 내 발걸음에도 망설임이 있을 수 없다. 오늘도 나는 그 이름을 소중하게 부른다.

"오, 주여! 예수여! 예수여!"

073일

답2 또 그분 외에는 그 어디에서도 구원을 찾아서도 안 되고 구원을 찾을 수도 없기 때문입니다.

왜 성부 하나님께서는 자기 아들을 사람으로 이 세상에 보내실 때 '예수'라는 이름을 붙여 주셨을까? 천사는 그 이유를 다음과 같이 설명했다. "이는 그가 자기 백성을 그들의 죄에서 구원할 자이심이라"[마 1:21]. 부모가 자기 자식에게 어떤 이름을 지어 주는 이유는 사람들이 자기 자식을 그 이름으로 알고 그 이름으로 부르기를 바라기 때문이다. 성부 하나님께서 자기 아들에게 '예수'라는 이름을 지어 주신 이유도 동일하다. 하나님께서는 우리가 자기 아들을 '예수'라는 이름으로 알고, '예수'라는 이름으로 부르기를 원하셨다. 그러면서 우리가 중대한 진리를 분명하게 알기를 원하셨다. 하나님께서 친히 '예수'라고 이름을 지어 주신 나사렛 출신 예수 외에는 그 누구도 우리를 죄에서 구원할 수 없다는 진리, 예수님 외에 그 어디에서도 구원을 찾아서도 안 되고 찾을 수도 없다는 진리이다.

하나님께서는 이 세상에 많은 위인을 보내 주셨다. 예를 들어, 애굽에서 노예로 생활하는 이스라엘을 위해서는 모세를 보내 주셨다. 약속의 땅에서 방황하는 이스라엘을 위해서는 여러 명의 사사들을 보내 주셨다. 바벨론 포로에서 돌아온 사람들을 위해서는 느헤미야를 보내 주셨다. 하지만 우리를 죄에서 구원하는 구원자로는 오직 자기 아들 한 분을 보내셨고 오직 그에게만 '예수'라는 이름을 친히 지어 주셨다. 그러므로 우리는 분명하게 알아야 한다. 우리를 죄에서 구원할 수 있는 분은 하나님께서 구원자로 지정해 주신 나사렛 예수뿐이다. 하나님의 아들이신 예수님 외에는 그 어디에서도 구원을 찾을 수도 없고 찾아서도 안 된다. "다른 이로써는 구원을 받을 수 없나니 천하 사람 중에 구원을 받을 만한 다른 이름을 우리에게 주신 일이 없음이라"[행 4:12]. 오늘 나는 고백한다.

"오, 주여! 주는 유일한 구원자이십니다."

074일

제30문 그렇다면 소위 성인(聖人)에게서, 혹은 자기 자신이나 다른 데서 구원과 복을 찾는 사람들도 유일한 구주이신 예수를 참으로 믿는 것입니까?

성부 하나님께서는 이 세상에 사람으로 태어나는 자기 아들에게 '예수'라는 이름을 친히 지어 주셨다. 이는 실제로 그가 세상의 유일한 구원자이시기 때문이고, 우리가 그를 그렇게 알고 믿기를 성부 하나님께서 바라셨기 때문이다. 그런데 어떤 사람들은 예수님을 자기의 구원자로 믿는다고 말하면서 소위 종교적인 성인에게서도, 혹은 자기 자신의 신앙적인 행위나 윤리적인 행위에서도 구원과 복을 찾으려고 한다. 종교적인 성인에게서 구원과 복을 찾으려고 하는 사람들은 기도할 때도 예수님께만 기도하지 않고 성인에게까지 여러 가지 복과 도움을 요청한다. 자기 자신의 신앙적이거나 윤리적인 행위에서도 구원과 복을 찾으려고 하는 사람들은 하나님 앞에 자기의 행위를 자랑스럽게 내놓으며 그에 합당한 구원과 복을 달라고 요구한다. 과연 이런 사람들도 유일한 구주이신 예수님을 참으로 믿는 것일까?

이런 사람들은 자기들이 예수님을 자기의 구주로 분명하게 믿고 있으므로, 때때로 성인에게서 혹은 자기의 신앙적인 행위나 윤리적인 행위에서 구원과 복을 찾으려고 하는 일이 큰 문제가 안 된다고 주장한다. 그러면서도 자기들이 예수님을 자기의 구주로 믿는 일만큼은 진실하며 확실하다고 주장한다. 하지만 과연 그럴까? 이런 사람들의 그런 주장에 관하여 성경은 뭐라고 판단할지 생각해 본다. "하나님은 한 분이시요 또 하나님과 사람 사이에 중보자도 한 분이시니 곧 사람이신 그리스도 예수라"[딤전 2:5]. "예수께서 이르시되 내가 곧 길이요 진리요 생명이니 나로 말미암지 않고는 아버지께로 올 자가 없느니라"[요 14:6]. "다른 이로써는 구원을 받을 수 없나니 천하 사람 중에 구원을 받을 만한 다른 이름을 우리에게 주신 일이 없음이라"[행 4:12]. 오늘 나는 간구한다.

"오, 주여! 주의 판단을 온 세상이 알게 하옵소서."

나의 묵상과 기도

075일

답1 **아닙니다. 비록 그들이 말로는 예수님을 자랑한다 해도, 행위로는 유일한 구주이신 예수님을 부인하는 것입니다.**

예수님을 자기의 구원자로 믿는다고 말하면서 소위 종교적인 성인에게서도, 혹은 자기 자신의 신앙적인 행위나 윤리적인 행위에서도 구원과 복을 찾으려는 사람들이 있다. 그들의 신앙 진위를 따져 본다. 성경은 하나님과 우리 사이에 중보자가 오직 한 분, 예수 그리스도뿐이라고 선언한다. "하나님은 한 분이시요 또 하나님과 사람 사이에 중보자도 한 분이시니 곧 사람이신 그리스도 예수라"[딤전 2:5]. 오직 예수 그리스도 한 분만이 우리의 중보자라는 말은 우리에게 필요한 모든 구원과 복과 도움이 오직 예수 그리스도를 통해서 온다는 말이다. 그러므로 종교적인 성인에게 기도하면서 그 어떤 종류의 도움이나 복을 요청하는 사람은, 오직 예수 그리스도만이 우리의 중보자가 되신다는 성경의 증거를 정면으로 반박하고 거부하면서 그 성인을 중보자로 여기고 믿는 셈이다. 어찌 하나님께서 이런 신앙을 참된 신앙으로 인정하시겠는가!

또한, 성경은 사람이 자기의 신앙적이거나 윤리적인 행위를 믿고 의지하는 것과 예수를 믿는 것이 공존할 수 없다고 선언한다. "율법 안에서 의롭다 함을 얻으려 하는 너희는 그리스도에게서 끊어지고 은혜에서 떨어진 자로다"[갈 5:4]. 사람이 자기의 신앙적이거나 윤리적인 행위를 하나님 앞에 내놓고 그것으로 의롭다 인정받으려 한다면, 그 사람은 그 어떤 것으로도 그리스도와 연결될 수 없고 은혜 안으로 들어갈 수 없다는 말이다. 그 사람이 스스로 확신에 차 주장하기를, 자신은 그리스도를 믿고 있고 그리스도에게 연결되어 있으며 은혜 안에 살고 있다고 해도, 예수님은 그 사람을 모른다고 하시고 자기에게서 끊어 내시며 은혜 밖에 머물게 하신다는 말이다. 어찌 하나님께서 이런 신앙을 참된 신앙으로 인정하시겠는가! 오늘 나는 기도한다.

"오, 주여! 이런 거짓 신앙에서 많은 사람을 건져 주옵소서."

나의 묵상과 **기도**

076일

답2 예수님께서 완전한 구주가 아니시든지, 참된 믿음으로 이 구주를 영접한 사람들이 구원에 필요한 모든 것을 예수님 안에서 찾든지, 둘 중 하나만 가능합니다.

예수님을 자기의 구원자로 믿는다고 말하면서 소위 종교적인 성인에게서도, 혹은 자기 자신의 신앙적인 행위나 윤리적인 행위에서도 구원과 복을 찾으려는 사람들의 신앙 진위를 다시 생각해 본다. 만일 예수님이 유일하고 완전한 구주가 아니라면, 예수님을 유일하고 완전한 구주로 믿고 자기 구원에 필요한 모든 것을 오직 그분 안에서만 찾으려고 하는 사람에게 어떤 일이 일어날까? 그 사람은 자기 구원에 필요한 모든 것을 예수님 안에서 다 얻을 수 없을 것이다. 그래서 구원에 필요한 나머지를 얻기 위해 다른 데로 고개를 돌리고 다른 것을 함께 의지할 수밖에 없을 것이다. 하지만 예수님이 완전한 구주시라면, 자기 구원에 필요한 모든 것을 오직 예수님 안에서만 찾으려고 하는 사람은 예수님 안에서 모든 것을 얻고, 예수님 한 분만으로 만족할 것이며, 끝까지 예수님 한 분만을 믿고 의지할 것이다.

그렇다면, 성경에서 예수님을 유일하고 완전한 구주로 믿고, 자기 구원에 필요한 모든 것을 오직 그분 안에서만 찾으려고 했던 사람을 한 명 떠올려 보자. 그리고 그 사람이 실제로 경험한 바를 들어 보자. "아버지께서는 모든 충만으로 예수 안에 거하게 하시고 그의 십자가의 피로 화평을 이루사 만물 곧 땅에 있는 것들이나 하늘에 있는 것들이 그로 말미암아 자기와 화목하게 되기를 기뻐하심이라"[골 1:19-20]. "또한 모든 것을 해로 여김은 내 주 그리스도 예수를 아는 지식이 가장 고상하기 때문이라 내가 그를 위하여 모든 것을 잃어버리고 배설물로 여김은 그리스도를 얻고 그 안에서 발견되려 함이니 내가 가진 의는 율법에서 난 것이 아니요 오직 그리스도를 믿음으로 말미암은 것이니 곧 믿음으로 하나님께로부터 난 의라"[빌 3:8-9]. 더 이상 무슨 말이 필요할까? 오늘 나는 고백한다.

"오, 주여! 주는 완전한 구주이십니다."

나의 묵상과 기도

077일

답3 예수님께서 완전한 구주가 아니시든지, 아니면 참된 믿음으로 이 구주를 영접한 자들이 구원에 필요한 모든 것을 예수님 안에서 찾든지, 둘 중 하나만 가능합니다.

하나님의 아들 예수 그리스도가 유일하고 완전한 구주이심을 생각해 본다. 질병을 고치는 의사들은 전문 분야가 있다. 내과, 외과, 정형외과, 피부과 등등. 한 사람의 의사가 모든 분야에 전문의가 되어서 모든 질병을 치료할 수는 없다. 간혹 다방면에 탁월한 의술을 발휘하는 천재적인 의사가 있다고 하더라도 그 의사가 모든 질병을 다 다루거나 다 고치는 것은 아니다. 그것은 불가능한 일이다. 그래서 몸에 여러 가지 질병을 앓고 있는 사람은 이 병원 저 병원을 찾아다녀야 한다. 한곳에서 병을 다 고칠 수 없기 때문이다. 또한, 같은 분야에서 전문의 자격증이 있는 의사라고 해도 환자를 잘 보고 병을 잘 고치는 전문의가 있는가 하면 환자를 잘 보지 못하고 병을 잘 고치지 못하는 전문의가 있다. 그래서 몸에 질병이 있는 사람은 의사라고 해서 무조건 다 믿고 의지하기 어렵고 명의를 찾아 이리저리 다녀야 한다.

하지만 우리의 구원을 위해서는 그런 번거로움이나 불안함이 전혀 필요하지 않다. 하나님의 아들이신 예수님은 우리에게 있는 모든 종류의 죄와 모든 종류의 비참함을 혼자서 다 치료하실 수 있는 완전한 구주이시기 때문이다. 또한, 예수님은 우리에게 있는 가장 추한 죄와 가장 심한 비참함도 다 완벽하게 치료하실 수 있는 완전한 구주이시기 때문이다. 그러므로 우리는 우리의 구원과 복을 위해 여기저기 힘들게 찾아다닐 필요가 없다. 예수님 한 분께만 나아가면 된다. 예수님 한 분께만 나아가면 구원에 필요한 모든 것을 다 찾을 수 있고 다 얻을 수 있다. "예수는 하나님께로서 나와서 우리에게 지혜와 의로움과 거룩함과 구속함이 되셨으니 기록된바 자랑하는 자는 주 안에서 자랑하라 함과 같게 하려 함이니라"[고전 1:30-31]. 오늘 나는 기쁘다.

"오, 주여! 주님 한 분만으로 충분합니다."

12주

제31문 그분을 왜 '그리스도', 곧 '기름 부음받은 자'라고 부릅니까?

| **답** |

왜냐하면, 그분은 성부 하나님으로부터 임명받으시고 성령으로 기름 부음받으셨기 때문입니다. 그분은 우리의 위대한 선지자와 선생으로 기름 부음을 받아 우리의 구원에 관한 하나님의 감추인 경륜과 뜻을 온전히 계시하십니다. 그리고 그분은 우리의 유일한 대제사장으로 기름 부음을 받아 그 몸을 단번에 제물로 드려 우리를 구속하셨고 성부 앞에서 우리를 위해 항상 간구하십니다. 또한 그분은 우리의 영원한 왕으로 기름 부음을 받아 말씀과 성령으로 우리를 다스리시고, 우리를 위해 획득하신 구원을 우리가 누리도록 우리를 보호하시고 보존하십니다.

제32문 그런데 당신은 왜 '그리스도인'이라고 불립니까?

| **답** |

왜냐하면, 나는 믿음으로 그리스도의 지체(肢體)가 되어 그의 기름 부음에 참여했기 때문입니다. 나는 선지자로서 그리스도라는 이름의 증인이 되며, 제사장으로서 나 자신을 감사의 산 제물로 그리스도께 드리고, 또한 왕으로서 이 세상에서는 자유롭고 선한 양심으로 죄와 마귀에 대항하여 싸우고, 이후로는 영원히 그리스도와 함께 모든 피조물을 다스릴 것입니다.

078일

제31문 그분을 왜 '그리스도', 곧 '기름 부음받은 자'라고 부릅니까?

복음의 요약인 사도신경에서 성자 하나님에 관한 신앙고백은 "그 외아들 우리 주 예수 그리스도를 믿사오니"로 시작된다. 오늘은 '그리스도'라는 이름을 생각해 본다. 히브리어에는 '메시아'라는 단어가 있는데, 그리스어로 번역하면 '그리스도'이고, 이는 '기름 부음을 받은 자'라는 뜻이다. 구약 성경을 보면, 선지자, 제사장, 왕을 임명할 때 머리에 기름을 부었는데, 그 사람이 하나님으로부터 직분과 권위 그리고 능력을 부여받았다는 표시였다. "아론에게 거룩한 옷을 입히고 그에게 기름을 부어 거룩하게 하여 그가 내게 제사장의 직분을 행하게 하라"[출 40:13]. "사무엘이 기름병을 가져다가 사울의 머리에 붓고 입 맞추며 이르되 여호와께서 네게 기름을 부으사 그의 기업의 지도자로 삼지 아니하셨느냐"[삼상 10:1]. "사밧의 아들 엘리사에게 기름을 부어 너를 대신하여 선지자가 되게 하라"[왕상 19:16].

이처럼 예수님께서 오시기 전에도 기름 부음을 받은 사람들이 많이 있었지만, 성경은 그 어떤 사람에게도 '그리스도'라는 이름을 부여하지 않는다. 성경은 오직 성육신하신 하나님의 아들 예수님을 부를 때만 '그리스도'라는 이름을 사용한다. 신약 성경의 사복음서를 보면, 첫 부분에서부터 예수님을 '그리스도'라는 이름으로 부른다. "야곱은 마리아의 남편 요셉을 낳았으니 마리아에게서 그리스도라 칭하는 예수가 나시니라"[마 1:16]. "하나님의 아들 예수 그리스도의 복음의 시작이라"[막 1:1]. "오늘 다윗의 동네에 너희를 위하여 구주가 나셨으니 곧 그리스도 주시니라"[눅 2:11]. "그가 먼저 자기의 형제 시몬을 찾아 말하되 우리가 메시야를 만났다 하고 (메시야는 번역하면 그리스도라)"[요 1:41]. 왜 성경은 하나님의 아들을 '그리스도'라는 이름으로 부르는 걸까? 오늘 나는 간구한다.

"오, 주여! 저를 가르쳐 주옵소서."

079일

답1 왜냐하면, 그분은 성부 하나님으로부터 임명받으시고 성령으로 기름 부음받으셨기 때문입니다.

성경은 왜 하나님의 아들이신 예수님을 '그리스도'라는 이름으로 부르는 걸까? 성경에서 그 이유를 찾아본다. "하나님 곧 왕의 하나님이 즐거움의 기름을 왕에게 부어 왕의 동료보다 뛰어나게 하셨나이다"[시 45:7]. "백성이 다 세례를 받을새 예수도 세례를 받으시고 기도하실 때에 하늘이 열리며 성령이 비둘기 같은 형체로 그의 위에 강림하시더니 하늘로부터 소리가 나기를 너는 내 사랑하는 아들이라 내가 너를 기뻐하노라 하시니라"[눅 3:21-22]. "주의 성령이 내게 임하셨으니 이는 가난한 자에게 복음을 전하게 하시려고 내게 기름을 부으시고 나를 보내사 포로 된 자에게 자유를, 눈 먼 자에게 다시 보게 함을 전파하며 눌린 자를 자유롭게 하고"[눅 4:18]. "하나님이 나사렛 예수에게 성령과 능력을 기름 붓듯 하셨으매 그가 두루 다니시며 선한 일을 행하시고 마귀에게 눌린 모든 사람을 고치셨으니"[행 10:38].

위의 성경 구절을 종합해 볼 때, 예수님의 또 다른 이름이 '그리스도'인 까닭은 분명하다. 첫째, 성부 하나님께서 예수님을 한없이 즐거워하시면서 하나님과 사람 사이의 유일한 중보자로 임명하셨기 때문이다. 둘째, 하나님께서 눈에 보이는 기름으로는 예수님에게 기름 붓지 않으셨으나 그보다 훨씬 더 탁월한 성령과 능력으로 예수님에게 기름 붓듯 하셨기 때문이다. 셋째, 예수님이 중보자의 직무를 완전하게 감당할 수 있는 모든 권위와 능력을 하나님으로부터 부여받았기 때문이다. 이처럼 '그리스도'라는 이름은 하나님께서 지극히 큰 즐거움으로 예수님에게 성령과 능력으로 기름을 부어 우리의 완전한 중보자로 임명하셨다는 사실을 우리에게 늘 말해 준다. 그러니 예수님의 또 다른 이름, '그리스도'는 얼마나 아름답고 즐거운 이름인가! 오늘 나는 고백한다.

"오, 주여! 주의 이름이 어찌 그리 향기로운지요!"

080일

답2 그분은 우리의 위대한 선지자와 선생으로 기름 부음을 받아 우리의 구원에 관한 하나님의 감추인 경륜과 뜻을 온전히 계시하십니다.

'그리스도'라는 이름에 담긴 의미를 생각해 본다. 예수님은 하나님으로부터 기름 부음을 받으셨는데, 먼저는 위대한 선지자와 선생으로 기름 부음을 받으셨다. 하나님과 사람 사이의 중보자이신 예수님께서 우리의 구원을 위한 하나님의 계획과 뜻을 우리에게 효과적으로 계시하셔야 했기 때문이다. 타락 이후 모든 사람은 자신의 비참함을 알지 못하고 구원받을 필요도 모르며 하나님의 구원 계획도 전혀 알지 못한다. "그들의 총명이 어두워지고 그들 가운데 있는 무지함과 그들의 마음이 굳어짐으로 말미암아 하나님의 생명에서 떠나 있도다"[엡 4:18]. 그러므로 중보자이신 예수님은 선지자로 오셔서 우리의 죄와 하나님의 구원을 우리에게 온전히 계시해 주셔야만 했다. 그래서 하나님께서는 예수님을 큰 선지자와 선생으로서 기름 부으셨다. 그래서 예수님의 또 다른 이름은 '그리스도', 곧 기름 부음을 받은 자이다.

예수님의 일생을 보면, 예수님은 위대한 선지자로서 우리의 구원을 위한 하나님의 계획과 뜻을 가르쳐 주셨다. 예수님은 이렇게 말씀하셨다. "내 아버지께서 모든 것을 내게 주셨으니 아버지 외에는 아들을 아는 자가 없고 아들과 또 아들의 소원대로 계시를 받는 자 외에는 아버지를 아는 자가 없느니라"[마 11:27]. 사람들은 예수님의 가르침을 들을 때마다 놀라지 않을 수 없었다. 예수님의 가르침에는 놀라운 권세와 능력이 있었기 때문이다. "예수께서 이 말씀을 마치시매 무리들이 그 가르치심에 놀래니 이는 그 가르치시는 것이 권세 있는 자와 같고 저희 서기관들과 같지 아니함일러라"[마 7:28-29]. "그들이 서로 말하되 길에서 우리에게 말씀하시고 우리에게 성경을 풀어 주실 때에 우리 속에서 마음이 뜨겁지 아니하더냐 하고"[눅 24:32]. 오늘 나는 고백한다.

"오, 주여! 주는 위대한 선지자이십니다."

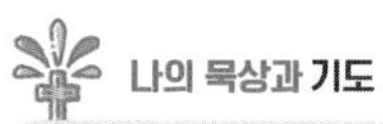

081일

답3 그리고 그분은 우리의 유일한 대제사장으로 기름 부음을 받아 그 몸을 단번에 제물로 드려 우리를 구속하셨고 성부 앞에서 우리를 위해 항상 간구하십니다.

'그리스도'라는 이름에 담긴 의미를 또 생각해 본다. 예수님은 하나님으로부터 기름 부음을 받으셨는데, 위대한 선지자로서만 아니라 유일한 대제사장으로도 기름 부음을 받으셨다. 하나님과 사람 사이의 중보자이신 예수님은 우리를 위해 그 몸을 단번에 제물로 드려 우리를 구속하셔야 했고, 또한 우리를 위해 성부 하나님 앞에 서시며 항상 우리를 위해 간구하셔야 했기 때문이다. 죄인은 거룩하신 하나님 앞에 나아갈 자격도, 능력도 없다. 하나님 앞에서 자기의 죄를 해결할 자격이나 능력은 더더욱 없다. 그러므로 죄인에게는 그를 대신하여 속죄 제물을 하나님 앞에 드리고 우리를 대신하여 하나님 앞에 서는 대제사장이 절대적으로 필요하다. 하나님께서 인정해 주시고 받아 주실 만한 죄 없고 완전한 대제사장이 필요하다. 하나님께서는 예수님을 한없이 기뻐하시기에 그런 대제사장으로 기름을 부으신 것이다.

예수님은 우리의 대제사장이 되시기 위해 우리와 똑같은 사람으로 이 세상에 오셨다. "그가 범사에 형제들과 같이 되심이 마땅하도다 이는 하나님의 일에 자비하고 신실한 대제사장이 되어 백성의 죄를 속량하려 하심이라"[히 2:17]. 예수님은 우리의 대제사장으로서 십자가에서 단번에 속죄 제사를 지내셨고 구약의 대제사장이 지성소에 들어가 백성을 위해 중보한 것처럼 하나님의 우편에서 우리를 위해 항상 기도하신다. "오직 그리스도는 죄를 위하여 한 영원한 제사를 드리시고 하나님 우편에 앉으사, 그가 거룩하게 된 자들을 한 번의 제사로 영원히 온전하게 하셨느니라"[히 10:12, 14]. 성부 하나님께서는 예수님이 우리의 대제사장으로서 행하는 모든 일을 열납하신다. 예수님은 성부 하나님께서 직접 세우신 영원하면서도 완전한 대제사장이시기 때문이다. 오늘 나는 고백한다.

"오, 주여! 주는 우리의 유일한 대제사장이십니다."

나의 묵상과 기도

082일

답4 또한 그분은 우리의 영원한 왕으로 기름 부음을 받아 말씀과 성령으로 우리를 다스리시고, 우리를 위해 획득하신 구원을 우리가 누리도록 우리를 보호하시고 보존하십니다.

'그리스도'라는 이름에 담긴 의미를 또 생각해 본다. 예수님은 하나님으로부터 기름 부음을 받으셨는데, 위대한 선지자와 유일한 대제사장으로서만 아니라 영원한 왕으로서도 기름 부음을 받으셨다. 하나님과 사람 사이의 중보자이신 예수님은 우리를 마귀의 지배에서 건져 내셔야 하고, 우리를 위해 획득하신 구원의 은혜와 복을 우리에게 나누어 주셔야 하며, 완전한 구원의 날까지 험한 세상에서 우리를 보호하시고 다스리시며 보존하셔야 하기 때문이다. 성경은 타락한 인간의 비참함을 다음과 같이 설명한다. "그중에 이 세상의 신이 믿지 아니하는 자들의 마음을 혼미하게 하여 그리스도의 영광의 복음의 광채가 비치지 못하게 함이니"[고후 4:4]. 그러므로 우리의 중보자는 사탄의 강력한 권세로부터 자기 백성을 건져 내고 구원의 은혜를 풍성하게 주며 모든 악에서 보호하며 완전한 구원의 날까지 보존하는 왕이어야 한다.

그래서 하나님께서는 절대 권력을 가진 영원한 왕의 직분을 예수님에게 맡기셨다. "내가 나의 왕을 내 거룩한 산 시온에 세웠다"[시 2:6]. 마리아에게 수태고지를 한 천사는 예수님에 관해 예언하였다. "영원히 야곱의 집을 왕으로 다스리실 것이며 그 나라가 무궁하리라"[눅 1:33]. 공생애 중에 예수님은 자신의 왕권에 관해 말씀하셨다. "내가 그들에게 영생을 주노니 영원히 멸망하지 아니할 것이요 또 그들을 내 손에서 빼앗을 자가 없느니라"[요 10:28]. 부활 후에 예수님은 자신의 왕권을 천명하셨다. "하늘과 땅의 모든 권세를 내게 주셨으니"[마 28:18]. 성경은 이런 예수님 때문에 신자가 안전하며 행복하다고 선언한다. "너희는 말세에 나타내기로 예비하신 구원을 얻기 위하여 믿음으로 말미암아 하나님의 능력으로 보호하심을 받았느니라"[벧전 1:5]. 오늘 나는 고백하다.

"오, 주여! 주는 우리의 영원한 왕이십니다."

083일

제32문 그런데 당신은 왜 '그리스도인'이라고 불립니까?

답1 **왜냐하면, 나는 믿음으로 그리스도의 지체(肢體)가 되어 그의 기름 부음에 참여했기 때문입니다.**

성경은 예수 믿는 신자를 '그리스도인'이라고 부른다. '그리스도에게 속한 사람'이라는 뜻이다. "만일 그리스도인으로 고난을 받으면…"[벧전 4:16]. 왜 성경은 예수 믿는 신자를 일컬어 '그리스도인'이라고 부르는 것일까? 예수님의 존귀한 많은 이름 중에서 특별히 '그리스도'라는 이름을 신자에게 붙이는 것일까? 과연 그래도 되는 걸까? 생각해 보면 예수님의 매우 보배롭고 존귀한 이름을 우리 같은 사람이 달고 산다는 것은 매우 황송한 일이다. 하지만 당연한 일이기도 하다. 우리는 예수님을 믿을 때 예수 그리스도에게 속하여 그의 지체가 된다. "나는 포도나무요 너희는 가지라"[요 15:5]. 포도나무 가지가 포도나무에 실제로 붙어 있는 것처럼 신자인 우리도 예수 그리스도에게 실제로 붙어 있다. 그러므로 성경이 예수 믿는 신자를 가리켜 '그리스도인'이라고 부르는 것은 당연한 일이다.

그런데 '그리스도인'이라는 이름에는 '그리스도의 기름 부음에 참여한 사람'이라는 뜻도 있다. 성경이 다음과 같이 선언한다. "너희는 거룩하신 자에게서 기름 부음을 받고"[요일 2:20]. 성부 하나님께서는 중보자이신 예수님에게 성령으로 기름을 부으셨다. "하나님이 나사렛 예수에게 성령과 능력을 기름 붓듯 하셨으매"[행 10:38]. 그런데 성부 하나님께서는 예수님을 믿는 신자에게도 똑같은 성령을 부어 주신다. "하나님이 말씀하시기를 말세에 내가 내 영을 모든 육체에 부어 주리니"[행 2:17]. 예수님의 말씀도 들어 보자. "아버지께서 내 이름으로 보내실 성령 그가 너희에게 모든 것을 가르치고"[요 14:26]. 그러므로 성경이 예수 믿는 신자를 가리켜 '그리스도인'이라고 부르는 것은 당연한 일이다. 오늘 나는 행복하다.

"오, 주여! 신자에게 주신 이름이 어찌 그리 아름다운지요!"

나의 묵상과 **기도**

084일

답2 나는 선지자로서 그리스도라는 이름의 증인이 되며, 제사장으로서 나 자신을 감사의 산 제물로 그리스도께 드리고, 또한 왕으로서 이 세상에서는 자유롭고 선한 양심으로 죄와 마귀에 대항하여 싸우고, 이후로는 영원히 그리스도와 함께 모든 피조물을 다스릴 것입니다.

성경은 예수 믿는 신자를 '그리스도인'이라고 부른다. '그리스도에게 속한 사람' 혹은 '그리스도의 기름 부음에 참여한 사람'이라는 뜻이다. 오늘은 이 이름과 관련하여 실제적인 질문을 해 본다. 신자인 우리는 그리스도의 지체로서 그리스도께서 받으신 기름 부음에 참여하였는데, 이것 때문에 우리가 달라진 것이 있다면 무엇일까? 우리는 예수님께서 받으신 기름 부음에 참여하는 것이니, 예수님께서 하나님으로부터 기름 부음을 받으신 일을 살펴보면 답을 찾을 수 있다. 중보자이신 예수님은 하나님으로부터 기름 부음을 받고 우리의 구원을 위해 세 가지 직분을 받으셨다. 선지자 직분, 제사장 직분, 그리고 왕의 직분이다. 그러므로 우리도 그리스도의 지체로서 그리스도의 기름 부음에 참여할 때, 그리스도의 세 가지 직분에 참여하게 된다. 선지자 직분, 제사장 직분, 왕의 직분이다. 성경은 그리스도인의 신분을 다음과 같이 설명한다. "그러나 너희는 택하신 족속이요 왕 같은 제사장들이요 거룩한 나라요 그의 소유가 된 백성이니"[벧전 2:9]. 하지만 중보자이신 예수님께서 세 가지 직분을 맡으신 것과 신자가 그리스도의 세 가지 직분에 참여하는 것은 크게 다른 점이 있다. 예수님은 우리를 구원하시기 위해서 중보자로서 세 가지 직분을 맡으신 것이지만, 신자는 자기를 구원하신 그리스도를 섬기기 위해 그리스도의 세 가지 직분에 참여한다는 점이다. 신자는 그리스도의 구원에 감사하는 마음으로 선지자로서 예수 그리스도의 증인으로 살며, 제사장으로서 감사와 찬양의 제사를 날마다 드리고, 왕으로서 죄와 마귀에 대항하여 싸운다. 아, 예수를 믿어 그리스도의 지체가 된다는 것은 얼마나 복되며 영광스러운 일인가! 오늘 나는 결심한다.

"오, 주여! 그리스도인답게 직분에 충실한 삶을 살겠습니다."

나의 묵상과 기도

13주

제33문 우리 역시 하나님의 자녀인데, 왜 그리스도만 하나님의 "외아들"이라고 부릅니까?

| 답 |

왜냐하면, 오직 그리스도만이 본질로 하나님의 영원한 참 아들이시기 때문입니다. 반면에 우리는 그리스도로 말미암아 은혜로 입양된 하나님의 자녀입니다.

제34문 당신은 왜 그리스도를 "우리 주"라고 부릅니까?

| 답 |

왜냐하면, 그리스도께서 금이나 은이 아니라 그분의 보배로운 피로써 우리의 몸과 영혼을 우리의 모든 죄로부터 구속(救贖)하셨고, 마귀의 모든 권세에서 해방하여 주의 소유로 삼아 주셨기 때문입니다.

085일

제33문 우리 역시 하나님의 자녀인데, 왜 그리스도만 하나님의 "외아들"이라고 부릅니까?

복음의 요약인 사도신경에서 성자 하나님에 관한 신앙고백은 "그 외아들 우리 주 예수 그리스도를 믿사오니"로 시작된다. 오늘은 '그 외아들'이라는 고백에 집중해 본다. 이 고백은 예수님이 성부 하나님의 유일하신 아들, 외아들, 독생자라는 고백이다. 또한, 예수님이 우리의 중보자로 이 세상에 태어나시기 전부터, 아니 영원 전부터, 성부 하나님의 독생자라는 고백이다. 사도 요한은 요한복음을 쓸 때 첫 장에서부터 이것을 전면에 내세우며 강조하였다. "말씀이 육신이 되어 우리 가운데 거하시매 우리가 그의 영광을 보니 아버지의 독생자의 영광이요"[요 1:14]. "본래 하나님을 본 사람이 없으되 아버지 품 속에 있는 독생하신 하나님이 나타내셨느니라"[요 1:18]. 이는 예수님이 성부 하나님의 외아들이라는 것은 우리가 성자 하나님을 알고 믿을 때 가장 근본적으로 알고 믿어야 하는 내용이기 때문이다.

이 지점에서 우리는 질문할 수 있다. 성경은 예수를 믿어 구원받은 우리도 하나님의 자녀 또는 하나님의 아들이라고 하는데, 왜 예수님만을 일컬어서 유일하신 아들, 외아들, 독생자라고 부를까? 먼저, 성경이 예수 믿는 신자를 하나님의 자녀 또는 하나님의 아들로 일컫는 구절들을 살펴보자. "영접하는 자 곧 그 이름을 믿는 자들에게는 하나님의 자녀가 되는 권세를 주셨으니"[요 1:12]. "그 기쁘신 뜻대로 우리를 예정하사 예수 그리스도로 말미암아 자기의 아들들이 되게 하셨으니"[엡 1:5]. "너희가 아들이므로 하나님이 그 아들의 영을 우리 마음 가운데 보내사 아빠 아버지라 부르게 하셨느니라"[갈 4:6]. 이처럼 성경은 우리 역시 하나님의 자녀이고 하나님의 아들이라고 선언하는데, 왜 예수님을 하나님의 독생자라고 부르는 걸까? 오늘 나는 기도한다.

"오, 주여! 저로 깨닫게 하여 주옵소서."

086일

답1 왜냐하면, 오직 그리스도만이 본질로 하나님의 영원한 참 아들이시기 때문입니다.

성경은 예수를 믿어 구원받은 우리도 하나님의 자녀 또는 하나님의 아들이라고 하면서, 왜 예수님을 일컬어 유일하신 아들, 외아들, 독생자라고 부를까? 이 질문에 대한 대답을 가장 잘 알고 있는 분은 단연코 성부 하나님과 성자 하나님이시다. 먼저, 성부 하나님께서는 성자 하나님의 출생에 관하여 다음과 같이 말씀하신다. "너는 내 아들이라 오늘 내가 너를 낳았도다"[시 2:7]. 성자 하나님은 자기의 출생과 관련하여 다음과 같이 말씀하신다. "여호와께서 그 조화의 시작 곧 태초에 일하시기 전에 나를 가지셨으며 만세 전부터, 태초부터, 땅이 생기기 전부터 내가 세움을 받았나니 아직 바다가 생기지 아니하였고 큰 샘들이 있기 전에 내가 이미 났으며 산이 세워지기 전에, 언덕이 생기기 전에 내가 이미 났으니 하나님이 아직 땅도, 들도, 세상 진토의 근원도 짓지 아니하셨을 때에라"[잠 8:22-26].

또한 성경은 성자 하나님이 성부 하나님의 아들이심을 다음과 같이 선언한다. "태초에 말씀이 계시니라 이 말씀이 하나님과 함께 계셨으니 이 말씀은 곧 하나님이시니라 그가 태초에 하나님과 함께 계셨고 만물이 그로 말미암아 지은 바 되었으니 지은 것이 하나도 그가 없이는 된 것이 없느니라"[요 1:1-3]. "그는 보이지 아니하는 하나님의 형상이시요 모든 피조물보다 먼저 나신 이시니 만물이 그에게서 창조되되 하늘과 땅에서 보이는 것들과 보이지 않는 것들과 혹은 왕권들이나 주권들이나 통치자들이나 권세들이나 만물이 다 그로 말미암고 그를 위하여 창조되었고 또한 그가 만물보다 먼저 계시고 만물이 그 안에 함께 섰느니라"[골 1:15-17]. 이런 점에서 예수 그리스도는 영원 전부터 하나님의 유일하고도 영원한 아들이시다. 오늘 나는 고백한다.

"오, 주여! 주는 본질상 성부 하나님의 영원한 외아들이십니다."

나의 묵상과 **기도**

087일

답1 왜냐하면, 오직 그리스도만이 하나님의 영원한 참 아들이시기 때문입니다.

성자 하나님만이 성부 하나님의 유일하면서도 영원한 참 외아들이시라는 진리를 오늘도 생각해 본다. 성자 하나님께서는 이 세상에 사람으로 오셨을 때도 여전히 성부 하나님의 유일하고도 영원한 아들이셨다. 사람이 되어 이 세상에 오셨다고 해서 하나님의 영원한 외아들 되심이 달라질 수 없다. 성부 하나님께서는 두 번이나 친히 하늘로서 음성을 들려주셨다. "이는 내 사랑하는 아들이요 내 기뻐하는 자라"[마 3:17; 17:5]. 예수 그리스도는 유대인들의 극렬한 핍박에 굴하지 않고 성부 하나님을 자기의 친아버지라고 불렀으며, 자기가 성부 하나님의 아들인 것과 성부 하나님과 동등한 분임을 선언하셨다[요 5:18]. "내가 하나님께로부터 나와서 왔음이라 나는 스스로 온 것이 아니요 아버지께서 나를 보내신 것이니라"[요 8:42]. "나와 아버지는 하나이니라"[요 10:30]. "나를 본 자는 아버지를 보았거늘"[요 14:9].

이 세상에 사람으로 오신 예수 그리스도의 외면을 보면, 그분은 우리와 똑같은 사람이고 흠모할 만한 것이 없는 사람이시다. 그래서 일찍이 선지자 이사야는 다음과 같이 예언하였다. "그는 주 앞에서 자라나기를 연한 순 같고 마른 땅에서 나온 뿌리 같아서 고운 모양도 없고 풍채도 없은즉 우리가 보기에 흠모할 만한 아름다운 것이 없도다"[사 53:2]. 하지만 믿음의 눈으로 예수 그리스도를 보면, 그분은 분명 하나님의 유일하면서도 영원한 아들이시다. 그래서 사도 요한은 선언하였다. "말씀이 육신이 되어 우리 가운데 거하시매 우리가 그의 영광을 보니 아버지의 독생자의 영광이요"[요 1:14]. 그러니 예수 그리스도는 얼마나 놀랍고 신비하고 존귀한 분이신가! "그 안에는 신성의 모든 충만이 육체로 거하시고"[골 2:9]. 오늘 나는 고백한다.

"오, 주여! 주는 살아 계신 하나님의 참 외아들이십니다!"

088일

답2 반면에 우리는 그리스도로 말미암아 은혜로 입양된 하나님의 자녀입니다.

예수 그리스도께서 하나님의 아들이신 것과 예수를 믿는 신자가 하나님의 아들 또는 자녀인 것은 어떤 점에서 다를까? 성경은 신자의 영적 출생과 하나님의 아들 됨을 다음과 같이 설명한다. "전에는 우리도 다 그 가운데서 우리 육체의 욕심을 따라 지내며 육체와 마음의 원하는 것을 하여 다른 이들과 같이 본질상 진노의 자녀이었더니 긍휼이 풍성하신 하나님이 우리를 사랑하신 그 큰 사랑을 인하여 허물로 죽은 우리를 그리스도와 함께 살리셨고"[엡 2:3-5]. "그가 그 피조물 중에 우리로 한 첫 열매가 되게 하시려고 자기의 뜻을 따라 진리의 말씀으로 우리를 낳으셨느니라"[약 1:18]. "그 기쁘신 뜻대로 우리를 예정하사 예수 그리스도로 말미암아 자기의 아들들이 되게 하셨으니"[엡 1:5]. "너희가 아들이므로 하나님이 그 아들의 영을 우리 마음 가운데 보내사 아빠 아버지라 부르게 하셨느니라"[갈 4:6].

예수를 믿는 신자는 예수 그리스도처럼 본질상 하나님의 아들이 아니었다. 오히려 정반대다. 예수를 믿는 신자는 이 세상에 태어날 때 죄와 허물 때문에 영적으로 죽어 있던 하나님의 진노를 피할 수 없는 진노의 자녀로 태어난다. 그런데 하나님께서 큰 사랑으로 그를 사랑하시고, 그를 죄에서 구원하여 자녀 삼기로 작정하신 까닭에, 어느 날부터 복음의 진리가 그에게 들려지고 믿어지는 기적이 일어난다. 그렇게 그는 예수 그리스도와 함께 살리심을 받고 예수 그리스도로 말미암아 하나님의 아들이 된다. 본질상 진노의 자녀였으나 하나님께서 진리의 말씀으로 그를 새롭게 낳으시면서 자기 아들로 삼아 주셨기 때문이다. 하나님께서는 그 증거로 신자의 마음에 양자의 영인 성령을 부어 주시고 아무런 거리낌 없이 하나님을 '아버지'라 부르게 만들어 주신다. 오늘 나는 감사한다.

"오, 주여! 아들 삼아 주신 은혜가 황송합니다."

나의 묵상과 기도

089일

제34문 당신은 왜 그리스도를 "우리 주"라고 부릅니까?

복음의 요약인 사도신경에서 성자 하나님에 관한 신앙고백은 "그 외아들 우리 주 예수 그리스도를 믿사오니"로 시작된다. 오늘은 마지막으로 '우리 주'라는 고백에 집중해 본다. 먼저, 성경이 예수님을 '주' 또는 '우리 주'라고 부르는 사례를 생각해 본다. 사실 신약 성경을 읽어 보면, 예수님의 공생애 기간에 제자들을 비롯한 많은 사람이 예수님을 '주'라고 불렀다. 그러다가 예수님께서 부활하시고 승천하신 후에는 예수님을 '주'라고 부르는 일이 급격하게 더 많아졌다. '예수'라는 이름 앞에 '주'라는 이름을 붙이는 곳이 백 군데가 넘는다. 그중에서 '예수 그리스도'라는 이름 앞에 '주'라는 이름을 붙인 곳이 예순일곱 군데이다. '그리스도'라는 이름 앞에 '주'라는 이름을 붙인 곳도 두 군데 있다. '주 예수'라는 이름 뒤에 '우리 주'라는 이름을 붙인 곳도 다섯 군데 있다.

그렇다면 성경이 예수님을 '주'라고 표현할 때, 그것은 어떤 의미일까? 그것은 일상적인 삶에서 우리가 쉽게 만날 수 있는 수준의 '주인', 곧 '집 주인'이나 '가게 주인' 같은 주인을 가리키지 않는다. 예수님과 관련하여 사용된 '주'라는 단어는 만물에 대하여 절대적인 소유권과 통치권을 다 가지고 있는 유일하면서도 지존하신 '주인'을 가리킨다. 부활하신 예수님께서 선언하신 내용 그대로다. "예수께서 나아와 말씀하여 이르시되 하늘과 땅의 모든 권세를 내게 주셨으니"[마 28:18]. 히브리서는 다음과 같이 설명한다. "이 아들을 만유의 상속자로 세우시고 또 그로 말미암아 모든 세계를 지으셨느니라 … 그의 능력의 말씀으로 만물을 붙드시며 죄를 정결하게 하는 일을 하시고 높은 곳에 계신 지극히 크신 이의 우편에 앉으셨느니라"[히 1:2-3]. 오늘 나는 고백한다.

"오, 주여! 주는 만유의 주이십니다."

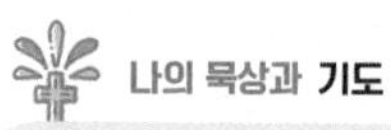

090일

답1 왜냐하면, 그리스도께서 금이나 은이 아니라 그분의 보배로운 피로써 우리의 몸과 영혼을 우리의 모든 죄로부터 구속(救贖)하셨고,

성자 하나님에 관한 신앙고백에서 예수님을 '주'라고 고백할 때, 왜 '우리 주'라고 고백하는 걸까? 창조의 관점에서 보면, 예수님은 당연히 '우리의 주'가 되신다. 예수님은 성부 하나님과 함께 만물을 창조하셨고 다스리시는데, 우리도 그 만물 안에 포함되기 때문이다. "만물이 그로 말미암아 지은 바 되었으니 지은 것이 하나도 그가 없이는 된 것이 없느니라"[요 1:3]. 하지만 예수님은 창조보다 더 특별한 이유로 '우리의 주'가 되신다. 구속의 관점에서 보면, 예수님은 죄 때문에 노예로 팔리시고 마귀의 하수인이 된 우리를 비싼 값을 주고 다시 사셨는데, 예수님께서 치르신 값은 우리 죄를 대신 짊어지시고 십자가에서 보배로운 피를 흘려 죽으시는 일이었다. 이 일을 통해 예수님은 우리의 몸과 영혼을 모든 죄와 마귀에게서 구속하셨다. 그러므로 구속의 관점에서 보면 예수님은 당연히 '우리의 주'가 되신다.

성경의 증거를 들어 보자. "예수께서 대답하시되 진실로 진실로 너희에게 이르노니 죄를 범하는 자마다 죄의 종이라"[요 8:34]. 그래서 예수님은 우리를 다시 사기 위해 값을 지불하셨다. "그가 모든 사람을 위하여 자기를 대속물로 주셨으니 기약이 이르러 주신 증거니라"[딤전 2:6]. 예수님께서 내신 값은 그의 목숨이다. "너희가 알거니와 너희 조상이 물려 준 헛된 행실에서 대속함을 받은 것은 은이나 금 같이 없어질 것으로 된 것이 아니요 오직 흠 없고 점 없는 어린 양 같은 그리스도의 보배로운 피로 된 것이니라"[벧전 1:18-19]. 그러므로 예수님을 믿어 구원받은 모든 신자는 예수님께서 값을 주고 사신 사람들이고, 따라서 예수님의 것이며, 예수님은 그들의 유일하고 특별한 주가 되신다. "너희는 너희 자신의 것이 아니라 값으로 산 것이 되었으니…"[고전 6:19-20]. 오늘 나는 고백한다.

"오, 주여! 주는 나의 유일한 주이십니다."

091일

답2 우리를 마귀의 모든 권세에서 해방하여 주의 소유로 삼아 주셨기 때문입니다.

성자 하나님에 관한 신앙고백에서 예수님을 '주'라고 고백할 때 왜 '우리 주'라고 고백하는 걸까? 성경은 죄를 짓는 자가 죄의 종이 되지만, 동시에 마귀의 종도 된다고 가르친다. "죄를 짓는 자는 마귀에게 속하나니 마귀는 처음부터 범죄함이라"[요일 3:8]. 성경은 마귀가 거대한 흑암의 권세로 죄인을 포로로 삼고 억압하며, 죽음에 대한 두려움으로 죄인을 위협하여, 일생 마귀에게 종노릇하도록 만든다고 가르친다. "그가 우리를 흑암의 권세에서 건져 내사"[골 1:13]. "죽음을 통하여 죽음의 세력을 잡은 자 곧 마귀를 멸하시며 또 죽기를 무서워하므로 한평생 매여 종노릇하는 모든 자들을…"[히 2:14-15]. 아, 마귀의 종이 되어 평생을 산다는 것은 얼마나 비참한 삶인가! 아, 어느 누가 자기가 마귀의 종으로 살고 있음을 스스로 깨닫고 자기 힘과 노력으로 거기에서 벗어날 수 있겠는가!

성경은 다음과 같이 선언한다. "하나님의 아들이 나타나신 것은 마귀의 일을 멸하려 하심이라"[요일 3:8]. 예수님은 우리에게 진리를 가르쳐 주셔서 마귀의 모든 거짓에서 우리를 자유롭게 하신다. 흑암의 권세에서 우리를 빼내어 자기 나라에 살게 하신다. 우리에게 영원한 생명을 주셔서 죽음에 대한 두려움에 일생 매여 살던 비참함에서 우리를 구해 주신다. 우리를 자기 백성으로 삼으셔서 아무도 우리를 건드리지 못하도록 강한 손으로 우리를 붙드신다. "진리를 알지니 진리가 너희를 자유롭게 하리라"[요 8:32]. "내가 그들에게 영생을 주노니 영원히 멸망하지 아니할 것이요 또 그들을 내 손에서 빼앗을 자가 없느니라"[요 10:28]. 아, 예수님을 '나의 주'라고 부를 수 있는 사람은 얼마나 행복한 사람인가! 오늘 나는 감사한다.

"오, 주여! 주께서 내 주가 되시니 행복합니다."

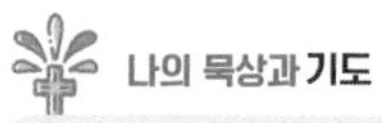

14주

제35문 "이는 성령으로 잉태하사 동정녀 마리아에게 나시고"라는 말로 당신은 무엇을 고백합니까?

| 답 |

하나님의 영원한 아들은 참되시고 영원하신 하나님으로서, 여전히 참되시고 영원하신 하나님이신 채로, 성령의 사역(使役)을 통해 동정녀 마리아의 살과 피로부터 참된 인성(人性)을 취하셨음을 고백합니다. 또한 그리하여 다윗의 참된 자손이 되시고, 모든 일에서 그의 형제들과 같이 되셨으나 죄는 없으신 것을 고백합니다.

제36문 그리스도의 거룩한 잉태와 탄생은 당신에게 어떤 유익을 줍니까?

| 답 |

그리스도께서는 우리의 중보자이시므로, 우리가 잉태될 때부터 가지고 있는 죄를 그의 순결함과 완전한 거룩함으로 하나님 앞에서 제하여 주십니다.

092일

제35문 "이는 성령으로 잉태하사 동정녀 마리아에게 나시고"라는 말로 당신은 무엇을 고백합니까?

복음의 요약판인 사도신경에서 우리는 성자 하나님의 이름을 말함으로써 예수 그리스도의 인격에 관한 신앙을 먼저 고백한다. 그 후에 곧바로 이어지는 고백은 "이는 성령으로 잉태하사 동정녀 마리아에게 나시고"이다. 이것은 그리스도의 성육신에 관한 고백이다. 그리고 이 고백 후에는 그리스도의 고난에 관한 고백, 그리스도의 부활에 관한 고백, 그리스도의 승천에 관한 고백, 그리고 그리스도의 재림에 관한 고백이 이어진다. 그리스도의 성육신에 관한 고백부터 그리스도의 승천에 관한 고백까지, 이 다섯 가지 신앙고백은 그리스도의 구원 사역에 관한 고백이다. 복음의 요약판인 사도신경에서 성자 하나님에 관한 신앙고백이 이런 흐름으로 구성된 것을 볼 때, 복음적인 신앙은 예수 그리스도의 인격을 알고 믿는 것 위에 예수 그리스도의 구원 사역을 알고 믿는 것이 굳게 세워진 신앙이라고 할 수 있다.

사도신경에서 예수 그리스도의 구원 사역에 관한 신앙을 고백할 때 제일 먼저 고백하는 내용은, 예수 그리스도의 성육신이다. "이는 성령으로 잉태하사 동정녀 마리아에게 나시고" 왜 이것을 제일 먼저 고백해야 할까? 예수 그리스도의 구원 사역을 알고 믿을 때, 제일 먼저 알고 믿어야 할 내용이 예수 그리스도의 성육신이기 때문이다. 옷을 입을 때 첫 단추를 잘못 끼우면 다른 단추들도 잘못 끼울 수밖에 없듯이, 예수 그리스도의 성육신을 제대로 이해하지 못하고 믿지 못하면 다른 모든 사역도 제대로 이해할 수 없고 믿을 수 없다. "크도다 경건의 비밀이여, 그렇지 않다 하는 이 없도다 그는 육신으로 나타난 바 되시고"[딤전 3:16]. 예수 그리스도의 성육신은 크리스마스 시즌만이 아니라 날마다 묵상하고 즐거워해야 할 진리이다. 오늘 나는 간구한다.

"오, 주여! 주님의 성육신을 날마다 묵상하게 하옵소서."

093일

답1 하나님의 영원한 아들은 참되시고 영원하신 하나님으로서, 여전히 참되시고 영원하신 하나님이신 채로,

성자 하나님에 관한 신앙고백 중에서 "이는 성령으로 잉태하사 동정녀 마리아에게 나시고"라는 고백을 생각해 본다. 여기에서 우리는 예수 그리스도에 관하여 어떤 신앙을 고백하는 걸까? 예수님께서 남자와 여자의 결합을 통해 잉태되어 탄생하시지 않고 처녀의 몸에 성령으로 잉태되어 탄생하셨다는 것이다. 그런데 여기에는 두 가지 중요한 고백이 전제되어 있다. 첫째, 예수 그리스도는 본래 존재하지 않다가 어느 날 처녀의 몸에 성령으로 잉태되어 탄생한 것이 아니라, 그전부터 성부 하나님의 영원한 아들로서 존재하셨다는 것이다. 둘째, 예수 그리스도는 성부 하나님의 영원한 아들로서 능력과 영광이 성부 하나님과 동등하신 영원하신 하나님이셨는데, 하나님이신 것을 포기하시거나 일부분 변경하지 않으시고 여전히 참되시고 영원하신 하나님이신 채로 처녀의 몸에 성령으로 잉태되어 사람이 되셨고, 사람으로 탄생하셨다는 것이다.

요한복음 1장은 이 순서를 따라 예수 그리스도의 성육신을 설명한다. "태초에 말씀이 계시니라 이 말씀이 하나님과 함께 계셨으니 이 말씀은 곧 하나님이시니라"[1절]. "그가 세상에 계셨으며… 자기 땅에 오매"[10-11절]. "말씀이 육신이 되어 우리 가운데 거하시매"[14절]. 예수 그리스도의 성육신을 이해하고 묵상하기 위해 우리 마음이 달려갈 곳은 베들레헴의 마구간이 아니다. 예수 그리스도가 성부 하나님의 영원한 아들로 계셨던 영원 전, 하나님의 품이다. 먼저 그곳에 가서 독생자의 영광을 보아야 한다. 그래야 성육신을 제대로 이해할 수 있다. 성부 하나님의 품속에 계시던 아들이 사람이 되어 오셨기 때문이다. "본래 하나님을 본 사람이 없으되 아버지 품속에 있는 독생하신 하나님이 나타내셨느니라"[요 1:18]. 오늘 나는 소원한다.

"오, 주여! 아버지 품속에 있는 독생자의 영광을 보기 원합니다."

094일

답2 성령의 사역(使役)을 통해 동정녀 마리아의 살과 피로부터 참된 인성(人性)을 취하셨음을 고백합니다.

성자 하나님에 관한 신앙고백 중에서 "이는 성령으로 잉태하사 동정녀 마리아에게 나시고"라는 고백을 생각해 본다. 하나님의 아들은 어떤 과정을 통해 사람이 되셨을까? 마리아에게 나타나 수태고지를 해준 천사는 말했다. "성령이 네게 임하시고 지극히 높으신 이의 능력이 너를 덮으시리니 이러므로 나실 바 거룩한 이는 하나님의 아들이라 일컬어지리라"[눅 1:35]. 마리아의 약혼자 요셉에게 나타난 천사도 말했다. "그에게 잉태된 자는 성령으로 된 것이라"[마 1:20]. 사람은 일반적인으로 남자와 여자가 육체적으로 결합할 때, 남자에게서 나온 씨가 여자의 몸 안에 들어가 새로운 생명으로 잉태된다. 하지만 하나님의 아들은 그런 경로를 통해 사람으로 이 세상에 오지 않으셨다. 참되시고 영원하신 하나님의 아들은 남자 없이 오직 성령을 통해 처녀의 몸에 사람으로 잉태되셨다.

성경은 성령으로 잉태되신 예수님이 처음부터 하나님이시며 동시에 사람이셨다고 증거한다. 이것은 다음과 같은 사실을 말해 준다. 성령 하나님은 예수님을 마리아의 태에 잉태하실 때, 하나님의 아들에게 있는 신성의 모든 충만함이 조금이라도 훼손되거나 축소되거나 상실되게 하지 않으셨다. 또한, 성령 하나님께서는 하늘과 땅처럼 심하게 차이 나는 신성과 인성이 한 인격 안에 공존할 수 있도록 성육신의 과정에서 신성과 인성을 신비한 연합으로 묶어 주셨다. 또한, 성령 하나님은 한 인격 안에 신비하게 연합하여 공존하는 신성과 인성이 결코 서로 혼합이나 변질하는 일 없이 서로 구별되도록 역사하셨다. 그래서 예수님은 하나님이시면서 동시에 사람이실 수 있었다. 성령 하나님께서 예수님의 성육신에 일하신 방법을 생각해 보면 참으로 신비롭기 그지없다. 오늘 나는 찬송한다.

"오, 주여! 성령 하나님을 기뻐하며 찬송합니다."

095일

답2 성령의 사역(使役)을 통해 동정녀 마리아의 살과 피로부터 참된 인성(人性)을 취하셨음을 고백합니다.

성자 하나님에 관한 신앙고백 중에서 "이는 성령으로 잉태하사 동정녀 마리아에게 나시고"라는 고백을 생각해 본다. 참되시고 영원하신 하나님의 아들은 성령을 통해 처녀의 몸에 사람으로 잉태되셨다. 왜 처녀의 몸일까? 창세기를 보면, 인간의 타락 직후에 하나님께서는 뱀을 저주하시며 구원자가 여자의 후손으로 태어날 것을 말씀하셨다. "여자의 후손은 네 머리를 상하게 할 것이요"[창 3:15]. 나중에 선지자 이사야를 통해 말씀하시기를 여자 중에서도 처녀에게서 구원자가 태어날 거라고 하셨다. "보라 처녀가 잉태하여 아들을 낳을 것이요 그의 이름을 임마누엘이라 하리라"[사 7:14]. 왜 처녀의 몸일까? 남자와 여자의 결합으로 태어나는 모든 사람은 아담의 후손으로서 죄를 가지고 태어나기 때문이다. 그런데 중보자는 죄가 없으면서 완전한 사람이어야만 한다. 그래서 남자와 상관없이 처녀의 몸에 성령으로 잉태되신 것이다. 그렇다면, 처녀의 몸에서는 어떤 일이 있었을까? 모든 사람은 엄마의 배 속에 잉태되면, 살과 피로 구성된 몸이 형성되고 영혼의 기능이 몸과 연결되어 작동하게 된다. 그럼으로써 영혼과 몸으로 구성된 참사람이 된다. 동정녀 마리아의 배 속에 성령으로 잉태되신 하나님의 아들도 이런 점에서 다른 모든 사람과 동일한 과정을 거치셨다. 동정녀 마리아의 배 속에 열 달 머물면서 살과 피로 구성된 몸이 형성되고, 영혼의 기능이 몸과 연결되어 작동하게 되어 영혼과 몸으로 구성된 참사람이 되셨다. "자녀들은 혈과 육에 속하였으매 그도 또한 같은 모양으로 혈과 육을 함께 지니심은 죽음을 통하여 죽음의 세력을 잡은 자 곧 마귀를 멸하시며 또 죽기를 무서워하므로 한평생 매여 종노릇하는 모든 자들을 놓아 주려 하심이니"[히 2:14-17]. 오늘 나는 고백한다.

"오, 주여! 주님의 탄생은 모두 다 거룩한 신비입니다."

096일

답3 또한 그리하여 다윗의 참된 자손이 되시고, 모든 일에서 그의 형제들과 같이 되셨으나 죄는 없으신 것을 고백합니다.

성자 하나님에 관한 신앙고백 중에서 "이는 성령으로 잉태하사 동정녀 마리아에게 나시고"라는 고백을 생각해 본다. 참되시고 영원하신 하나님의 아들은 성령을 통해 처녀의 몸에 사람으로 잉태되셨고 탄생하셨다. 그 처녀는 다윗이 속한 유다 지파의 후손 마리아였다. 그렇다면, 이 일은 위대한 구속의 역사에서 어떤 의미가 있을까? 첫째, 이로써 예수님은 하나님께서 오래전부터 약속하신 다윗의 자손이 되셨다. "그의 아들에 관하여 말하면 육신으로는 다윗의 혈통에서 나셨고"[롬 1:3]. 일찍이 하나님께서는 다윗에게 약속하셨다. "내가 네 몸에서 날 네 씨를 네 뒤에 세워 그의 나라를 견고하게 하리라"[삼하 7:12]. 오랜 세월이 흐른 후, 마리아에게 수태고지를 전한 천사는 하나님의 약속이 그녀의 몸에서 날 아기를 통해 성취된다고 확인해 주었다. "주 하나님께서 그 조상 다윗의 왕위를 그에게 주시리니"[눅 1:32]. 하나님의 신실함은 얼마나 놀라운가!

둘째, 이로써 예수님은 모든 면에서 우리와 똑같은 사람이 되셨다. 예수님은 처녀의 몸에 잉태되셨지만, 우리처럼 여자의 몸에서 살과 피를 받고 영혼의 기능이 몸과 연결되어 작동하여 몸과 영혼이 연합된 사람으로 나셨다는 점에서, 우리와 모든 면에서 똑같은 사람이 되셨다. "자녀들은 혈과 육에 속하였으매 그도 또한 같은 모양으로 혈과 육을 함께 지니심은"[히 2:14]. "그러므로 그가 범사에 형제들과 같이 되심이 마땅하도다"[히 2:17]. 셋째, 이로써 예수님은 모든 면에서 우리와 똑같으나 죄가 전혀 없는 분으로 나셨다. 그래서 우리의 죄를 짊어지고 하나님 앞에 우리를 위하여 서실 수 있으신 분이 되셨다. "이러한 대제사장은 우리에게 합당하니 거룩하고 악이 없고 더러움이 없고 죄인에게서 떠나 계시고 하늘보다 높이 되신 이라"[히 7:26]. 오늘 나는 고백한다.

"오, 주여! 주님은 모든 면에서 완전하십니다."

나의 묵상과 **기도**

097일

제36문 그리스도의 거룩한 잉태와 탄생은 당신에게 어떤 유익을 줍니까?

성자 하나님에 관한 신앙고백 중에서 "이는 성령으로 잉태하사 동정녀 마리아에게 나시고"라는 고백을 생각해 본다. 참되시고 영원하신 하나님의 아들은 성령을 통해 처녀의 몸에 사람으로 잉태되셨고 탄생하셨다. 그렇다면, 예수님의 이런 잉태와 탄생은 나에게 어떤 유익이 될까? 이 질문을 던져 놓고 생각하다 문득 다른 질문이 마음을 사로잡는다. 예수님의 잉태와 탄생이 나에게 주는 유익도 알아야겠지만, 그보다 먼저 생각할 것이 있는 것 같아서이다. 그것은 다음과 같은 질문이다. "예수님의 이런 잉태와 탄생이 삼위 하나님께는 어떤 일이었을까?" 좀 더 구체적으로 말하자면, "성부 하나님은 외아들을 이 세상에 사람으로 보내실 때 마음이 어떠셨을까? 성자 하나님은 이 세상에 사람으로 나실 때 마음이 어떠셨을까? 성령 하나님은 하나님의 아들을 처녀의 몸에 잉태시키시면서 마음이 어떠셨을까?" 하는 질문이다.

성경에서 답을 찾아본다. "홀연히 수많은 천군이 그 천사들과 함께 하나님을 찬송하여 이르되 지극히 높은 곳에서는 하나님께 영광이요"[눅 2:13-14]. 성부 하나님은 자기의 외아들을 이 세상에 사람으로 나게 하실 때, 그것을 기뻐하시고 큰 영광으로 여기셨다는 말이다. "그러므로 주께서 세상에 임하실 때에 이르시되 … 하나님이여 보시옵소서 두루마리 책에 나를 가리켜 기록된 것과 같이 하나님의 뜻을 행하러 왔나이다 하셨느니라"[히 10:5-7]. 그러니까 성자 하나님께서는 성부 하나님의 뜻을 실행하기 위하여 세상에 사람으로 오신 것을 기뻐하시며 결연한 태도로 임하셨다는 말이다. 성경에는 성령 하나님께서 예수님의 잉태와 탄생에 관하여 어떤 마음이셨는지에 관한 기록이 없다. 하지만, 성령 하나님께서는 성부, 성자 하나님과 동일한 마음이셨을 것이다. 오늘 나는 감탄한다.

"오, 주여! 낮아지심을 이토록 기뻐하셨나이까!"

098일

답 **그리스도께서는 우리의 중보자이시므로, 우리가 잉태될 때부터 가지고 있는 죄를 그의 순결함과 완전한 거룩함으로 하나님 앞에서 제하여 주십니다.**

성자 하나님에 관한 신앙고백 중에서 "이는 성령으로 잉태하사 동정녀 마리아에게 나시고"라는 고백을 생각해 본다. 참되시고 영원하신 하나님의 아들은 성령을 통해 처녀의 몸에 사람으로 잉태되셨고 탄생하셨다. 그렇다면, 예수님의 이런 잉태와 탄생은 나에게 어떤 유익이 될까? 첫째, 예수님께서 이런 방식으로 잉태되시고 탄생하신 것을 보면서 예수님께서 하나님과 죄인 사이에서 완벽한 중보자가 되신다는 것을 확신할 수 있다. 성령으로 처녀의 몸에 잉태되신 예수님께서는 신성을 완전하게 가지고 있는 참하나님이시면서 동시에 인성도 완전하게 가지고 있는 참사람이시고, 죄는 전혀 없으시므로 완벽한 중보자로서의 모든 자격을 갖추신다. 그러므로 예수님의 잉태와 탄생을 보면서 나는 안심하고 고백한다. "하나님은 한 분이시요 또 하나님과 사람 사이에 중보자도 한 분이시니 곧 사람이신 그리스도 예수라"[딤전 2:5]. 둘째, 예수님께서 이런 방식으로 잉태되시고 탄생하신 것을 보면서 예수님께서 중보자로서 행하신 모든 일이 하나님에게뿐만 아니라 우리에게도 완전한 효력이 있음을 확신할 수 있다. 하나님의 아들 예수 그리스도는 중보자로서 모든 자격을 완벽하게 갖추셨으니 중보자로서 행하시는 모든 일이 완전할 수밖에 없고 완전한 효과를 발휘할 수밖에 없다. "그가 자기 영혼의 수고한 것을 보고 만족하게 여길 것이라 나의 의로운 종이 자기 지식으로 많은 사람을 의롭게 하며 또 그들의 죄악을 친히 담당하리로다"[사 53:11]. 그러므로 예수님의 잉태와 탄생을 보면서, 나는 예수 그리스도께서 우리의 모든 죄를 십자가에서 다 짊어지고 값을 다 내심으로써 하나님의 공의를 만족케 하고 우리에게는 완전한 용서와 의와 거룩함을 가져오심을 확신할 수 있다. 오늘 나는 감사한다.

"오, 주여! 완전한 구원을 주셔서 감사합니다."

나의 묵상과 기도

15주

제37문 "고난을 받으사"라는 말로 당신은 무엇을 고백합니까?

| 답 |

그리스도께서 이 세상에 사셨던 모든 기간에, 특히 생의 마지막 시기에 모든 인류의 죄에 대한 하나님의 진노를 친히 자기 몸과 영혼에 짊어지셨음을 고백합니다. 그리스도께서는 유일한 화목 제물로 고난을 당하사 우리의 몸과 영혼을 영원한 저주로부터 구원하셨고, 우리를 위해 하나님의 은혜와 의와 영원한 생명을 얻으셨습니다.

제38문 그리스도께서는 왜 재판장 "본디오 빌라도에게" 고난을 받으셨습니까?

| 답 |

그리스도께서는 죄가 없으시지만 우리에게 임할 하나님의 준엄한 심판으로부터 우리를 구원하시기 위해 세상 재판장에게서 정죄를 받으신 것입니다.

제39문 그리스도께서 다른 방법이 아닌 "십자가에 못 박혀 죽으신 것"에 특별한 의미가 있습니까?

| 답 |

그렇습니다. 십자가에 달려 죽은 자는 하나님께 저주를 받아 죽은 자입니다. 따라서 그리스도께서 십자가에 달려 죽으신 것을 보면서 나는 내가 받아야 할 저주를 그리스도께서 대신 받으셨음을 확신할 수 있습니다.

099일

제37문 "고난을 받으사"라는 말로 당신은 무엇을 고백합니까?

사도신경에서 예수 그리스도의 구원 사역에 관한 신앙을 고백할 때 제일 먼저 고백하는 내용은 예수 그리스도의 성육신, "이는 성령으로 잉태하사 동정녀 마리아에게 나시고"이다. 여기에 이어지는 것은 그리스도의 고난과 죽으심에 관한 고백, "본디오 빌라도에게 고난을 받으사 십자가에 못 박혀 죽으시고"이다. 사람들은 이렇게 물을지도 모른다. "아니, 왜 예수님의 삶과 가르침에 관한 고백은 하지 않습니까?" 대답은 간단하다. 예수님의 모든 삶과 가르침은 십자가의 고난과 죽으심을 지향하고 있고 십자가의 고난과 죽으심에서 완성되기 때문이다. 그래서 빌립보서 2장도 예수님을 소개할 때 다음과 같이 소개한다. "그는 … 오히려 자기를 비워 종의 형체를 가지사 사람들과 같이 되셨고 사람의 모양으로 나타나사 자기를 낮추시고 죽기까지 복종하셨으니 곧 십자가에 죽으심이라"[빌 2:6-8].

사도 바울은 복음을 전할 때 다음과 같이 결심했다. "내가 너희 중에서 예수 그리스도와 그가 십자가에 못 박히신 것 외에는 아무 것도 알지 아니하기로 작정하였음이라"[고전 2:2]. 바울의 말을 오해하지 말자. 예수 그리스도와 삶과 가르침은 중요하지 않으니 신경 쓰지 않겠다는 말이 아니다. 예수 그리스도의 삶과 가르침은 대충 알고 십자가의 고난과 죽음에만 집중하겠다는 말도 아니다. 그럴 수 없다. 부활하신 예수님께서는 사도들을 파송하시면서 다음과 같이 명령하셨다. "내가 너희에게 분부한 모든 것을 가르쳐 지키게 하라"[마 28:20]. 바울의 말은 예수 그리스도의 모든 삶과 가르침이 십자가의 고난과 죽으심을 지향하고 있고 십자가의 고난과 죽으심에서 완성되기 때문에 그것을 가장 중요한 것으로 알겠다는 말이다. 오늘 나는 질문한다.

"오, 주여! 저는 주의 십자가 고난을
얼마나 잘 알고 있을까요?"

100일

답1 그리스도께서 이 세상에 사셨던 모든 기간에, 특히 생의 마지막 시기에 모든 인류의 죄에 대한 하나님의 진노를 친히 자기 몸과 영혼에 짊어지셨음을 고백합니다.

성자 하나님에 관한 신앙고백 중에서 "본디오 빌라도에게 고난을 받으사 십자가에 못 박혀 죽으시고"라는 고백을 생각해 본다. 여기에서 '고난을 받으사'라는 표현은 무엇을 의미하는 걸까? 예수님의 고난이라고 하면 우리는 예수님께서 십자가에 못 박혀 고통을 당하시다가 죽으신 일을 제일 먼저 떠올리게 된다. 겟세마네 동산에서부터 시작하여 골고다 언덕 위의 십자가까지 그리스도께서 생의 마지막 시기에 당하신 고난을 제일 먼저 떠올리게 된다. 하지만 예수님의 고난은 예수님께서 이 세상에 사신 모든 기간에 있었다. 예수님은 출생하는 순간부터 모든 인류의 죄에 대한 하나님의 진노를 그 몸과 영혼에 짊어지고 끊임없이 고난받으셨다. 그래서 세례 요한은 공생애를 시작하시는 예수님을 가리키며 말하였다. "보라 세상 죄를 지고 가는 하나님의 어린 양이로다"[요 1:29].

그러나 예수님은 특별히 생의 마지막 시기에 고난을 받으셨다. 예수님은 생애 마지막 일주일을 예루살렘에서 지내시면서 하나님께서 구원하기로 작정하신 사람들의 죄를 대신 짊어지시고 잔인한 사형 형틀인 십자가에 못 박히사 약 여섯 시간 동안 하나님의 영원한 진노를 자신의 몸과 영혼에 담당하셨다. "친히 나무에 달려 그 몸으로 우리 죄를 담당하셨으니"[벧전 2:24]. "그는 실로 우리의 질고를 지고 우리의 슬픔을 당하였거늘 … 그가 찔림은 우리의 허물 때문이요 그가 상함은 우리의 죄악 때문이라 그가 징계를 받으므로 우리는 평화를 누리고 그가 채찍에 맞으므로 우리는 나음을 받았도다"[사 53:4-5]. "그리스도께서도 단번에 죄를 위하여 죽으사 의인으로서 불의한 자를 대신하셨으니 이는 우리를 하나님 앞으로 인도하려 하심이라"[벧전 3:18]. 오늘 나는 간구한다.

"오, 주여! 주의 고난을 알게 하옵소서."

나의 묵상과 **기도**

101일

답2 그리스도께서는 유일한 화목 제물로 고난을 당하사 우리의 몸과 영혼을 영원한 저주로부터 구원하셨고, 우리를 위해 하나님의 은혜와 의와 영원한 생명을 얻으셨습니다.

성자 하나님에 관한 신앙고백 중에서 “본디오 빌라도에게 고난을 받으사 십자가에 못 박혀 죽으시고”라는 고백을 생각해 본다. 여기에서 ‘고난을 받으사’라는 표현은 무엇을 의미하는 걸까? 성경은 예수 그리스도를 화목 제물이라고 부른다. “그는 우리 죄를 위한 화목 제물이니”[요일 2:2]. 구약에서 화목제는 어떤 사람에게 죄가 있을 때 희생 제물을 대신 죽임으로써 일차적으로는 하나님의 진노를 풀어드리고 이차적으로는 하나님과 더불어 화목을 이루는 제사였다. 이 제사에서 화목 제물은 죄인이 받아야 할 하나님의 모든 진노를 대신 짊어지고 처참하게 죽임을 당한다. 그런데 성경은 성부 하나님께서 우리를 위하여 친히 화목 제물을 준비해 주셨는데, 바로 하나님의 아들인 예수 그리스도라고 가르친다. “하나님이 우리를 사랑하사 우리 죄를 속하기 위하여 화목 제물로 그 아들을 보내셨음이라”[요일 4:10].

이러한 관점으로 예수 그리스도의 고난을 묵상해 본다. 하나님의 아들 예수 그리스도는 우리의 죄를 위한 화목 제물로 이 세상에 오셔서 평생을 사셨고, 생의 마지막 시간에 십자가에 못 박혀 우리가 받아야 할 하나님의 모든 진노와 죄의 모든 형벌을 우리 대신 다 받으셨다. 그러셨기에 예수님은 숨을 거두기 직전에 “다 이루었다.”라고 선언하셨다. 이 말씀은 예수님께서 화목 제물로서 우리가 받아야 할 모든 진노와 형벌을 대신 다 받으셨다는 뜻이다. 또한, 하나님과 우리의 화목이 이루어졌다는 뜻이다. 이처럼 예수 그리스도께서 유일한 화목 제물로서 평생에 걸쳐, 특별히 생의 마지막 시간에 십자가에 달려 고난을 받으셨으므로, 우리의 몸과 영혼은 영원한 저주로부터 건짐을 받았고 하나님의 은혜와 의와 영원한 생명은 우리의 것이 되었다. 오늘 나는 고백한다.

“오, 주여! 우리의 화목 제물이신 주님을 사랑합니다.”

102일

제38문 그리스도께서는 왜 재판장 "본디오 빌라도에게" 고난을 받으셨습니까?

성자 하나님에 관한 신앙고백 중에서 "본디오 빌라도에게 고난을 받으사 십자가에 못 박혀 죽으시고"라는 고백을 생각해 본다. 여기에서 '본디오 빌라도에게 고난을 받으사'라는 표현이 사용된 이유는 무엇일까? 어떤 사람들은 이 대목에서 이의를 제기한다. "예수님은 하나님에 의해 고난받으셨습니다. 그런데 예수님께서 본디오 빌라도에게 고난을 받았다고요? 이런 고백은 비성경적입니다." 이렇게 이의를 제기하는 사람들은 이것을 빌미로 삼아 사도신경 전체를 비성경적이라고 비난하거나 이단시하는 데까지 나아가기도 한다. 그렇다면, 왜 초기 교회들은 사도신경을 교회의 공식적인 신앙고백 문서로 확정할 때, 예수 그리스도께서 본디오 빌라도에게서 고난을 받으셨다는 표현을 사용하였을까? 성급한 결론을 내리기 전에 차분하게 생각해 보고 성경을 확인해 보자.

신약 성경은 예수님의 십자가 고난과 죽음을 기록할 때, 예수님께서 본디오 빌라도에게 재판을 받으시고 십자가 형틀에 넘겨지신 일을 매우 자세하게 기록한다. 예를 들어, 요한복음 19장에는 다음과 같은 기록들이 있다. "이에 빌라도가 예수를 데려다가 채찍질하더라"[요 19:1]. "빌라도가 이 말을 듣고 예수를 끌고 나가서 돌을 깐 뜰(히브리 말로 가바다)에 있는 재판석에 앉아 있더라"[요 19:13]. "빌라도가 이르되 내가 너희 왕을 십자가에 못 박으랴 … 이에 예수를 십자가에 못 박도록 그들에게 넘겨 주니라"[요 19:15-16]. "빌라도가 패를 써서 십자가 위에 붙이니 나사렛 예수 유대인의 왕이라 기록되었더라"[요 19:19]. 이처럼 하나님의 감동으로 기록된 성경은 예수님께서 본디오 빌라도의 법정에 서서 재판을 받고 십자가 형벌에 처했음을 분명하게 말한다. 오늘 나는 소원한다.

"오, 주여! 편협한 사고와 속단에서 벗어나고 싶습니다."

103일

답 **그리스도께서는 죄가 없으시지만 우리에게 임할 하나님의 준엄한 심판으로부터 우리를 구원하시기 위해 세상 재판장에게서 정죄를 받으신 것입니다.**

성자 하나님에 관한 신앙고백 중에서 "본디오 빌라도에게 고난을 받으사 십자가에 못 박혀 죽으시고"라는 고백을 생각해 본다. 여기에서 '본디오 빌라도에게 고난을 받으사'라는 표현이 사용된 이유는 무엇일까? 첫째, 예수님께서 본디오 빌라도에게 재판을 받으시고 십자가 형벌에 넘겨지신 일이 역사적인 사실이기 때문이다. 본디오 빌라도의 재판은 예수님께서 십자가에 달려 죽으시는 데 꼭 필요한 과정이었다. 예수님 당시에 유대인들은 십자가 형틀을 사용하여 사람을 사형시킬 수 있는 법적 권한이 없었기 때문이다. 그 권한은 오직 로마의 재판장에게만 있었다. 그래서 대제사장들과 장로들은 로마 총독인 본디오 빌라도에게 예수님을 죽여 달라고 요구하였다. 그러므로 우리가 예수님의 고난을 고백할 때 그 고난의 역사적인 내용을 고백하는 것은 결코 이상한 일이 아니다.

둘째, 예수님께서 본디오 빌라도에게 재판을 받으시고 십자가 형벌에 넘겨지신 일에 영적인 의미가 있기 때문이다. 본래 우리는 하나님의 법정에서 심판을 받고 영원한 사망의 형벌에 넘겨진 사람들이었다. 이런 우리를 구원하기 위해서 예수님은 하나님의 법정에 서서 우리의 죄를 대신 짊어지셨기에 죄인으로 정죄를 받고 죽임을 당하셔야만 했다. 그럼으로써 우리가 하나님의 법정에서 심판을 받거나 정죄를 당하지 않고 오히려 의롭다 함을 얻으며 영원한 생명을 누리게 됨을 보여 주셔야 했다. 그래서 예수님은 본디오 빌라도의 법정에 서신 것인데, 영적으로는 하나님의 법정에 서신 것이었다. 그러므로 우리가 예수님의 고난을 고백할 때, 그 고난의 역사적인 내용을 고백하면서 그것의 영적인 의미를 포함하여 고백하는 일은 결코 이상한 일이 아니다. 오늘 나는 감사한다.

"오, 주여! 우리를 위해 법정에 서셨나이다."

104일

제39문 그리스도께서 다른 방법이 아닌 "십자가에 못 박혀 죽으신 것"에 특별한 의미가 있습니까?

성자 하나님에 관한 신앙고백 중에서 "본디오 빌라도에게 고난을 받으사 십자가에 못 박혀 죽으시고"라는 고백을 생각해 본다. 여기에서 '십자가에 못 박혀 죽으시고'는 예수님께서 죽으신 방식에 대한 우리의 신앙고백이다. 예수 그리스도는 빌라도의 법정에서 사형 선고를 받은 후에 십자가에 못 박혀 죽으셨다. "해골이라 하는 곳에 이르러 거기서 예수를 십자가에 못 박고 두 행악자도 그렇게 하니 하나는 우편에 하나는 좌편에 있더라"[눅 23:33]. 이것은 역사적 사실이다. 그러므로 우리는 예수 그리스도께서 십자가에 못 박혀 죽으셨다고 고백한다. 하지만, 우리는 그것을 단순히 역사적 사실로만 고백하지 않는다. 구원에 이르는 믿음은 역사적 사실로만 믿는 것이 아니라 역사적 사실 너머에 있는 영적 의미를 믿는 것이다. 그러므로 우리는 십자가 죽음의 영적 의미를 우리의 신앙으로 고백하는 것이다.

그렇다면, 예수님의 십자가 죽음의 영적 의미는 무엇일까? 그것을 알려면 다음과 같은 질문에 답을 해야 한다. 왜 예수님은 다른 방법으로 죽지 않으시고 십자가에 못 박혀 죽으신 걸까? 다른 방법으로 죽으시면 안 되는 걸까? 꼭 십자가에 못 박혀 죽으셔야만 우리 죄를 대속하실 수 있는 걸까? 십자가에 못 박혀 죽는 것은 다른 방식으로 죽는 것보다 특별한 의미가 있는 걸까? 이런 질문을 생각하면서 내가 확신하는 것이 있다. 하나님께서 행하시는 모든 일은 항상 옳으며, 하나님께서는 언제나 우리의 구원과 유익을 도모하신다는 것이다. "여호와께서는 그 모든 행위에 의로우시며 그 모든 일에 은혜로우시도다"[시 145:17]. 그러므로 예수님께서 다른 방법으로 죽지 않으시고 십자가에 못 박혀 죽으신 데는 분명히 깊은 의미가 있다. 오늘 나는 기도한다.

"오, 주여! 주께서 십자가에서 고난받으시고 죽으신 일의 이유를 가르쳐 주옵소서."

나의 묵상과 기도

105일

답 그렇습니다. 십자가에 달려 죽은 자는 하나님께 저주를 받아 죽은 자입니다. 따라서 그리스도께서 십자가에 달려 죽으신 것을 보면서 나는 내가 받아야 할 저주를 그리스도께서 대신 받으셨음을 확신할 수 있습니다.

성자 하나님에 관한 신앙고백 중에서 "본디오 빌라도에게 고난을 받으사 십자가에 못 박혀 죽으시고"라는 고백을 생각해 본다. 왜 예수님은 다른 방식으로 고난받으시거나 죽지 않으시고 십자가에 못 박혀 고난받으시고 죽으신 것일까? 그 당시에 십자가 형틀에 못 박혀 죽는 것이 가장 고통스럽고 잔인한 방식이기 때문일까? 성경은 이렇게 대답한다. "그리스도께서 우리를 위하여 저주를 받은 바 되사 율법의 저주에서 우리를 속량하셨으니 기록된 바 나무에 달린 자마다 저주 아래에 있는 자라 하였음이라"[갈 3:13]. 예수님께서 나무로 만든 십자가에 못 박혀 죽으신 것은 그것이 하나님의 저주를 받는 죽음의 방식이었기 때문이다. 본래는 우리가 우리 죄 때문에 율법의 저주를 받아야 하는데, 죄 없으신 예수님께서 우리 대신 저주의 나무인 십자가에 못 박혀 율법의 저주, 곧 하나님의 저주를 다 받으신 것이다.

예수님은 다가오는 죽음을 예고하실 때 자기가 십자가에 못 박히는 방식으로 죽으실 것이라고 말씀하셨다. "너희가 아는 바와 같이 이틀이 지나면 유월절이라 인자가 십자가에 못 박히기 위하여 팔리리라"[마 26:2]. "인자가 죄인의 손에 넘겨져 십자가에 못 박히고"[눅 24:7]. 예수님은 예고하신 그대로 십자가에 못 박혀 고난을 받으시고 죽으셨는데, 숨을 거두기 전에 다음과 같이 선언하셨다. "다 이루었다"[요 19:30]. 이는 우리가 받아야 할 죄의 모든 형벌, 곧 율법의 모든 저주를 예수님께서 하나도 남김없이 다 받으셨다는 선언이다. 그러므로 저주의 나무인 십자가에 못 박혀 죽으신 예수님을 보면서, 우리는 확신에 찬 고백을 할 수 있다. 예수님 때문에 내가 받아야 할 저주는 하나도 남지 않았다! 오늘 나는 감사한다.

"오, 주여! 저를 위해 모든 저주를 받으셨으니, 그 은혜를 무한 감사합니다."

16주

제40문 그리스도께서는 왜 죽음의 길로 가셔야만 했습니까?

| **답** | 하나님의 공의와 진리가 요구하는 바, 우리의 죗값은 하나님의 아들이 우리 대신 죽는 것 외에는 다른 방법이 없기 때문입니다.

제41문 그리스도께서는 왜 "장사"되셨습니까?

| **답** | 그리스도의 장사되심은 그분이 참으로 죽으셨음을 확증합니다.

제42문 그리스도께서 우리를 위해 죽으셨는데, 왜 우리는 여전히 죽어야 합니까?

| **답** | 우리의 죽음은 죗값을 치르는 행위가 아닙니다. 오히려 죄짓는 것을 그치게 하고, 영생으로 들어가게 하는 통로입니다.

제43문 그리스도의 십자가의 제사와 죽으심에서 우리가 받는 또 다른 유익은 무엇입니까?

| **답** | 그리스도의 죽으심으로 말미암은 효력으로 우리의 옛 사람이 그와 함께 십자가에 달려 죽고 장사되며, 그 결과 육신의 악한 소욕(所欲)이 우리를 더 이상 지배하지 못하게 되고, 우리 자신을 그분께 감사의 제물로 드리게 됩니다.

제44문 "음부에 내려가셨으며"라는 조항이 왜 덧붙여져 있습니까?

| **답** | 큰 고통과 힘든 시험을 당할 때마다 내가 나의 주 예수 그리스도께서 지옥의 공포와 고통에서 나를 구원하셨음을 확신함으로써 풍성한 위로를 얻게 하기 위함입니다. 나의 주 예수 그리스도께서는 모든 고난과 특별히 십자가를 통해 말로 표현할 수 없는 두려움과 아픔과 공포, 그리고 지옥의 고통을 친히 당하심으로써 나의 구원을 이루셨습니다.

106일

제40문 그리스도께서는 왜 죽음의 길로 가셔야만 했습니까?

답 하나님의 공의와 진리가 요구하는 바, 우리의 죗값은 하나님의 아들이 우리 대신 죽는 것 외에는 다른 방법이 없기 때문입니다.

성자 하나님에 관한 신앙고백 중에서 "본디오 빌라도에게 고난을 받으사 십자가에 못 박혀 죽으시고"라는 고백을 생각해 본다. 십자가에 못 박힌 상태에서 예수님은 우리 죄를 대신 짊어지시고 하나님의 모든 진노를 담당하셨으며 마지막에는 "다 이루었다."라고 선언하셨는데, 왜 죽는 자리까지 내려가셨을까? "다 이루었다."라고 선언하신 다음에 십자가에서 그냥 내려오시면 더 좋았을 텐데, 왜 숨을 거두고 죽는 자리까지 내려가셨을까? 하나님께서는 에덴동산에서 사람에게 계명을 주시며 다음과 같이 경고하셨다. "선악을 알게 하는 나무의 열매는 먹지 말라 네가 먹는 날에는 반드시 죽으리라"[창 2:17]. 하나님께서는 죄를 지으면 반드시 죽어야 한다고 선언하셨다. 그러므로 죄인은 영원한 죽음으로써 죗값을 치러야 한다. 그래야 하나님의 공의가 충족되고 하나님의 진리가 성취된다.

그런데 만일 예수님이 십자가 위에서 고난만 받으시고 죽지 않으셨다면 어떻게 되겠는가? 예수님이 우리의 죗값을 완전하게 지불하지 않으신 것이 된다. 우리는 여전히 "죄의 삯은 사망이요"[롬 6:23]라는 하나님의 공의를 충족시켜야 하고 하나님의 진리를 성취해야 할 비참한 자리에 있게 된다. 그래서 예수님은 하나님의 공의를 만족시키시고 하나님의 진리를 성취하시기 위해 죽는 자리까지 내려가신 것이다. 예수님이 그렇게 하셔야만 우리의 죗값을 완전하게 지불하시고 우리에게 영원한 구원을 주실 수 있기 때문이다. 그래서 성부 하나님께서는 죄인들의 구원을 위해 예수 그리스도를 중보자로 세우시면서 십자가에서 죽을 것을 명하셨고, 예수 그리스도는 그 계명에 순종하셨다. 오늘 나는 감사한다.

"오, 주여! 저를 위해 죽는 자리까지 내려가셨습니다."

 나의 묵상과 **기도**

107일

제41문 그리스도께서는 왜 "장사"되셨습니까?

답 **그리스도의 장사되심은 그분이 참으로 죽으셨음을 확증합니다.**

사도신경에서 예수 그리스도의 구원 사역에 관한 신앙고백은 다음과 같은 순서로 이어진다. "이는 성령으로 잉태하사 동정녀 마리아에게 나시고", "본디오 빌라도에게 고난을 받으사 십자가에 못 박혀 죽으시고", "장사한 지 사흘 만에…." 오늘은 예수 그리스도께서 장사되셨다는 고백을 생각해 본다. 교회사를 살펴보면, 예수님이 실제로 죽은 게 아니라고 가르치는 사람들이 있었다. 그들은 이 세상에 오신 예수님이 실제 몸을 가진 사람이 아니라 몸이 없는 환영이었기 때문에, 십자가 위에서도 실제로 죽은 것이 아니라고 가르쳤다. 하지만 예수님께서 죽으신 과정을 보면, 그분이 실제로 죽으셨다는 것을 알 수 있다. 예수님께서 십자가에서 숨을 거두신 후 로마 군인이 예수님의 옆구리를 창으로 찔렀을 때 예수님의 몸에서 피와 물이 흘러나왔으니, 예수님은 실제로 죽으신 것이다[요 19:34].

예수님의 시신을 장사하는 과정을 봐도 예수님은 실제로 죽으셨다는 것을 알 수 있다. "이에 예수의 시체를 가져다가 유대인의 장례 법대로 그 향품과 함께 세마포로 쌌더라"[요 19:40]. 만일 예수님께서 몸이 없는 환영이었다면, 어떻게 사람들이 예수님의 시신을 수습할 수 있었을 것이며 시신에 향품을 넣어 세마포로 꼭꼭 쌀 수 있었겠는가? 예수님께서 죽지 않기를 간절히 바랐던 사람들이 볼 때도 예수님은 확실히 죽은 상태였다. 그래서 그들은 예수님의 시신을 무덤에 장사하였다. "요셉이 시체를 가져다가 깨끗한 세마포로 싸서 바위 속에 판 자기 새 무덤에 넣어 두고 큰 돌을 굴려 무덤 문에 놓고 가니"[마 27:59-60]. 그러므로 예수님의 시신을 넣어 둔 무덤 문이 큰 돌로 막히는 순간, 예수님의 죽음은 뒤집힐 수 없는 진실로 확증된 셈이다. 오늘 나는 확신한다.

"오, 주여! 주님께서 참으로 죽으셨음을 믿습니다."

108일

제42문 그리스도께서 우리를 위해 죽으셨는데, 왜 우리는 여전히 죽어야 합니까?

답 우리의 죽음은 죗값을 치르는 행위가 아닙니다. 오히려 죄짓는 것을 그치게 하고, 영생으로 들어가게 하는 통로입니다.

성자 하나님에 관한 신앙고백 중에서 '장사되심'에 관한 고백을 생각해 본다. 예수 그리스도께서 우리를 위하여 죽으시고 무덤에 장사되셨는데, 예수를 믿어 구원받은 우리는 왜 여전히 죽어야 하고 무덤에 장사되어야 하는 걸까? 이 질문 앞에서 우리는 다음과 같이 대답할 수 없다. "죄의 삯은 사망이요"[롬 6:23]. 예수를 믿는 신자는 죗값을 치르기 위해서 죽는 것이 아니다. 예수 그리스도께서 우리의 죗값을 완전하게 치르셨기 때문에 예수를 믿는 우리는 더 이상 치뤄야 할 죗값이 남아 있지 않다. 예수를 믿는 우리는 하나님의 공의를 만족시키기 위해 죽는 것이 결코 아니다. 예수를 믿는 신자에게 있어서 죽음은 이전과 전혀 다른 의미가 있다. 예수를 믿어 구원받기 전에는 죗값을 치르는 차원에서 죽어야 했지만, 이제는 전혀 다른 차원에서 죽기 때문이다.

성경은 예수를 믿는 신자도 육체의 죽음을 통과해야 하는 이유를 다음과 같이 설명한다. "혈과 육은 하나님 나라를 이어받을 수 없고 또한 썩는 것은 썩지 아니하는 것을 유업으로 받지 못하느니라"[고전 15:50]. "오호라 나는 곤고한 사람이로다 이 사망의 몸에서 누가 나를 건져 내랴"[롬 7:24-25]. 죄가 이 세상에 들어오면서부터 우리 몸은 늙고 병들고 썩을 운명에 처하게 되었다. 또한, 죄를 따르고 섬기는 상태가 되었다. 그러므로 이런 육신으로는 영원한 천국에 들어갈 수도 없고 썩지 아니할 하나님 나라를 유업으로 받을 수도 없다. 그래서 신자는 죄를 그치고 하나님 나라의 영원한 유업을 누리기 위해 지금 입고 있는 몸을 벗는 것이다. 이것이 죽음이다. 오늘 나는 행복하다.

"오, 주여! 주님 때문에 죽음도 단맛이 납니다."

109일

제43문 그리스도의 십자가의 제사와 죽으심에서 우리가 받는 또 다른 유익은 무엇입니까?

성자 하나님에 관한 신앙고백 중에서 '장사되심'에 관한 고백을 생각해 본다. 예수님은 십자가에서 고난받으시고 죽으신 후에 무덤에 장사되셨는데, 이것 때문에 우리가 얻는 유익은 지금까지 우리가 살펴본 것이 전부일까? 예수님께서 화목 제물로 십자가에 못 박혀 고난받으시고 죽으셨기 때문에 우리의 몸과 영혼은 하나님의 영원한 저주로부터 구원을 받고 하나님의 은혜와 의와 영원한 생명을 누리게 된다. 예수님께서 저주의 나무인 십자가에 못 박혀 우리가 받아야 할 율법의 모든 저주, 곧 하나님의 모든 진노를 받으셨기 때문에, 우리는 율법의 저주를 받지 않고 오히려 하나님의 영원하고 불변하는 사랑 가운데 거하게 된다. 하지만 이것이 과연 전부일까? 그리스도께서 십자가 위에서 자기 자신을 제물로 바치신 제사와 죽으심에서 우리가 받는 유익이 또 있지 않을까?

이러한 물음을 갖게 만드는 문장이 신약 성경에 여럿 있다. "우리가 알거니와 우리의 옛 사람이 예수와 함께 십자가에 못 박힌 것은 죄의 몸이 죽어 다시는 우리가 죄에게 종노릇하지 아니하려 함이니"[롬 6:6]. "내가 그리스도와 함께 십자가에 못 박혔나니 그런즉 이제는 내가 사는 것이 아니요 오직 내 안에 그리스도께서 사시는 것이라"[갈 2:20]. "너희가 세례로 그리스도와 함께 장사되고 또 죽은 자들 가운데서 그를 일으키신 하나님의 역사를 믿음으로 말미암아 그 안에서 함께 일으키심을 받았느니라"[골 2:12]. "너희도 너희 자신을 죄에 대하여는 죽은 자요 그리스도 예수 안에서 하나님께 대하여는 살아 있는 자로 여길지어다"[롬 6:11]. 이런 문장들은 예수 그리스도께서 십자가에서 죽으신 일이 오늘 나에게 유익을 가져왔다고 말한다. 오늘 나는 소망한다.

"오, 주여! 주님께서 주시는 모든 유익을 누리고 싶습니다."

110일

답 그리스도의 죽으심으로 말미암은 효력으로 우리의 옛 사람이 그와 함께 십자가에 달려 죽고 장사되며, 그 결과 육신의 악한 소욕(所欲)이 우리를 더 이상 지배하지 못하게 되고, 우리 자신을 그분께 감사의 제물로 드리게 됩니다.

성자 하나님에 관한 신앙고백 중에서 '장사되심'에 관한 고백을 생각해 본다. 예수 그리스도는 십자가에서 고난받고 죽으신 후에 무덤에 장사되셨는데, 이것 때문에 우리가 얻는 또 다른 유익은 무엇일까? 성경은 예수 그리스도의 십자가 죽으심이 예수를 믿는 신자의 현재 상태에도 놀라운 변화를 일으킨다고 가르친다. 성경의 증거를 들어 보자. "우리 옛 사람이 예수와 함께 십자가에 못 박힌 것은"[롬 6:6]. "내가 그리스도와 함께 십자가에 못 박혔나니"[갈 2:20]. "너희가 세례로 그리스도와 함께 장사한 바 되고"[골 2:12]. 세 가지 말씀을 종합해 보면, 예수 그리스도의 십자가 죽으심은 아주 오래전 딱 한 번 일어난 일이지만 그 죽으심의 효력은 지금도 놀랍게 작용하는데, 예수를 믿는 모든 신자는 죄로 오염된 옛 사람이 그리스도 때문에 죽게 되고 무덤에 묻히게 된다는 것이다.

죽어서 무덤에 묻힌 사람의 가장 큰 특징은 살아 있는 사람처럼 활동할 수 없다는 것이다. 이처럼 신자의 옛 사람이 그리스도 때문에 죽어 무덤에 묻히게 되었다는 말은 신자의 옛 사람이 강력한 세력으로 활동하지 못한다는 말이다. 전에는 육신의 악한 소욕이 왕 노릇하며 지배했지만 이제는 그렇게 하지 못한다는 것이다. 전에는 하나님을 위해서 활발하게 살지 못했지만 이제는 그렇게 할 수 있게 됐다는 것이다. "죄의 몸이 죽어 다시는 우리가 죄에게 종 노릇 하지 아니하려 함이니[롬 6:6]. "그런즉 이제는 내가 사는 것이 아니요 오직 내 안에 그리스도께서 사시는 것이라"[갈 2:20]. "너희도 너희 자신을 죄에 대하여는 죽은 자요 그리스도 예수 안에서 하나님께 대하여는 살아 있는 자로 여길지어다"[롬 6:11]. 이것은 매우 실제적이고 체험적인 변화이다. 나는 간구한다.

"오, 주여! 이런 유익을 저에게도 풍성히 주옵소서."

111일

제44문 "음부에 내려가셨으며"라는 조항이 왜 덧붙여져 있습니까?

성자 하나님에 관한 신앙고백 중에서 장사되시고 "음부에 내려가셨으며"라는 고백을 생각해 본다. 한글 사도신경에는 이 부분이 생략되어 있다. "장사되시고"라는 고백 다음에 "음부에 내려가셨으며"라는 고백이 왜 덧붙여져 있을까? 이 부분에 대해서도 다양한 견해가 존재한다. 여기에 사용된 '음부'라는 단어가 '지옥'을 가리킨다고 믿는 사람들 가운데 어떤 사람들은, 예수님께서 죽으신 후에 지옥에 가셔서 구약 백성 가운데 구원받지 못한 사람들에게 복음을 전하시고 자신의 승리를 보여 주셨다고 믿는다. 또 어떤 사람들은 예수님께서 죽으신 후에 어떻게 지옥에 내려가실 수 있겠느냐며 이 표현을 비성경적이고 이단적인 것으로 매도한다. 또 어떤 사람들은 이 표현을 놓고 말이 많으니 이 표현을 아예 사도신경에서 빼야 한다고 주장하기도 하고, 이런 표현이 있는 사도신경 자체를 폐기해야 한다고 주장하기까지 한다.

차분하게 생각해 보자. 교회들이 모여 사도신경을 채택했을 때 이 표현을 포함했다면, 분명히 타당한 이유가 있었을 것이다. 그러므로 이 표현에 관하여 말이 많으니 차라리 빼는 게 낫겠다고 말하는 것은 섣부른 행동이다. 또한, '음부'는 '지옥' 말고도 다른 뜻으로도 해석할 수 있다. 성경에서 '음부'는 세 가지 의미로 사용된다. 무덤, 지옥, 극도의 고통이다. "너희가 내 흰 머리를 슬퍼하며 스올로 내려가게 함이 되리라"[창 42:38]. "그가 음부에서 고통중에 눈을 들어 멀리 아브라함과 그의 품에 있는 나사로를 보고"[눅 16:23]. "사망의 줄이 나를 두르고 스올의 고통이 내게 이르므로 내가 환난과 슬픔을 만났을 때에"[시 116:3]. 그러므로 '음부'를 '지옥'으로 해석해 놓고 이 표현이 비성경적이라고 비판하는 것은 어불성설(語不成說)이다. 오늘 나는 회개한다.

"오, 주여! 우리의 편견과 성급한 판단을 용서하옵소서."

나의 묵상과 기도

112일

답 큰 고통과 힘든 시험을 당할 때마다 내가 나의 주 예수 그리스도께서 지옥의 공포와 고통에서 나를 구원하셨음을 확신함으로써 풍성한 위로를 얻게 하기 위함입니다. 나의 주 예수 그리스도께서는 모든 고난과 특별히 십자가를 통해 말로 표현할 수 없는 두려움과 아픔과 공포, 그리고 지옥의 고통을 친히 당하심으로써 나의 구원을 이루셨습니다.

성자 하나님에 관한 신앙고백 중에서 "음부에 내려가셨으며"라는 고백을 생각해 본다. 예수 그리스도께서 음부에 내려가셨다는 말은 어떤 의미일까? 지옥에 내려가셨다는 뜻은 아니다. 예수님은 한편 강도에게 "오늘 네가 나와 함께 낙원에 있으리라 하시니라"[눅 23:43]라고 말씀하셨기 때문이다. 무덤으로 내려가셨다는 뜻도 아니다. 장사되었다는 고백에 포함되어 있기 때문이다. 가능한 해석은 한 가지뿐이다. 지옥의 고통이라고 말할 정도의 극도의 고통을 경험하셨다는 뜻이다. 예수님은 평생에 걸쳐, 특별히 십자가의 고난을 앞두고, 십자가 위에서 극심한 고통을 겪으셨다. "나는 받을 세례가 있으니 그것이 이루어지기까지 나의 답답함이 어떠하겠느냐"[눅 12:50]. "내 마음이 매우 고민하여 죽게 되었으니"[마 26:38]. "나의 하나님, 나의 하나님, 어찌하여 나를 버리셨나이까"[마 27:46].

"장사 되시고"라는 고백 다음에 "음부에 내려가셨으며"라는 고백이 왜 덧붙여져 있을까? 첫째는 예수 그리스도께서 평생에 걸쳐, 그러나 특별히 십자가 위에서 우리를 위해 지옥의 모든 고통을 친히 당하심으로써 우리의 구원을 이루셨다는 것을 알게 하기 위함이다. 둘째는 예수 그리스도께서 우리 대신 지옥의 모든 고통을 다 겪으셨기 때문에, 우리가 지옥의 모든 두려움과 고통에서 해방되었음을 확신하고 거기에서 풍성한 위로를 느끼게 하기 위함이다. 셋째는 현실의 삶에서 우리가 아무도 이해할 수 없는 큰 고통과 시험을 당할 때, 예수님께서 그런 우리를 이해하시고 위로하시며 구원해 주신다는 것을 우리로 확신하게 하기 위함이다. 어떤 사람들은 이 고백을 놓고 날 선 논쟁을 하지만 나는 이 고백을 하면서 확신과 위로를 얻고 달콤한 노래를 부른다. 오늘 나는 찬송한다.

"오, 주여! 주님께서 주시는 위로가 놀랍습니다."

17주

제45문 그리스도의 "부활"은 우리에게 어떤 유익을 줍니까?

| **답** |

첫째, 그리스도께서는 부활로써 죽음을 이기시고
자신이 죽으심으로써 얻으신 의에 우리도 참여할 수 있게 하셨습니다.

둘째, 부활하신 그리스도의 능력으로 말미암아
우리도 새로운 생명으로 다시 살게 되었습니다.

셋째, 그리스도의 부활은 장차 있을 우리의
영광스러운 부활에 대한 확실한 보증입니다.

113일

제45문 그리스도의 "부활"은 우리에게 어떤 유익을 줍니까?

사도신경에서 예수 그리스도의 구원 사역에 관한 신앙고백은 다음과 같은 순서로 이어진다. "이는 성령으로 잉태하사 동정녀 마리아에게 나시고", "본디오 빌라도에게 고난을 받으사 십자가에 못 박혀 죽으시고", "장사한 지 사흘 만에 죽은 자 가운데서 다시 살아나시며." 오늘은 예수 그리스도의 부활을 생각해 본다. 예수 그리스도의 부활은 성경의 예언이 실제로 성취된 역사적 사건이다. "이는 성경대로 그리스도께서 우리 죄를 위하여 죽으시고 장사 지낸 바 되셨다가 성경대로 사흘 만에 다시 살아나사 게바에게 보이시고 후에 열두 제자에게와 그 후에 오백여 형제에게 일시에 보이셨나니 그중에 지금까지 대다수는 살아 있고 어떤 사람은 잠들었으며 그 후에 야고보에게 보이셨으며 그 후에 모든 사도에게와 맨 나중에 만삭되지 못하여 난 자 같은 내게도 보이셨느니라"[고전 15:3-8].

예수 그리스도의 부활은 그리스도께서 친히 꽤 긴 시간 동안 충분하게 입증하시고 많은 사람이 함께 확인한 역사적인 사실이다. "그가 고난 받으신 후에 또한 그들에게 확실한 많은 증거로 친히 살아 계심을 나타내사 사십 일 동안 그들에게 보이시며 하나님 나라의 일을 말씀하시니라"[행 1:3]. 어떤 사람은 예수 그리스도의 부활을 과학적으로 입증하기 위해 예수님의 빈 무덤을 찾아내려고 애쓰는데, 그럴 필요가 전혀 없다. 하나님의 말씀인 성경이 예수님의 빈 무덤을 우리에게 글로 보여 주었고, 부활하신 예수님께서 40일간 친히 자신의 부활을 입증하셨으니 무슨 증거가 더 필요하겠는가? 우리가 힘쓰고 애써야 할 일은 예수 그리스도의 부활이 우리에게 어떤 유익을 주는지를 정확하게 알고 그것을 실제로 풍성히 경험하는 것이다. 오늘 나는 소원한다.

"오, 주여! 주님의 부활이 주는 유익을 온전히 알기 원합니다."

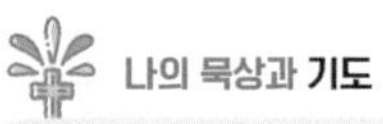

114일

답1 첫째, 그리스도께서는 부활로써 죽음을 이기시고 자신이 죽으심으로써 얻으신 의에 우리도 참여할 수 있게 하셨습니다.

성자 하나님에 관한 신앙고백 중에서 "장사한 지 사흘 만에 죽은 자 가운데서 다시 살아나시며"라는 고백을 생각해 본다. 예수 그리스도의 부활은 우리에게 어떤 유익을 줄까? 제일 먼저 생각할 것은 예수 그리스도께서 부활로써 죽음을 이기셨다는 사실이다. "이는 그리스도께서 죽은 자 가운데서 살아나셨으매 다시 죽지 아니하시고 사망이 다시 그를 주장하지 못할 줄을 앎이로라"[롬 6:9]. 하지만 예수 그리스도께서 부활로써 죽음을 이기셨다는 사실을 보면서, 곧바로 다음과 같이 생각해서는 안 된다. "예수님께서 부활로써 죽음을 이기셨으니까 예수를 믿는 나도 죽음을 이기고 부활하여 영원히 살게 될 것이다." 물론 예수를 믿는 신자는 예수님 때문에 죽음을 이기고 부활하여 영원히 살게 될 것이다. 하지만 예수님께서 죽음을 이기신 것을 보면서 곧바로 우리도 죽음을 이길 거라는 생각으로 달려가서는 안 된다.

예수님께서 죽음을 이기신 것을 보면서 제일 먼저 생각해야 할 내용은 무엇일까? 그것을 알려면 예수 그리스도의 십자가 고난과 죽으심의 목적을 기억하고, 거기에서 예수님께서 죽음을 이기신 것이 무엇을 의미하는지 발견해야 한다. "이는 성경대로 그리스도께서 우리 죄를 위하여 죽으시고 장사 지낸 바 되셨다가 성경대로 사흘 만에 다시 살아나사"[고전 15:3, 4]. 그렇다. 십자가의 고난과 죽음은 그리스도께서 우리의 죄를 대신 짊어지시고 하나님의 진노와 영원한 형벌을 대신 받으시는 죽음이었다. "사람의 모양으로 나타나사 자기를 낮추시고 죽기까지 복종하셨으니 곧 십자가에 죽으심이라"[빌 2:8]. 그렇다. 십자가의 고난과 죽음은 우리에게 완전한 의를 주려고 일평생 하나님을 순종하신 예수님께서 십자가에서 죽기까지 순종하신 것이었다. 오늘 나는 기도한다.

"오, 주여! 주님의 부활의 참된 의미를 알게 하옵소서."

115일

답1 첫째, 그리스도께서는 부활로써 죽음을 이기시고 자신이 죽으심으로써 얻으신 의에 우리도 참여할 수 있게 하셨습니다.

성자 하나님에 관한 신앙고백 중에서 "장사한 지 사흘 만에 죽은 자 가운데서 다시 살아나시며"라는 고백을 생각해 본다. 예수 그리스도의 부활은 우리에게 어떤 유익을 줄까? 십자가의 고난과 죽음의 목적부터 생각해 보자. 십자가의 고난과 죽음의 목적은 우리의 죄를 대속하고 완전한 순종으로 의를 이루어 우리에게 주기 위함이었다. "인자가 온 것은 섬김을 받으려 함이 아니라 도리어 섬기려 하고 자기 목숨을 많은 사람의 대속물로 주려 함이니라"[마 20:28]. 그러므로 만일 예수님께서 십자가에서 고난을 받고 죽으실 때 우리의 죗값을 완전하게 해결하지 못하시거나 완전한 순종으로 의를 얻지 못하셨다면, 예수님은 무덤에서 다시 살아나실 수 없으셨을 것이다. 반대로 예수님께서 십자가에서 고난을 받고 죽으실 때 우리의 죗값을 완전하게 해결하시고 완전한 순종으로 의를 얻으셨다면, 예수님은 부활하실 수밖에 없다.

그러므로 예수 그리스도께서 부활로써 죽음을 이기셨다는 것은, 예수님께서 우리의 중보자로서 우리를 대신하여 고난받으시고 죽으심으로써 우리의 모든 죄를 완전하게 해결하시고 완전한 순종으로 의를 획득하셔서 그 의를 우리에게 선물로 주실 수 있게 되었다는 것을 의미한다. 그래서 성경은 다음과 같이 선언한다. "한 사람이 순종하지 아니함으로 많은 사람이 죄인 된 것 같이 한 사람이 순종하심으로 많은 사람이 의인이 되리라"[롬 5:19]. 그리고 성경은 예수 그리스도의 부활에 관하여 다음과 같이 설명한다. "예수는 우리가 범죄한 것 때문에 내줌이 되고 또한 우리를 의롭다 하시기 위하여 살아나셨느니라"[롬 4:25]. 그러므로 우리는 예수님의 부활을 보면서, 성부 하나님께서 우리의 모든 죄를 용서해 주시고 우리를 의롭다 해주셨음을 확신할 수 있다. 오늘 나는 고백한다.

"오, 주여! 주님은 우리의 의롭다 함을 위하여 부활하셨습니다."

116일

답2 둘째, 부활하신 그리스도의 능력으로 말미암아 우리도 새로운 생명으로 다시 살게 되었습니다.

성자 하나님에 관한 신앙고백 중에서 "장사한 지 사흘 만에 죽은 자 가운데서 다시 살아나시며"라는 고백을 생각해 본다. 예수 그리스도께서 부활로써 죽음을 이기셨다는 사실을 보면서 제일 먼저 생각할 내용이 있다. 그것은 하나님의 법정에서 일어나는 일, 또는 이미 일어난 일이다. 예수님 때문에 하나님의 법정에서 우리의 모든 죄가 확실하게 사함을 받고, 예수님의 완전한 순종의 의가 우리에게 전가되어 우리가 확실하게 의롭다 인정을 받는다는 것이다. 그렇다면, 예수 그리스도의 부활이 우리에게 주는 유익은 그것이 전부일까? 이제 남은 유익은 미래에 우리도 죽음을 이기고 부활하여 영원히 살게 되는 것일까? 그렇지 않다. 신약 성경의 서신서는 예수 그리스도의 부활이 우리에게 주는 유익을 여기저기서 설명하는데, 예수 그리스도의 부활이 우리의 마음에 가져온 놀라운 유익이 있다고 말한다. 다음 구절들을 묵상해 본다.

"우리 주 예수 그리스도의 아버지 하나님을 찬송하리로다 그의 많으신 긍휼대로 예수 그리스도를 죽은 자 가운데서 부활하게 하심으로 말미암아 우리를 거듭나게 하사 산 소망이 있게 하시며 썩지 않고 더럽지 않고 쇠하지 아니하는 유업을 잇게 하시나니 곧 너희를 위하여 하늘에 간직하신 것이라"[벧전 1:3-4]. "긍휼이 풍성하신 하나님이 우리를 사랑하신 그 큰 사랑을 인하여 허물로 죽은 우리를 그리스도와 함께 살리셨고"[엡 2:4-5]. "그러므로 너희가 그리스도와 함께 다시 살리심을 받았으면…"[골 3:1]. "그러므로 우리가 그의 죽으심과 합하여 세례를 받음으로 그와 함께 장사되었나니 이는 아버지의 영광으로 말미암아 그리스도를 죽은 자 가운데서 살리심과 같이 우리로 또한 새 생명 가운데서 행하게 하려 함이라"[롬 6:4]. 오늘 나는 간구한다.

"오, 주여! 이 말씀을 묵상할 때 제 마음에 빛을 비춰 주옵소서."

117일

답2 둘째, 부활하신 그리스도의 능력으로 말미암아 우리도 새로운 생명으로 다시 살게 되었습니다.

성자 하나님에 관한 신앙고백 중에서 "장사한 지 사흘 만에 죽은 자 가운데서 다시 살아나시며"라는 고백을 생각해 본다. 예수 그리스도의 부활이 우리에게 주는 또 다른 유익은 무엇일까? "예수 그리스도를 죽은 자 가운데서 부활하게 하심으로 말미암아 우리를 거듭나게 하사…"[벧전 1:3]. 예수 그리스도의 부활 때문에 우리가 거듭나게 되었다는 말이다. "또 범죄와 육체의 무할례로 죽었던 너희를 하나님이 그와 함께 살리시고"[골 2:13]. 이전에 우리는 죄와 허물 때문에 영적으로 죽어 있었는데, 예수 그리스도의 부활 때문에 영적으로 살아나게 되었다는 말이다. "그리스도를 죽은 자 가운데서 살리심과 같이 우리로 또한 새 생명 가운데서 행하게 하려 함이라"[롬 6:4]. 부활하신 그리스도께서 사시는 것처럼 우리도 새 생명을 가지고 살도록 우리를 거듭나게 하셨다는 말이다. 이것이 부활의 두 번째 유익이다.

이처럼 예수 그리스도의 부활 능력은 신자의 몸보다 신자의 마음에 먼저 역사한다. 신자의 몸에 예수 그리스도의 부활 능력이 역사하는 시점은 예수님께서 다시 오시는 날, 세상이 끝나는 날, 곧 부활의 날이다. 그래서 지금 신자의 몸은 시간의 흐름 속에서 날마다 낡아진다. 하지만 신자의 마음에는 이미 예수 그리스도의 부활 능력이 역사하고 있다. 그래서 신자의 마음은 날마다 새로워지는 것이다. "그러므로 우리가 낙심하지 아니하노니 우리의 겉 사람은 낡아지나 우리의 속사람은 날로 새로워지도다"[고후 4:16]. 비록 신자 안에는 아직도 죄의 잔재가 남아 있고, 때로는 그 잔재가 강력한 힘을 발휘한다. 하지만 그 어떤 것도 예수 그리스도의 부활 능력을 이길 수 없다. 그래서 신자는 날마다 거룩해지고, 마침내 예수 그리스도처럼 완전히 거룩해질 것이다. 오늘 나는 고백한다.

"오, 주여! 주님의 부활 능력이 제 안에 이미 역사하고 있습니다."

나의 묵상과 **기도**

118일

답3 셋째, 그리스도의 부활은 장차 있을 우리의 영광스러운 부활에 대한 확실한 보증입니다.

성자 하나님에 관한 신앙고백 중에서 "장사한 지 사흘 만에 죽은 자 가운데서 다시 살아나시며"라는 고백을 생각해 본다. 예수 그리스도께서 부활로써 죽음을 이기셨다는 사실을 보면서 제일 먼저 생각해야 할 내용이 있다. 그것은 하나님의 법정에서 일어나는 일, 또는 이미 일어난 일이다. 곧, 예수님 때문에 하나님의 법정에서 우리의 모든 죄가 확실하게 사함을 받고, 예수님의 완전한 순종의 의가 우리에게 전가되어 우리가 확실하게 의롭다 인정을 받는다는 것이다. 두 번째로 생각해야 할 내용은 우리의 마음에서 일어나는 일, 또는 이미 일어난 일이다. 곧, 예수님의 부활 때문에 우리가 영적으로 거듭나서 새로운 생명을 가지고 현재의 삶을 살게 된다는 것이다. 그렇다면, 예수 그리스도의 부활이 우리에게 주는 유익은 이 두 가지가 전부일까? 그렇지 않다. 한 가지 유익이 더 있다.

성경은 다음과 같이 대답한다. "예수를 죽은 자 가운데서 살리신 이의 영이 너희 안에 거하시면 그리스도 예수를 죽은 자 가운데서 살리신 이가 너희 안에 거하시는 그의 영으로 말미암아 너희 죽을 몸도 살리시리라"[롬 8:11]. "그러나 이제 그리스도께서 죽은 자 가운데서 다시 살아나사 잠자는 자들의 첫 열매가 되셨도다 사망이 한 사람으로 말미암았으니 죽은 자의 부활도 한 사람으로 말미암는도다 아담 안에서 모든 사람이 죽은 것 같이 그리스도 안에서 모든 사람이 삶을 얻으리라"[고전 15:20-22]. "그러나 우리의 시민권은 하늘에 있는지라 거기로부터 구원하는 자 곧 주 예수 그리스도를 기다리노니 그는 만물을 자기에게 복종하게 하실 수 있는 자의 역사로 우리의 낮은 몸을 자기 영광의 몸의 형체와 같이 변하게 하시리라"[빌 3:20-21]. 오늘 나는 간구한다.

"오, 주여! 이 말씀을 묵상할 때 제 마음에 빛을 비춰 주옵소서."

119일

답3 셋째, 그리스도의 부활은 우리의 영광스러운 부활에 대한 확실한 보증입니다.

성자 하나님에 관한 신앙고백 중에서 "장사한 지 사흘 만에 죽은 자 가운데서 다시 살아나시며"라는 고백을 생각해 본다. 예수 그리스도의 부활이 우리에게 주는 또 다른 유익은 무엇일까? "그리스도께서 죽은 자 가운데서 다시 살아나사 잠자는 자들의 첫 열매가 되셨도다"[고전 15:20]. 부활의 첫 열매가 되시는 예수 그리스도를 따라 우리 몸도 부활하는 것이다. "그리스도 예수를 죽은 자 가운데서 살리신 이가 너희 안에 거하시는 그의 영으로 말미암아 너희 죽을 몸도 살리시리라"[롬 8:11]. 그리스도를 다시 살리신 성부와 성령 하나님께서 우리 몸에 일으켜 주시는 확실한 부활이다. "우리의 낮은 몸을 자기 영광의 몸의 형체와 같이 변하게 하시리라"[빌 3:21]. 그리스도를 부활하게 하실 때 영광스러운 모습으로 부활케 하신 성부와 성령 하나님께서 우리 몸에 일으켜 주시는 영광스러운 부활이다.

어떤 사람은 질문할 것이다. "예수님에게 일어난 부활이 당신의 몸에도 똑같이 일어날 거라고 어떻게 장담할 수 있는가?" 우리가 우리 몸의 영광스러운 부활을 확신하는 이유는 예수 그리스도와 우리가 각각 머리와 몸으로서 신비로운 생명의 연합을 이루고 있기 때문이다. "그는 몸인 교회의 머리시라 그가 근본이시요 죽은 자들 가운데서 먼저 나신 이시니 이는 친히 만물의 으뜸이 되려 하심이요"[골 1:18]. 그리스도께서 머리로서 먼저 부활을 하셨으므로 그에게 연합해 있는 몸인 우리는 나중에 그리스도와 똑같이 부활하게 될 것이다. 그러므로 우리는 세월의 흐름 속에서 우리 몸이 연약해지고 건강이 무너지는 것을 경험하지만, 결코 낙심하지 않고 부끄러워하지 않는다. 확실하고 영광스러운 몸의 부활이 다가오고 있기 때문이다. 오늘 나는 고백한다.

"오, 주여! 영광스러운 몸의 부활을 고대합니다."

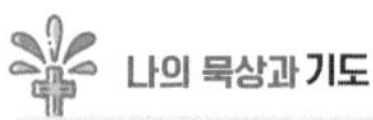

18주

제46문 "하늘에 오르사"라는 말의 의미는 무엇입니까?

| **답** | 그리스도께서는 제자들이 보는 가운데 땅에서 하늘로 오르셨고, 우리의 유익을 위하여 하늘에 계시며, 살아 있는 자들과 죽은 자들을 심판하러 다시 오신다는 의미입니다.

제47문 그렇다면 세상 끝 날까지 우리와 함께 있으리라는 그리스도의 약속은 어떻게 됩니까?

| **답** | 그리스도께서는 참사람이시고 참하나님이십니다. 그의 인성(人性)으로는 지금 세상에 계시지 않으나, 그의 신성(神性)과 위엄과 은혜와 성령으로는 우리를 떠나지 않고 항상 함께하십니다.

제48문 그런데 그리스도의 신성이 있는 곳마다 인성이 있는 것이 아니라면, 그리스도의 두 본성이 서로 분리되어 있다는 말입니까?

| **답** | 결코 그렇지 않습니다. 그리스도의 신성은 무엇에도 제한받지 않고 어디에나 존재합니다. 따라서 그리스도의 신성은 그분이 취하신 인성을 초월함이 분명합니다, 그러나 그리스도의 인성과 인격적으로 연합되어 있습니다.

제49문 그리스도께서 하늘에 오르심은 우리에게 어떤 유익을 줍니까?

| **답** | 첫째, 그리스도께서는 우리의 대언자로서 하늘에 계신 그분의 아버지 앞에서 우리를 위해 간구해 주십니다. 둘째, 우리의 몸이 그리스도 안에서 이미 하늘에 있다는 것이며, 이는 우리의 머리 되신 그리스도께서 자신의 지체인 우리를 자기에게로 이끌어 올리실 것에 대한 확실한 보증입니다. 셋째, 그리스도께서는 더 확실한 보증으로 자신의 성령을 우리에게 보내시는데, 성령의 능력으로 말미암아 우리는 이 땅의 것들이 아닌 위의 것들, 즉 지금 그리스도께서 계신 하나님 보좌 우편 그곳의 것들을 삶의 목표로 삼게 됩니다.

120일

제46문 "하늘에 오르사"라는 말의 의미는 무엇입니까?

사도신경에서 예수 그리스도의 구원 사역에 관한 신앙고백은 다음과 같은 순서로 이어진다. "이는 성령으로 잉태하사 동정녀 마리아에게 나시고", "본디오 빌라도에게 고난을 받으사 십자가에 못 박혀 죽으시고", "장사한 지 사흘 만에 죽은 자 가운데서 다시 살아나시며", "하늘에 오르사 전능하신 하나님 우편에 앉아 계시다가 저리로서 산 자와 죽은 자를 심판하러 오시리라." 예수 그리스도의 구원 사역에 관한 신앙고백은 여기에서 끝난다. 이런 흐름을 보며 유념할 것이 있다. 예수님의 구원 사역은 십자가의 죽음과 부활로 끝나지 않는다. 예수님은 십자가에서 우리의 구원에 필요한 모든 일을 완성하셨고, 부활하심으로써 그 모든 일이 완성되었다는 것을 확증하셨다. 그러나 예수님의 구원 사역은 예수님께서 하늘로 올라가시고 하나님의 우편에 앉아 계시며 심판자로 재림하시는 것을 통해서도 이루어진다.

그래서 성경은 우리를 구원하시는 예수님을 설명할 때, 십자가에서 죽고 무덤에서 부활하신 분으로만 설명하지 않는다. 하늘에 올라 하나님의 우편에 앉아 계시며 재림하실 분으로도 설명한다. 다음 성경 구절을 깊이 묵상해 보자. "우리에게 큰 대제사장이 계시니 승천하신 이 곧 하나님의 아들 예수시라"[히 4:14]. "믿음의 주요 또 온전하게 하시는 이인 예수를 바라보자 그는 그 앞에 있는 기쁨을 위하여 십자가를 참으사 부끄러움을 개의치 아니하시더니 하나님 보좌 우편에 앉으셨느니라"[히 12:2]. "이와 같이 그리스도도 많은 사람의 죄를 담당하시려고 단번에 드리신 바 되셨고 구원에 이르게 하기 위하여 죄와 상관 없이 자기를 바라는 자들에게 두 번째 나타나시리라"[히 9:28]. 오늘 나는 고백한다.

"오, 주여! 주의 승천과 우편 보좌에 앉으심과 재림이
우리 신앙에 기둥 같은 진리임을 깨닫습니다."

나의 묵상과 기도

121일

답 그리스도께서는 제자들이 보는 가운데 땅에서 하늘로 오르셨고, 우리의 유익을 위하여 하늘에 계시며, 살아 있는 자들과 죽은 자들을 심판하러 다시 오신다는 의미입니다.

성자 하나님에 관한 신앙고백 중에서 "하늘에 오르사 전능하신 하나님 우편에 앉아 계시다가 저리로서 산 자와 죽은 자를 심판하러 오시리라."라는 고백을 생각해 본다. 첫째, 예수 그리스도는 부활하신 후에 제자들이 보는 가운데 하늘로 올라가셨다. "이 말씀을 마치시고 그들이 보는데 올려져 가시니 구름이 그를 가리어 보이지 않게 하더라"[행 1:9]. 둘째, 하늘로 올라가신 예수 그리스도는 하나님의 우편에서 우리를 위하여 거기에 계시며 일하신다. "죽으실 뿐 아니라 다시 살아나신 이는 그리스도 예수시니 그는 하나님 우편에 계신 자요 우리를 위하여 간구하시는 자시니라"[롬 8:34]. 셋째, 지금도 우리를 위해 하늘에 계시며 일하시는 예수 그리스도는 세상 끝에 심판의 주로 다시 오실 것이다. "인자가 아버지의 영광으로 그 천사들과 함께 오리니 그 때에 각 사람이 행한 대로 갚으리라"[마 16:27].

우리는 무슨 근거로 이 세 가지를 확실하게 믿을 수 있을까? 예수님께서 하늘로 올라가신 일은 우리 눈으로 직접 본 것은 아니지만, 많은 제자가 직접 보았고 성경에 기록되어 있기 때문에 마음 놓고 믿을 수 있다. 예수님께서 하나님의 우편 보좌에 앉아 계시며 일하신다는 것은 우리 눈으로 볼 수 있는 일이 아니다. 하지만 예수님께서 약속하신 성령 하나님이 우리에게 오신 것을 보면서 마음 놓고 믿을 수 있다. 예수님께서 이 세상에 다시 오신다는 것은 미래에 이루어질 일이지만, 십자가에 못 박혀 고난받으시고 죽으시기 위하여 오신다던 첫 번째 약속이 성취된 것을 보며, 심판자로 오실 재림의 약속도 성취될 것을 안심하고 믿을 수 있다. 오늘 나는 감사한다.

"오, 주여! 주님은 우리에게 믿을 수 있는 충분한 근거를 주셨습니다."

122일

제47문 그렇다면 세상 끝 날까지 우리와 함께 있으리라는 그리스도의 약속은 어떻게 됩니까?

답 **그리스도께서는 참사람이시고 참하나님이십니다. 그의 인성(人性)으로는 지금 세상에 계시지 않으나, 그의 신성(神性)과 위엄과 은혜와 성령으로는 잠시도 우리를 떠나지 않고 항상 함께하십니다.**

성자 하나님에 관한 신앙고백 중에서 "하늘에 오르사"라는 고백을 생각해 본다. 예수님께서 하늘로 올라가신 일을 생각하노라면 질문이 떠오른다. 부활하신 예수님께서는 우리에게 약속하셨다. "볼지어다 내가 세상 끝 날까지 너희와 항상 함께 있으리라"[마 28:20]. 그런데 예수님은 왜 이 땅을 떠나 하늘로 올라가셨을까? 예수님은 세상 끝 날까지 우리와 함께 있겠다는 약속을 깨뜨리고 우리를 떠나신 것인가? 예수님께서 하늘에 올라가 하나님의 우편에 앉아 계신다면, 지금 땅에 있는 우리와 함께 있지 않다는 말인가? 예수님께서 심판의 주로 세상에 다시 오시는 날까지 우리는 예수님과 함께 있지 못하고 서로 떨어져 있는 것인가? 예수님의 약속은 지금 어떤 상태인가? 차근차근 생각해 보자. 예수님은 세상 끝 날까지 우리와 항상 함께 있을 거라고 약속하시기 전에 우리를 떠나 성부 하나님께서 계신 곳으로 가실 거라고 말씀하셨다. "내가 아버지에게서 나와 세상에 왔고 다시 세상을 떠나 아버지께로 가노라 하시니"[요 16:28]. 그러므로 예수님의 약속은 예수님의 몸이 항상 우리와 함께 이 세상에 있을 거라는 뜻이 아니었다. 비록 예수님의 몸은 하늘에 계시지만 신비한 방식으로 항상 우리와 함께 이 세상에 계실 거라는 뜻이었다. 이 지점에서 예수님이 참하나님이시면서 동시에 참사람이신 것을 기억하자. 예수님은 지금 그 몸이 하늘에 있어 인성으로는 우리와 함께 이 세상에 계시지 않지만, 신성으로는 지금도 우리와 항상 함께 계실 수 있다. 오늘 나는 간구한다.

"오, 주여! 이 신비를 이해하고 믿도록 도와주옵소서."

123일

제48문 그런데 그리스도의 신성이 있는 곳마다 인성이 있는 것이 아니라면, 그리스도의 두 본성이 서로 분리되어 있다는 말입니까?

답 결코 그렇지 않습니다. 그리스도의 신성은 무엇에도 제한받지 않고 어디에나 존재합니다. 따라서 그리스도의 신성은 그분이 취하신 인성을 초월함이 분명합니다. 그러나 그리스도의 신성은 인성 안에 거하고 인성과 인격적으로 연합되어 있습니다.

성자 하나님에 관한 신앙고백 중에서 "하늘에 오르사"라는 고백을 생각해 본다. 지금 예수님의 몸이 하늘에 있어 그의 인성으로는 우리와 함께 이 세상에 계시지 않으나 그의 신성으로는 지금도 우리와 항상 함께 계신다면, 지금은 그리스도의 신성과 인성이 따로 떨어져 있는 것일까? 예수님께서 피곤함 때문에 배에서 깊은 잠을 주무시다가 깨신 후에 말씀 한마디로 거친 바다를 잔잔케 하신 일을 기억해 보자. 예수님께서 피곤하여 깊은 잠을 주무셨을 때는 신성이 잠시 딴 데 간 것이었는가? 예수님께서 말씀 한마디로 거친 바다를 잔잔케 하셨을 때는 인성이 잠시 딴 데 간 것이었는가? 그렇지 않다. 그리스도 안에는 신성과 인성이 완전하게 연합하여 항상 공존하면서 한 인격체를 이루기 때문에 그럴 수 없다.

이번에는 예수님께서 물 위를 걸으신 일을 기억해 보자. 예수님은 참사람이시기 때문에 몸으로는 물 위를 걸을 수 없는데 어떻게 물 위를 걸으신 걸까? 예수님은 참하나님이시므로 신성이 몸의 한계를 초월하여 물 위를 걸으신 것이다. 이처럼 신성은 인성에 제한되지 않고 인성을 초월하지만 인성과 분리되지 않는다. 하늘에 계신 예수님께서 지금도 우리와 함께하실 수 있는 것도 이 때문이다. 예수님은 참하나님이시므로 어디에든 계신다. 이것은 신성이다. 그러나 예수님은 참사람이시므로 몸으로는 한 장소에만 계신다. 이것은 인성이다. 하지만 예수님의 신성은 인성에 제한받지 않고 인성을 초월한다. 그래서 예수님은 몸으로는 하늘에 계시지만 우리와 이 땅에 항상 함께하실 수 있다. 오늘 나는 고백한다.

"오, 주여! 이 신비 때문에 우리는 외롭지 않고 행복합니다."

124일

제49문 그리스도께서 하늘에 오르심은 우리에게 어떤 유익을 줍니까?

답1 **첫째, 그리스도께서는 우리의 대언자로서 하늘에 계신 그분의 아버지 앞에서 우리를 위해 간구해 주십니다.**

성자 하나님에 관한 신앙고백 중에서 "하늘에 오르사"라는 고백을 생각해 본다. 예수님께서 부활 후에 하늘로 올라가심으로써 우리에게는 어떤 유익이 있는 걸까? 첫째로, 성경은 예수 그리스도께서 하늘에 올라가셔서 성부 하나님 앞에서 우리를 위해 간구하신다는 것을 중요한 유익으로 자주 언급한다. "그는 하나님 우편에 계신 자요 우리를 위하여 간구하시는 자시니라"[롬 8:34]. "만일 누가 죄를 범하여도 아버지 앞에서 우리에게 대언자가 있으니 곧 의로우신 예수 그리스도시라"[요일 2:1]. "예수는 영원히 계시므로 그 제사장 직분도 갈리지 아니하느니라 그러므로 자기를 힘입어 하나님께 나아가는 자들을 온전히 구원하실 수 있으니 이는 그가 항상 살아 계셔서 그들을 위하여 간구하심이라"[히 7:24-25].

승천하셔서 하늘에 계시는 예수 그리스도를 바라볼 때마다 감사하는 마음이 깊어진다. 그리스도께서는 이 땅에서도 우리의 구원을 위해 평생의 고난을 받으시고 십자가에 죽기까지 하셨다. 그런 그리스도께서 하늘에 오르신 후에도 여전히 우리를 위해 일하신다니 황송할 따름이다. 이처럼 위대한 대언자가 우리를 위해 하나님 보좌 우편에 늘 앉아 계시고 늘 간구하신다니 얼마나 감격스럽고 감사한 일인가! 미천한 우리를 향한 하나님의 아들 예수 그리스도의 이 끝없는 봉사에 우리가 어찌 다 감사할 수 있을까! 그리스도의 십자가 죽음과 부활만으로도 우리는 담력을 얻어 하나님께 나아갈 수 있으나 그리스도께서 하늘에 올라가 우리를 위해 항상 간구하시기 때문에 우리는 담력을 더 얻어 더 온전한 믿음으로 하나님께 나아갈 수 있다. 오늘 나는 고백한다.

"오, 주여! 주님이 하늘에 계셔서 저는 너무 행복합니다."

 나의 묵상과 **기도**

125일

답2 둘째, 우리의 몸이 그리스도 안에서 이미 하늘에 있다는 것이며, 이는 우리의 머리 되신 그리스도께서 자신의 지체인 우리를 자기에게로 이끌어 올리실 것에 대한 확실한 보증입니다.

성자 하나님에 관한 신앙고백 중에서 "하늘에 오르사"라는 고백을 생각해 본다. 예수님께서 부활 후에 하늘로 올라가심으로써 우리에게는 어떤 유익이 있는 걸까? 둘째로, 성경은 예수 그리스도께서 하늘에 올라가셨기 때문에 그의 신비한 몸을 구성하는 지체인 신자들도 반드시 하늘에 올라간다는 보장이 생겼다는 것을 중요한 유익으로 가르친다. 이것은 머리와 몸의 관계를 따져 볼 때 당연한 이치이다. 머리가 있는 곳에는 항상 몸이 함께 있기 때문이다. 그러나 이것은 예수 그리스도께서 친히 계시해 주신 진리이기도 하다. "가서 너희를 위하여 거처를 예비하면 내가 다시 와서 너희를 내게로 영접하여 나 있는 곳에 너희도 있게 하리라"[요 14:3]. 그런데 예수님께서 하늘로 올라가심으로써 말씀으로 주신 이 보장이 더 확실해진 것이다.

예수를 믿는 신자에게는 이것이 확실하게 보장되어 있으므로, 성경은 신자가 그리스도 안에서 이미 하늘에 올라가 앉아 있다고 말한다. "또 함께 일으키사 그리스도 예수 안에서 함께 하늘에 앉히시니"[엡 2:6]. 얼마나 놀라운 말씀인가! 가끔 나는 죽음을 맛보지 않고 하늘로 올라간 에녹과 엘리야를 부러워한다. 하지만 부러워할 뿐 나도 그렇게 하늘로 올라갈 거라고 기대하지는 않는다. 하지만 그리스도의 승천은 다르다. 나는 그리스도의 승천을 부러워하지 않는다. 감히 부러워할 수 있는 일이 아니기 때문이다. 하지만 그리스도의 승천을 생각할 때마다 내 가슴은 기대감으로 부푼다. 그리스도의 승천은 나도 영광의 몸으로 변화하여 하늘로 올라가 거기에서 하나님의 영광을 보며 영원히 살게 된다는 것을 보장해 주기 때문이다. 오늘 나는 고백한다.

"오, 주여! 주님을 따라 저도 하늘에 올라갈 것입니다."

나의 묵상과 **기도**

126일

답3 셋째, 그리스도께서는 더 확실한 보증으로 자신의 성령을 우리에게 보내시는데, 성령의 능력으로 말미암아 우리는 이 땅의 것들이 아닌 위의 것들, 즉 지금 그리스도께서 계신 하나님 보좌 우편 그곳의 것들을 삶의 목표로 삼게 됩니다.

성자 하나님에 관한 신앙고백 중에서 "하늘에 오르사"라는 고백을 생각해 본다. 예수님께서 부활 후에 하늘로 올라가심으로써 우리에게는 어떤 유익이 있는 걸까? 셋째로, 성경은 예수 그리스도께서 하늘로 올라가시면서 우리에게 성령 하나님을 보내 주셨고, 이 성령 하나님의 능력으로 우리가 수많은 유익을 얻는다는 것을 자주 언급한다. 이것 역시 예수님께서 친히 계시해 주신 진리이다. "내가 너희에게 실상을 말하노니 내가 떠나가는 것이 너희에게 유익이라 내가 떠나가지 아니하면 보혜사가 너희에게로 오시지 아니할 것이요 가면 내가 그를 너희에게로 보내리니"[요 16:7]. "오직 성령이 너희에게 임하시면 너희가 권능을 받고 예루살렘과 온 유대와 사마리아와 땅 끝까지 이르러 내 증인이 되리라 하시니라"[행 1:8].

물론 그리스도의 승천 이전에도 이미 성령의 사역은 있었다. 하지만 성령께서 그리스도의 모든 진리와 모든 영광을 우리에게 풍성하고 강력하게 나타내시는 일은 그리스도께서 하늘에 올라가신 후에 비로소 시작되었다. "그러나 진리의 성령이 오시면 그가 너희를 모든 진리 가운데로 인도하시리니 그가 스스로 말하지 않고 오직 들은 것을 말하며 장래 일을 너희에게 알리시리라 그가 내 영광을 나타내리니 내 것을 가지고 너희에게 알리시겠음이라"[요 16:13-14]. 그리하여 성령께서는 땅에 속한 것들에 매달려 사는 우리의 마음을 새롭게 하셔서 그리스도께서 계신 하늘의 것을 구하며 살도록 만들어 주신다. 성령의 사역 때문에 우리의 마음은 이미 하늘에 가 있게 된다. 오늘 나는 고백한다.

"오, 주여! 몸은 땅에 있으나 성령 하나님 때문에
제 마음은 이미 그리고 항상 하늘에 있습니다."

19주

제50문 "하나님 우편에 앉아 계시다가"라는 말이 왜 덧붙여졌습니까?

| 답 |

그리스도께서는 자신이 교회의 머리가 되심을 나타내시기 위해 하늘에 오르셨고, 성부께서는 그리스도를 통해 만물을 다스리신다는 의미입니다.

제51문 우리의 머리 되신 그리스도의 이 영광은 우리에게 어떤 유익을 줍니까?

| 답 |

첫째, 그리스도께서는 그분의 지체(肢體)인 우리에게 성령을 통해 하늘의 은사들을 부어 주십니다. 둘째, 그리스도께서는 자신의 권능으로 우리를 모든 원수로부터 보호하시고 보존하십니다.

제52문 "산 자와 죽은 자를 심판하러" 그리스도께서 다시 오심은 당신에게 어떠한 위로를 줍니까?

| 답 |

그 어떤 슬픔과 박해 가운데 있더라도 하늘을 바라보며, 이전에 나를 대신하여 하나님의 심판대 앞에 서서 내가 받을 모든 저주를 없애 주신 바로 그분이 심판주로서 오시리라는 확신을 가지고 기다리게 합니다. 그리스도께서는 그분의 모든 원수, 곧 나의 원수들을 영원한 멸망으로 벌하시고, 나를 택함받은 모든 사람들과 함께 하늘의 기쁨과 영광을 누리도록 자기에게로 이끄실 것입니다.

127일

제50문 "하나님 우편에 앉아 계시다가"라는 말이 왜 덧붙여졌습니까?

성자 하나님에 관한 신앙고백 중에서 "하늘에 오르사, 전능하신 하나님 우편에 앉아 계시다가, 저리로서 산 자와 죽은 자를 심판하러 오시리라."라는 고백을 생각해 본다. 예수님께서 하늘로 올라가셨다는 고백과 예수님께서 다시 오신다는 고백 사이에, 예수님께서 하나님 우편에 앉아 계신다는 고백이 자리를 잡고 있다. 이 고백은 왜 여기에 있는 걸까? 성경이 하늘로 올라가신 예수님을 설명할 때 그분께서 하나님 우편에 앉아 계신다는 것을 늘 강조하기 때문이다. "주 예수께서 말씀을 마치신 후에 하늘로 올려지사 하나님 우편에 앉으시니라"[막 16:19]. "죄를 정결하게 하는 일을 하시고 높은 곳에 계신 지극히 크신 이의 우편에 앉으셨느니라"[히 1:3]. "죽으실 뿐 아니라 다시 살아나신 이는 그리스도 예수시니 그는 하나님 우편에 계신 자요"[롬 8:34]. "그는 하늘에서 지극히 크신 이의 보좌 우편에 앉으셨으니"[히 8:1].

이처럼 성경이 하늘로 올라가신 그리스도를 설명할 때 그분께서 하나님 우편에 앉아 계신 것을 중요하게 강조한다면, 예수 그리스도를 아는 우리의 지식과 예수 그리스도를 믿는 우리의 믿음은 어떠해야 할까? 당연히 우리도 예수 그리스도께서 하나님 우편에 앉아 계신다는 것을 바르게 이해하고 깊이 생각하며 확실하게 믿어야 할 것이다. "그의 능력이 그리스도 안에서 역사하사 죽은 자들 가운데서 다시 살리시고 하늘에서 자기의 오른편에 앉히사 모든 통치와 권세와 능력과 주권과 이 세상뿐 아니라 오는 세상에 일컫는 모든 이름 위에 뛰어나게 하시고 또 만물을 그의 발아래에 복종하게 하시고 그를 만물 위에 교회의 머리로 삼으셨느니라 교회는 그의 몸이니 만물 안에서 만물을 충만하게 하시는 이의 충만함이니라"[엡 1:20-23]. 오늘 나는 간구한다.

"오, 주여! 이 말씀을 깨닫고 믿게 하옵소서."

나의 묵상과 기도

128일

답 그리스도께서는 자신이 교회의 머리가 되심을 나타내시기 위해 하늘에 오르셨고, 성부께서는 그리스도를 통해 만물을 다스리신다는 의미입니다.

성자 하나님에 관한 신앙고백 중에서 "하늘에 오르사 전능하신 하나님 우편에 앉아 계시다가 저리로서 산 자와 죽은 자를 심판하러 오시리라."라는 고백을 생각해 본다. 하늘로 올라가신 그리스도께서 하나님 우편에 앉아 계신다는 것은 어떤 의미일까? 이것은 문자적인 의미로 해석할 수 없다. 하나님께서는 어디든 계시므로 오른쪽 왼쪽을 구별할 수 없고 하나님 옆에 의자가 있는 것도 아니다. 이것은 비유적인 의미로 해석해야 한다. 왕의 오른쪽에 앉는 사람은 왕이 가장 존귀하게 여기고 통치권을 나눠 주는 사람이었으니, 예수 그리스도도 그런 의미에서 하나님의 우편에 앉아 계신다고 해석해야 옳다. 그래서 성경은 다음과 같이 가르친다. "그는 하늘에서 지극히 크신 이의 보좌 우편에 앉으셨으니"[히 8:1]. 보좌는 왕이 절대적인 통치권을 행사하기 위하여 앉는 자리를 가리키는데 예수님께서 하나님의 보좌 우편에 앉아 계신다는 말이다. 이것을 이해할 때 반드시 참고해야 할 성경 구절이 에베소서 1장 22절 말씀이다. "또 만물을 그의 발아래에 복종하게 하시고 그를 만물 위에 교회의 머리로 삼으셨느니라"[엡 1:22]. 성부 하나님께서는 승천하신 그리스도를 지극히 높이셔서 만물을 그리스도의 발아래 두시고 그리스도가 절대적인 힘으로 만물을 통치하게 하셨다. 그리고 만물 가운데 하나님께서 구별하여 뽑으신 교회는 그리스도의 발아래 있지만 동시에 그리스도의 소중한 몸이 되게 하셨고 그리스도를 교회의 머리로 세워 주셨다. 그러므로 지금 하나님의 우편에 앉아 계시는 예수 그리스도는 절대적인 왕권으로 만물을 다스리시면서, 동시에 자기의 몸인 교회의 머리로서 하나님의 우편에 앉아 계시며, 자기의 몸인 교회를 지극한 사랑으로 돌보신다. 오늘 나는 고백한다.

"오, 주여! 우리가 주님의 몸이고 주님이 우리의 머리로 하늘에 계시니 행복합니다."

129일

제51문 우리의 머리 되신 그리스도의 이 영광은 우리에게 어떤 유익을 줍니까?

답1 **첫째, 그리스도께서는 그분의 지체(肢體)인 우리에게 성령을 통해 하늘의 은사들을 부어 주십니다.**

성자 하나님에 관한 신앙고백 중에서 "하늘에 오르사 전능하신 하나님 우편에 앉아 계시다가"라는 고백을 생각해 본다. 예수 그리스도께서 교회의 머리로서 하나님의 우편에 앉아 계시기 때문에 우리에게 돌아오는 유익은 무엇일까? 첫째로, 성경은 우리의 머리로서 하늘에 앉아 계시는 그리스도께서 자기 몸인 교회에 성령을 보내 주심으로써 하늘의 신령한 복들을 풍성하게 부어 주신다고 가르친다. "하나님이 오른손으로 예수를 높이시매 그가 약속하신 성령을 아버지께 받아서 너희가 보고 듣는 이것을 부어 주셨느니라"[행 2:33]. "그러므로 이르기를 그가 위로 올라가실 때에 사로잡혔던 자들을 사로잡으시고 사람들에게 선물을 주셨다 하였도다"[엡 4:8]. "그의 신기한 능력으로 생명과 경건에 속한 모든 것을 우리에게 주셨으니"[벧후 1:3]. 교회의 머리로서 하나님의 우편에 앉아 계시는 예수 그리스도께서 성령을 통해 부어 주시는 복들을 헤아려 본다. "진리의 성령이 오시면 그가 너희를 모든 진리 가운데로 인도하시리니 … 장래 일을 너희에게 알리시리라 그가 내 영광을 나타내리니"[요 16:13-14]. "소망이 우리를 부끄럽게 하지 아니함은 우리에게 주신 성령으로 말미암아 하나님의 사랑이 우리 마음에 부은 바 됨이니"[롬 5:5]. "너희가 아들이므로 하나님이 그 아들의 영을 우리 마음 가운데 보내사 아빠 아버지라 부르게 하셨느니라"[갈 4:6]. "만일 너희 속에 하나님의 영이 거하시면 너희가 육신에 있지 아니하고 영에 있나니"[롬 8:9]. "그 안에서 너희가 구원의 날까지 인치심을 받았느니라"[엡 4:30]. 셀 수 없이 많다. 오늘 나는 소원한다.

"오, 주여! 성령을 통해 하늘의 신비한 복을 더 많이 누리길 원합니다."

130일

답2 둘째, 그리스도께서는 자신의 권능으로 우리를 모든 원수로부터 보호하시고 보존하십니다.

성자 하나님에 관한 신앙고백 중에서 "하늘에 오르사 전능하신 하나님 우편에 앉아 계시다가"라는 고백을 생각해 본다. 예수 그리스도께서 교회의 머리로서 하나님의 우편에 앉아 계시기 때문에 우리에게 돌아오는 유익은 무엇일까? 둘째로, 성경은 예수 그리스도께서 그의 권능으로 우리를 모든 원수로부터 보호하시고 보존하신다고 가르친다. 혹독한 시험에 빠져 예수님을 세 번이나 부인하는 자리까지 떨어졌던 베드로는 신자들에게 다음과 같이 말한다. "근신하라 깨어라 너희 대적 마귀가 우는 사자 같이 두루 다니며 삼킬 자를 찾나니"[벧전 5:8]. 그러나 저 높은 하늘 하나님의 우편에 앉아 계시는 우리의 머리이신 그리스도는 다음과 같이 말씀하신다. "내가 그들에게 영생을 주노니 영원히 멸망하지 아니할 것이요 또 그들을 내 손에서 빼앗을 자가 없느니라"[요 10:28].

때로는 우리를 공격하는 영적 세력이 너무 강해서 우리가 이기지 못하고 뒤로 밀릴 때가 있다. 때로는 우리가 신앙적으로 형편없는 상태에 있어서 작은 공격에도 버티지 못하고 허망하게 무너질 때도 있다. 이럴 때 낙심하지 말자. 우리는 결코 혼자가 아니다. 저 높은 하늘 하나님의 우편에 우리의 머리이신 예수 그리스도께서 앉아 계시면서 절대 주권으로 만물을 통치하시고 자기 몸인 교회를 권능과 사랑으로 철저하게 보호하신다. 그러므로 기쁨으로 노래하며 일어나 다시 싸우자. "내가 확신하노니 사망이나 생명이나 천사들이나 권세자들이나 현재 일이나 장래 일이나 능력이나 높음이나 깊음이나 다른 어떤 피조물이라도 우리를 우리 주 그리스도 예수 안에 있는 하나님의 사랑에서 끊을 수 없으리라"[롬 8:38-39]. 오늘 나는 감사한다.

"오, 주여! 주께서 권능과 사랑으로 우리를 보호해 주시니 감사합니다."

131일

제52문 "산 자와 죽은 자를 심판하러" 그리스도께서 다시 오심은 당신에게 어떠한 위로를 줍니까?

성자 하나님에 관한 신앙고백 중에서 "전능하신 하나님 우편에 앉아 계시다가 저리로서 산 자와 죽은 자를 심판하러 오시리라."라는 고백을 생각해 본다. 예수 그리스도의 구원 사역에 관한 맨 마지막 신앙고백은 그리스도의 재림과 최후 심판에 관한 고백이다. "저리로서 산 자와 죽은 자를 심판하러 오시리라." 성경은 지금 하나님의 우편에 앉아 계신 그리스도께서 세상 끝 날이 되면 심판주로 이 세상에 다시 강림하시고, 산 자와 죽은 자 모두를 심판하실 거라고 가르친다. 예수 그리스도께서 친히 하신 말씀을 들어 보자. "인자가 자기 영광으로 모든 천사와 함께 올 때에 자기 영광의 보좌에 앉으리니 모든 민족을 그 앞에 모으고 각각 구분하기를 목자가 양과 염소를 구분하는 것 같이 하여 양은 그 오른편에 염소는 왼편에 두리라"[마 25:31-33]. 참으로 놀라운 말씀이다.

예수 그리스도를 믿지 않는 사람들에게는 그리스도의 재림과 최후 심판이 무섭고 두려운 재앙이다. 예수님께서 심판자가 되셔서 그들의 모든 죄와 불신앙을 완전한 공의로 심판하시고, 그들에게 영원한 진노를 퍼부으실 것이기 때문이다. "주 예수께서 자기의 능력의 천사들과 함께 하늘로부터 불꽃 가운데에 나타나실 때에 하나님을 모르는 자들과 우리 주 예수의 복음에 복종하지 않는 자들에게 형벌을 내리시리니 이런 자들은 주의 얼굴과 그의 힘의 영광을 떠나 영원한 멸망의 형벌을 받으리로다"[살후 1:7-9]. 반면에 예수 그리스도를 믿는 사람들에게는 그리스도의 재림과 최후 심판이 가장 기쁘고 즐거운 일이다. 예수님께서 심판자가 되어 그들의 모든 선행과 신앙에 위대한 상을 주시며, 그들을 영원한 천국에 살게 하실 것이기 때문이다. 오늘 나는 질문한다.

"오, 주여! 주님의 재림과 심판이 현재의 삶에 어떤 유익이 있습니까?"

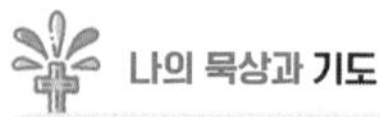

132일

답1 그 어떤 슬픔과 박해 가운데 있더라도 하늘을 바라보며, 이전에 나를 대신하여 하나님의 심판대 앞에 서서 내가 받을 모든 저주를 없애 주신 바로 그분이 심판주로서 오시리라는 확신을 가지고 기다리게 합니다.

성자 하나님에 관한 신앙고백 중에서 "전능하신 하나님 우편에 앉아 계시다가 저리로서 산 자와 죽은 자를 심판하러 오시리라."라는 고백을 생각해 본다. 예수 믿는 신자가 그리스도의 재림과 심판을 바라보며 현재의 삶에서 누릴 수 있는 유익은 무엇일까? 신자의 현재 삶에는 여러 가지 슬픔과 핍박이 있다는 것부터 생각하자. 예수 믿는 신자는 자기에게 남아 있는 죄와 자기가 행한 죄 때문에 슬퍼하며 울고, 세상에서 겪게 되는 여러 가지 환난 때문에도 슬퍼하며 울게 된다. 또한 예수를 믿고 하나님의 말씀대로 사는 것 때문에 여러 고초를 겪고 세상 사람들과 가족들과 다른 신자들로부터 여러 가지 박해를 받게 된다. "내가 탄식함으로 피곤하여 밤마다 눈물로 내 침상을 띄우며 내 요를 적시나이다"[시 6:6]. "무릇 그리스도 예수 안에서 경건하게 살고자 하는 자는 박해를 받으리라"[딤후 3:12].

내면에는 슬픔이 있고 외부에는 박해가 있는 삶을 산다는 것은 힘든 일이다. 그러나 재림하시는 그리스도는 모든 슬픔의 원인과 모든 종류의 핍박을 완전히 제거해 주실 것이다. "모든 눈물을 그 눈에서 닦아 주시니 다시는 사망이 없고 애통하는 것이나 곡하는 것이나 아픈 것이 다시 있지 아니하리니"[계 21:4]. "너희로 환난을 받게 하는 자들에게는 환난으로 갚으시고 환난을 받는 너희에게는 우리와 함께 안식으로 갚으시는 것이 하나님의 공의시니"[살후 1:6-7]. 신자는 이런 복된 날이 반드시 오고 곧 올 것을 안다. 더욱이 심판자로 오시는 분이 자기를 대신하여 하나님의 심판대 앞에 서서 죄의 모든 형벌과 하나님의 진노를 담당하신 분이시라는 것을 안다. 그렇기에 슬픔과 핍박으로 얼룩진 현재의 삶에서도 마음에 위로를 얻는다. 오늘 나는 결심한다.

"오, 주여! 주님의 재림을 기다리며 현재를 인내로 살겠습니다."

나의 묵상과 **기도**

133일

답2 그리스도께서는 그분의 모든 원수, 곧 나의 원수들을 영원한 멸망으로 벌하시고, 나를 택함받은 모든 사람들과 함께 하늘의 기쁨과 영광을 누리도록 자기에게로 이끄실 것입니다.

성자 하나님에 관한 신앙고백 중에서 "전능하신 하나님 우편에 앉아 계시다가 저리로서 산 자와 죽은 자를 심판하러 오시리라."라는 고백을 생각해 본다. 예수를 믿는 신자가 그리스도의 재림과 심판을 바라보며 현재의 삶에서 누릴 수 있는 유익은 무엇일까? 신자가 사는 이 세상이 악하고 불의하며 불합리하다는 것부터 생각하자. 그래서 신자는 낙심과 회의, 혼란과 고통을 끊임없이 겪게 된다. 성경은 소돔에 사는 롯에 관해 이렇게 말한다. "이는 이 의인이 그들 중에 거하여 날마다 저 불법한 행실을 보고 들음으로 그 의로운 심령이 상함이라"[벧후 2:8]. 시편 기자는 세상을 보면서 상한 마음을 이렇게 표현한다. "이들은 악인들이라도 항상 평안하고 재물은 더욱 불어나도다 내가 내 마음을 깨끗하게 하며 내 손을 씻어 무죄하다 한 것이 실로 헛되도다 나는 종일 재난을 당하며 아침마다 징벌을 받았도다"[시 73:12-14].

그러나 예수 그리스도께서는 세상 끝 날에 심판자로 재림하셔서 악하고 불의하며 불합리한 세상을 대청소하실 것이다. 경건치 않고 불의한 사람들은 영원한 멸망으로 형벌하실 것이며, 택함을 받은 모든 백성은 하늘의 기쁨과 영광 가운데 자기와 함께 영원히 살게 하실 것이다. 그리고 의의 거하는 바 새 하늘과 새 땅을 주실 것이다. "또 내가 새 하늘과 새 땅을 보니 처음 하늘과 처음 땅이 없어졌고 바다도 다시 있지 않더라 또 내가 보매 거룩한 성 새 예루살렘이 하나님께로부터 하늘에서 내려오니 그 준비한 것이 신부가 남편을 위하여 단장한 것 같더라"[계 21:1-2]. 신자는 이런 복된 날이 반드시 오고 곧 올 것을 알고 믿는다. 그렇기에 악하고 불의하며 불합리한 세상에서도 마음에 위로를 얻는다. 오늘 나는 결심한다.

"오, 주여! 새 하늘과 새 땅을 바라보며 현재를 기쁨으로 살겠습니다."

20주

제53문 “성령”에 관하여 당신은 무엇을 믿습니까?

| **답** |

첫째, 성령은 성부, 성자와 함께 참되시고
영원하신 하나님이심을 믿습니다.

둘째, 성령은 또한 나에게도 임하셔서,
나로 하여금 참된 믿음으로 그리스도와
그분의 모든 은택에 참여하게 하시며,
나를 위로하시고, 영원히 나와 함께하실 것을 믿습니다.

134일

제53문 "성령"에 관하여 당신은 무엇을 믿습니까?

사도신경에서 성자 하나님에 관한 고백이 끝나면 성령 하나님에 관한 고백이 이어진다. "성령을 믿사오며 거룩한 공회와 성도가 서로 교통하는 것과 죄를 사하여 주시는 것과 몸이 다시 사는 것과 영원히 사는 것을 믿사옵나이다." 언뜻 보면 "성령을 믿사오며"라는 고백만 성령에 관한 고백인 것 같지만, 이어지는 모든 고백도 성령에 관한 고백이다. 교회를 의미하는 '거룩한 공회', '성도가 서로 교통하는 것', '죄를 사하여 주시는 것', '몸이 다시 사는 것', 그리고 '영원히 사는 것'은 모두 성령과 깊은 관계가 있다. "성령이 하나 되게 하신 것을 힘써 지키라"[엡 4:3]. "성령 안에서 씻음과 거룩함과 의롭다 하심을 받았느니라"[고전 6:11]. "그의 영으로 말미암아 너희 죽을 몸도 살리시리라"[롬 8:11]. 그러므로 성자 하나님에 관한 고백 후에 이어지는 모든 고백은 성령 하나님에 관한 고백이다.

성령 하나님에 관해서는 체험을 가장 중요하게 생각하는 경향이 많다. 그래서 다음과 같이 질문하는 사람이 많다. "당신은 성령을 체험했는가?" 그러나 성령에 관하여 먼저 던져야 할 질문은 다음과 같다. "당신은 성령 하나님을 정확하게 알고 있는가?", "당신은 성령 하나님에 관하여 무엇을 믿고 있는가?" 예수님을 생각해 보자. 예수님은 요한복음 14-16장에서 성령 하나님이 어떤 분이시고 어떤 일을 하시는지 자세히 가르쳐 주신 후에 사도행전 2장에서 제자들에게 성령을 부어 주셨다. 이렇게 예수님은 성령 하나님에 관하여 체험을 앞세우지 않고 성령 하나님에 관한 지식과 믿음을 앞세우셨다. 그러므로 우리도 성령 하나님에 관하여 올바른 지식과 확고한 믿음을 먼저 갖추면서 체험을 추구해야 한다. 오늘 나는 기도한다.

**"오, 주여! 성령 하나님이 어떤 분이시고
어떤 일을 하시는지 알고 믿게 하옵소서."**

135일

답1 첫째, 성령은 성부, 성자와 함께 참되시고 영원하신 하나님이심을 믿습니다.

사도신경에서 성령 하나님에 관한 신앙고백 중에서 "성령을 믿사오며"라는 고백을 생각해 본다. 이 고백에서 우리는 성령 하나님에 관하여 무엇을 믿는다고 고백하는 걸까? 첫째로, 성령 하나님의 인격을 믿되 성령 하나님께서 성부 하나님, 성자 하나님과 함께 참되시고 영원하신 하나님이신 것을 믿는다고 고백한다. 우리가 이것을 제일 먼저 믿고 고백해야 하는 이유는, 성경이 이것을 우리에게 제일 먼저 계시하기 때문이다. 성경에서 성령 하나님에 관한 첫 번째 기록의 내용을 생각해 보자. "태초에 하나님이 천지를 창조하시니라 땅이 혼돈하고 공허하며 흑암이 깊음 위에 있고 하나님의 영은 수면 위에 운행하시니라"[창 1:1-2]. 성부 하나님과 성자 하나님께서 천지를 창조하실 때, 이미 존재하시고 함께 사역하신 성령 하나님께서는 참되시고 영원하신 하나님이실 수밖에 없다. 그러므로 우리는 이것을 제일 먼저 믿고 고백한다.

성령 하나님께서는 성부 하나님, 성자 하나님과 똑같이 참되시고 영원하신 하나님이시다. 성령은 우리에게 능력과 은사를 베풀어 주시는 어떤 신비로운 기운이 아니라 성부 하나님, 성자 하나님과 똑같이 신성의 모든 영광과 능력과 아름다움을 가지고 계시는 하나님이시다. 그래서 세례를 줄 때 성부와 성자와 성령의 이름으로 세례를 주는 것이고, 축도할 때도 성부와 성자와 성령의 이름으로 복을 비는 것이다. "그러므로 너희는 가서 모든 민족을 제자로 삼아 아버지와 아들과 성령의 이름으로 세례를 베풀고"[마 28:19]. "주 예수 그리스도의 은혜와 하나님의 사랑과 성령의 교통하심이 너희 무리와 함께 있을지어다"[고후 13:13]. 아, 성령의 이러한 신성을 모든 사람이 알아 성령 하나님 앞에 진심으로 무릎 꿇고 경배한다면 얼마나 좋을까! 오늘 나는 소원한다.

"오, 주여! 만민이 성령 하나님을 알고 경배하게 하옵소서."

나의 묵상과 **기도**

136일

답2 둘째, 성령은 또한 나에게도 임하셔서, 나로 하여금 참된 믿음으로 그리스도와 그분의 모든 은택에 참여하게 하시며, 나를 위로하시고, 영원히 나와 함께하실 것을 믿습니다.

사도신경에서 성령 하나님에 관한 신앙고백 중에서 "성령을 믿사오며"라는 고백을 생각해 본다. 이 고백에서 우리는 무엇을 믿는다고 고백하는 걸까? 둘째로, 성부 하나님과 성자 하나님의 약속대로 나에게도 성령 하나님을 보내 주셨다는 것을 고백한다. 성부 하나님께서는 오래전에 약속하셨다. "또 내 영을 너희 속에 두어"[겔 36:27]. 이 약속의 연장선상에서 성자 하나님께서도 약속하셨다. "내가 아버지께로부터 너희에게 보낼 보혜사 곧 아버지께로부터 나오시는 진리의 성령"[요 15:26]. 이렇게 성부와 성자의 보내심을 받고 나에게 오신 성령 하나님은 나와 함께 거하시고 또한 내 속에 거하신다. "그는 진리의 영이라 세상은 능히 그를 받지 못하나니 이는 그를 보지도 못하고 알지도 못함이라 그러나 너희는 그를 아나니 그는 너희와 함께 거하심이요 또 너희 속에 계시겠음이라"[요 14:17].

성령 하나님께서 내 안에 거하신다는 사실은 참으로 놀라운 신비다. 성령 하나님은 거룩하고 순결하신 분이시다. 그런데 성령 하나님께서는 누추한 내 안에 친히 들어오셔서 나를 자신의 거처로 삼으시고, 내 안에 늘 사시며, 나의 구원을 위해 일하신다. 성경은 다음과 같이 말한다. "너희 몸은 너희가 하나님께로부터 받은 바 너희 가운데 계신 성령의 전인 줄을 알지 못하느냐"[고전 6:19]. 얼마나 놀랍고 황송한 일인가! 하나님의 아들이신 그리스도께서 하늘의 영광을 다 버리시고 지옥 같은 이 세상에 오신 일도 감사하지만, 거룩하고 순결하신 성령 하나님께서 누추하고 더러운 내 안에 들어와 사시며, 나를 거룩하게 만들어 가신다는 것은 더더욱 감사한 일이다. 저 높은 하늘 하나님의 우편에는 우리를 위하여 그리스도께서 계시고, 우리 안에는 성령 하나님께서 계신다. 오늘 나는 감사한다.

"오, 주여! 성령을 주셔서 감사합니다."

137일

답2 둘째, 성령은 또한 나에게도 임하셔서, 나로 하여금 참된 믿음으로 그리스도와 그분의 모든 은택에 참여하게 하시며, 나를 위로하시고, 영원히 나와 함께하실 것을 믿습니다.

사도신경에서 성령 하나님에 관한 신앙고백 중에서 "성령을 믿사오며"라는 고백을 생각해 본다. 이 고백에서 우리는 무엇을 고백하는 걸까? 셋째로, 성령 하나님께서 우리에게 오셔서 참된 믿음을 일으켜 세워 주셨음을 고백한다. "또 성령으로 아니하고는 누구든지 예수를 주시라 할 수 없느니라"[고전 12:3]. 믿음은 들음에서 나고 들음은 그리스도의 말씀으로 말미암는다고 했다. 그런데 우리가 믿어야 할 대상인 그리스도와 그리스도의 말씀을 우리 마음에 계시하시는 분은 성령 하나님이시다. 예수님께서는 이렇게 말씀하셨다. "보혜사 곧 아버지께서 내 이름으로 보내실 성령 그가 너희에게 모든 것을 가르치고 내가 너희에게 말한 모든 것을 생각나게 하리라"[요 14:26]. 그러므로 우리 안에 참된 믿음을 일으켜 세워 주시는 분은 성령 하나님이라고 말할 수 있다. 사도행전 2장에 기록된 놀라운 일을 생각해 본다. 예수님께서 약속하신 성령이 오순절에 강림하셨고, 성령에 충만해진 베드로는 담대하게 복음을 선포했다. 그때 수천 명의 사람이 한자리에서 복음을 받아들이고 예수를 믿었으며 세례를 받았다. 이런 놀라운 일이 가능했던 이유는 무엇일까? 성령 하나님 때문이다. 예수님께서 말씀하신 대로 성령 하나님이 오순절에 강림하시고, 그리스도와 그리스도의 말씀을 사람들의 마음에 환하게 계시하셨기 때문이다. 그러나 성령 하나님께서는 수많은 사람이 한꺼번에 회심하며 예수를 믿는 현장에서만 일하시지 않고, 한 사람이 회심하고 예수를 믿는 현장에도 일하신다. 성령 하나님께서는 우리 안에 믿음을 심어 주시고, 자라게 하시며, 보호하시고, 마지막에는 완전하게 하신다. 오늘 나는 고백한다.

"오, 주여! 성령 하나님이 아니었다면 저는
이 자리에 서 있지 못할 것입니다."

138일

답2 둘째, 성령은 또한 나에게도 임하셔서, 나로 하여금 참된 믿음으로 그리스도와 그분의 모든 은택에 참여하게 하시며, 나를 위로하시고, 영원히 나와 함께하실 것을 믿습니다.

사도신경에서 성령 하나님에 관한 신앙고백 중에서 "성령을 믿사오며"라는 고백을 생각해 본다. 이 고백에서 우리는 무엇을 믿는다고 고백하는 걸까? 넷째로, 성령 하나님께서 우리를 그리스도와 연합시키신다는 것을 고백한다. 예수 그리스도께서는 자기와 신자의 관계를 이렇게 설명하신다. "나는 포도나무요 너희는 가지니"[요 15:5]. 포도나무 가지가 포도나무에 실제로 연합되어 있는 것처럼, 예수 그리스도와 신자도 실제로 연합되어 있다는 말씀이다. 그런데 이런 연합을 가능하게 해주시는 분은 성령 하나님이시다. 우리는 예수를 믿을 때 신자가 되고 예수 그리스도와 연합되는데, 그 믿음은 성령 하나님에 의해서 우리 안에 세워지고 성장하고 보호받고 마침내 완전해진다. 그러므로 예수 그리스도와 신자를 연합하게 해주는 분은 성령 하나님이시다.

성령 하나님께서는 예수 그리스도와 우리 중간에 서서 멀리 있는 그리스도의 은혜를 우리에게 가끔 전달해 주는 배달부가 아니시다. 성령 하나님께서는 예수 그리스도와 우리를 연합시켜 그리스도가 우리 안에, 우리가 그리스도 안에 살게 해주시는 분이시다. 그리고 그 연합을 통해 그리스도의 모든 은혜와 혜택이 우리에게 항상 공급되게 하시는 분이시다. 이런 연합의 관점으로 예수 그리스도와 우리의 관계를 다시 생각해 보면, 우리는 작고 연약한 믿음으로 그리스도에게 힘겹게 매달려 사는 사람이 아니다. 비록 우리 믿음은 작고 연약하더라도 그 믿음을 심어 주시고 자라게 하시는 성령 하나님께서 이루어 주신 신비로운 연합 덕분에, 우리는 그리스도 안에 살고 있고 그리스도의 모든 은혜를 항상 공급받는다. 그러니 우리는 성령 하나님께 대단히 큰 빚을 지고 있다. 오늘 나는 감격한다.

"오, 주여! 성령 하나님의 사랑은 위대합니다."

139일

답2 둘째, 성령은 또한 나에게도 임하셔서, 나로 하여금 참된 믿음으로 그리스도와 그분의 모든 은택에 참여하게 하시며, 나를 위로하시고, 영원히 나와 함께하실 것을 믿습니다.

사도신경에서 성령 하나님에 관한 신앙고백 중에서 "성령을 믿사오며"라는 고백을 생각해 본다. 이 고백에서 우리는 무엇을 믿는다고 고백하는 걸까? 다섯째로, 성령 하나님 덕분에 우리가 그리스도의 모든 은혜에 참여하게 됨을 고백한다. 예수님은 성령에 관하여 말씀하셨다. "그가 내 영광을 나타내리니 내 것을 가지고 너희에게 알리시겠음이라 무릇 아버지께 있는 것은 다 내 것이라 그러므로 내가 말하기를 그가 내 것을 가지고 너희에게 알리시리라 하였노라"[요 16:14-15]. 성부 하나님께서는 모든 것을 아들이신 예수 그리스도에게 주셨고, 예수 그리스도께서는 자기에게 있는 것을 우리에게 알리고 전달하는 일을 성령 하나님께 맡기셨다. 그래서 성령 하나님께서는 우리에게 믿음을 심어 주심으로써 그리스도와 연합하게 하시고, 그 연합 안에서 그리스도의 모든 은혜에 참여하게 하신다.

성경은 우리가 성령을 통해서 구원의 모든 은혜에 참여한다고 가르친다. "주 예수 그리스도의 이름과 우리 하나님의 성령 안에서 씻음과 거룩함과 의롭다 하심을 받았느니라"[고전 6:11]. 여기에 언급된 중생 또는 죄 사함, 칭의, 성화는 구원의 은혜 가운데 핵심적인 은혜인데, 성경은 우리가 예수 그리스도의 이름과 하나님의 성령 안에서 이 모든 은혜에 참여하게 된다고 말한다. 다시 말해서, 이 모든 은혜가 예수 그리스도의 이름으로 우리에게 주어지는데 성령을 통해서 주어진다고 말한다. 우리는 성령을 통해서 이런 은혜뿐만 아니라 모든 은택에 참여하게 된다. "우리가 세상의 영을 받지 아니하고 오직 하나님으로부터 온 영을 받았으니 이는 우리로 하여금 하나님께서 우리에게 은혜로 주신 것들을 알게 하려 하심이라"[고전 2:12]. 오늘 나는 소원한다.

"오, 주여! 성령을 통해 주의 부요함에 더 참여하고 싶습니다."

140일

답2 둘째, 성령은 또한 나에게도 임하셔서, 나로 하여금 참된 믿음으로 그리스도와 그분의 모든 은택에 참여하게 하시며, 나를 위로하시고, 영원히 나와 함께하실 것을 믿습니다.

사도신경에서 성령 하나님에 관한 신앙고백 중에서 "성령을 믿사오며"라는 고백을 생각해 본다. 이 고백에서 우리는 무엇을 믿는다고 고백하는 걸까? 마지막으로 성령 하나님께서 예수 믿는 신자인 우리를 위로하시며 영원히 우리와 함께하심을 고백한다. 예수님은 말씀하셨다. "내가 아버지께 구하겠으니 그가 또 다른 보혜사를 너희에게 주사 영원토록 너희와 함께 있게 하리니"[요 14:16]. 예수님은 성령 하나님을 '보혜사'라고 부르셨다. '보혜사'는 '위로자'라고 번역할 수도 있다. 예수님은 성령님을 '또 다른 보혜사'라고 부르셨다. 예수님 자신이 '보혜사'이시기 때문이다. 예수님의 말씀대로 성령님께서는 우리 마음에 하나님의 사랑을 부어 주시고, 하나님의 말씀을 계시하심으로써 우리를 위로하신다. 하늘에는 예수 그리스도께서, 우리 마음에는 성령님께서 위로자로 우리와 함께하신다.

또 여기 보면, 예수님은 성령 하나님이 영원토록 우리와 함께 계신다고 가르쳐 주신다. "영원토록 너희와 함께 있게 하리니"[요 14:16]. 성령 하나님께서 함께하신다는 것을 우리가 실제로 생생하게 느끼는 정도는 하나님의 뜻과 우리의 영적 상황에 따라 달라질 수 있다. 어느 때는 그것을 생생하게 느끼고 어느 때는 느끼지 못한다. 하지만 예수님께서 약속하신 사실은 항상 변함이 없다. "영원토록 너희와 함께 있게 하리니"[요 14:16]. 이처럼 우리와 영원히 함께하시는 성령 하나님을 우리는 어떻게 대해야 할까? 성경은 두 가지를 명한다. "성령을 소멸하지 말며"[살전 5:19]. "성령을 근심하게 하지 말라"[엡 4:30]. 아, 또 다른 보혜사로 내 안에 사시며 영원히 함께하시는 성령 하나님 때문에 내가 행복한 것처럼, 성령 하나님께서도 나 때문에 행복하셨으면 좋겠다. 오늘 나는 다짐한다.

"오, 주여! 성령 하나님을 경외하고 사랑하겠습니다."

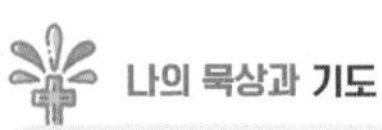

21주

제54문 "거룩한 공교회"에 관하여 당신은 무엇을 믿습니까?

| 답 |

나는 하나님의 아들이 모든 인류로부터 친히 참된 믿음 안에서 하나 되어 영생에 이르도록 선택된 교회를, 그분의 말씀과 성령을 통해, 창세로부터 세상 끝 날까지 모든 인류로부터 친히 불러 모으시고 보호하시고 보존하신다는 것을 믿습니다. 이러한 교회에 내가 지금, 그리고 영원토록 살아 있는 지체인 것을 믿습니다.

제55문 "성도가 서로 교통하는 것"을 당신은 어떻게 이해합니까?

| 답 |

첫째, 신자는 개인이나 모두가 다 교회의 지체로서 그리스도와 교제하며, 그분의 모든 부요함과 은사에 함께 참예합니다. 둘째, 모든 신자는 각자 자신의 은사를 다른 지체의 유익과 덕을 위해 기꺼이, 그리고 즐거이 사용해야 하는 의무가 있습니다.

제56문 "죄를 사하여 주시는 것"에 관하여 당신은 무엇을 믿습니까?

| 답 |

나는 그리스도께서 하나님의 의를 만족시키셨기 때문에, 하나님께서 나의 모든 죄와 내가 일평생 싸워야 할 나의 죄악 된 본성을 더 이상 기억하지 않으신다고 믿습니다. 또한 하나님께서는 은혜로 그리스도의 의를 내게 선물로 주셔서 결코 정죄받지 않게 해주심을 믿습니다.

141일

제54문 "거룩한 공교회"에 관하여 당신은 무엇을 믿습니까?

성령 하나님에 관한 신앙고백 중에서 "성령을 믿사오며"라는 고백 다음에 이어지는 것은 교회에 관한 고백이다. "성령을 믿사오며 거룩한 공회와" 여기에서 거룩한 공회는 거룩한 보편적 교회(공교회)를 뜻한다. 그런데 성령 하나님에 관한 신앙고백 내용이 이런 흐름으로 진행되는 것을 보면서, 우리가 생각해 볼 것이 있다. "성령을 믿사오며"라는 고백 다음에 왜 교회에 관한 고백이 곧바로 이어지는 것일까? 성령 하나님께서 그리스도의 구원을 우리에게 적용해 주시는 일 가운데 죄 사함, 칭의, 성화, 부활에 관한 고백은 왜 나중에 나오고 교회에 관한 고백이 왜 맨 먼저 나오는 것일까? 우리 시대는 개인주의가 극도로 발달하여 개인의 구원과 성화가 교회보다 더 중요하고 교회는 개인을 위하여 존재한다는 의식이 편만하다. 하지만 사도신경은 교회에 관한 신앙고백을 개인적인 구원과 성화에 관한 고백보다 앞에 둔다. 왜일까?

성령 하나님께서 행하시는 가장 중요한 일은 그리스도의 몸인 교회를 이 땅에 세우는 것이기 때문이다. 에베소서 1장은 성부 하나님의 위대한 계획을 설명할 때, 그것이 우주 전체를 그리스도 안에서 통일하는 것이라고 선언한다. "그의 기뻐하심을 따라 그리스도 안에서 때가 찬 경륜을 위하여 예정하신 것이니 하늘에 있는 것이나 땅에 있는 것이 다 그리스도 안에서 통일되게 하려 하심이라"[엡 1:9-10]. 그리고 이러한 통일의 중심에 그리스도의 몸인 교회가 있다고 선언한다. "교회는 그의 몸이니 만물 안에서 만물을 충만하게 하시는 이의 충만함이니라"[엡 1:23]. 그러므로 성부 하나님의 뜻을 따라 일하시는 성령 하나님께서는 그리스도의 몸인 교회를 세우기 위하여 개개인을 구원하여 교회에 들어오게 하시고 교회 안에서 성화시키시는 일을 하신다. 오늘 나는 간구한다.

"오, 주여! 교회보다 나를 앞세우는 신앙에 빠지지 않게 하옵소서."

나의 묵상과 기도

142일

제54문 "거룩한 공교회"에 관하여 당신은 무엇을 믿습니까?

성령 하나님에 관한 고백 중에서 "거룩한 공회와"라는 고백을 생각해 본다. 이 고백에서 우리는 무엇을 믿는다고 고백하는 것일까? 먼저, 고백의 표현에서 답을 찾아본다. 여기에서 우리는 성령 하나님께서 이 땅에 세우시는 교회가 거룩하고 보편적임을 믿는다고 고백한다. 교회가 거룩하다는 것은 하나님을 위해 따로 구별되었고 그리스도의 피로 깨끗하게 씻겨졌다는 뜻이다. 교회가 보편적이라는 것은 하나님께서 사람들을 교회의 지체로 부르실 때 인종, 직업, 신분 등으로 차별하지 않고 어떤 종류의 사람이든 불러 주신다는 뜻이다. 우리가 교회에 관하여 이렇게 믿고 고백하는 이유는 이 땅에 있는 모든 교회가 실제로 다 그렇기 때문이 아니다. 하나님의 말씀인 성경이 참된 교회의 속성은 그렇다고 가르치기 때문이다. 하나님의 성령이 세우시는 참된 교회의 속성이 실제로 그렇기 때문이다.

예수님의 승천 후 첫 번째 오순절에 성령 하나님께서 강림하셔서 세우신 교회의 모습을 보면서 참된 교회의 거룩함과 보편성이 어떻게 나타났는지 생각해 본다. "그들이 사도의 가르침을 받아 서로 교제하고 떡을 떼며 오로지 기도하기를 힘쓰니라 사람마다 두려워하는데 사도들로 말미암아 기사와 표적이 많이 나타나니 믿는 사람이 다 함께 있어 모든 물건을 서로 통용하고 또 재산과 소유를 팔아 각 사람의 필요를 따라 나눠 주며 날마다 마음을 같이하여 성전에 모이기를 힘쓰고 집에서 떡을 떼며 기쁨과 순전한 마음으로 음식을 먹고 하나님을 찬미하며 또 온 백성에게 칭송을 받으니 주께서 구원받는 사람을 날마다 더하게 하시니라"[행 2:42-47]. 이처럼 참된 교회는 세상과 크게 다르고, 하나님을 위해 전적으로 헌신하며, 차별이 없고, 사랑으로 충만하다. 오늘 나는 소원한다.

"오, 주여! 참된 교회들이 더 세워지게 하옵소서."

143일

답 나는 하나님의 아들이 참된 믿음 안에서 하나 되어 영생에 이르도록 선택된 교회를, 그분의 말씀과 성령을 통해, 창세로부터 세상 끝 날까지 모든 인류로부터 친히 불러 모으시고 보호하시고 보존하신다는 것을 믿습니다. 이러한 교회에 내가 지금, 그리고 영원토록 살아 있는 지체인 것을 믿습니다.

성령 하나님에 관한 고백 중에서 "거룩한 공회와"라는 고백을 생각해 본다. 이 고백에서 우리는 무엇을 믿는다고 고백하는 것일까? 여기에서 우리는 교회의 머리이신 예수 그리스도께서 교회와 관련하여 약속하신 것을 믿는다고 고백한다. "내가 이 반석 위에 내 교회를 세우리니 음부의 권세가 이기지 못하리라"[마 16:18]. 성부 하나님께서는 인류 가운데 어떤 사람들을 영생에 이르도록 선택하시고 자기 아들에게 그들을 맡기셨다. 이에 성자 예수님은 아버지께서 주신 사람들에게 말씀과 성령을 주셔서, 참된 믿음을 얻게 하시고, 자기 몸인 교회로 불러들이셔서, 한 믿음 안에서 살아가게 하신다. 교회의 머리이신 예수 그리스도는 자기 몸인 교회를 악한 세상에서 보호하시고 보존하시며 마지막 날에 완전케 하신다. 이처럼 우리는 그리스도께서 자기 몸인 교회를 세우신다는 것을 믿는다. 그런데 이것을 믿을 때 우리가 함께 믿는 것이 있다. 예수를 믿는 우리는 개인적인 믿음을 통해 독자적으로 예수님과 연합해 있지 않고 먼저는 교회의 지체가 되어 다른 지체들과 함께 그리스도의 몸인 교회로서 예수님과 연합해 있다는 사실이다. 그리고 교회의 머리이신 예수 그리스도께서 몸인 교회를 친히 보호하시고 보존하시며 완전케 하시기 때문에, 비록 우리는 개인적으로 연약하나 교회 안에서 그리스도의 은혜와 보호를 항상 받으므로, 교회가 완전해지는 날 그 영광에 영원히 참여하게 될 거라는 사실이다. 문득 예수님의 기도가 생각난다. "아버지여 내게 주신 자도 나 있는 곳에 나와 함께 있어 아버지께서 창세 전부터 나를 사랑하시므로 내게 주신 나의 영광을 그들로 보게 하시기를 원하옵나이다"[요 17:24]. 오늘 나는 감격한다.

"오, 주여! 주께서 교회를 세우시니 저도 교회의 지체로 서게 됩니다."

144일

제55문 "성도가 서로 교통하는 것"을 당신은 어떻게 이해합니까?

성령 하나님에 관한 신앙고백에서 "성령을 믿사오며 거룩한 공회와"라는 고백 다음에 이어지는 것은 "성도가 서로 교통하는 것" 즉, 성도의 교제에 관한 고백이다. 먼저, 교회에 관한 고백 바로 다음에 성도의 교통에 관한 고백이 이어진다는 점을 주목해야 한다. 오늘날 많은 사람이 교회를 오해하고 있기 때문이다. 교회를 단순히 예배드리는 곳으로 생각하는 사람도 많고, 훈련과 양육을 받는 곳, 또는 봉사하는 곳으로 생각하는 사람도 많다. 하지만 성경에 따르면, 교회는 하나님의 백성들이 함께 교제하며 함께 사는 곳이다. 에베소서에서 사도 바울은 교회를 그리스도의 몸으로 설명하고 신자를 그 몸의 지체로 설명하면서 다음과 같이 말한다. "그에게서 온 몸이 각 마디를 통하여 도움을 받음으로 연결되고 결합되어 각 지체의 분량대로 역사하여 그 몸을 자라게 하며 사랑 안에서 스스로 세우느니라"[엡 4:16].

예수님의 승천 후 첫 번째 오순절에 성령 하나님께서 강림하셔서 세우신 교회의 모습을 보면서, 교회 안에서 성도의 교제가 어떤 식으로 나타났는지를 생각해 본다. "그들이 사도의 가르침을 받아 서로 교제하고 떡을 떼며 오로지 기도하기를 힘쓰니라 사람마다 두려워하는데 사도들로 말미암아 기사와 표적이 많이 나타나니 믿는 사람이 다 함께 있어 모든 물건을 서로 통용하고 또 재산과 소유를 팔아 각 사람의 필요를 따라 나눠 주며 날마다 마음을 같이하여 성전에 모이기를 힘쓰고 집에서 떡을 떼며 기쁨과 순전한 마음으로 음식을 먹고 하나님을 찬미하며 또 온 백성에게 칭송을 받으니 주께서 구원받는 사람을 날마다 더하게 하시니라"[행 2:42-47]. 이처럼 참된 교회는 세상과 전혀 다르고, 하나님을 위해 전적으로 헌신하며, 차별이 없고, 사랑이 충만하다. 오늘 나는 기도한다.

"오, 주여! 성도의 교제를 회복시켜 주옵소서."

나의 묵상과 기도

145일

답 첫째, 신자는 개인이나 모두가 다 교회의 지체로서 그리스도와 교제하며, 그분의 모든 부요함과 은사에 함께 참예합니다. 둘째, 모든 신자는 각자 자신의 은사를 다른 지체의 유익과 덕을 위해 기꺼이, 그리고 즐거이 사용해야 하는 의무가 있습니다.

성령 하나님에 관한 신앙고백에서 "성도가 서로 교통하는 것과"라는 고백을 생각해 본다. 이 고백에서 우리는 무엇을 믿는다고 고백하는 걸까? 우리는 두 가지를 동시에 고백한다. 첫째, 신자들은 예수 그리스도와 교제함으로써 그분의 모든 부요함과 은사를 공유하며 서로 교제하게 된다는 것이다. 신자들이 그리스도와 교제하는 일은 함께 모여서 하든 혼자서 하든 그리스도의 신비로운 몸인 교회의 지체로서 그리스도와 교제하는 것이므로, 이런저런 방식으로 서로에게 전달되고 공유된다. "그에게서 온 몸이 각 마디를 통하여 도움을 받음으로 연결되고 결합되어 각 지체의 분량대로 역사하여 그 몸을 자라게 하며 사랑 안에서 스스로 세우느니라"[엡 4:16]. 따라서 성도의 교제는 그리스도와의 교제가 먼저 있어야 가능하고, 그것을 중심으로 하여 그리스도의 몸을 세우는 방향으로 나아간다.

여기에서 우리가 두 번째로 고백하는 것은 각 신자는 자신을 교회의 지체로써늘 인식하고, 그리스도부터 받는 은혜와 은사를 다른 지체의 유익과 복을 위하여 기꺼이, 그리고 즐거이 사용해야 할 의무가 있다는 것이다. 성령 하나님께서는 신자들이 한 몸 안에 서로 다른 지체로서 연결되어 있다는 것을 보시면서, 몸이 잘 자랄 수 있도록 각 지체에 필요한 분량대로 은혜와 은사를 나누어 주신다. 그러므로 우리의 의무는 성령 하나님으로부터 받은 은혜와 은사를 함께 공유하고 서로에게 나누어 줌으로써, 우리 각 사람도 더 풍성해지고, 그 사랑을 힘입어 몸이 자라도록 하는 것이다. 지역 교회에 속한 교인들이 자신에게 있는 이런 의무를 인정하고 즐거워하며 준행할 때, 성도의 교제가 그곳에서 이루어질 수 있다. 이런 교회가 이 땅에 얼마나 될까? 오늘 나는 결심한다.

"오, 주여! 제 평생 성도의 교제를 기뻐하며 행하겠습니다."

나의 묵상과 **기도**

146일

제56문 "죄를 사하여 주시는 것"에 관하여 당신은 무엇을 믿습니까?

성령 하나님에 관한 신앙고백에서 "성령을 믿사오며 거룩한 공회와 성도가 서로 교통하는 것과"라는 고백 다음에 이어지는 것은 죄 사함에 관한 고백이다. "죄를 사하여 주시는 것과" 여기에서 우리는 무엇을 믿는다고 고백하는 걸까? 죄 사함에 관하여 성경이 계시하는 모든 것을 믿는다고 고백한다. "여호와께서 말씀하시되 오라 우리가 서로 변론하자 너희의 죄가 주홍 같을지라도 눈과 같이 희어질 것이요 진홍같이 붉을지라도 양털 같이 희게 되리라"[사 1:18]. "나 곧 나는 나를 위하여 네 허물을 도말하는 자니 네 죄를 기억하지 아니하리라"[사 43:25]. "주께서는 죄악과 그 기업에 남은 자의 허물을 사유하시며 인애를 기뻐하시므로 진노를 오래 품지 아니하시나이다 다시 우리를 불쌍히 여기셔서 우리의 죄악을 발로 밟으시고 우리의 모든 죄를 깊은 바다에 던지시리이다"[미 7:18-19].

"하나님이 죄를 알지도 못하신 이를 우리를 대신하여 죄로 삼으신 것은 우리로 하여금 그 안에서 하나님의 의가 되게 하려 하심이라"[고후 5:21]. "그러므로 이제 그리스도 예수 안에 있는 자에게는 결코 정죄함이 없나니 이는 그리스도 예수 안에 있는 생명의 성령의 법이 죄와 사망의 법에서 너를 해방하였음이라"[롬 8:1-2]. "그 아들 예수의 피가 우리를 모든 죄에서 깨끗하게 하실 것이요 … 만일 우리가 우리 죄를 자백하면 그는 미쁘시고 의로우사 우리 죄를 사하시며 우리를 모든 불의에서 깨끗하게 하실 것이요"[요일 1:7, 9]. "우리의 죄를 따라 우리를 처벌하지는 아니하시며 우리의 죄악을 따라 우리에게 그대로 갚지는 아니하셨으니 … 동이 서에서 먼 것 같이 우리의 죄과를 우리에게서 멀리 옮기셨으며"[시 103:10, 12]. 그렇다. 죄 사함에 관한 약속의 말씀은 끝이 없다. 오늘 나는 감사한다.

"오, 주여! 죄 사함에 관한 모든 약속, 참 감사합니다."

147일

답 나는 그리스도께서 하나님의 의를 만족시키셨기 때문에, 하나님께서 나의 모든 죄와 내가 일평생 싸워야 할 나의 죄악 된 본성을 더 이상 기억하지 않으신다고 믿습니다. 또한 하나님께서는 은혜로 그리스도의 의를 내게 선물로 주셔서 결코 정죄받지 않게 해주심을 믿습니다.

성령 하나님에 관한 신앙고백 중에서 "성도가 서로 교통하는 것과"라는 고백을 생각해 본다. 여기에서 우리는 무엇을 믿는다고 고백하는 걸까? 우리는 죄 사함에 관하여 성경이 계시하는 모든 것을 믿는다고 고백한다. 좀 더 구체적으로 말해서 우리는 두 가지를 믿는다고 고백한다. 첫째, 예수 그리스도께서 우리 죄를 대신 짊어지시고 십자가에서 고난받고 죽으심으로써 성부 하나님의 공의를 완전하게 만족시켰기 때문에, 성부 하나님께서는 내 모든 죄와 죄악 된 본성을 완전하게 용서해 주시고 더는 기억지 않으신다는 것이다. "내가 그들의 죄악을 사하고 다시는 그 죄를 기억지 아니하리라 여호와의 말이니라"[렘 31:34]. 아, 하나님께서 예수 그리스도 안에서 우리에게 주시는 죄 사함의 은혜는 얼마나 놀랍고 복된가! "허물의 사함을 얻고 그 죄의 가리움을 받은 자는 복이 있도다"[시 32:1]. 여기에서 우리가 고백하는 두 번째 내용은 첫 번째 내용보다 더 놀랍다. 그것은 예수 그리스도께서 율법 아래 태어나사 우리를 대신하여 하나님의 모든 계명을 순종하심으로써 성부 하나님의 의를 완전하게 만족시켰으므로, 성부 하나님께서는 우리를 더 이상 정죄하지 않으시고 오히려 완전한 의인으로 인정해 주신다는 것이다. "그런즉 한 범죄로 많은 사람이 정죄에 이른 것 같이 한 의로운 행위로 말미암아 많은 사람이 의롭다 하심을 받아 생명에 이르렀느니라"[롬 5:18]. 이것을 신학 용어로 '칭의'라고 부른다. 하나님의 법정에서 완전한 의인으로 인정받고 그 사실이 확실하게 공포되었다는 뜻이다. 그래서 예수를 믿는 신자는 단순히 죄를 용서받은 사람이 아니라 완전한 의를 이루어 하나님 앞에서 이미 의롭다 칭함을 받은 사람이다. 오늘 나는 찬송한다.

"오, 주여! 주님의 놀라운 구원을 종이 찬송합니다."

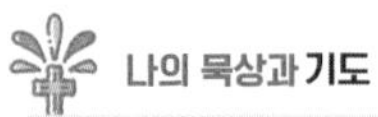

22주

제57문 "몸이 다시 사는 것"은 당신에게 어떠한 위로를 줍니까?

| 답 |

이 삶이 끝나는 즉시 내 영혼은 머리 되신 그리스도께로 올려질 것이며,
또한 나의 이 육신도 그리스도의 능력으로 일으킴을 받아
내 영혼과 다시 결합하여 그리스도의 영광스러운 몸과 같이 될 것입니다.

제58문 "영원히 사는 것"은 당신에게 어떠한 위로를 줍니까?

| 답 |

내가 이미 지금 영원한 즐거움을 마음으로 누리기 시작한 것처럼,
이 삶이 끝나면 나는 눈으로 보지 못하고 귀로도 듣지 못하고
사람의 마음으로도 생각지 못한 완전한 복락을 유업으로 받아 누리며
하나님을 영원히 찬양하게 될 것입니다.

148일

제57문 "몸이 다시 사는 것"은 당신에게 어떠한 위로를 줍니까?

성령 하나님에 관한 신앙고백에서 "성령을 믿사오며 거룩한 공회와 성도가 서로 교통하는 것과 죄를 사하여 주시는 것과"라는 고백 다음에 이어지는 것은 "몸이 다시 사는 것" 즉, 몸의 부활에 관한 고백이다. 예수를 믿는 신자에게 주시는 성령 하나님의 은혜와 복에는 죄 사함과 칭의만 있는 게 아니다. 거기에는 우리를 끊임없이 거룩하게 만드는 성화의 은혜도 있고, 우리를 하나님의 자녀로 살게 하는 양자 됨의 은혜도 있다. 그런데 사도신경은 죄 사함과 칭의의 은혜를 고백한 다음에 성화의 은혜와 양자 됨의 은혜는 건너뛰고 몸의 부활을 고백하는 단계로 직진한다. 이는 바늘이 가는 곳에 실이 함께 가듯, 죄 사함과 칭의의 은혜가 있는 곳에는 성화의 은혜와 양자 됨의 은혜도 반드시 공존하기 때문이다. 반면에 몸의 부활은 성령 하나님께서 주시는 새로운 차원의 구원이다. 그래서 몸의 부활로 건너뛰는 것뿐이다.

예수님은 모든 사람의 몸이 마지막 날에 다시 살아날 것을 분명하게 말씀하셨다. "이를 놀랍게 여기지 말라 무덤 속에 있는 자가 다 그의 음성을 들을 때가 오나니 선한 일을 행한 자는 생명의 부활로, 악한 일을 행한 자는 심판의 부활로 나오리라"[요 5:28-29]. 이 말씀에 따르면, 예수를 믿지 않은 사람들이나 예수를 믿은 사람들이나 똑같이 몸의 부활을 경험하게 될 것인데, 불신자들의 경우는 부활한 몸으로 영원한 심판과 형벌을 받게 되고 신자들의 경우는 부활한 몸으로 영원한 구원과 생명을 누리게 될 것이다. 그러므로 예수를 믿지 않는 사람들에게는 몸의 부활이 큰 재앙과 저주, 슬픔과 수치일 수밖에 없다. 반면에, 예수를 믿는 사람들에게는 몸의 부활이 큰 위로와 소망, 기쁨과 영광이 된다. 몸이 부활하는 것은 같지만 그 결과는 전혀 다르다. 오늘 나는 기도한다.

"오, 주여! 육신의 부활을 가르쳐 주옵소서."

149일

답1 이 삶이 끝나는 즉시 내 영혼은 머리 되신 그리스도께로 올려질 것이며,

성령 하나님에 관한 신앙고백에서 "몸이 다시 사는 것과"라는 고백을 생각해 본다. 이 고백에서 우리는 무엇을 믿는다고 고백하는 걸까? 첫째, 여기에서 우리가 고백하는 것은 우리 목숨이 끝나는 순간 우리 영혼은 그 즉시 하늘로 올라가 예수 그리스도와 함께 거하면서 몸의 부활을 소망 가운데 기다리게 된다는 것이다. 우리에게 이것을 믿으라고 가르쳐 주신 분은 예수님이시다. 예수님은 십자가에 달려 죽으실 때 회개한 한편 강도에게 말씀하셨다. "오늘 네가 나와 함께 낙원에 있으리라"[눅 23:43]. 이 말씀은 모든 신자에게 들으라고 해주신 말씀이다. 예수님께서 말씀하신 이 일은 지금도 예수를 믿어 구원을 얻고 죽음을 통과하는 모든 신자에게 그대로 이루어진다. 육신의 목숨이 다하는 순간 신자의 영혼은 그 즉시 하늘로 올라가 그리스도와 함께 살기 시작하고, 그러면서 몸의 부활을 소망 가운데 기다리게 된다.

만일 성부 하나님께서 우리를 구원하기로 선택하시지 않으셨다면 우리는 죽음 직후에 어떻게 될까? 만일 예수 그리스도께서 이 땅에 사람으로 오시지 않으셨다면, 만일 예수 그리스도께서 우리의 중보자가 되어 십자가에서 고난받고 죽지 않으셨다면, 만일 성령 하나님께서 예수 그리스도 안에 있는 구원의 은혜를 우리에게 주시지 않으셨다면, 만일 우리가 예수를 진실하게 믿지 않아 구원의 은혜를 받지 못했다면, 우리는 죽음 직후에 어떻게 될까? 우리의 삶이 끝나는 순간 우리의 영혼은 그 즉시 지옥으로 내려가 하나님의 얼굴빛을 전혀 볼 수 없는 흑암 속에서 이를 갈며 슬피 울게 될 것이다. 그러면서 몸의 부활이라도 제발 안 일어났으면 좋겠다고 바라나 그 부활이 반드시 일어날 것을 알기에 큰 두려움과 깊은 절망 가운데 살 것이다. 오늘 나는 감사한다.

"오, 주여! 주님의 은혜로 구원해 주시니 감사합니다."

나의 묵상과 기도

150일

답2 또한 나의 이 육신도 그리스도의 능력으로 일으킴을 받아

성령 하나님에 관한 신앙고백에서 "몸이 다시 사는 것과"라는 고백을 생각해 본다. 이 고백에서 우리는 무엇을 믿는다고 고백하는 걸까? 당연히 여기에서 우리가 고백하는 것은 무덤에 들어가 썩게 될 우리의 몸이 세상 마지막 날에 그리스도의 능력으로 다시 살아난다는 것이다. 이에 관하여 우리가 믿어야 할 내용을 성경은 다음과 같이 가르친다. "나팔 소리가 나매 죽은 자들이 썩지 아니할 것으로 다시 살아나고 우리도 변화되리라 이 썩을 것이 반드시 썩지 아니할 것을 입겠고 이 죽을 것이 죽지 아니함을 입으리로다"[고전 15:52-53]. "그러나 우리의 시민권은 하늘에 있는지라 거기로부터 구원하는 자 곧 주 예수 그리스도를 기다리노니 그는 만물을 자기에게 복종하게 하실 수 있는 자의 역사로 우리의 낮은 몸을 자기 영광의 몸의 형체와 같이 변하게 하시리라"[빌 3:20-21]. 이 얼마나 복된 소식인가!

성경은 신자의 몸이 어떤 형태로 부활하게 될지도 명확하게 가르친다. "죽은 자의 부활도 그와 같으니 썩을 것으로 심고 썩지 아니할 것으로 다시 살아나며 욕된 것으로 심고 영광스러운 것으로 다시 살아나며 약한 것으로 심고 강한 것으로 다시 살아나며 육의 몸으로 심고 신령한 몸으로 다시 살아나나니 육의 몸이 있은즉 또 영의 몸도 있느니라"[고전 15:42-44]. 요약하자면, 부활한 신자의 몸은 다시는 병들거나 죽지 않고 영원히 사는 몸이고, 부끄럽거나 추한 것이 하나도 없이 완전하게 영광스러운 몸이며, 약한 것이나 부족한 것이 하나도 없는 강한 몸이고, 죄나 더러움이 묻거나 섞일 수 없는 거룩하고 신령한 몸이다. 이 말씀을 마음에 품고 신자인 내가 부활할 때 어떤 몸을 입고 있을지 한껏 상상해 본다. 그 몸을 입게 될 때 나는 얼마나 행복할까! 오늘 나는 기뻐한다.

"오, 주여! 부활을 생각할 때마다 행복합니다!"

151일

답3 내 영혼과 다시 결합하여 그리스도의 영광스러운 몸과 같이 될 것입니다.

성령 하나님에 관한 신앙고백에서 "몸이 다시 사는 것과"라는 고백을 생각해 본다. 이 고백에서 우리는 무엇을 믿는다고 고백하는 걸까? 여기에서 우리가 고백하는 것은 부활의 날에 우리의 몸이 부활하는 순간 천국에 이미 들어가 있던 영혼과 몸이 다시 결합하게 된다는 것이다. 빌립보서 3장 21절 말씀에 집중해 보자. "그는 만물을 자기에게 복종하게 하실 수 있는 자의 역사로 우리의 낮은 몸을 자기 영광의 몸의 형체와 같이 변하게 하시리라"[빌 3:21]. 여기 보면, 부활한 신자의 몸은 부활의 첫 열매이신 그리스도의 영광스러운 몸의 형체와 같다고 기록되어 있다. 그런데 우리가 잘 아는 대로 부활하신 그리스도의 몸은 몸만 있는 것이 아니라 영혼과 몸이 결합되어 있는 상태다. 그러므로 부활한 신자의 몸도 영혼과 결합하게 될 것이고 다시는 그 연합이 깨지지 않는 몸이 될 것이다.

신자의 부활한 몸과 천국에 있던 영혼이 결합하는 장면을 상상해 본다. 그 결합이 이루어질 때 신자는 얼마나 기쁘고 행복할까? 신자의 영혼은 꽤 오랜 시간 천국에 먼저 들어가 영원한 복락을 계속 누렸으니 이미 기쁨이 충만할 것이다. 신자의 몸은 꽤 오랜 시간 무덤에 있다가 이제 신령하고 영광스러운 몸으로 다시 살게 되었으니 주체할 수 없는 기쁨이 충만할 것이다. 그런데 이런 신자의 영혼과 신자의 몸이 다시 만나 결합하면, 신자가 누릴 기쁨은 한없이 커질 것이다. 그리고 그것을 지켜보는 삼위 하나님의 기쁨 또한 한없이 클 것이다. 그날 그리스도의 구원이 모든 면에서 완성되어 신자는 완전한 구원을 얻고 하나님의 형상을 완전하게 닮은 사람이 되며 그런 상태로 천국에 들어가 삼위일체 하나님과 영원히 살기 시작할 것이다. 오늘 나는 기도한다.

"오, 주여! 부활의 소망이 날마다 내 마음에 있게 하옵소서."

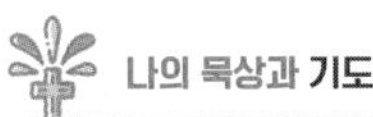

152일

제58문 "영원히 사는 것"은 당신에게 어떠한 위로를 줍니까?

성령 하나님에 관한 신앙고백에서 "성령을 믿사오며 거룩한 공회와 성도가 서로 교통하는 것과 죄를 사하여 주시는 것과 몸이 다시 사는 것과"라는 고백 다음에 이어지는 것은 영원한 생명에 관한 고백이다. "영원히 사는 것을 믿사옵나이다." 우리가 이것을 믿고 고백하는 이유는 삼위일체 하나님께서 영원한 생명을 주신다고 확실하게 말씀하셨기 때문이다. 성부 하나님께서 우리를 구원하기로 작정하실 때부터 세워 놓은 구원의 최종 목적은 우리가 영원히 사는 것이다. 성자 예수님께서 우리의 중보자로서 십자가에서 고난받고 죽으신 최종 목적 또한 우리에게 영원한 생명을 주시기 위함이다. 성령 하나님께서 우리에게 주시는 구원의 모든 은혜 가운데 최고 절정과 최종 결말도 우리를 영원히 살게 하는 것이다. 이처럼 삼위일체 하나님께서 각자 또 함께 영원한 생명을 약속하신다. 하나님의 말씀에서 이것을 확인해 보자.

"하나님이 세상을 이처럼 사랑하사 독생자를 주셨으니 이는 그를 믿는 자마다 멸망하지 않고 영생을 얻게 하려 하심이라"[요 3:16]. "내 아버지의 뜻은 아들을 보고 믿는 자마다 영생을 얻는 이것이니 마지막 날에 내가 이를 다시 살리리라 하시니라"[요 6:40]. "그가 우리에게 약속하신 것은 이것이니 곧 영원한 생명이니라"[요일 2:25]. "영생의 소망을 위함이라 이 영생은 거짓이 없으신 하나님이 영원 전부터 약속하신 것인데"[딛 1:2]. "나는 하늘에서 내려온 살아 있는 떡이니 사람이 이 떡을 먹으면 영생하리라 내가 줄 떡은 곧 세상의 생명을 위한 내 살이니라 하시니라"[요 6:51]. "내가 진실로 진실로 너희에게 이르노니 내 말을 듣고 또 나 보내신 이를 믿는 자는 영생을 얻었고"[요 5:24]. "성령을 위하여 심는 자는 성령으로부터 영생을 거두리라"[갈 6:8]. 오늘 나는 찬송한다.

"오, 주여! 영원한 생명을 주시는 주여!"

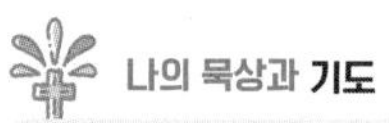

153일

답1 내가 이미 지금 영원한 즐거움을 마음으로 누리기 시작한 것처럼,

성령 하나님에 관한 신앙고백 중에서 "영원히 사는 것을 믿사옵나이다."라는 고백을 생각해 본다. 이 고백에서 우리는 무엇을 믿는다고 고백하는 걸까? 여기에서 우리는 예수를 믿음으로 지금 이미 영원한 생명이 우리에게 주어져 있고, 장차 내세에서 완전하게 주어질 것을 고백하는 것이다. 이는 성경이 신자가 장차 내세에서 영원한 생명을 소유하게 될 거라고 말하지만, 동시에 지금 영원한 생명을 이미 소유하고 있다고도 말하기 때문이다. "현세에 여러 배를 받고 내세에 영생을 받지 못할 자가 없느니라 하시니라"[눅 18:30]. 여기에서는 내세에 영생을 받게 된다고 말한다. "내가 진실로 진실로 너희에게 이르노니 내 말을 듣고 또 나 보내신 이를 믿는 자는 영생을 얻었고 심판에 이르지 아니하나니 사망에서 생명으로 옮겼느니라"[요 5:24]. 여기에서는 이미 영생을 얻었다고 말한다.

먼저, 예수를 믿는 신자가 지금 이미 영원한 생명을 소유하고 있다는 것부터 생각해 보자. 이것은 단순히 신자가 영원한 생명을 보장받고 그것을 약속으로 소유하고 있음만 뜻하지 않는다. 이 말의 뜻은 거기에서 한 걸음 더 나간다. 신자가 영원한 생명을 현재의 삶에서 이미 실제로 소유하고 누린다는 뜻이다. 예수님은 영원한 생명을 다음과 같이 정의하셨다. "영생은 곧 유일하신 참하나님과 그의 보내신 자 예수 그리스도를 아는 것이니이다"[요 17:3]. 그런데 이러한 영생은 우리가 예수를 믿을 때부터 우리 안에 존재하게 된다. 그래서 사도 요한은 영원한 생명이 신자 안에 거한다는 표현을 쓴다. "그 형제를 미워하는 자마다 살인하는 자니 살인하는 자마다 영생이 그 속에 거하지 아니하는 것을 너희가 아는 바라"[요일 3:15]. 오늘 나는 감사한다.

"오, 주여! 영원한 생명이 이미 우리 안에 있다니 감사합니다."

154일

답2 이 삶이 끝나면 나는 눈으로 보지 못하고 귀로도 듣지 못하고 사람의 마음으로도 생각지 못한 완전한 복락을 유업으로 받아 누리며 하나님을 영원히 찬양하게 될 것입니다.

성령 하나님에 관한 신앙고백 중에서 "영원히 사는 것을 믿사옵나이다."라는 고백을 생각해 본다. 여기에서 우리는 예수를 믿음으로 지금 이미 영원한 생명이 우리에게 주어져 있고, 장차 내세에서 완전하게 주어질 것을 고백한다. 그렇다면, 신자가 장차 내세에서 소유하고 누리게 될 영원한 생명은 어떤 것일까? 신자를 위한 예수님의 중보 기도가 문득 떠오른다. "아버지여 내게 주신 자도 나 있는 곳에 나와 함께 있어 아버지께서 창세 전부터 나를 사랑하시므로 내게 주신 나의 영광을 그들로 보게 하시기를 원하옵나이다"[요 17:24]. 장차 천국에서 우리가 누리게 될 영원한 생명을 이것보다 더 정확하게 설명하는 말씀이 있을까? 영원한 생명은 그리스도께서 계시는 천국에 그리스도와 함께 살면서 성부 하나님께서 성자 하나님에게 주신 모든 영광을 완전하게 보면서 영원히 사는 것이다.

성경은 우리가 장차 천국에서 누리게 될 영원한 생명을 현실적인 내용으로도 설명한다. "하나님은 친히 그들과 함께 계셔서 모든 눈물을 그 눈에서 닦아 주시니 다시는 사망이 없고 애통하는 것이나 곡하는 것이나 아픈 것이 다시 있지 아니하리니 처음 것들이 다 지나갔음이러라"[계 21:3-4]. 하지만 어느 순간 성경은 자세한 설명을 멈추고 다음과 같이 말한다. "기록된 바 하나님이 자기를 사랑하는 자들을 위하여 예비하신 모든 것은 눈으로 보지 못하고 귀로 듣지 못하고 사람의 마음으로 생각하지도 못하였다 함과 같으니라"[고전 2:9]. 아무리 자세히 설명해도 그보다 훨씬 더 영광스러운 복락이 천국에서 우리를 기다리고 있기 때문이다. 그러니 천국에는 하나님을 즐거워하는 신자들의 찬송이 영원히 울려 퍼질 것이다. 아, 복된 천국이여! 오늘 나는 간구한다.

"오, 주여! 내 발 붙드사 그곳에 서게 하소서."

23주

제59문 이 모든 것을 믿으면, 지금 당신에게 어떤 유익이 있습니까?

| 답 |

그리스도 안에서 하나님 앞에 의롭다 함을 얻으며, 영원한 생명을 상속받습니다.

제60문 당신은 어떻게 하나님 앞에서 의롭게 됩니까?

| 답 |

예수 그리스도를 믿는 참된 믿음으로만 됩니다. 내 양심은 내가 하나님의 모든 계명을 심각하게 어겼고 단 하나도 지키지 않았으며 여전히 모든 악으로 내 마음이 기울어져 있다고 고소합니다. 하지만 하나님은 나에게 아무 공로가 없어도 순전히 은혜로 그리스도의 완전한 속죄와 의와 거룩함을 선물로 주십니다. 하나님께서는 내가 죄를 지은 적도 없고, 죄인이지도 않았던 것처럼, 그리고 그리스도께서 나를 위해 행하신 모든 순종이 내가 직접 행한 것처럼 여겨 주십니다. 나는 오직 믿음으로 이 모든 선물을 받아들이기만 하면 됩니다.

제61문 당신은 왜 오직 믿음으로만 의롭게 된다고 말합니까?

| 답 |

하나님께서 나를 의롭다 하시는 것은 내 믿음에 어떤 가치가 있어서가 아니라, 그리스도의 완전한 속죄와 의와 거룩이 하나님 앞에서 나의 의가 되기 때문입니다. 다른 방법이 아닌 오직 믿음으로만 이 의를 받아들여 나의 것으로 삼을 수 있습니다.

155일

제59문 이 모든 것을 믿으면, 지금 당신에게 어떤 유익이 있습니까?

복음의 요약판인 사도신경을 천천히 고백해 본다. "전능하사 천지를 만드신 하나님 아버지를 내가 믿사오며, 그 외아들 우리 주 예수 그리스도를 믿사오니, 이는 성령으로 잉태하사, 동정녀 마리아에게 나시고, 본디오 빌라도에게 고난을 받으사, 십자가에 못 박혀 죽으시고, 장사한 지 사흘 만에 죽은 자 가운데서 다시 살아나시며, 하늘에 오르사, 전능하신 하나님 우편에 앉아 계시다가, 저리로서 산 자와 죽은 자를 심판하러 오시리라. 성령을 믿사오며, 거룩한 공회와 성도가 서로 교통하는 것과 죄를 사하여 주시는 것과 몸이 다시 사는 것과 영원히 사는 것을 믿사옵나이다. 아멘." 사도신경의 이 모든 내용을 우리가 다 믿어야 하는 걸까? 아니면, 그 중의 핵심적인 몇 가지만 우선 믿으면 되는 걸까? 나는 지금 사도신경의 이 모든 내용을 다 믿고 있는 걸까? 아니면, 그 중의 핵심적인 몇 가지만 믿고 있는 걸까?

사도신경은 예수 그리스도의 복음의 핵심을 요약한 것이다. 우리가 믿어야 할 대상인 성부 성자 성령 하나님이 어떤 분이시고, 우리의 구원을 위해 어떤 일을 행하시는지를 요약해서 정리한 것이다. 그래서 교회들은 사도신경을 기초적인 신앙교육의 교육 자료로 사용하였다. 어떤 사람이 신앙을 고백하고 세례를 받아 교회의 회원이 되려고 할 때, 그 사람에게 복음의 핵심을 가르치고 그것에 관한 믿음을 확인하게 해주는 수단으로 사용하였다. 그러므로 사도신경의 이 모든 내용은 모든 신자가 기본적으로 믿어야 할 진리이다. 어느 부분은 믿고 어느 부분은 믿지 않고 그럴 수 있는 게 아니다. 우리는 하나님의 모든 말씀을 다 믿어야 하는데 복음의 핵심을 간단하게 줄여 놓은 것조차 다 믿지 않으려고 한다면, 그게 말이 되는가! 오늘 나는 다짐한다.

"오, 주여! 사도신경의 모든 내용을 다 믿겠습니다."

156일

답 그리스도 안에서 하나님 앞에 의롭다 함을 얻으며, 영원한 생명을 상속받습니다.

사도신경의 모든 내용을 다 믿는다는 것은 복음의 핵심을 다 믿는다는 것이다. 그런데 복음에는 능력이 있어 우리를 죄에서 구원할 뿐만 아니라 이 땅에서 거룩한 삶을 살게 만들고 장차 영원한 천국에 들어가 영원한 생명을 누리게 한다. 그러므로 사도신경의 모든 내용을 다 믿는 사람은 복음이 주는 그 모든 유익을 경험하게 된다. 첫째, 그 사람은 복음을 믿어 그리스도와 연합하게 되고 하나님 앞에서 의롭다 인정을 받으며, 영원한 생명을 유업으로 물려받을 상속자가 된다. 둘째, 그 사람은 악한 세상에 살더라도 복음의 능력으로 마음이 새롭게 되어 이 세상을 본받지 않고 범사에 하나님의 뜻을 분별하여 거룩한 삶을 살게 된다. 셋째, 그 사람은 하나님의 능력으로 모든 악에서 보존되다가 죽음을 통과하는 순간 영원한 천국에 들어가 영생의 복을 누리게 된다. 복음은 이 모든 유익을 믿는 자에게 선물로 준다.

이 세 가지 유익 중에서 제일 중요한 것은 첫 번째 유익이다. 첫 번째 유익이 두 번째, 세 번째 유익의 기초이기 때문이다. 그러므로 첫 번째 유익을 깊이 묵상하자. 사람은 복음을 믿어 그리스도와 연합하게 되고, 그 결과 하나님 앞에서 의롭다 함을 얻으며, 또 그 결과 영원한 생명을 유업으로 물려받을 상속자가 된다. 이것은 하나님 앞에서 우리의 신분적인 변화이다. 성경은 다음과 같이 말한다. "우리가 믿음으로 의롭다 하심을 받았으니"[롬 5:1]. "곧 우리가 원수 되었을 때에 그의 아들의 죽으심으로 말미암아 하나님과 화목하게 되었은즉 화목하게 된 자로서는 더욱 그의 살아나심으로 말미암아 구원을 받을 것이니라 그뿐 아니라 이제 우리로 화목하게 하신 우리 주 예수 그리스도로 말미암아 하나님 안에서 또한 즐거워하느니라"[롬 5:10-11]. 오늘 나는 소원한다.

"오, 주여! 이런 유익을 더 풍성히 누리고 싶습니다."

157일

제60문 당신은 어떻게 하나님 앞에서 의롭게 됩니까?

답1 **예수 그리스도를 믿는 참된 믿음으로만 됩니다.**

사도신경의 모든 내용을 믿어 우리가 얻는 첫 번째 유익인 칭의를 생각해 본다. 사람으로 이 땅에 살면서 제일 먼저 확실하게 해놓아야 할 일은 무엇일까? 하나님 앞에서 우리의 죄를 용서받고 의롭다 함을 얻는 것이다. 우리에게 이것이 없다면, 우리는 하나님 앞에서 죄인이며 불의한 사람이고 모든 복의 근원이신 하나님과 분리되어, 마치 해가 뜨지 않는 행성에 사는 사람처럼 참된 만족과 행복을 누릴 수 없을 것이다. 그렇게 살다 어느 날 갑자기 죽음을 통과하게 되면, 하나님을 불순종하고 불의한 사람들이 영원한 심판과 형벌을 받는 장소에 떨어져 영원히 고통받게 될 것이다. "하나님을 모르는 자들과 우리 주 예수의 복음에 복종하지 않는 자들에게 형벌을 내리시리니 이런 자들은 주의 얼굴과 그의 힘의 영광을 떠나 영원한 멸망의 형벌을 받으리로다"[살후 1:8-9]. 아, 얼마나 끔찍한 일인가! 그렇다면, 어떻게 하면 하나님 앞에서 죄를 용서받고 의롭다 인정받을 수 있을까? 성경은 대답한다. "사람이 의롭게 되는 것은 율법의 행위로 말미암음이 아니요 오직 예수 그리스도를 믿음으로 말미암는 줄 알므로 우리도 그리스도 예수를 믿나니"[갈 2:16]. 첫째, 사람이 하나님 앞에서 의롭다 함을 얻는 것은 하나님의 법을 잘 지키는 행위를 통해서 될 수 없다는 것이다. 둘째, 사람이 하나님 앞에서 의롭다 함을 얻는 것은 오직 예수 그리스도를 믿음으로 될 수 있다는 것이다. "곧 예수 그리스도를 믿음으로 말미암아 모든 믿는 자에게 미치는 하나님의 의니 차별이 없느니라"[롬 3:22]. 예수 그리스도를 참으로 믿는 모든 사람은 하나님 앞에서 아무런 차이 없이 똑같은 수준으로 의롭다 함을 얻는다는 것이다. 아, 얼마나 소중한 진리인가! 오늘 나는 고백한다.

"오, 주여! 제 평생 이 진리를 굳게 붙들겠습니다."

158일

답2 내 양심은 내가 하나님의 모든 계명을 심각하게 어겼고 단 하나도 지키지 않았으며 여전히 모든 악으로 내 마음이 기울어져 있다고 고소합니다. 하지만 하나님은 나에게 아무 공로가 없어도 순전히 은혜로 그리스도의 완전한 속죄와 의와 거룩함을 선물로 주십니다.

양심이 죽어 있는 사람은 사악한 죄를 짓고도 두 다리 쭉 뻗고 마음 편히 잘 수 있다. 죽은 양심은 그 어떤 죄로도 사람을 괴롭히지 않기 때문이다. 하지만 하나님의 은혜로 양심이 살아나면, 각성한 양심은 오래전 사소한 죄까지도 샅샅이 들추어내며 우리를 고소하고 죄책이라는 날카로운 송곳으로 우리 마음을 쉼 없이 찔러 댄다. 하나님의 은혜로 살아나고 각성한 양심은 우리가 하나님의 모든 계명을 어겼다고, 단 한 가지 계명도 제대로 지킨 게 없다고, 지금도 모든 악으로 향하는 악한 본성이 우리 안에 있다고 인정사정 보지 않고 고소한다. 양심의 고소를 당하면 우리는 마음을 고쳐먹고 착하게 살려고 애쓰지만, 양심의 고소는 더 세지고 우리는 결국 할 말을 잃고 탄식할 수밖에 없다. "오호라 나는 곤고한 사람이로다 이 사망의 몸에서 누가 나를 건져내랴"[롬 7:24].

우리가 양심의 참소에 짓눌리게 될 때, 하나님은 전부터 우리에게 말씀해 주신 것을 다시 말씀해 주신다. 곧, 우리를 대신하여 죗값을 다 치르고 하나님의 법을 완전하게 순종하신 거룩하신 중보자 예수 그리스도가 계신다는 것이다. 하나님은 우리에게 그를 믿으라고 명하신다. 그를 믿으면 그에게 있는 구원의 모든 은혜가 선물로 주어진다고 약속하신다. 그리고 실제로 우리가 예수를 믿으면, 하나님은 약속하신 대로 우리에게 공로를 요구하시지 않고 그리스도의 완전한 속죄와 의와 거룩함에 근거하여 죄 사함과 칭의와 성화를 한꺼번에 선물로 주신다. 그래서 우리는 탄식을 멈추고 노래하게 된다. "우리가 믿음으로 의롭다 하심을 받았으니 우리 주 예수 그리스도로 말미암아 하나님과 화평을 누리자"[롬 5:1]. 오늘 나는 노래한다.

"오, 주여! 주의 구원은 참으로 기쁜 선물입니다."

나의 묵상과 기도

159일

답3 하나님께서는 내가 죄를 지은 적도 없고, 죄인이지도 않았던 것처럼, 그리고 그리스도께서 나를 위해 행하신 모든 순종이 내가 직접 행한 것처럼 여겨 주십니다. 나는 오직 믿음으로 이 모든 선물을 받아들이기만 하면 됩니다.

사람이 하나님 앞에서 의롭다 함을 얻는다는 것은 무엇일까? 성경은 다음과 같이 설명한다. "일을 아니할지라도 경건하지 아니한 자를 의롭다 하시는 이를 믿는 자에게는 그의 믿음을 의로 여기시나니"[롬 4:5]. 하나님 앞에서 우리의 본래 모습을 두 가지로 설명한다. 한 가지는 우리가 일을 전혀 하지 않은 사람이라는 것인데, 이는 우리가 하나님의 법에 전혀 순종하지 않고 죄만 잔뜩 범한 사람이라는 뜻이다. 다른 한 가지는 우리가 경건하지 않은 사람이라는 것인데, 이는 우리 마음이 죄로 더러워져서 모든 악으로 가득 차 있다는 뜻이다. 그런데 이런 상태에 있는 우리라도 예수를 믿으면 하나님이 그런 우리를 의롭다 인정하신다는 것이다. 하나님이 우리를 죄를 한 번도 짓지 않은 사람, 마음에 악이 전혀 없는 사람, 하나님의 모든 법을 항상 완전하게 순종한 사람으로 인정하시고 공식 선언하신다는 것이다.

의로우신 하나님이 불의하고 경건치 않은 우리를 어떻게 의롭다 하실 수 있을까? 성경은 대답한다. "그로 말미암아 우리가 믿음으로 서 있는 이 은혜에 들어감을 얻었으며"[롬 5:2]. 예수 그리스도 때문에 우리가 믿음으로 칭의의 은혜에 들어갈 수 있다고 한다. "한 사람이 순종하심으로 많은 사람이 의인이 되리라"[롬 5:19]. "사람의 모양으로 나타나사 자기를 낮추시고 죽기까지 복종하셨으니 곧 십자가에 죽으심이라"[빌 2:8]. 예수 그리스도가 십자가에 죽기까지 성부 하나님께 순종한 것 때문에, 우리가 하나님 앞에서 의롭다 함을 얻는다고 한다. 하나님께서는 예수님이 나를 위해 이룬 모든 순종을 내가 직접 이룬 것처럼 여겨 주시기 때문이다. 우리는 오직 믿음으로 이 귀한 선물을 받는다. 오늘 나는 감사한다.

"오, 주여! 칭의의 교리 때문에 행복하고 감사합니다."

160일

제61문 당신은 왜 오직 믿음으로만 의롭게 된다고 말합니까?

답1 하나님께서 나를 의롭다 하시는 것은 내 믿음에 어떤 가치가 있어서가 아니라, 그리스도의 완전한 속죄와 의와 거룩이 하나님 앞에서 나의 의가 되기 때문입니다.

성경은 사람이 하나님 앞에서 의롭다 함을 얻는 방법은 오직 믿음뿐이라고 가르친다. 그렇다면 우리의 믿음에 훌륭하고 대단한 가치가 있어서 하나님이 이를 보시고 우리를 의롭다 하신다는 말인가? 그렇지 않다. 아니, 그럴 수 없다. 우리 믿음이 우리 죄를 대신 짊어지고 십자가에 못 박혀 죽었는가? 우리 믿음이 우리를 위해 하나님의 모든 계명을 완전하게 순종하였는가? 아니다. 우리 죄를 대신 짊어지고 십자가에 못 박혀 죽으신 분은 예수 그리스도시다. 우리를 위해 하나님의 모든 계명을 완전하게 순종하신 분도 예수 그리스도시다. 우리의 믿음은 예수 그리스도가 중보자로서 그런 일을 행하셨고 그 은혜를 우리에게 선물로 주신다는 것을 받아들이고 의지할 뿐이다. 그러니 이런 믿음에 무슨 훌륭하고 대단한 가치가 있어서, 하나님이 그 믿음의 가치를 보시고 우리를 의롭다 하시겠는가?

하나님이 예수 믿는 우리를 의롭다 하시는 것은 예수 그리스도의 십자가 고난과 죽음에 우리를 구원할 만한 위대한 가치가 있기 때문이다. "그리스도 예수 안에 있는 속량으로 말미암아 하나님의 은혜로 값 없이 의롭다 하심을 얻은 자 되었느니라"[롬 3:24]. 여기 보면, 믿음이 언급되지 않은 채로 예수 그리스도 안에 있는 구속 때문에 우리가 의롭다 함을 얻는다고 되어 있다. "이 예수를 하나님이 그의 피로써 믿음으로 말미암는 화목제물로 세우셨으니"[롬 3:25]. 여기에는 믿음이 언급되지만 예수님이 화목 제물로 피를 흘리신 까닭에 우리가 의롭다 함을 얻는다고 되어 있다. 그래서 우리의 의는 우리의 믿음이 아니라 예수 그리스도시다. 오늘 나는 고백한다.

"오, 주여! 내 의는 오직 그리스도뿐입니다."

나의 묵상과 기도

161일

답2 다른 방법이 아닌 오직 믿음으로만 이 의를 받아들여 나의 것으로 삼을 수 있습니다.

하나님이 예수 믿는 우리를 의롭다 하시는 것은 예수 그리스도의 십자가 고난과 죽음에 우리를 구원할 만한 위대한 가치가 있기 때문이다. 그렇다면, 우리의 믿음은 우리의 칭의와 구원에서 어떤 역할을 하는 것일까? 믿음의 역할에 관하여 성경은 다음과 같이 설명한다. "영접하는 자 곧 그 이름을 믿는 자들에게는 하나님의 자녀가 되는 권세를 주셨으니"[요 1:12]. 여기 보면, 예수 그리스도를 영접하는 것과 예수 그리스도의 이름을 믿는 것을 똑같은 것으로 설명하고 있다. 그렇다. 믿음은 예수 그리스도를 받아들이는 것이다. 그런데 성경에서 "예수는 하나님께로서 나와서 우리에게 지혜와 의로움과 거룩함과 구속함이 되셨으니"[고전 1:30]라고 했으니, 믿음은 그 모든 것을 받아들이는 것이다. 그 모든 것을 받아들여서 우리의 소유로 삼고 누리는 것이다. 우리의 믿음은 우리의 칭의와 구원에서 이런 역할을 한다.

우리의 칭의와 구원에 있어서 이런 역할을 할 수 있는 것은 믿음뿐이다. 하지만 믿음이 다른 것에 없는 특별한 능력을 갖추고 있어서 그런 것은 아니다. 성부 하나님께서 예수 그리스도를 화목 제물로 세워 주실 때, 그 흘린 피의 구원하는 능력을 우리가 받아들이는 방법으로 오직 믿음 하나만을 지정하셨기 때문이다. "이 예수를 하나님이 그의 피로써 믿음으로 말미암는 화목 제물로 세우셨으니"[롬 3:25]. 본래 우리는 죄인이고 허물과 죄로 죽어 있기 때문에 우리의 칭의와 구원에 있어 무엇을 할 자격도 안 되고 능력도 없다. 우리의 칭의와 구원에 필요한 모든 일은 예수님이 혼자서 다 이루셨다. 이런 상황에서 우리가 예수님께서 이루신 그 모든 일을 받아 우리의 소유로 삼는 방법이 무엇이겠는가? 예수님을 믿고 의지하는 방법 외에 다른 방법이 있겠는가? 오늘 나는 고백한다.

"오, 주여! 믿음이 그 무엇보다 귀합니다."

24주

제62문 우리의 선행은 왜 하나님 앞에서 의가 될 수 없으며 의의 한 부분이라도 될 수 없습니까?

| 답 |

왜냐하면, 하나님의 심판대 앞에 인정받을 수 있는 의는 절대적으로 완전해야 하며 모든 면에서 하나님의 율법에 일치해야 하는데, 우리가 이 세상에서 최고의 행하는 모든 선행은 아무리 가장 고결한 행위일지라도 모두 죄로 오염되어 있어 불완전하기 때문입니다.

제63문 하나님께서는 우리의 선행에 대해 이 세상과 오는 세상에서 상 주시겠다고 약속하시는데, 당신은 왜 우리의 선행이 아무 공로가 없다고 말하는 것입니까?

| 답 |

이러한 상은 공로로 받는 것이 아니라 은혜의 선물이기 때문입니다.

제64문 그렇다면 사람들은 이러한 가르침 때문에 선행에 관하여 무관심해지고 사악해지지 않겠습니까?

| 답 |

그렇지 않습니다. 참된 믿음으로 그리스도에게 접붙여진 사람들은 감사의 열매를 맺지 않을 수 없습니다.

162일

제62문 우리의 선행은 왜 하나님 앞에서 의가 될 수 없으며 의의 한 부분이라도 될 수 없습니까?

사람이 하나님 앞에서 오직 믿음으로만 의롭다 함을 얻는다는 칭의 교리를 다시 생각해 본다. 오직 믿음으로만 의롭다 함을 얻는다면, 우리가 흔히 선행이라고 부르는 것은 하나님 앞에서 아무런 의도 될 수 없다는 말인가? 의의 한 부분도 될 수 없다는 말인가? 어떤 사람들은 사람이 도덕적이거나 종교적인 선행을 많이 하면 그것만으로도 하나님 앞에서 얼마든지 의롭다 함을 얻을 수 있다고 믿는다. 이런 사람들은 사람의 선행이 하나님 앞에서 의가 된다고 믿는 셈이다. 반면에 어떤 사람들은 우리가 예수를 믿어 오직 믿음으로 죄 사함을 받으나 그 후에 우리가 하나님의 말씀을 순종하는 선한 삶이 합쳐져야만 비로소 하나님 앞에서 의롭다 함을 얻는다고 믿는다. 이런 사람들은 사람의 선행이 하나님 앞에서 의의 한 부분을 구성한다고 믿는 셈이다. 하지만 과연 그런 것일까?

성경은 이 세상에 선을 행하는 사람이 한 사람도 없다고 선언한다. "기록된 바 의인은 없나니 하나도 없으며 깨닫는 자도 없고 하나님을 찾는 자도 없고 다 치우쳐 함께 무익하게 되고 선을 행하는 자는 없나니 하나도 없도다"[롬 3:10-12]. 예수님은 그 이유를 다음과 같이 설명하신다. "사람에게서 나오는 그것이 사람을 더럽게 하느니라 속에서 곧 사람의 마음에서 나오는 것은 악한 생각 곧 음란과 도둑질과 살인과 간음과 탐욕과 악독과 속임과 음탕과 질투와 비방과 교만과 우매함이니 이 모든 악한 것이 다 속에서 나와서 사람을 더럽게 하느니라"[막 7:20-23]. 그래서 이사야 선지자는 우리가 선행이라고 부르는 것들이 사실은 더러운 죄에 불과하다고 고백한다. "무릇 우리는 다 부정한 자 같아서 우리의 의는 다 더러운 옷 같으며"[사 64:6]. 오늘 나는 기도한다.

"오, 주여! 우리의 행위를 의지하지 않게 도와주옵소서."

나의 묵상과 기도

163일

답1 **왜냐하면, 하나님의 심판대 앞에 인정받을 수 있는 의는 절대적으로 완전해야 하며 모든 면에서 하나님의 율법에 일치해야 하는데,**

우리가 흔히 선행이라고 부르는 것이 하나님 앞에서는 아무런 의도 될 수 없고 의의 한 부분도 될 수 없는 이유를 생각해 본다. 거룩하신 하나님 앞에서 사람의 어떤 행위가 의로 인정받으려면 두 가지 조건이 충족되어야 한다. 첫째, 하나님의 법에 비추어 볼 때 절대적으로 완전한 행위여야 한다. 흔히 사람들 사이에서는 어떤 사람의 행동이 다른 사람의 행동과 비교해서 상대적으로 나을 때도 그것을 선행으로 인정한다. 하지만 하나님은 우리에게 법을 제정해 주시면서 그 법에 대한 순종을 요구하셨으므로 오직 하나님의 법에 따라 우리의 모든 행위를 판단하신다. 그러므로 하나님은 우리가 하나님의 법이 요구하는 것을 완전하게 순종하고 지켰을 때만 우리를 의롭다 하신다. 이 조건을 충족시키지 못하는 사람은 저주 아래 있다. "이 율법의 말씀을 실행하지 아니하는 자는 저주를 받을 것이라"[신 27:26].

둘째로, 거룩하신 하나님 앞에서 사람의 어떤 행위가 의로 인정받으려면 모든 면에서 하나님의 율법에 일치해야 한다. 하나님의 율법은 우리가 하나님의 모든 계명을 완전하게 순종할 것을 요구할 때 완전하게 순종하는 일을 어느 한순간도 빠짐없이 항상 해야 한다고 요구한다. 그러므로 우리가 모든 면에서 하나님의 율법에 일치하려면, 하나님의 모든 계명을 하나도 남김없이 다 순종하되 그 모든 계명을 조금도 부족함 없이 완전하게 순종하고 그렇게 순종하는 것을 태어나는 순간부터 죽는 순간까지 어느 한순간도 빠짐없이 행해야 한다. 이 조건을 충족시키지 못하는 모든 사람은 저주 아래 있다. "누구든지 율법 책에 기록된 대로 모든 일을 항상 행하지 아니하는 자는 저주 아래에 있는 자라"[갈 3:10]. 오늘 나는 고백한다.

"오, 주여! 저의 모든 행위는 하나님 앞에서 의의 한 부분도 될 수 없습니다."

164일

답2 우리가 이 세상에서 행하는 모든 선행은 아무리 가장 고결한 행위일지라도 모두 죄로 오염되어 있어 불완전하기 때문입니다.

우리가 흔히 선행이라고 부르는 것이 하나님 앞에서는 아무런 의도 될 수 없고 의의 한 부분도 될 수 없다는 것을 생각해 본다. 우리가 이 세상에서 행한 최고의 도덕적 행위나 최고의 종교적 행위마저도 하나님 앞에서는 아무런 의도 될 수 없고 의의 한 부분도 될 수 없는 걸까? 이것을 확인해 볼 수 있는 방법이 있다. 우리가 행한 최고의 도덕적 행위나 최고의 종교적 행위를 하나 골라서 과연 그것이 하나님의 율법이 요구하는 바를 완전하게 충족시키는지 검사하는 것이다. 예수님은 하나님의 율법이 요구하는 바를 요약해 주셨다. "네 마음을 다하고 목숨을 다하고 뜻을 다하여 주 너의 하나님을 사랑하라 하셨으니 이것이 크고 첫째 되는 계명이요 둘째도 그와 같으니 네 이웃을 네 자신같이 사랑하라 하셨으니 이 두 계명이 온 율법과 선지자의 강령이니라"[마 22:37-40].

하지만 사실 그렇게 검사할 필요조차 없다. 우리 자신의 상태를 생각하면 우리가 행한 최고의 도덕적 행위나 최고의 종교적 행위도 불완전할 수밖에 없으며 죄로 오염되어 있다는 것을 인정할 수밖에 없기 때문이다. 성경은 사람에 관한 하나님의 정확한 판단을 다음과 같이 적고 있다. "그의 마음으로 생각하는 모든 계획이 항상 악할 뿐임을 보시고"[창 6:5]. 여기 보면, 사람의 마음은 그것의 맨 처음 아주 작은 움직임부터 더럽고 악하다는 것이 하나님의 판단이다. 사람 자체가 이러한데 이런 사람이 어쩌다 도덕과 종교에 심취하여 최고의 행위를 한다 한들 그 행위가 깨끗하고 온전하겠는가? 그럴 리가 없다. 그럴 수도 없다. 그래서 선지자 이사야는 다음과 같이 말한다. "무릇 우리는 다 부정한 자 같아서 우리의 의는 다 더러운 옷 같으며"[사 64:6]. 오늘 나는 결심한다.

"오, 주여! 자기 의를 신뢰하지 않겠습니다."

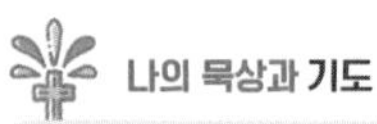

165일

제63문 하나님께서는 우리의 선행에 대해 이 세상과 오는 세상에서 상 주시겠다고 약속하시는데, 당신은 왜 우리의 선행이 아무 공로가 없다고 말하는 것입니까?

우리가 흔히 선행이라고 부르는 것이 하나님 앞에서는 아무런 의도 될 수 없고 의의 한 부분도 될 수 없다는 것을 생각해 본다. 그렇다면, 왜 하나님은 신자의 선행에 대해서 상을 주시겠다고 약속하시는 걸까? "오직 너희는 원수를 사랑하고 선대하며 아무 것도 바라지 말고 꾸어 주라 그리하면 너희 상이 클 것이요"[눅 6:35]. "또 누구든지 제자의 이름으로 이 작은 자 중 하나에게 냉수 한 그릇이라도 주는 자는 내가 진실로 너희에게 이르노니 그 사람이 결단코 상을 잃지 아니하리라 하시니라"[마 10:42]. "예수께서 이르시되 내가 진실로 너희에게 이르노니 나와 복음을 위하여 집이나 형제나 자매나 어머니나 아버지나 자식이나 전토를 버린 자는 현세에 있어 집과 형제와 자매와 어머니와 자식과 전토를 백 배나 받되 박해를 겸하여 받고 내세에 영생을 받지 못할 자가 없느니라"[막 10:29-30].

"무슨 일을 하든지 마음을 다하여 주께 하듯 하고 사람에게 하듯 하지 말라 이는 기업의 상을 주께 받을 줄 아나니 너희는 주 그리스도를 섬기느니라"[골 3:23-24]. "믿음으로 모세는 장성하여 바로의 공주의 아들이라 칭함 받기를 거절하고 도리어 하나님의 백성과 함께 고난받기를 잠시 죄악의 낙을 누리는 것보다 더 좋아하고 그리스도를 위하여 받는 수모를 애굽의 모든 보화보다 더 큰 재물로 여겼으니 이는 상 주심을 바라봄이라"[히 11:24-26]. "보라 내가 속히 오리니 내가 줄 상이 내게 있어 각 사람에게 그가 행한 대로 갚아 주리라"[계 22:12]. 성경에 이런 말씀이 있는 것을 보고 어떤 사람들은 신자의 선행이 공로가 되어 상을 얻게 된다고 생각한다. 구원은 은혜로 말미암아 믿음으로 받으나, 상급은 선행으로 공로를 쌓아 받는다고 믿는다. 과연 그럴까? 오늘 나는 질문한다.

"오, 주여! 정말 그렇습니까?"

나의 묵상과 기도

166일

답 이러한 상은 공로로 받는 것이 아니라 은혜의 선물이기 때문입니다.

우리가 흔히 선행이라고 부르는 것이 하나님 앞에서는 아무런 의도 될 수 없고 의의 한 부분도 될 수 없는데, 하나님은 신자의 선행에 대해서 상을 주시겠다고 약속하신다. 그렇다면, 신자의 선행이 뭔가 상을 받을 만한 공로가 되기 때문에 하나님이 상을 안 주실 수 없어서 상을 주시는 걸까? 예수님께서 신자들의 선행에 관하여 하신 말씀부터 생각해 보자. "너희 중 누구에게 밭을 갈거나 양을 치거나 하는 종이 있어 밭에서 돌아오면 그더러 곧 와 앉아서 먹으라 말할 자가 있느냐 도리어 그더러 내 먹을 것을 준비하고 띠를 띠고 내가 먹고 마시는 동안에 수종들고 너는 그 후에 먹고 마시라 하지 않겠느냐 명한 대로 하였다고 종에게 감사하겠느냐 이와 같이 너희도 명령 받은 것을 다 행한 후에 이르기를 우리는 무익한 종이라 우리가 하여야 할 일을 한 것뿐이라 할지니라"[눅 17:7-10].

예수님의 말씀에 따르면, 신자가 하나님께서 명하신 어떤 일을 행했다면 그것은 당연한 일이다. 신자는 하나님을 섬기는 종이기 때문이다. 그래서 신자들은 선을 행한 후에 당연히 상을 받아야 할 것처럼 생각하지 말고 마땅히 해야 할 일을 했을 뿐이라고 겸손히 생각해야 한다. 더구나 신자의 선행은 신자의 훌륭한 미덕이나 탁월한 능력에서 나온 것이 아니다. 신자의 선행은 예수 그리스도와 그가 주신 많은 은혜 덕분이다. 예수님은 "나를 떠나서는 너희가 아무것도 할 수 없음이라"[요 15:5]라고 말씀하셨다. 그러므로 신자는 자기의 선행에 대해서 공로를 주장할 수 없다. 모든 공로는 예수 그리스도의 것이기 때문이다. 그런데도 하나님께서 신자에게 상을 주시는 것은 하나님께서 지극히 은혜로우신 분이시기 때문이다. 오늘 나는 감사한다.

"오, 주여! 어찌 그리 저를 후대해 주시는지요!
황송하여 몸 둘 바를 모르겠습니다."

나의 묵상과 기도

167일

제64문 그렇다면 사람들은 이러한 가르침 때문에 선행에 관하여 무관심해지고 사악해지지 않겠습니까?

성경은 하나님께서 신자의 모든 선행에 상을 주시지만, 신자의 선행에 어떤 공로가 있어서 상을 주시는 것이 아니라 하나님께서 신자에게 지극히 은혜로우시므로 선물로서 상을 주신다고 가르친다. 어떤 사람들은 성경이 이런 식으로 가르치는 것을 좋아하지 않는다면서 다음과 같이 불평한다. "신자의 선행에 관하여 그런 식으로 가르치면 사람들이 선행을 열심히 행하려고 하겠습니까? 사람들은 선행에 무관심하게 될 것이고 결국에는 악한 일을 많이 행할 것입니다. 신자의 선행에 관해서 그런 식으로 가르치면 안 됩니다. 신자의 선행이 어느 정도 공로가 된다고 가르쳐야 합니다. 공로를 쌓지 않으면 상을 전혀 받지 못한다고 가르쳐야 합니다. 공로를 많이 쌓을수록 더 많은 상을 받게 된다고 가르쳐야 합니다. 그러면 사람들은 선행에 관심을 가지고 결국에는 선한 일을 많이 할 것입니다."

이렇게 불평하는 사람들이 유념해서 들어야 할 말씀이 있다. 이사야 55장 8-11절 말씀이다. "이는 내 생각이 너희의 생각과 다르며 내 길은 너희의 길과 다름이니라 여호와의 말씀이니라 이는 하늘이 땅보다 높음같이 내 길은 너희의 길보다 높으며 내 생각은 너희의 생각보다 높음이니라 이는 비와 눈이 하늘로부터 내려서 그리로 되돌아가지 아니하고 땅을 적셔서 소출이 나게 하며 싹이 나게 하여 파종하는 자에게는 종자를 주며 먹는 자에게는 양식을 줌과 같이 내 입에서 나가는 말도 이와 같이 헛되이 내게로 되돌아오지 아니하고 나의 기뻐하는 뜻을 이루며 내가 보낸 일에 형통함이니라"[사 55:8-11]. 우리가 하나님보다 지혜롭겠는가? 하나님이 우리보다 덜 지혜롭겠는가? 그럴 리 없고 그럴 수도 없다. 하나님께서 신자의 선행과 관련하여 어떤 방식으로 가르치셨다면, 그것이 최고의 방법이고 가장 효과적인 방법이다. 오늘 나는 고백한다.

"오, 주여! 주님의 방식이 최고입니다."

168일

답 그렇지 않습니다. 참된 믿음으로 그리스도에게 접붙여진 사람들은 감사의 열매를 맺지 않을 수 없습니다.

성경은 하나님께서 신자의 모든 선행에 상을 주시지만, 신자의 선행에 어떤 공로가 있어서 상을 주시는 것이 아니라 하나님께서 신자에게 지극히 은혜로우시므로 상을 선물로 주신다고 가르친다. 예수를 진실하게 믿는 신자가 이런 말씀을 듣게 되면 마음에 어떤 반응이 일어날까? 신자의 선행에 어떤 공로가 있는 게 아니라는 말 때문에 실망하게 될까? 하나님이 신자의 선행에 주시는 상이 공로에 대한 시상이 아니라 은혜의 선물이라는 말 때문에 선행에 대한 열심을 잃게 될까? 그럴 리 없다. 그럴 수도 없다. 예수를 진실하게 믿는 신자라면, 신자의 선행에 어떤 공로가 있는 게 아니라는 말을 들으면서는 전보다 더 겸손해질 것이다. 또 하나님이 신자의 선행에 주시는 상이 공로에 대한 시상이 아니라 은혜의 선물이라는 말을 들으면서는 하나님의 크신 은혜에 전보다 더 깊이 감사하며 하나님을 더욱 사랑하게 될 것이다. 어떤 종이 주인의 명령을 가장 잘 순종하고 주인을 가장 잘 섬길까? 주인 앞에서 마음이 겸손한 종이다. 주인의 은혜로움에 깊이 감사하는 종이다. 자기 주인을 깊이 사랑하는 종이다. 만일 어떤 종이 이 세 가지를 모두 갖추고 있다면, 단연코 그 종이 주인의 명령을 가장 잘 순종하고 주인을 가장 잘 섬기게 된다. 그런데 예수 그리스도를 진실하게 믿어 참된 믿음으로 포도나무이신 예수 그리스도에게 접붙여진 신자는 구원을 받는 과정에서 하나님 앞에서 겸손해지고 하나님의 은혜에 감사하며 하나님을 사랑하는 사람이 된다. 그런데 그런 신자가 하나님이 신자의 선행에 대하여 상을 주시는 이유와 목적을 배우게 되면 그것 때문에 겸손함과 감사와 사랑이 더 깊어지게 된다. 그러니 참 신자가 선행에 열심을 내지 않고 열매 없이 살 수 있겠는가! 오늘 나는 결심한다.

"오, 주여! 선한 일에 더욱 열심을 내겠습니다."

나의 묵상과 기도

25주

제65문 오직 믿음으로만 우리가 그리스도와 그의 모든 은택에 참여할 수 있는데, 이 믿음은 어디에서 옵니까?

| **답** | 성령님께서 주십니다. 그분은 거룩한 복음의 설교로 우리의 마음에 믿음을 일으키시고, 성례의 시행(施行)으로 믿음을 굳세게 하십니다.

제66문 성례가 무엇입니까?

| **답** | 성례란 하나님께서 제정하신 것으로서, 복음의 약속을 우리 눈으로 볼 수 있게 만든 거룩한 표(標)와 인(印)입니다. 성례가 시행될 때, 하나님께서는 복음의 약속을 보다 명확하게 이해할 수 있게 하실 뿐만 아니라 친히 그 약속을 보증하십니다. 이 약속은 그리스도께서 십자가 위에서 단번에 이루신 제사 때문에, 하나님께서 우리에게 죄 사함과 영생을 은혜로 주신다는 복음의 약속입니다.

제67문 그러면 말씀과 성례 모두 우리의 믿음을 우리 구원의 유일한 근거가 되는 예수 그리스도의 십자가 제사로 향하게 하기 위한 것입니까?

| **답** | 맞습니다. 성령님께서는 우리의 모든 구원이 그리스도께서 우리를 위해 십자가 위에서 단번에 이루신 제사에 있다는 것을 복음으로 가르치시고 성례로 확증하십니다.

제68문 그리스도께서는 신약에서 몇 가지의 성례를 제정하셨습니까?

| **답** | 세례와 성찬, 두 가지입니다.

169일

제65문 오직 믿음으로만 우리가 그리스도와 그의 모든 은택(恩澤)에 참여할 수 있는데, 이 믿음은 어디에서 옵니까?

성경은 사람이 오직 믿음으로만 의롭다 함을 얻고 오직 믿음으로만 그리스도의 모든 은혜에 참여한다고 가르친다. "그러므로 우리가 믿음으로 의롭다 하심을 받았으니 우리 주 예수 그리스도로 말미암아 하나님과 화평을 누리자 또한 그로 말미암아 우리가 믿음으로 서 있는 이 은혜에 들어감을 얻었으며 하나님의 영광을 바라고 즐거워하느니라 다만 이뿐 아니라 우리가 환난 중에도 즐거워하나니 이는 환난은 인내를, 인내는 연단을, 연단은 소망을 이루는 줄 앎이로다"[롬 5:1-4]. 비유컨대 믿음은 그리스도 안에 있는 모든 은혜가 우리에게 흘러오는 배관과 같다. 그리스도께서는 자기에게 있는 모든 은혜를 믿음이라는 배관을 통해서 우리에게 흘려보내신다. 그러니 믿음은 우리에게 얼마나 소중한가!

사도 베드로는 믿음을 가리켜 "보배로운 믿음"[벧후 1:1]이라고 부른다. 우리가 황금이나 다이아몬드를 많이 가지고 있으면, 그것을 팔아서 값비싸고 화려한 것을 많이 살 수도 있고 많은 혜택을 누릴 수도 있다. 그래서 사람들은 황금이나 다이아몬드를 보물 또는 보석이라고 부른다. 하지만 아무리 많은 황금과 다이아몬드가 있어도 그걸 팔아서 우리의 모든 죄를 용서받거나 하나님 앞에서 의롭다 함을 얻거나 영원한 생명을 얻거나 하나님과 화목하거나 하나님의 자녀가 되거나 하나님의 모든 영광에 참여할 수 없다. 그러나 예수 그리스도를 믿음은 그 모든 것이 우리의 것이 되게 한다. 그래서 믿음은 세상 모든 금과 세상 모든 다이아몬드보다 값지고 귀하다. 그래서 바울은 데살로니가 교인들의 믿음을 보며 하나님께 항상 감사하였다. "우리가 너희를 위하여 항상 하나님께 감사할지니 이것이 당연함은 너희의 믿음이 더욱 자라고"[살후 1:3]. 오늘 나는 고백한다.

"오, 주여! 믿음에 비하면 세상 보물은 배설물에 불과합니다."

170일

답 성령님께서 주십니다. 그분은 거룩한 복음의 설교로 우리의 마음에 믿음을 일으키시고, 성례의 시행(施行)으로 믿음을 굳세게 하십니다.

성경은 사람이 오직 믿음으로만 의롭다 함을 얻고 오직 믿음으로만 그리스도의 모든 은혜에 참여한다고 가르친다. 그렇다면, 보배로운 믿음, 곧 예수 그리스도를 믿는 믿음은 우리 마음에 언제 어떻게 생기는 걸까? 성경은 대답한다. "너희는 그 은혜에 의하여 믿음으로 말미암아 구원을 받았으니 이것은 너희에게서 난 것이 아니요 하나님의 선물이라"[엡 2:8]. 믿음은 하나님께서 우리에게 선물로 주신다. "그러므로 내가 너희에게 알게 하노니 하나님의 영으로 말하는 자는 누구든지 예수를 저주할 자라 하지 않고 또 성령으로 아니하고는 누구든지 예수를 주시라 할 수 없느니라"[고전 12:3]. 믿음을 우리 마음에 심어 주시는 분은 우리 안에 사시는 성령 하나님이시다. "허물로 죽은 우리를 그리스도와 함께 살리셨고"[엡 2:5]. 믿음이 우리 마음에 심긴 최초 시점은 우리가 부활하신 예수님을 따라 거듭날 때다.

이처럼 우리는 삼위일체 하나님의 협력 사역 가운데 특별히 성령 하나님의 역사를 따라 믿음을 선물로 받는데, 이때 성령님은 외적인 방편을 사용하신다. 첫 번째 방편은 그리스도의 말씀, 곧 복음을 우리에게 들려주시는 것이다. "믿음은 들음에서 나며 들음은 그리스도의 말씀으로 말미암았느니라"[롬 10:17]. 두 번째 방편은 복음을 우리 눈에 보여 주시는 '성례', 곧 세례와 성찬이다. "그러므로 너희는 가서 모든 민족을 제자로 삼아 아버지와 아들과 성령의 이름으로 세례를 베풀고"[마 28:19]. "너희가 이 떡을 먹으며 이 잔을 마실 때마다 주의 죽으심을 그가 오실 때까지 전하는 것이니라"[고전 11:26]. 첫 번째 방편으로는 믿음을 우리 마음에 심기도 하시고 그 믿음을 굳세게도 하신다. 반면에 두 번째 방편으로는 믿음을 굳세게만 하신다. 오늘 나는 간구한다.

"오, 주여! 말씀과 성례의 소중함을 알게 하옵소서."

나의 묵상과 기도

171일

제66문 성례가 무엇입니까?

답1 **성례란 하나님께서 제정하신 것으로서, 복음의 약속을 우리 눈으로 볼 수 있게 만든 거룩한 표(標)와 인(印)입니다.**

삼위일체 하나님께서 우리 마음에 믿음을 심어 주시기 위하여 들려주시는 복음은 사도신경을 통해서 이미 확인을 했으니, 오늘은 삼위일체 하나님께서 우리 마음에 믿음을 굳세게 하실 때 사용하시는 방편인 성례를 생각해 본다. 교회에서는 세례와 성찬을 일컬어 성례라고 부르는데, 사실 성경에는 성례라는 용어가 없다. 이 용어는 세례와 성찬을 하나로 묶어 부르기 위해 사람들이 만들어 낸 것인데 '거룩한 예식'이라는 뜻이다. 세례와 성찬을 하나로 묶고 거룩한 예식이라고 부르는 이유는 그것을 제정해 주신 분이 하나님의 거룩하신 아들 예수님이시기 때문이다. 또 그것이 우리에게 보여 주는 것이 하나님의 거룩한 복음이기 때문이다. 또 그 예식 안에서 우리의 믿음을 위해 일하시는 분이 거룩하신 삼위일체 하나님이시기 때문이다. 그러므로 아무도 세례와 성찬을 가볍게 대해서는 안 된다. 하나님께서 거룩하게 구별하셨기 때문이다. 그렇다면, 성례의 역할은 무엇일까? 사도 바울이 구약의 성례라고 할 수 있는 할례를 어떻게 설명하는지 잘 들어 보자. "그가 할례의 표를 받은 것은 무할례시에 믿음으로 된 의를 인친 것이니"[롬 4:11]. 바울은 구약의 할례가 두 가지 역할을 했다고 설명한다. 하나님의 언약을 신자의 눈에 보여 주는 표(標)의 역할과 신자가 믿음으로 의롭다 함을 얻은 것을 확실하게 확인해 주는 인(印)의 역할이다. 그러므로 신약의 성례인 세례와 성찬의 역할도 그와 같다고 이해할 수 있다. 세례에서의 물과 물을 뿌리는 의식, 그리고 성찬에서의 떡과 잔 그리고 그것을 먹고 마시는 의식은 복음의 약속을 우리 눈에 보여 주는 표로 작용하고, 동시에 복음의 약속을 우리 마음에 확증해 주는 인으로도 작용한다. 오늘 나는 소원한다.

"오, 주여! 성례의 두 가지 효력을 다 경험하고 싶습니다."

172일

답2 성례가 시행될 때, 하나님께서는 복음의 약속을 보다 명확하게 이해할 수 있게 하실 뿐만 아니라 친히 그 약속을 보증하십니다. 이 약속은 그리스도께서 십자가 위에서 단번에 이루신 제사 때문에, 하나님께서 우리에게 죄 사함과 영생을 은혜로 주신다는 복음의 약속입니다.

삼위일체 하나님께서 우리 마음에 믿음을 굳세게 하실 때 사용하시는 방편인 성례를 생각해 본다. 교회의 성례인 세례와 성찬은 예식의 순서와 진행 면에서 살펴보면 매우 소박하고 매우 간단한 예식이다. 성례에 사용되는 요소들은 세상 흔하디흔한 물과 빵과 포도주이고, 예식에 사용하는 요소의 분량도 매우 적으며, 예식이 진행되는 시간도 매우 짧다. 하지만 하나님께서는 미련한 자를 들어서 지혜로운 자를 부끄럽게 하시는 것처럼 매우 소박하고 매우 간단한 세례와 성찬을 통해서 위대하고 아름다운 일을 이루신다. 그것은 복음의 약속을 우리에게 더 충만하게 선언하시고 우리 마음에 확증해 주시는 일이다. 이때 '복음의 약속'이란 예수 그리스도께서 십자가 위에서 이루신 단번의 희생 제사 때문에 하나님께서 우리에게 죄 사함과 영원한 생명을 은혜로 주신다는 것을 핵심 골자로 한다. 그러므로 성례에 참여하는 신자들은 성례가 매우 소박하고 간단한 예식이라고 해서 별 기대 없이 참여하거나 기계적으로 참여해서는 안 된다. 비록 예식의 순서와 진행 면에서 볼 때 성례는 매우 소박하고 간단하지만, 거기에서 만왕의 왕이신 하나님께서 복음의 약속을 우리에게 훨씬 더 충만하게 선언하시고 우리 마음에 확증해 주신다. 거기에서 예수 그리스도의 십자가의 고난과 죽음의 위대한 능력과 효력이 우리 눈에 다시 한번 보이고 우리 마음에 다시 한번 확증된다. 그리고 거기에서 우리는 예수 그리스도를 믿는 우리의 믿음이 더욱더 굳세지는 유익을 얻게 된다. 아, 성례는 우리가 이 땅에 살면서 참여할 수 있는 가장 귀하고 복되며 영광스러운 예식이다. 우리는 성례의 존귀함과 복됨과 영광스러움을 과연 얼마나 알고 있는 걸까? 오늘 나는 다짐한다.

"오, 주여. 제 평생 성례를 소중히 여기겠습니다."

173일

제67문 그러면 말씀과 성례 모두 우리의 믿음을 우리 구원의 유일한 근거가 되는 예수 그리스도의 십자가 제사로 향하게 하기 위한 것입니까?

성령 하나님께서 우리 마음에 믿음을 심어 주시고 자라게 하실 때 사용하시는 방편은 그리스도의 복음을 들려주시는 것이고, 우리 마음에 이미 심어진 믿음을 굳세게 하실 때 사용하시는 방편은 성례, 곧 세례와 성찬이다. 그렇다면 말씀과 성례, 이 두 가지는 어떤 관계로 연결되는 걸까? 첫째, 이 두 가지는 우리의 믿음을 위하여 교회 안에 항상 함께 있어야 한다. 그래서 교회의 머리이신 예수 그리스도께서는 교회를 세울 사도들에게 그리스도의 복음을 전파할 것만 명하시지 않고, 세례와 성찬을 베풀 것도 함께 명하셨다. "그러므로 너희는 가서 모든 민족을 제자로 삼아 아버지와 아들과 성령의 이름으로 세례를 베풀고 내가 너희에게 분부한 모든 것을 가르쳐 지키게 하라"[마 28:19-20]. "너희가 이 떡을 먹으며 이 잔을 마실 때마다 주의 죽으심을 그가 오실 때까지 전하는 것이니라"[고전 11:26].

둘째, 이 두 가지 중에는 먼저 있고 늘 있어야 할 것과 나중에 있고 필요에 따라 있어야 할 것이 있다. 먼저 있어야 하고 늘 있어야 할 것은 말씀이다. 그리스도의 복음을 들려주는 일이다. 이 일이 먼저 있어야 하는 이유는 믿음을 우리 마음에 심어 주는 방편이기 때문이다. 이 일이 늘 있어야 하는 이유는 믿음이 심어지는 은혜와 믿음이 자라는 은혜가 필요한 사람들은 항상 있기 때문이다. 나중에 있어야 하고 필요에 따라 있어야 할 것은 성례다. 이 일이 나중에 있어야 하는 이유는 말씀을 통해서 마음에 이미 심긴 믿음을 굳세게 하는 방편이기 때문이다. 이 일이 필요에 따라 있어야 하는 이유는 세례를 받아야 할 사람이 교회에 항상 있는 것도 아니고 성찬을 매주 거행하라는 성경의 규정도 없기 때문이다. 오늘 나는 기도한다.

**"오, 주여! 말씀과 성례의 관계를
모든 교회가 잘 이해하고 지키게 하옵소서."**

174일

답 맞습니다. 성령님께서는 우리의 모든 구원이 그리스도께서 우리를 위해 십자가 위에서 단번에 이루신 제사에 있다는 것을 복음으로 가르치시고 성례로 확증하십니다.

성령 하나님께서 우리 마음에 믿음을 심어 주시고 자라게 하실 때 사용하시는 방편은 그리스도의 복음을 들려주시는 것이고, 우리 마음에 이미 심어진 믿음을 굳세게 하실 때 사용하시는 방편은 성례, 곧 세례와 성찬이다. 그렇다면 말씀과 성례, 이 두 가지가 서로 연결되어 함께 지향하는 궁극적 목표는 무엇일까? 성경에서 답을 찾아보자. 사도 바울은 데살로니가 교회를 바라보며 기쁨으로 말했다. "이는 우리 복음이 너희에게 말로만 이른 것이 아니라 또한 능력과 성령과 큰 확신으로 된 것임이라"[살전 1:5]. 바로 이것이다. 말씀은 복음을 가르치고, 성례는 복음을 보여 주고 확증한다. 그러면서 말씀과 성례는 서로 연결되어 서로 보완하고 협력함으로써, 예수 그리스도께서 십자가에서 단번에 드린 희생 제사로 우리의 구원이 이루어졌다는 복음의 내용이 능력과 성령과 큰 확신으로 우리 마음에 새겨지고 효력을 발휘하게 만든다. 그러므로 우리에게는 성령 하나님의 역사에 대한 믿음이 필요하다. 교회에서 말씀을 듣고 성례에 참여할 때, 우리는 말씀과 성례가 서로 연결되어 있고 그 안에서 성령 하나님이 일하셔서 우리 안에 믿음의 위대한 일을 이룰 수 있고 실제로 이룬다는 것을 철저하게 믿어야 한다. "믿음이 없이는 하나님을 기쁘시게 하지 못하나니 하나님께 나아가는 자는 반드시 그가 계신 것과 또한 그가 자기를 찾는 자들에게 상 주시는 이심을 믿어야 할지니라"[히 11:6]. 우리에게 이런 믿음이 없으면 어떻게 될까? 성경은 대답한다. "그들과 같이 우리도 복음 전함을 받은 자이나 들은 바 그 말씀이 그들에게 유익하지 못한 것은 듣는 자가 믿음과 결부시키지 아니함이라"[히 4:2]. 많은 경우, 설교와 성례에서 유익을 얻지 못하는 것은 믿음의 결핍 때문이다. 오늘 나는 다짐한다.

"오, 주여! 말씀 듣는 자리, 성례의 자리에 믿음으로 서겠습니다."

나의 묵상과 기도

175일

제68문 그리스도께서는 신약에서 몇 가지의 성례를 제정하셨습니까?

답 **세례와 성찬, 두 가지입니다.**

예수 그리스도께서 제정해 주신 성례는 세례와 성찬, 두 가지다. "너희는 가서 모든 민족을 제자로 삼아 아버지와 아들과 성령의 이름으로 세례를 베풀고"[마 28:19]. "또 떡을 가져 감사 기도 하시고 떼어 그들에게 주시며 이르시되 이것은 너희를 위하여 주는 내 몸이라 너희가 이를 행하여 나를 기념하라 하시고"[눅 22:19]. 그런데 어떤 이들은 세례와 성찬 말고도 또 다른 성례가 있다고 노골적으로 주장하고, 또 다른 성례가 있는 것처럼 은근히 행동한다. 로마 가톨릭에서는 성례가 일곱 가지나 된다고 가르친다. 그들이 주장하는 일곱 가지 성례는 세례성사, 견진성사, 성체성사, 고해성사, 혼배성사, 병자성사, 신품 성사이다. 개신교회 안에서 유아세례를 거부하는 교회들은 유아세례 대신에 '헌아식'이라는 예식을 예배 중에 행하는데, 마치 헌아식이 성례인 것처럼 생각하는 사람들이 있다. 일찍이 하나님은 이스라엘 백성에게 법을 제정해 주실 때 사람들이 하나님의 말씀을 자기 멋대로 줄이거나 늘일 것을 미리 아셨고 그것을 준엄하게 금지하셨다. "내가 너희에게 명령하는 말을 너희는 가감하지 말고 내가 너희에게 내리는 너희 하나님 여호와의 명령을 지키라"[신 4:2]. 성경의 맨 마지막 장 마지막 부분에서도 하나님께서는 준엄하게 경고하셨다. "만일 누구든지 이것들 외에 더하면 하나님이 이 두루마리에 기록된 재앙들을 그에게 더하실 것이요 만일 누구든지 이 두루마리의 예언의 말씀에서 제하여 버리면 하나님이 이 두루마리에 기록된 생명 나무와 및 거룩한 성에 참여함을 제하여 버리시리라"[계 22:18-19]. 그런데도 사람들은 하나님의 말씀에 무엇을 더하거나 빼는 것을 아무렇지도 않게 생각한다. 참으로 두려운 일이다. 오늘 나는 회개한다.

"오, 주여! 인간의 교만과 어리석음을 용서하소서."

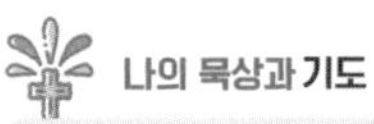

26주

제69문 세례는 그리스도께서 십자가 위에서 단번에 이루신 제사가 당신에게 유익이 된다는 것을 어떻게 깨닫게 하며 확신하게 합니까?

| 답 |

그리스도께서 물로 씻는 이 외적(外的) 의식을 제정하시고, 그분의 피와 영으로 내 영혼의 더러운 것, 곧 내 모든 죄가 씻겨짐을 약속하셨습니다. 이는 몸의 더러운 것을 물로 씻어 없애는 것처럼 확실합니다.

제70문 그리스도의 피와 영으로 씻겨진다는 것은 무슨 뜻입니까?

| 답 |

그리스도의 피로 씻겨짐은 그리스도께서 십자가의 제사에서 흘리신 피 때문에 우리가 값없이 하나님께 죄 사함받았음을 뜻합니다. 그리스도의 영으로 씻겨짐은 성령님께서 나를 새롭게 하시고 그리스도의 지체(肢體)로 거룩하게 하셔서, 점점 더 죄에 대하여 죽고 거룩하고 흠이 없는 삶을 살게 해 주셨음을 뜻합니다.

제71문 그리스도께서는 우리가 물세례로 씻겨지는 것처럼 자기 피와 영으로 우리를 씻으신다는 확실한 약속을 어디에서 하셨습니까?

| 답 |

세례를 제정하실 때 이렇게 말씀하셨습니다. "그러므로 너희는 가서 모든 민족을 제자로 삼아 아버지와 아들과 성령의 이름으로 세례를 베풀고"(마 28:19), "믿고 세례를 받는 사람은 구원을 얻을 것이요 믿지 않는 사람은 정죄를 받으리라"(막 16:16). 이 약속은 성경이 세례를 "중생의 씻음" 혹은 "죄를 씻음"이라고 부른 데서도 반복됩니다.

176일

제69문 세례는 그리스도께서 십자가 위에서 단번에 이루신 제사가 당신에게 유익이 된다는 것을 어떻게 깨닫게 하며 확신하게 합니까?

어떤 일에는 유효 기간이 있다. 아무리 효력이 대단한 일일지라도 일정한 시간이 지나면 그 일의 효력이 없어진다. 그래서 그 일을 통해 더는 유익을 얻을 수 없게 된다. 그러나 예수 그리스도께서 십자가에 못 박혀 고난을 받고 죽으신 일은 유효 기간이 없다. 그것은 2,000년 전에 일어난 과거의 일이고 단회적인 사건이다. 하지만 그 일은 지금도 유효하다. 그 일의 효력은 길고 긴 세월을 이겼고 조금도 변하지 않았고 감소하지도 않았다. 아니, 그 일의 효력은 영원하다. 이는 그 일을 이루게 하신 성부 하나님께서 영원하시고, 그 일을 이루신 성자 예수님께서 영원하시며, 그 일을 우리에게 적용해 주시는 성령 하나님께서 영원하시기 때문이다. 또한, 그 일이 영원한 언약(everlasting covenant)이라는 형식을 통해 이루어졌기 때문이다.

그래서 히브리서 기자는 다음과 같은 찬송으로 히브리서를 마쳤다. "양들의 큰 목자이신 우리 주 예수를 영원한 언약의 피로 죽은 자 가운데서 이끌어 내신 평강의 하나님이 모든 선한 일에 너희를 온전하게 하사 자기 뜻을 행하게 하시고 그 앞에 즐거운 것을 예수 그리스도로 말미암아 우리 가운데서 이루시기를 원하노라 영광이 그에게 세세 무궁토록 있을지어다 아멘"[히 13:20-21]. 그렇다. 그리스도께서 십자가에서 흘리신 피는 하나님의 영원한 언약이 우리에게 영원히 효과 있도록 만들어 주는 보배로운 피였다. 그리고 그리스도께서 거룩한 예식으로 정해 주신 물세례는 이것을 우리 눈에 보여 주고 우리 마음에 깨닫게 하고 확신케 하는 복된 수단이다. 그래서 나는 내가 받은 세례를 기억할 때마다, 다른 교우들이 세례받는 것을 볼 때마다, 그리고 혼자서 세례를 생각할 때마다. 세례가 보여 주는 바 십자가 구원의 영원한 효력을 바라본다. 오늘 나는 고백한다.

"오, 주여! 세례를 통해 주의 구원을 바라봅니다."

177일

답 그리스도께서 물로 씻는 이 외적(外的) 의식을 제정하시고, 그분의 피와 영으로 내 영혼의 더러운 것, 곧 내 모든 죄가 씻겨짐을 약속하셨습니다. 이는 몸의 더러운 것을 물로 씻어 없애는 것처럼 확실합니다.

그리스도께서 제정해 주신 세례식은 사람의 눈에 무엇을 보여 주는 의식인데, 그 안에는 두 가지 요소가 있다. 첫 번째 요소는 물이다. 두 번째 요소는 물을 머리에 뿌리는 행동이다. 이 두 가지 요소는 각각 그리고 함께 다음 두 가지 사실을 보여 주는 장치이다. 물이 몸의 더러움을 깨끗하게 씻어 주는 것처럼, 그리스도께서 십자가 위에서 흘리신 피가 우리 영혼의 더러움, 곧 우리의 모든 죄를 깨끗하게 씻어 준다는 사실이다. 또한, 물이 몸의 더러움을 깨끗하게 씻어 준다는 것을 안심하고 확신할 수 있는 것처럼, 그리스도께서 십자가 위에서 흘리신 피가 우리 영혼의 더러움, 곧 우리의 모든 죄를 깨끗이 씻어 준다는 것 역시 안심하고 확신할 수 있다는 사실이다. 예수님은 우리가 이 두 가지 사실을 눈으로 보고 몸으로 경험하고 마음으로 확신할 수 있도록 세례식이라는 의식을 정해 주셨다.

아침에 일어나 깨끗한 물로 세수를 열심히 하면서 혹시라도 자기 얼굴이 깨끗하게 씻겨지지 않을까 걱정하면서 힘들어하는 사람은 없을 것이다. 깨끗한 물로 세수를 열심히 하고서도 자기 얼굴이 여전히 더럽다고 생각하며, 화장실 밖으로 나가지 못하고 계속 거울에 자기 얼굴을 비춰보는 사람도 없을 것이다. 올바른 정신을 지닌 사람의 마음에는 한 가지 확신이 있다. 깨끗한 물로 씻으면, 제대로만 씻으면, 몸의 더러운 것이 깨끗해진다는 확신이다. 예수님은 세례식 안에서 깨끗한 물을 신자에게 뿌려 주시며 다음과 같이 말씀하시는 것이다. "네가 그것을 안심하고 확신한다면 이 물이 상징하는 바, 내가 십자가에서 흘린 피가 네 영혼의 모든 더러운 것, 곧 너의 모든 죄를 깨끗이 씻는다는 것도 안심하고 확신하여라." 나는 주님의 그 말씀을 들으며 오늘도 감사한다.

"오, 주여! 세례를 통해 우리 마음에 확신을 심어 주시니 참 감사합니다."

178일

제70문 그리스도의 피와 영으로 씻겨진다는 것은 무슨 뜻입니까?

세례식에서 물이 뿌려지는 것이 우리에게 일차적으로 보여 주는 것은 그리스도의 피가 우리의 모든 더러움, 곧 우리의 모든 죄를 씻는 것이다. "너희가 알거니와 너희 조상이 물려 준 헛된 행실에서 대속함을 받은 것은 은이나 금 같이 없어질 것으로 된 것이 아니요 오직 흠 없고 점 없는 어린 양 같은 그리스도의 보배로운 피로 된 것이니라"[벧전 1:18-19]. 그런데 성경을 더 읽어 보면 우리의 모든 죄를 씻어 주는 것은 그리스도의 피만이 아니다. 그리스도의 영이신 성령님께서도 우리의 모든 더러움을 씻어 주신다고 성경은 가르친다. "너희 중에 이와 같은 자들이 있더니 주 예수 그리스도의 이름과 우리 하나님의 성령 안에서 씻음과 거룩함과 의롭다 하심을 받았느니라"[고전 6:11]. 그러므로 세례식에서 물이 뿌려지는 것이 우리에게 이차적으로 보여 주는 것은 성령님께서 우리를 깨끗하게 씻어 주신다는 사실이다.

그러므로 세례식이 우리에게 보여 주는 씻음은 '이중적인 씻음'이다. 하나는 그리스도의 피가 우리를 씻는 것이다. 그리고 다른 하나는 그리스도의 영인 성령님께서 우리를 씻으시는 것이다. 그런데 이것을 '두 가지 씻음'이라고 부르지 않고 '이중적인 씻음'이라고 부르는 이유는 그리스도의 피가 우리를 씻는 것과 성령님께서 우리를 씻는 것은 반드시 함께 이루어지기 때문이다. 그러므로 세례식의 참된 의미를 알고 세례를 통해서 영적인 유익을 누리려면, 그리스도의 피가 우리를 씻는다는 것이 무엇인지를 알아야 하고 성령님께서 우리를 씻으신다는 것이 무엇인지도 알아야만 한다. 그러고 보면 세례식은 간단한 예식이지만 복음의 깊은 의미를 담고 있고, 그것을 우리에게 전달해 주는 거룩한 의식이다. 그래서 오늘 나는 기도한다.

"오, 주여! 그리스도의 피와 영으로 씻겨진다는 것이 무슨 뜻인지 가르쳐 주옵소서."

179일

답1 그리스도의 피로 씻겨짐은 그리스도께서 십자가의 제사에서 흘리신 피 때문에 우리가 값없이 하나님께 죄 사함받았음을 뜻합니다.

"우리는 그리스도 안에서 그의 은혜의 풍성함을 따라 그의 피로 말미암아 속량 곧 죄 사함을 받았느니라"[엡 1:7]. 이처럼 성경은 하나님으로부터 죄 사함받는 것을 일컬어 우리의'구속', 곧 구원이라고 설명한다. 그러면서 성경은 하나님께서 우리의 죄를 용서해 주시는 근거로 세 가지를 중요하게 언급한다. 첫째, 하나님께서는 '그리스도 안에서' 우리의 죄를 용서하신다. 둘째, 하나님께서는 '그의 은혜의 풍성함을 따라' 우리의 죄를 용서하신다. 셋째, 하나님께서는 '예수 그리스도의 피로 말미암아' 우리의 죄를 용서하신다. 그렇다. 하나님께서는 예수 그리스도 안에서 우리를 용서하신다. 하나님께서는 억지로나 인색함으로나 대가를 요구하면서가 아니라 오직 풍성한 은혜로 우리를 용서하신다. 그리고 하나님께서는 그리스도께서 우리의 모든 죄를 대신 짊어지고 십자가에서 고난과 형벌을 다 받으셨기 때문에 우리를 용서하신다.

그러므로 그리스도의 피가 우리의 모든 죄를 씻는다고 말할 때, 그 짧고 간단한 표현 안에는 다음의 세 가지 길고 깊은 의미가 모두 담겨 있다. '그리스도 안에서', '그의 은혜의 풍성함을 따라', '그의 피로 말미암아'. 이런 점에서 세례식은 간단한 예식이지만 거룩한 예식이다. 세례식이 예수 그리스도를 믿는 신자에게만 시행되는 까닭은 오직 그리스도 안에서만 죄 사함받기 때문이다. 세례식에서 신자가 스스로 물을 떠서 자기에게 뿌리지 않고 그리스도를 대신하여 목사가 물을 떠서 신자에게 뿌리는 까닭은 하나님께서 은혜로 우리의 죄를 씻어 주시기 때문이다. 세례식에서 물 외에 다른 것을 뿌리지 않는 까닭은 오직 그리스도의 피만이 우리의 죄를 씻을 수 있기 때문이다. 나는 오늘도 외친다.

"오직 그리스도 안에서! 오직 그의 은혜의 풍성함을 따라! 오직 그의 피로 말미암아!"

180일

답2 그리스도의 영으로 씻겨짐은 성령님께서 나를 새롭게 하시고 그리스도의 지체(肢體)로 거룩하게 하셔서, 점점 더 죄에 대하여 죽고 거룩하고 흠이 없는 삶을 살게 해 주셨음을 뜻합니다.

주께서 제정하신 세례를 생각하면서 하나님의 은혜 언약을 다시 읽어 본다. "맑은 물을 너희에게 뿌려서 너희로 정결하게 하되 곧 너희 모든 더러운 것에서와 모든 우상 숭배에서 너희를 정결하게 할 것이며 또 새 영을 너희 속에 두고 새 마음을 너희에게 주되 너희 육신에서 굳은 마음을 제거하고 부드러운 마음을 줄 것이며 또 내 영을 너희 속에 두어 너희로 내 율례를 행하게 하리니"[겔 36:25-27]. 이처럼 하나님은 예수 그리스도의 피로 우리의 모든 죄를 깨끗하게 씻어 주시겠다고 약속하셨을 뿐 아니라 우리 안에 성령님이 거주하게 하셔서 우리의 마음을 새롭게 하셔서 하나님의 법도를 지켜 행하게 하시겠다고도 약속하셨다. 이 얼마나 복된 약속인가! 이 얼마나 풍성한 약속인가! 성령 하나님께서 날마다 우리의 마음을 새롭게 하고 온전한 거룩함과 순종의 삶으로 우리를 이끌어 가신다니! 성령 하나님께서 이 일을 하실 때 제일 먼저 행하시는 일은 우리 각 사람을 그리스도와 연합시켜 그리스도의 참된 지체로 만드는 것이고, 또한 우리를 서로에게 연결해서 우리가 함께 그리스도의 한 몸을 구성하게 하시는 것이다. 그래서 사도 바울은 다음과 같이 말했다. "우리가 유대인이나 헬라인이나 종이나 자유인이나 다 한 성령으로 세례를 받아 한 몸이 되었고 또 다 한 성령을 마시게 하셨느니라"[고전 12:13]. 그러므로 참된 신자는 언제나 자신을 그리스도의 몸의 한 지체로 인식하고 다른 신자들을 자신과 연결된 소중한 지체로 인식하면서 각자 그러나 함께 살아간다. 이럴 때 성령 하나님께서는 각각의 신자와 그들의 연합체인 교회를 점점 더 거룩하게 하시고 점점 더 온전함에 가까이 이르게 하신다. 이것을 눈에 보여 주는 세례식이 가정에서 집례되지 않고 반드시 교회에서 집례되는 것은 이것 때문이다. 오늘 나는 고백한다.

"오, 주여! 그리스도의 지체로 살겠습니다."

181일

제71문 그리스도께서는 우리가 물세례로 씻겨지는 것처럼 자기 피와 영으로 우리를 씻으신다는 확실한 약속을 어디에서 하셨습니까?

답1 세례를 제정하실 때 이렇게 말씀하셨습니다. "그러므로 너희는 가서 모든 민족을 제자로 삼아 아버지와 아들과 성령의 이름으로 세례를 베풀고"(마 28:19), "믿고 세례를 받는 사람은 구원을 얻을 것이요 믿지 않는 사람은 정죄를 받으리라"(막 16:16).

세례는 예수 그리스도께서 제정해 주신 거룩한 예식이다. 그리스도께서는 세례를 친히 제정해 주실 때, 세례와 관련하여 한 가지 명령을 주셨다. 어디든지 가서 복음을 전파하여 신앙을 고백하는 사람들이 생기면 반드시 그 사람들에게 세례를 베풀라고 명령하신 것이다. 그리스도께서는 우리에게 불필요하거나 무익한 일을 의무로 정해 주시는 분이 아니다. 그리스도께서 이미 믿음을 가지게 된 모든 신자에게 세례를 의무로 요구하신 것은, 세례라는 외적 의식을 통해 예수님께서 우리에게 베푸시는 은혜가 있기 때문이다. 그러므로 교회는 먼저 복음을 전파하여 참된 신자를 얻은 후에 기쁨으로 그들에게 세례를 베풀어야 하고, 복음을 듣고 신앙을 고백하게 된 모든 신자는 기쁨으로 세례를 받아야 한다.

그리스도께서는 세례를 친히 제정해 주실 때 세례와 관련하여 한 가지 약속을 주셨다. 어떤 사람이 참된 믿음을 소유하고 예수님의 명령을 따라 세례를 받으면 반드시 구원을 얻게 될 거라고 약속하신 것이다. 예수님은 믿는 것과 세례받는 것을 나란히 놓고 그 두 가지를 연결하셨다. 그리고 이 두 가지를 함께 구비한 사람은 반드시 구원을 얻게 될 거라고 보장하셨다. 이처럼 믿고 세례를 받는 사람에게 예수님께서 구원을 보장하신 까닭은, 참으로 예수를 믿는 사람은 세례를 받고 자신의 세례를 기억하거나 다른 사람의 세례를 보면서 복음을 더 온전히 믿게 되기 때문이다. 이런 사람이 어찌 구원에 이르지 못하겠는가! 그러므로 참된 믿음을 가지고 있는 신자에게 세례는 참으로 복된 것이다. 오늘 나는 고백한다.

"오, 주여! 세례는 어찌 그리 복되고 귀한지요!"

182일

답2 이 약속은 성경이 세례를 "중생의 씻음" 혹은 "죄를 씻음"이라고 부른 데서도 반복됩니다.

교회를 핍박하던 사울은 부활하신 예수님을 직접 보고서 눈이 멀어 골방에서 기도하고 있었다. 그때 하나님의 보내심을 받고 사울을 찾아온 선지자 아나니아는 다음과 같이 말했다. "이제는 왜 주저하느냐 일어나 주의 이름을 불러 세례를 받고 너의 죄를 씻으라 하더라"[행 22:16]. 이처럼 아나니아는 회심의 문턱에 서 있던 사울에게 세례받는 것을 매우 중요한 일로 언급했을 뿐만 아니라 세례를 받는 것과 죄 씻음 받는 것을 긴밀하게 연결해서 말했다. "세례를 받고 너의 죄를 씻으라." 그러니까 세례를 받으면 틀림없이 죄를 씻음받을 수 있는 것처럼 말한 것이다. 이렇게 말해도 될까? 물론이다. 이렇게 말하는 것이 얼마든지 가능한 이유는 "믿고 세례를 받는 사람은 구원을 얻을 것이요"[막 16:16]라는 예수님의 약속이 세례와 관련하여 이미 주어졌고 확실하게 주어졌기 때문이다.

이런 과정을 거쳐 회심하고 사도가 된 바울은 훗날 디도에게 편지를 쓰면서 다음과 같이 말했다. "우리를 구원하시되 우리가 행한 바 의로운 행위로 말미암지 아니하고 오직 그의 긍휼하심을 따라 중생의 씻음과 성령의 새롭게 하심으로 하셨나니"[딛 3:5]. 여기에서 바울은 '중생'과 '씻음'이라는 두 단어를 긴밀하게 연결하여 '중생의 씻음'이라는 한 가지 표현을 만들었다. 생각해 보면, '씻음'이라는 단어는 물로 씻는 세례를 연상케 하는 표현이다. 그러니까 바울은 세례와 중생을 연결해서 마치 세례를 받는 사람은 중생을 한 사람이라는 의미를 드러낸 것이다. 이렇게 말해도 될까? 물론이다. 이렇게 말하는 것이 얼마든지 가능한 이유는 "믿고 세례를 받는 사람은 구원을 얻을 것이요"[막 16:16]라는 예수님의 약속이 세례와 관련하여 이미 확실하게 주어졌기 때문이다. 오늘 나는 고백한다.

"오, 주여! 세례에 연결된 약속을 믿습니다."

27주

제72문 세례에서 물로 씻는 것 자체가 곧 죄를 씻는 것입니까?

| 답 |

아닙니다. 오직 예수 그리스도의 피와 성령만이 우리를 모든 죄에서 깨끗하게 합니다.

제73문 그러면 왜 성령께서는 세례를 "중생의 씻음"과 "죄를 씻음"이라고 하셨습니까?

| 답 |

여기에는 중요한 이유가 있습니다. 하나님께서는 몸의 더러운 것이 물로 씻겨지는 것처럼, 우리의 죄가 그리스도의 피와 영으로 씻겨짐을 우리에게 가르쳐 주고자 그렇게 표현하셨습니다. 더 나아가 우리의 몸이 물로 씻겨지는 것처럼, 우리의 죄가 영적으로 씻겨지는 것 또한 매우 실제적임을 이러한 신적(神的) 약속과 표를 통해 우리에게 확신시켜 주길 원하셔서 그렇게 말씀하셨습니다.

제74문 유아들도 세례를 받아야 합니까?

| 답 |

그렇습니다. 유아들도 어른들과 마찬가지로 하나님의 언약과 교회에 속하였고, 또한 그리스도의 피에 의한 속죄와 믿음을 일으키시는 성령님이 어른들 못지않게 유아들에게도 약속되었기 때문입니다. 그러므로 유아들도 언약의 표인 세례를 통해 그리스도의 교회에 속하게 되고 불신자의 자녀와 구별됩니다. 이런 일이 구약에서는 할례를 통해 이루어졌으나, 신약에서는 세례가 대신하게 되었습니다.

183일

제72문 세례에서 물로 씻는 것 자체가 곧 죄를 씻는 것입니까?

답 아닙니다. 오직 예수 그리스도의 피와 성령만이 우리를 모든 죄에서 깨끗하게 합니다.

우리 주님께서 "믿고 세례를 받는 사람은 구원을 얻을 것이요"라고 약속하셨으니 우리가 물세례를 받으면 그 의식이, 그 의식 자체가 우리의 죄를 실제로 씻어 내고 우리의 마음을 거룩하게 만들어 줄까? 베드로의 설교를 듣고 마음에 찔림을 받은 사람들이 말했다. "우리가 어찌할꼬?"[행 2:37]. 그러자 베드로는 대답했다. "너희가 회개하여 각각 예수 그리스도의 이름으로 세례를 받고 죄 사함을 받으라 그리하면 성령의 선물을 받으리니"[행 2:38]. 여기에서 "세례를 받고 죄 사함을 얻으라"라는 부분만 잘라서 읽으면, 마치 물로 세례를 받으면 그것을 통해서 우리의 죄가 씻겨지고 죄 사함의 은혜를 받을 수 있는 것처럼 들린다. 하지만, 성경은 전혀 그렇지 않다고 분명하게 증거한다. 물로 세례를 받는 외적인 행동은 우리의 죄를 씻지 못하며 죄 사함의 은혜를 우리에게 가져오지 못한다.

"율법을 따라 거의 모든 물건이 피로써 정결하게 되나니 피 흘림이 없은즉 사함이 없느니라"[히 9:22]. 죄인의 죄를 대신 짊어진 희생 제물이 피 흘려 죽을 때 하나님 앞에서 죄 문제가 해결된다. 그리고 그 피가 죄인에게 뿌려질 때, 그 피의 효력이 적용될 때 그 죄인은 실제적으로 죄 사함을 얻게 된다. 그래서 사도 요한은 다음과 같이 증거했다. "그 아들 예수의 피가 우리를 모든 죄에서 깨끗하게 하실 것이요"[요일 1:7]. 그리고 그 피의 효력을 죄인의 마음과 삶에 실질적으로 적용하시는 성령 하나님의 사역으로 죄인의 마음과 삶은 거룩하게 되고 온전한 거룩함을 향하여 늘 전진하게 된다. 사도 바울은 다음과 같이 증거하였다. "너희 중에 이와 같은 자들이 있더니 주 예수 그리스도의 이름과 우리 하나님의 성령 안에서 씻음과 거룩함과 의롭다 하심을 받았느니라"[고전 6:11]. 오늘 나는 기도한다.

"오, 주여! 세례의 의미와 가치를 오해하지 않게 하소서"

나의 묵상과 기도

184일

제73문 그러면 왜 성령께서는 세례를 "중생의 씻음"과 "죄를 씻음"이라고 하셨습니까?

물로 세례를 받는 외적 의식에 참여한다고 해서 그것이 우리 죄를 씻어 주는 것도 아니고 우리에게 죄 사함의 은혜를 가져오는 것도 아니다. 오직 믿음을 통하여 예수 그리스도의 피가 우리의 양심에 뿌려지고 적용될 때, 그와 동시에 성령 하나님이 우리의 마음에 실제적으로 역사하셔서 우리 마음을 고치시고 거룩하게 하실 때, 우리는 깨끗하게 되고 죄 사함의 은혜를 누리게 된다. 그렇다면, 물로 세례를 받는 외적 의식은 무슨 가치가 있는 것일까? 사람들이 흔히 생각하는 것처럼 물로 세례를 받는 외적 의식은 중요한 일도 아니고 유익한 일도 아닌 것일까? 물로 세례를 받는 일은 처음 예수를 믿게 되었을 때 누구나 한번은 거쳐야 하는 통과 의례에 불과한 것일까? 교회에서 세례식이 반복적으로 거행되지만 이미 세례를 받은 나는 그 세례식에 그저 증인이나 축하객으로 참여하면 되는 것일까?

이런 질문들 앞에서 나는 성경의 기록을 살펴보며 답을 찾는다. 예수 그리스도께서는 제자들에게 복음 전도의 사명을 주시면서 물로 세례를 주라는 명령도 중요한 사명으로 함께 언급하셨다. "너희는 가서 모든 민족을 제자로 삼아 아버지와 아들과 성령의 이름으로 세례를 베풀고"[마 28:19]. 또한, 예수 그리스도께서는 구원에 이르는 길로 믿음과 물세례를 함께 언급하시기도 하셨다. "믿고 세례를 받는 사람은 구원을 얻을 것이요"[막 16:16]. 사도들도 복음을 전할 때, 세례를 받는 것을 매우 중요한 일로 요구하였다. "너희가 회개하여 각각 예수 그리스도의 이름으로 세례를 받고 죄 사함을 받으라"[행 2:38]. 사도 바울과 사도 베드로는 구원의 은혜를 설명하면서 물세례를 각각 '중생의 씻음'과 '죄를 씻음'이라고 표현했다[딛 3:5; 행 22:16]. 오늘 나는 이런 말씀을 끌어안고 기도한다.

"오, 주여! 나를 가르쳐 주옵소서."

나의 묵상과 기도

185일

답1 여기에는 중요한 이유가 있습니다. 하나님께서는 몸의 더러운 것이 물로 씻겨지는 것처럼, 우리의 죄가 그리스도의 피와 영으로 씻겨짐을 우리에게 가르쳐 주고자 그렇게 표현하셨습니다.

그리스도께서 제정해 주신 성례에는 항상 두 가지 목적이 공존한다. 첫 번째 목적은 복음을 우리 눈에 보여 주는 것이다. 두 번째 목적은 복음의 효력을 우리에게 확신시키는 것이다. 첫 번째 목적을 우리 안에 먼저 이루고 두 번째 목적을 우리 안에 이루는 것이 성례의 목적이다. 그러므로 세례의 첫 번째 목적을 먼저 생각해 본다. 세례가 우리 눈에 보여 주는 복음은 무엇일까? 물이 우리 몸의 더러운 것을 깨끗하게 씻는 것처럼, 예수 그리스도의 보배로운 피도 우리의 모든 죄를 깨끗하게 씻는다는 복음이다. 물이 우리 몸의 더러운 것을 깨끗하게 씻는 것처럼, 성령 하나님의 은혜로운 사역이 우리를 거룩하게 한다는 복음이다. 물세례라는 외적 의식 자체는 우리 죄를 깨끗하게 씻지 못하지만, 물세례는 그렇게 죄 사함과 관련한 복음의 진수를 우리 눈에 보여 줌으로써 우리의 믿음을 강화한다.

모든 참 신자는 물로 세례를 받을 때 오직 예수 그리스도의 피와 성령의 은혜로운 사역으로 자신의 모든 죄가 사함받고 깨끗하게 된다는 복음을 눈으로 직접 보면서 믿음이 강화된다. 또한, 이후에 자신이 받은 세례를 기억할 때마다 그때 하나님께서 세례를 통해 보여 주신 복음의 진수를 다시 봄으로써, 이전보다 더 강화된 믿음으로 오직 예수 그리스도의 피와 성령의 은혜로운 사역을 의지하게 된다. 또한, 교회에서 세례식이 거행될 때마다 세례가 보여 주는 복음의 진수를 반복적으로 보면서 점점 더 강화된 믿음으로 예수 그리스도의 피와 성령의 은혜로운 사역을 의지하게 된다. 이처럼 물세례 자체는 우리의 죄를 씻지도 못하고 우리를 거듭나게 하지도 못하지만, 예수 그리스도의 피와 성령의 은혜로운 사역은 우리의 모든 죄를 씻고 우리를 거듭나게 한다. 그러므로 성경은 물세례를 일컬어 '중생의 씻음' 또는 '죄를 씻음'이라고 표현한 것이다. 오늘 나는 기도한다.

"오, 주여! 세례가 가르쳐 주는 것을 잘 배우게 하옵소서!"

186일

답2 **더 나아가 우리의 몸이 물로 씻겨지는 것처럼, 우리의 죄가 영적으로 씻겨지는 것 또한 매우 실제적임을 이러한 신적(神的) 약속과 표를 통해 우리에게 확신시켜 주길 원하셔서 그렇게 말씀하셨습니다.**

성례로서 세례의 첫 번째 목적이 우리 눈에 복음을 보여 줌으로써 우리의 믿음을 강화하는 것이었다면, 세례의 두 번째 목적은 우리 마음에 복음의 효력을 확신케 하여 우리의 믿음을 강화하는 것이다. 그러므로 세례의 두 번째 목적을 생각해 본다. 세례는 어떻게 우리에게 복음의 효력을 확신시켜 주는 것일까? 첫째, 세례에는 하나님의 확실한 약속이 붙어 있기 때문이다. "믿고 세례를 받는 사람은 구원을 얻을 것이요"[막 16:16]. 예수님께서 친히 들려주신 이 확실한 약속 때문에 우리는 세례를 받을 때, 우리가 받은 세례를 기억할 때마다, 그리고 다른 신자들의 세례를 지켜보면서, 우리의 모든 죄가 그리스도의 피와 성령의 은혜로운 역사로 깨끗하게 씻겨진다는 것을 확신하게 된다. 그 약속의 확실한 증표로 하나님께서 '세례'라는 외적 의식을 우리에게 주셨기 때문이다.

둘째, 세례는 하나님께서 그리스도의 보배로운 피와 성령 하나님의 은혜로운 역사로 우리의 모든 죄를 용서해 주신다는 보증의 표이다. 세례를 통해 하나님은 다음과 같이 맹세하시는 셈이다. "내가 내 아들의 보배로운 피와 내 성령으로 너희의 모든 죄를 용서할 것이다. 너희가 이를 확신할 수 있도록 내가 이 징표를 주노라." 그러므로 예수를 믿는 우리는 세례를 받을 때 하나님으로부터 그런 보증을 확실하게 받고, 교회 안에서 다른 신자들의 세례를 보면서도 그런 보증을 반복적으로 받는 것이다. 그래서 비록 물세례 자체는 우리의 죄를 씻지도 못하고 우리를 거듭나게 하지도 못하지만, 우리는 그것을 통해 더 큰 확신에 도달하여 그리스도의 피와 성령의 은혜로운 사역을 믿고 경험하기 때문에, 성경은 물세례를 일컬어 '중생의 씻음' 또는 '죄를 씻음'이라고 표현한다. 오늘 나는 기도한다.

"오, 주여! 세례를 통해 더 깊은 확신에 이르게 하옵소서."

187일

제74문 유아들도 세례를 받아야 합니까?

답1 그렇습니다. 유아들도 어른들과 마찬가지로 하나님의 언약과 교회에 속하였고, 또한 그리스도의 피에 의한 속죄와 믿음을 일으키시는 성령님이 어른들 못지않게 유아들에게도 약속되었기 때문입니다.

어떤 신자들은 세례를 생각할 때, 사람 쪽에서 하나님을 향해 철저한 회개와 참된 믿음과 온전한 순종을 보여 드리고 약속하는 의식이라고 생각한다. 이런 관점이 전혀 틀린 것은 아니다. 사도 베드로도 이런 관점으로 세례를 설명하기도 했다. "(세례는) 하나님을 향한 선한 양심의 간구니라"[벧전 3:21]. 그런데 이런 관점을 앞세워 세례를 생각하게 되면, 세례에서 가장 중요한 것은 신자가 하나님을 향해 올바른 신앙을 하고 있느냐가 된다. 세례가 신자 쪽에서 하나님을 향해 철저한 회개와 참된 믿음과 온전한 순종을 정말 확실하게 보여 드리고 맹세하는 것이라면, 철저한 회개와 참된 믿음과 온전한 순종을 하나님께 보여 드리고 맹세할 수 있는 참된 신자만 세례받을 수 있다는 결론에 도달할 수밖에 없기 때문이다.

하지만 세례는 하나님 쪽에서 우리에게 복음을 시각적으로 보여주시고 복음의 효력을 우리 마음에 확신시켜 주시는 측면이 가장 중요한 의식이다. 세례는 하나님 쪽에서 약속과 더불어 증표로서 우리에게 주시는 선물의 측면이 더 먼저이고 더 중요한 의식이다. 사도 베드로는 이런 관점으로 세례를 설명하였다. "물은 예수 그리스도께서 부활하심으로 말미암아 이제 너희를 구원하는 표니 곧 세례라"[벧전 3:21]. 그러므로 예수를 믿어 하나님의 구원 언약 안으로 들어오고 교회의 지체가 된 모든 신자뿐 아니라 그들의 유아들도 세례를 받는 것이 옳다. 하나님께서는 처음부터 신자들의 유아들에게도 그리스도의 피에 의한 속죄와 믿음을 일으키는 성령을 약속하셨기 때문이다. 오늘 나는 찬송한다.

"오, 주여! 주의 언약은 어찌 그리 넓고 후한지요!"

188일

답2 그러므로 유아들도 언약의 표인 세례를 통해 그리스도의 교회에 속하게 되고 불신자의 자녀와 구별됩니다.

하나님께서는 언제나 언약을 통해서 일하신다. 에덴동산에서도 처음부터 그러셨고, 지금도 그러하시며, 앞으로도 그러하실 것이다. 언약 안에는 하나님께서 우리에게 요구하시는 내용이 있고, 그것을 순종할 때 우리에게 주어지는 상과 불순종할 때 우리에게 주어지는 벌이 있고, 마지막으로 이 모든 내용을 시각적으로 보여주고 확신케 해주는 언약의 표가 있다. 하나님께서 죄인을 구원하실 때 사용하시는 언약에서 하나님은 예수 그리스도에 대한 믿음을 우리에게 요구하신다. 그리고 참된 믿음에 대해서 영생을 약속하셨고 불신앙에 대해서 영원한 멸망을 약속하셨다. 그리고 이것의 확실한 표로 세례라는 의식을 정해 주셨다. 그래서 신자는 언약 안에서 예수 그리스도를 믿고 하나님께로 돌아설 때 언약의 표인 세례를 받는다.

그렇게 신자는 그리스도의 교회에 속하여 불신자와 구별된다. 그런데 하나님의 언약은 신자들의 후손들에게도 적용된다. "나의 종 야곱, 내가 택한 여수룬아 두려워하지 말라 나는 목마른 자에게 물을 주며 마른 땅에 시내가 흐르게 하며 나의 영을 네 자손에게, 나의 복을 네 후손에게 부어 주리니 그들이 풀 가운데에서 솟아나기를 시냇가의 버들같이 할 것이라"[사 44:2-4]. 이처럼 하나님은 참 신자를 구원하실 때 그들의 자손과 후손도 그 언약 안에 포함하셨다. 신자의 모든 후손이 다 참된 믿음을 소유하게 되지는 않겠지만, 하나님은 그들을 언약 안에 포함하셨고 실제로 신자들의 많은 후손들을 우선적으로 구원하신다. 그래서 신자는 하나님의 이런 언약을 알고 믿기에 자신에게서 태어나는 유아에게 언약의 표인 세례를 베푼다. 그렇게 그들을 교회에 속하게 하고 불신자들과 구별하고서 하나님께서 그들에게 참된 믿음을 베풀어 주시기를 소망 가운데 기다린다. 오늘 나는 기도한다.

"오, 주여! 주의 언약을 우리 후손에게 이루어 주옵소서."

189일

답3 이런 일이 구약에서는 할례를 통해 이루어졌으나, 신약에서는 세례가 대신하게 되었습니다.

어떤 사람은 신자의 유아에게 세례 줄 것을 명하는 성경 구절이 없다는 이유로 유아 세례를 거부한다. 하지만 이런 논리가 옳다면 우리는 주일을 예배의 날로 지키는 것도 거부해야 할 것이다. 주일에는 교회로 모여 예배하라고 명하는 성경 구절도 없기 때문이다. 성경에 어떤 것을 명시적으로 명령하는 구절이 없더라도 합리적이고 정상적인 유추를 통해 어떤 것을 성경이 명령한다고 판단되면, 우리는 그것을 성경의 명령으로 받들고 순종해야 옳다. 구약 시대에 계시된 것 중 어떤 것들은 신약 시대로 넘어오면서 종결된다. 예컨대, 제사법은 실체이신 그리스도의 오심과 함께 종결되었다. 또 반면에 어떤 것들은 신약 시대로 넘어오면서 더 온전한 것으로 대체된다. 예컨대, 구약의 할례는 더 온전한 세례로 대체된다[골 2:11-12].

그러므로 우리는 구약의 할례를 보면서 유아세례에 관하여 올바른 생각을 정립해야 한다. 구약 시대에도 하나님은 언약을 통해 일하셨고 그때는 언약의 표로서 할례를 정해 주셨다. 그리고 유아들의 할례도 명령하셨다. "너희 중 남자는 다 할례를 받으라 이것이 나와 너희와 너희 후손 사이에 지킬 내 언약이니라, 난 지 팔 일 만에 할례를 받을 것이라"[창 17:10, 12]. 이때 하나님은 다음과 같은 경고도 하셨다. "할례를 받지 아니한 남자 곧 그 포피를 베지 아니한 자는 백성 중에서 끊어지리니 그가 내 언약을 배반하였음이니라"[창 17:14]. 여기에서 우리가 유추할 수 있는 것은 신자의 유아에게 세례를 베푸는 일 역시 하나님께서 엄히 요구하시는 일이요 매우 복된 일이라는 사실이다. 그러므로 신자들은 자신의 후손을 언약에 포함하신 하나님을 찬송해야 하고, 유아세례를 받은 자녀들은 참된 믿음으로 언약에 실제로 들어가 살도록 하나님의 은혜를 구해야 한다. 오늘 나는 기도한다.

"오, 주여! 유아세례에 관한 오해에서 많은 사람을 건져 주옵소서."

28주

제75문 성찬은 그리스도께서 십자가 위에서 이루신 단번의 제사와 그의 모든 공효(功效)에 당신이 참여하고 있음을 어떻게 깨닫게 하며 확신하게 합니까?

| **답** | 그리스도께서는 나와 모든 성도에게 그리스도를 기념하여 이 뗀 떡을 먹고 이 잔을 마시라고 명령하시면서 이렇게 약속하셨습니다. 첫째, 나를 위해 떼어진 주님의 떡과 나에게 주어진 잔을 내 눈으로 보는 것처럼 확실하게, 그분의 몸은 나를 위해 십자가에서 드려지고 찢기셨으며 그분의 피도 나를 위해 쏟으셨다는 것입니다. 둘째, 내가 그리스도의 살과 피의 확실한 표로서 주님의 떡과 잔을 목사의 손에서 받아 입으로 맛보는 것처럼 확실하게, 주님께서는 십자가에 달리신 자신의 몸과 흘리신 피로써 내 영혼이 영생에 이르도록 친히 먹이시고 마시게 하신다는 것입니다.

제76문 십자가에 달리신 그리스도의 몸을 먹고 그분의 흘리신 피를 마신다는 것은 무슨 뜻입니까?

| **답** | 그것은 믿는 마음으로 그리스도의 모든 고난과 죽음을 받아들이고, 이로써 죄 사함과 영원한 생명을 얻는 다는 뜻입니다. 뿐만 아니라 그것은 그리스도 안에 또한 우리 안에 거하시는 성령님으로 말미암아 우리가 그리스도의 거룩한 몸에 더욱더 연합됨을 의미합니다. 그래서 비록 그리스도께서는 하늘에 계시고 우리는 땅에 있다 할지라도, 우리는 그분의 뼈 중의 뼈요 그분의 살 중의 살이며, 마치 우리 몸의 지체(肢體)들이 한 영혼에 의해 살고 다스림을 받는 것처럼, 우리도 영원히 한 성령님에 의해 살고 다스림을 받습니다.

제77문 신자들이 이 뗀 떡을 먹고 이 잔을 마시는 것처럼, 그리스도께서는 그들을 자신의 몸과 피로 양육하시고 새롭게 하시겠다는 확실한 약속을 어디에서 하셨습니까?

| **답** | 성찬을 제정하실 때 이렇게 말씀하셨습니다. "주 예수께서 잡히시던 밤에 떡을 가지사 축사하시고 떼어 이르시되 이것은 너희를 위하는 내 몸이니 이것을 행하여 나를 기념하라 하시고 식후에 또한 그와 같이 잔을 가지시고 이르시되 이 잔은 내 피로 세운 새 언약이니 이것을 행하여 마실 때마다 나를 기념하라 하셨으니 너희가 이 떡을 먹으며 이 잔을 마실 때마다 주의 죽으심을 그가 오실 때까지 전하는 것이니라"(고전 11:23-26). 바울 사도는 거듭 이 약속의 말씀을 전했습니다. "우리가 축복하는 바 축복의 잔은 그리스도의 피에 참여함이 아니며 우리가 떼는 떡은 그리스도의 몸에 참여함이 아니냐 떡이 하나요 많은 우리가 한 몸이니 이는 우리가 다 한 떡에 참여함이라"(고전 10:16-17).

190일

제75문 성찬은 그리스도께서 십자가 위에서 이루신 단번의 제사와 그의 모든 공효(功效)에 당신이 참여하고 있음을 어떻게 깨닫게 하며 확신하게 합니까?

예수님은 십자가 위에서 우리의 죄를 짊어지고 죽으신 일의 효력이 우리에게 얼마나 복되고 확실한지를 가르쳐 주시기를 한없이 기뻐하신다. 그래서 수많은 말씀으로 그것을 우리 귀에 들려주시며 가르쳐 주신다. 하지만 예수님은 그것으로 충분하다고 생각하시지도 않고 만족하시지도 않는다. 그래서 우리가 그 효력을 눈으로 보고 몸으로 직접 경험할 수 있도록 두 가지 거룩한 의식을 정해 주셨다. 첫째는 세례요, 둘째는 성찬이다. 십자가에 달려 죽기 전, 예수님은 열두 제자와 다락방에서 마지막 유월절 식사를 하셨다. 바로 그 자리에서 예수님은 구약의 유월절 식사를 신약의 성찬으로 변경해 주셨다. 구약의 유월절 식사 자리에 있던 여러 음식 중에 예수님은 떡과 포도주를 선택하셨고, 떡과 포도주가 각각 자신의 살과 피를 상징한다고 의미를 부여하셨으며, 그것을 먹고 마심으로 예수님을 기념하라고 명령하셨다.

그러므로 성찬에 관하여 우리가 가장 근본적으로 던져야 할 질문은 다음과 같다. "세례와 마찬가지로 성찬도 그리스도께서 십자가 위에서 이루신 단번의 희생제사와 그의 모든 공로와 효력이 오늘도 우리에게 유효하다는 것을 보여 준다. 그렇다면, 성찬은 어떻게 그것을 우리에게 보여 주고 확신하게 만드는가? 성찬식에서 나는 어떻게 그것을 보며 확신해야 하는가?" 성찬은 사실 매우 간단한 식사이다. 왜냐하면, 차려진 음식이 두 가지뿐이고 식사를 하는 데도 몇 분의 시간이면 충분하고 성찬을 집례하는 목사가 인도하는 대로 참여하면 되기 때문이다. 하지만 사실 성찬은 신비롭고 어려운 식사이다. 성찬을 올바르게 이해하고 올바르게 참여할 때만 참된 유익을 얻을 수 있기 때문이다. 그러므로 앞의 질문을 던져 놓고 나는 성찬을 제정해 주신 주님께 기도한다.

"오, 주님! 성찬을 바르게 이해하고 바르게 참여하게 하옵소서."

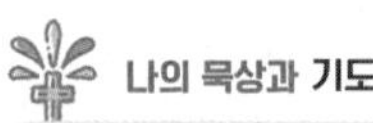

나의 묵상과 기도

191일

답1 그리스도께서는 나와 모든 성도에게 그리스도를 기념하여 이 뗀 떡을 먹고 이 잔을 마시라고 명령하시면서 이렇게 약속하셨습니다. 첫째, 나를 위해 떼어진 주님의 떡과 나에게 주어진 잔을 내 눈으로 보는 것처럼 확실하게, 그분의 몸은 나를 위해 십자가에서 드려지고 찢기셨으며 그분의 피도 나를 위해 쏟으셨다는 것입니다.

예수님께서 친히 집례하신 성찬식을 생각해 본다. 그때 성찬의 상에 예수님께서 차려 놓으신 음식은 두 가지, 하나는 떡이고 다른 하나는 포도주였다. 예수님은 한 덩어리의 떡을 들고 감사의 기도를 올리신 후 그 떡을 찢어 제자들에게 나누어 주면서 그 의미를 설명하셨다. 또한, 포도주가 담긴 잔을 들고 감사의 기도를 올리신 후 그 잔을 제자들에게 주시면서 그 의미를 설명하셨다. "이것은 너희를 위하여 주는 내 몸이라 너희가 이를 행하여 나를 기념하라 하시고 … 이 잔은 내 피로 세우는 새 언약이니 곧 너희를 위하여 붓는 것이라"[눅 22:19-20]. 예수님께서 떡과 잔에 관하여 설명하신 말씀과 예수님께서 떡과 잔을 제자들에게 친히 주신 행동은 성찬이 무엇인지를 우리에게 확실하게 보여 준다. 먼저, 예수님께서 떡과 잔에 관하여 하신 말씀이 보여 주는 것은 무엇일까? "이것은 너희를 위하여 주는 내 몸이라. 이 잔은 내 피로 세우는 새 언약이니 곧 너희를 위하여 붓는 것이라." 이 말씀 때문에 성찬의 상에서 우리는 예수님께서 우리 죄를 대신 짊어지고 몸이 찢어지고 피를 쏟는 고난을 받으셨음을 더 확실히 깨닫게 된다. 그러면 예수님께서 떡과 잔을 제자들에게 친히 건네주신 행동이 보여 주는 것은 무엇일까? "떡을 가지사 축복하시고 떼어 제자들에게 주시며, 잔을 가지사 감사 기도 하시고 그들에게 주시며"[마 26:26, 27]. 이 행동 때문에 성찬의 상에서 우리는 예수님께서 십자가에서 몸을 찢어 주시고 피를 흘려 주신 모든 일의 효력에 우리가 참여하고 있음을 더 확실히 깨닫게 된다. 그러므로 나는 성찬의 상을 대할 때 눈을 감지 않는다. 오히려 눈을 크게 뜨고, 목사가 떡을 찢어서 주고 잔도 부어 주는 것을 보면서 복음을 눈으로 확인한다. 오늘 나는 고백한다.

"오, 주여! 성찬의 상에서 주의 복음을 눈으로 보나이다."

192일

답2 둘째, 내가 그리스도의 살과 피의 확실한 표로서 주님의 떡과 잔을 목사의 손에서 받아 입으로 맛보는 것처럼 확실하게, 주님께서는 십자가에 달리신 자신의 몸과 흘리신 피로써 내 영혼이 영생에 이르도록 친히 먹이시고 마시게 하신다는 것입니다.

예수님께서 친히 집례하신 성찬식을 생각해 본다. 그때 성찬의 상에서 예수님께서 하신 행동은 두 가지였다. 한 가지는 떡과 잔을 제자들에게 친히 주신 것이며, 다른 한 가지는 제자들에게 떡을 먹고 잔을 마시라고 말씀하신 것이다[마 26:26-27]. 성찬의 상에서 예수님께서 행하신 이 두 가지 행동은 매우 중요한 의미가 있다. 성찬의 상은 예수님께서 제자들에게 음식을 친히 건네주시는 식사였다. 또한, 예수님께서 제자들을 친히 먹여 주시는 식사였다. 물론 제자들은 성인이었으니까 예수님이 제자들의 입에 음식을 직접 넣어 주신 것은 아니었지만, 예수님은 제자들에게 떡을 찢어 주시고 잔을 건네주시며 "받아서 먹으라. 이것을 마시라."라고 말씀하심으로써, 제자들을 친히 먹여 주시는 분으로 그곳에 계셨다.

성찬의 상에서 예수님이 보여 주신 이 두 가지 행동은 우리에게 무엇을 보여 주는 것일까? 그것은 예수님께서 우리에게 영원한 생명을 주시는 분이시고, 또한 우리가 영원한 생명을 더 풍성히 누리도록 친히 우리를 먹여 주시는 분이라는 사실이다. 일찍이 예수님은 자신을 생명의 떡이라고 소개하시면서 다음과 같이 말씀하셨다. "나는 하늘에서 내려온 살아 있는 떡이니 사람이 이 떡을 먹으면 영생하리라"[요 6:51]. "내 살을 먹고 내 피를 마시는 자는 영생을 가졌고"[요 6:54]. 그렇게 예수님은 사람이 예수님의 살과 피를 먹고 마셔야 할 필요성을 강조하셨다. 하지만 성찬식에서는 더 복된 진리를 보여 주신다. 예수님께서 친히 자기의 살과 피를 우리에게 먹여 주신다는 것이다. 십자가에서 우리를 위해 고난받으심으로써 획득하신 모든 복과 은혜를 예수님께서 친히 우리에게 먹여 주신다는 것이다. 그러니 예수님은 얼마나 놀라운 구주이신가! 오늘 나는 감사한다.

"오, 주여! 성찬의 상에서 저를 먹여 주시니 감사합니다."

나의 묵상과 기도

193일

제76문 십자가에 달리신 그리스도의 몸을 먹고 그분의 흘리신 피를 마신다는 것은 무슨 뜻입니까?

답1 그것은 믿는 마음으로 그리스도의 모든 고난과 죽음을 받아들이고, 이로써 죄 사함과 영원한 생명을 얻는 다는 뜻입니다. 뿐만 아니라 그것은 그리스도 안에 또한 우리 안에 거하시는 성령님으로 말미암아 우리가 그리스도의 거룩한 몸에 더욱더 연합됨을 의미합니다.

예수님께서 친히 집례하신 성찬식을 생각해 본다. 그때 성찬의 상에서 제자들이 한 행동은 두 가지였다. 한 가지는 예수님께서 주시는 떡과 잔을 받은 것이다. 다른 하나는 떡을 먹고 잔을 마시라는 예수님의 말씀을 따라 떡을 먹고 포도주를 마신 것이다. 성찬의 상에서 제자들이 떡을 먹은 일은 그리스도의 몸을 먹은 일이 되고, 포도주를 마신 일은 그리스도의 흘리신 피를 마시는 일이 된다. 예수님께서 떡에 관하여 "이것은 너희를 위하여 주는 내 몸이라"[눅 22:19]라고 말씀하셨고, 잔에 관하여는 "이 잔은 내 피로 세우는 새 언약이니 곧 너희를 위하여 붓는 것이라"[눅 22:20]라고 말씀하셨기 때문이다. 그래서 사도 바울은 신자들이 성찬의 상에서 떡과 잔을 먹고 마시는 행위를 다음과 같이 설명한다. "우리가 축복하는 바 축복의 잔은 그리스도의 피에 참여함이 아니며 우리가 떼는 떡은 그리스도의 몸에 참여함이 아니냐"[고전 10:16]. 하지만 성찬의 상에서 떡을 먹고 포도주를 마신다고 해서 십자가에 달리신 그리스도의 몸을 먹고 그분의 흘리신 피를 마시는 일이 자동적으로 실현되는 것은 아니다. 그 일이 실현되는 때는 오직 믿는 마음으로 그리스도의 대속적인 고난과 죽음을 받아들일 때뿐이다. "나는 생명의 떡이니 내게 오는 자는 결코 주리지 아니할 터이요 나를 믿는 자는 영원히 목마르지 아니하리라"[요 6:35]. 일상적인 삶에서든 성찬의 상에서든 우리는 오직 믿음으로만 예수님의 몸을 먹고 예수님의 피를 마시는 사람이 된다. 그 결과 우리는 죄 사함을 받고 영생을 얻으며 신자 안에 내주하시는 성령으로 말미암아 그리스도에게 연합되고 그의 거룩한 몸의 지체가 된다. "내 살을 먹고 내 피를 마시는 자는 내 안에 거하고 나도 그의 안에 거하나니"[요 6:56]. 그러니 성찬의 상에서 믿음으로 떡과 잔을 먹고 마시는 신자는 복 있는 사람이다. 오늘 나는 기도한다.

"오, 주여! 믿음으로 성찬의 상에 참여하여 신령한 복을 누리게 하옵소서."

194일

답2 그래서 비록 그리스도께서는 하늘에 계시고 우리는 땅에 있다 할지라도, 우리는 그분의 뼈 중의 뼈요 그분의 살 중의 살이며, 마치 우리 몸의 지체(肢體)들이 한 영혼에 의해 살고 다스림을 받는 것처럼, 우리도 영원히 한 성령님에 의해 살고 다스림을 받습니다.

오늘날 우리가 참여하는 성찬의 상을 생각해 본다. 예수님이 보이지 않는다. 예수님께서 성찬을 집례하시는 것도 아니다. 목사가 보인다. 목사가 성찬을 집례한다. 말씀을 설교하는 목사가 예수님을 대신하여 성찬을 집례하는 것이다. 그러므로 성찬의 상에서 우리는 예수 그리스도께서 몸으로는 하늘에 계시고 우리는 땅에 있음을 확연히 느끼게 된다. 하지만 이것 때문에 우리는 실망하거나 낙심하지 않는다. 예수 그리스도께서 비록 몸으로는 하늘에 계시지만 이 세상 끝날까지 우리와 항상 함께하겠다고 약속하셨기 때문이다. "볼지어다 내가 세상 끝날까지 너희와 항상 함께 있으리라"[마 28:20]. 믿음으로 그리스도의 몸과 피를 먹고 마시는 모든 신자 안에 예수님이 거하시겠다고 약속하셨기 때문이다. "내 살을 먹고 내 피를 마시는 자는 내 안에 거하고 나도 그의 안에 거하나니"[요 6:56].

비록 예수님의 몸은 하늘에 계시고 우리는 이 땅에 있지만, 우리는 예수님의 몸을 구성하는 지체로 이 땅에 있고 예수님은 머리로서 하늘에 계신다. 에덴동산에서 아담이 하와를 보면서 "이는 내 뼈 중의 뼈요 살 중의 살이라"[창 2:23]라고 기쁨으로 노래하며 하와와 함께했던 것처럼, 예수님도 우리를 자신의 뼈 중의 뼈요 살 중의 살로 여기시면서 기쁨으로 노래하며 우리와 함께하신다. 또한 비록 예수님의 몸은 하늘에 계시고 우리는 이 땅에 있지만, 예수님 안에도 거하시고 우리 안에도 거하시는 성령 하나님을 통해서 예수님과 우리는 하나가 되어 있고 서로 안에 거하는 신비를 누린다. "그의 성령을 우리에게 주시므로 우리가 그 안에 거하고 그가 우리 안에 거하시는 줄을 아느니라"[요일 4:13]. 그러므로 예수님은 성령으로 지금도 성찬의 상에 임재하시며 함께 계신다. 오늘 나는 감사한다.

"오, 주여! 성찬의 상에 영으로 임재하심을 감사합니다."

195일

제77문 신자들이 이 뗀 떡을 먹고 이 잔을 마시는 것처럼, 그리스도께서는 그들을 자신의 몸과 피로 양육하시고 새롭게 하시겠다는 확실한 약속을 어디에서 하셨습니까?

답1 성찬을 제정하실 때 이렇게 말씀하셨습니다. "주 예수께서 잡히시던 밤에 떡을 가지사 축사하시고 떼어 이르시되 이것은 너희를 위하는 내 몸이니 이것을 행하여 나를 기념하라 하시고 식후에 또한 그와 같이 잔을 가지시고 이르시되 이 잔은 내 피로 세운 새 언약이니 이것을 행하여 마실 때마다 나를 기념하라 하셨으니 너희가 이 떡을 먹으며 이 잔을 마실 때마다 주의 죽으심을 그가 오실 때까지 전하는 것이니라"(고전 11:23-26).

예수님은 성찬을 제정해 주시면서 우리에게 말씀하셨다. "이것을 행하여 나를 기념하라." 떡을 떼어 주시면서도 그렇게 말씀하셨고 잔을 주시면서도 그렇게 말씀하셨다. 이 말씀만 보면, 이 말씀은 우리가 반드시 행해야 하는 명령의 말씀이다. 하지만 예수님께서 이 말씀을 하신 배경과 상황을 깊이 생각해 보면, 이 말씀은 오히려 약속의 말씀에 더 가깝다. 예수님께서 우리를 위하여 무엇을 해주시겠다고 하시는 약속의 말씀에 더 가깝다는 말이다. 예수님께서 이 말씀을 하신 배경과 상황을 생각해 보자. 먼저, 예수님은 떡과 잔을 먹고 마시는 거룩한 식사를 제자들에게 만들어 주셨다. 예수님의 대속적인 고난과 죽음, 그리고 그것이 우리에게 가져오는 복과 은혜를 보여 주는 거룩한 식사를 만들어 주셨다. 그러면서 예수님은 말씀하신 것이다. "이것을 행하여 나를 기념하라."

예수님의 말씀은 이런 뜻이다. "내가 오늘 너희에게 거룩한 예식으로 정해 주는 이 성찬은 내가 너희의 죄를 대신 짊어지고 십자가에 달려 내 몸을 찢어 주고, 내 피를 흘린 일을 너희 눈에 확실하게 보여 주고, 너희 마음에 확실하게 믿게 하는 거룩한 예식이다. 그러므로 나는 비록 하늘에 올라가 몸으로는 너희와 멀리 떨어져 있겠지만, 이 성찬을 통해서 나의 대속적 죽음과 그것이 너희에게 가져오는 복된 구원을 앞으로도 꾸준히 너희에게 보여 줄 것이다. 그러니 너희는 이것을 행함으로써 내가 너희에게 보여 주는 것들을 확실하게 보거라. 그러면 너희는 나를 기념하게 될 것이다." 이렇게 예수님은 성찬을 제정해 주실 때, 자기 자신이 우리를 그의 몸과 피로 먹이고 마시우겠다고 약속하신 셈이다. 그러므로 나는 성찬에 참여하게 될 때마다 주님의 이 약속에 기대를 건다.

"오, 주님, 주님의 신실하심을 믿습니다."

196일

답2 바울 사도는 거듭 이 약속의 말씀을 전했습니다. "우리가 축복하는 바 축복의 잔은 그리스도의 피에 참여함이 아니며 우리가 떼는 떡은 그리스도의 몸에 참여함이 아니냐 떡이 하나요 많은 우리가 한 몸이니 이는 우리가 다 한 떡에 참여함이라"(고전 10:16-17).

성찬을 제정해 주시면서 예수님은 약속하셨다. 성찬의 상에서 우리로 그리스도의 살을 먹고 그리스도의 피를 마시게 해주시겠다고 약속하셨다. 그러므로 우리는 성찬에 참여할 때마다, 주님의 이 약속에 모든 소망을 걸어야 한다. 이 약속에 모든 소망을 두고 나아가, 떡과 잔을 받고 그것을 먹고 마셔야 한다. 어느 때는 성찬을 앞두고 낙심하게 된다. 성찬에 참여해야 하는 우리 자신에게 여러 가지 결점과 허물이 보이고, 이번 성찬에서는 주님의 살과 피를 먹고 마시는 일이 불가능할 것처럼 보이기 때문이다. 또는 성찬이 이루어지는 교회의 영적인 상황이 저급하여 그곳에서 이루어지는 성찬에서는 주님의 살과 피를 먹고 마시는 일이 불가능할 것처럼 느껴지기 때문이다. 또는 함께 성찬에 참여해야 할 교우들과 불편한 관계일 때 그들과 함께 성찬에 참여하는 일이 부담으로 다가오기 때문이다. 그러나 우리는 낙심하지 말아야 한다. 성찬에 참여하지 않기로 결심하지 말아야 한다. 소망도 기대도 없이 성찬의 상 앞에 멍하니 앉아 있지 말아야 한다. 오히려 그리스도의 약속을 더 굳게 붙들고 기대를 품고 성찬의 상에 나아가야 한다. 예수 그리스도께서는 우리가 완벽해서 성찬의 상으로 우리를 초대하시는 것이 아니다. 우리 교회의 영적 상태가 훌륭해서 우리 교회에 성찬의 상을 베푸신 것도 아니다. 우리가 서로 좋은 관계를 유지하고 있어서 우리를 성찬으로 초대하신 것도 아니다. 오히려 반대다. 성찬은 불완전한 신자들을 위한, 연약한 교회를 위한, 하나가 되지 못하는 신자들을 위한 은혜의 식사 자리이다. 성찬의 상에서 예수님은 필요한 은혜를 베풀어 신자들을 온전하게 하시고 교회를 강하게 하시며 신자들을 하나 되게 하신다. 그러므로 예수님께서 은혜 주실 것을 믿고 소망으로 성찬의 상에 나아가야 한다. 오늘 나는 고백한다.

"오, 주여! 은혜를 얻기 위하여 성찬의 상에 나아갑니다."

29주

제78문 떡과 포도주가 그리스도의 실제 몸과 피로 변합니까?

| 답 |

아닙니다. 세례의 물이 그리스도의 피로 변하는 것도 아니고, 죄를 씻어 주는 것도 아니며, 단지 하나님께서 주신 표와 확증인 것처럼, 성찬의 떡도 그리스도의 실제 몸으로 변하지 않습니다. 성찬의 떡을 그리스도의 몸이라고 하는 것은 성례의 본질을 나타내는 표현입니다.

제79문 그렇다면 왜 그리스도께서는 떡을 자신의 몸이라고 하시고, 잔을 자신의 피 혹은 자신의 피로 세운 새 언약이라고 말씀하십니까? 그리고 왜 사도 바울은 '그리스도의 몸과 피에 참여한다'라고 말합니까?

| 답 |

그리스도께서 그렇게 말씀하신 데에는 중요한 이유가 있습니다. 마치 떡과 포도주가 우리 삶에 필요한 영양분을 공급하듯이, 십자가에 달리신 그분의 몸과 흘리신 피가 우리 영혼을 영생으로 이끄는 참된 양식과 음료라는 사실을 가르치려 하셨습니다. 더 나아가서, 그리스도께서는 눈으로 볼 수 있는 이러한 표와 보증으로써 우리에게 다음을 확신시키려 하셨습니다. 첫째, 우리가 그리스도를 기념하면서 이 거룩한 표들을 육신의 입으로 받아먹는 것처럼, 실제로 성령의 역사(役事)에 의해 우리가 그의 참된 몸과 피에 참여한다는 것입니다. 둘째, 그리스도의 모든 고난과 순종이 확실하게 우리의 것이 되어, 마치 우리 자신이 직접 모든 고난을 당하고 우리의 죗값을 하나님께 치른 것과 같다는 것입니다.

197일

제78문 떡과 포도주가 그리스도의 실제 몸과 피로 변합니까?

답1 아닙니다. 세례의 물이 그리스도의 피로 변하는 것도 아니고, 죄를 씻어 주는 것도 아니며, 단지 하나님께서 주신 표와 확증인 것처럼, 성찬의 떡도 그리스도의 실제 몸으로 변하지 않습니다.

성찬을 제정해 주실 때, 예수님께서 들려주신 말씀을 오해하는 사람들이 있다. "이것은 내 몸이니라. 이것은 나의 피 곧 언약의 피니라"[마 26:26, 28]. 이 말씀을 문자적으로 해석하는 사람들은 성찬의 상에 차려진 떡과 포도주가 실제로 예수님의 몸과 피가 된다고 믿는다. 과연 그럴까? 우리가 다른 사람의 말을 정확하게 이해하려면 그 사람의 말을 깊이 생각해야 하지만, 그 사람이 어떤 상황과 어떤 배경에서 한 말인지도 반드시 고려해야 한다. 그렇지 않으면 오해가 생기기 마련이다. 예수님께서 어떤 상황과 어떤 배경에서 하신 말씀인지를 잘 생각해 보자. 그런 다음에 떡과 포도주에 관한 예수님의 말씀을 다시 생각해 보자. 예수님은 자신의 대속적인 고난과 죽음, 그리고 그것이 가져오는 복된 구원을 우리 눈에 보여 주기 위하여 성찬을 제정해 주시는 상황에서 그런 말씀을 하셨다. 그러므로 성찬의 두 가지 요소인 떡과 잔은 예수님의 대속적인 고난과 죽음을 우리 눈에 보여 주는 표 또는 상징이다. 떡은 예수님이 우리의 죄를 대신 짊어지고 십자가에서 몸을 찢겨 주셨다는 것을 보여 주는 표 또는 상징이며, 포도주는 예수님께서 우리를 위하여 자신의 피를 흘려 주셨다는 것을 보여 주는 표 또는 상징이다. 성찬의 상에 차려진 떡과 포도주가 실제로 그리스도의 몸과 피로 변한다는 견해는 해석의 기본 원리를 지키지 않아서 생긴 오해에 불과하다. 세례에서 사용되는 물이 그리스도의 피로 변한다고 주장하는 사람은 없다. 그런데 성찬의 상에 차려진 떡과 포도주는 그리스도의 몸과 피로 변한다고 주장하는 사람들은 많다. 참으로 어이없는 일이다. 오늘 나는 기도한다.

"오, 주여! 성찬에 관한 오해에서 교회를 지켜 주옵소서."

198일

답2 성찬의 떡을 그리스도의 몸이라고 하는 것은 성례의 본질을 나타내는 표현입니다.

하나님께서 우리에게 진리를 풍부하게 가르쳐 주셔도 우리는 마음이 어둡고 둔하여 그 진리를 제대로 이해하지 못한다. 그래서 예수님은 다음과 같이 탄식하셨다. "미련하고 선지자들이 말한 모든 것을 마음에 더디 믿는 자들이여"[눅 24:25]. 이런 우리의 연약함을 불쌍하게 보시는 하나님은 복음의 가장 근본적인 핵심만큼은 우리가 확실하게 깨닫고 믿을 수 있도록 눈에 보이고 몸으로 경험할 수 있는 두 가지 거룩한 의식을 만들어 주셨다. 그런데 하나님께서 우리에게 거룩한 의식을 제정해 주셔도 우리는 여전히 마음이 둔하고 미련하여 그 의식의 본질을 잘 이해하지 못한다. 그래서 사도 바울은 성찬을 왜곡시킨 고린도 교회를 보면서 탄식했다. "내가 너희에게 무슨 말을 하랴 너희를 칭찬하랴 이것으로 칭찬하지 않노라"[고전 11:22].

아, 우리 마음의 미련함과 둔함은 실로 깊고 크다. 우리의 마음이 이처럼 둔하고 미련한 것을 아시기에 하나님께서는 성례를 만들어 주실 때 독특한 어법을 사용하셨다. 우리가 성례의 본질적인 의미를 놓치지 않도록 다소 충격적인 표현을 사용하셨다. 사실, 성찬의 상에서 예수님은 떡을 가리키며 다음과 같이 말씀하실 수도 있었다. "이것은 내 몸을 상징하는 표다." 그리고 잔을 가리키며 다음과 같이 말씀하실 수도 있었다. "이것은 내 피를 상징하는 표다." 하지만 예수님은 그런 표현을 사용하지 않으셨다. 매우 충격적인 다른 표현을 사용하셨다. "이것은 내 몸이다.", "이것은 내 피다." 마음이 미련하고 둔하여 눈에 보이는 성례조차도 이해하지 못하는 우리를 위해 일부러 그런 표현을 사용하신 것이다. 그런데 사람들은 이런 표현을 보면서 성찬에서 떡과 포도주가 실제로 예수님의 몸과 피로 변한다고 주장한다. 참으로 어처구니없는 일이다. 오늘 나는 또 기도한다.

"오, 주여! 성찬에 관한 오해에서 교회를 지켜 주옵소서."

나의 묵상과 기도

199일

제79문 그렇다면 왜 그리스도께서는 떡을 자신의 몸이라고 하시고, 잔을 자신의 피 혹은 자신의 피로 세운 새 언약이라고 말씀하십니까? 그리고 왜 사도 바울은 '그리스도의 몸과 피에 참여한다'라고 말합니까?

우리는 마음이 미련하고 둔하여 귀로 듣는 말씀도 잘 이해하지 못하지만, 눈으로 보는 성례도 잘 이해하지 못한다. 그래서 예수님은 성찬을 제정해 주실 때 떡과 잔을 설명하시면서 매우 충격적인 표현을 사용하셨다. 공관복음서를 읽어 보면 예수님께서 사용하신 표현이 여러 곳에 기록되어 있다. 먼저, 떡에 관한 예수님의 말씀을 들어 보자. "이것은 내 몸이니라"[마 26:26; 막 14:23]. "이것은 너희를 위하여 주는 내 몸이라"[눅 22:19]. 다음으로, 포도주에 관한 예수님의 말씀을 들어 보자. "이것은 죄 사함을 얻게 하려고 많은 사람을 위하여 흘리는 바 나의 피 곧 언약의 피니라"[마 26:28; 막 14:24]. "이 잔은 내 피로 세우는 새 언약이니 곧 너희를 위하여 붓는 것이라"[눅 22:20].

사도 바울도 성령의 감동을 받고 서신서를 기록할 때 성찬과 관련하여 매우 충격적인 표현을 사용하였다. 신자가 성찬에 참여하는 일을 바울이 뭐라고 설명하는지 들어 보자. "우리가 축복하는 바 축복의 잔은 그리스도의 피에 참여함이 아니며 우리가 떼는 떡은 그리스도의 몸에 참여함이 아니냐"[고전 10:16]. 이처럼 바울은 신자가 성찬의 상에서 떡을 먹고 포도주를 마시는 일을 가리켜 각각 그리스도의 몸을 먹는 것, 그리스도의 피를 마시는 것이라고 표현하였다. 얼마나 충격적인 표현인가! 성찬을 설명할 때 사용된 이런 표현 때문에 초대 교회의 신자들은 사람의 살을 먹고 사람의 피를 마시는 괴물이라는 오명을 뒤집어쓰고 핍박을 받았다. 그런데도 예수님과 사도 바울은 왜 이런 표현을 쓴 것일까? 이런 표현을 쓴 이유가 우리 마음이 미련함과 둔함 때문이라면, 이런 표현을 쓴 궁극적인 목적은 무엇일까? 오늘 나는 기도한다.

"오, 주여! 저를 가르쳐 주옵소서."

나의 묵상과 기도

200일

답1 그리스도께서 그렇게 말씀하신 데에는 중요한 이유가 있습니다. 마치 떡과 포도주가 우리 삶에 필요한 영양분을 공급하듯이, 십자가에 달리신 그분의 몸과 흘리신 피가 우리 영혼을 영생으로 이끄는 참된 양식과 음료라는 사실을 가르치려 하셨습니다.

성찬의 두 가지 요소인 떡과 잔을 설명할 때 "이것은 내 몸이다.", "이것은 내 피다."라는 표현이 사용된 궁극적인 목적은 성례의 두 가지 목적을 기억할 때 이해할 수 있다. 성례의 두 가지 목적을 기억해 보자. 성례의 첫 번째 목적은 복음의 근본적 핵심 내용을 가르치는 것이고, 두 번째 목적은 복음의 근본적 핵심 내용을 확신시켜 주는 것이다. 기독교의 성례, 곧 세례와 성찬은 복음의 가장 근본적인 핵심 내용을 우리 눈에 보이는 어떤 물건과 어떤 행동으로 상징하여 우리에게 보여 줌으로써 일차적으로는 우리를 가르치고 이차적으로는 우리에게 확신을 심어 준다. 그러므로 떡과 잔을 설명할 때, '그리스도의 몸'과 '그리스도의 피'라는 표현을 쓴 첫 번째 목적은 우리를 가르치기 위함이다. 무엇을 가르치기 위함인가? 일상적인 삶에서 떡과 포도주가 몸의 목숨을 유지하는 데 필요한 영양분을 공급해 주는 것처럼, 성찬의 떡과 포도주가 상징하는 바 예수 그리스도께서 십자가에 달려 찢겨 주신 살과 흘려 주신 피도 우리 영혼에 영원한 생명을 공급해 주고 그 생명을 더 풍성하게 누리도록 만들어 준다는 복음의 핵심 진리이다. 이런 점에서 성찬은 예수님이 요한복음 6장에서 말씀으로 들려주신 복음의 핵심 진리를 우리 눈에 보여 줌으로써 동일한 진리를 더 확실하게 가르친다. "내 살을 먹고 내 피를 마시는 자는 영생을 가졌고 마지막 날에 내가 그를 다시 살리리니 내 살은 참된 양식이요 내 피는 참된 음료로다 내 살을 먹고 내 피를 마시는 자는 내 안에 거하고 나도 그의 안에 거하나니 살아 계신 아버지께서 나를 보내시매 내가 아버지로 말미암아 사는 것 같이 나를 먹는 그 사람도 나로 말미암아 살리라"[요 6:54-57]. 오늘 나는 감사한다.

"오, 주여! 저를 가르쳐 주셔서 감사합니다."

201일

답2 더 나아가서, 그리스도께서는 눈으로 볼 수 있는 이러한 표와 보증으로써 우리에게 다음을 확신시키려 하셨습니다.

성례의 두 가지 목적을 다시 기억해 보자. 성례의 첫 번째 목적은 복음의 근본적 핵심 내용을 가르치는 것이고, 두 번째 목적은 복음의 근본적 핵심 내용을 확신시켜 주는 것이다. 세례에서 물, 성찬에서 떡과 포도주는 그리스도의 대속적 죽음과 고난을 보여 주는 표일 뿐만 아니라 그것이 얼마든지 우리를 구원할 수 있다는 보증도 된다. 성례 안에서 신자는 그런 보증을 반복적으로 확인하면서 구원에 관한 더 큰 확신으로 나아가게 된다. 그러므로 성찬의 두 가지 요소인 떡과 잔을 설명할 때 "이것은 내 몸이다.", "이것은 내 피다."라는 표현이 사용된 일차적인 목적은 복음의 핵심 진리를 가르치는 데 있지만, 그것이 전부는 아니다. 거기에는 이차적인 목적, 어쩌면 더 중요한 목적이 있다.

그것은 성찬 안에서 신자가 복음의 핵심 진리를 보고 경험함으로써, 하나님의 구원에 대한 보증을 반복적으로 보고 경험함으로써, 이전보다 더 큰 확신에 도달하게 하는 것이다. 물론 참된 신자가 하나님의 구원을 확신하게 되는 일차적인 통로는 복음을 듣고 믿는 것이다. 참된 신자는 복음을 듣고 믿을 때 성령의 도움을 받아 확신에 도달하게 된다. "이는 우리 복음이 너희에게 말로만 이른 것이 아니라 또한 능력과 성령과 큰 확신으로 된 것임이라"[살전 1:5]. 하지만 참된 신자가 하나님의 구원을 확신하게 되는 또 다른 복된 통로가 있으니, 성례 곧 세례와 성찬이다. 참된 신자는 성찬에 참여하여 떡과 잔을 보고 받고 그것을 먹고 마실 때 성령 하나님의 도움을 받아 그리스도 안에서 하나님께서 베풀어 주시는 구원을 더 크게 확신하게 된다. 그러므로 나는 더 큰 확신을 얻으러 성찬의 상에 나아간다.

"오, 주여! 확신을 심어 주는 성찬의 유익을 더 누리고 싶습니다."

202일

답3 첫째, 우리가 그리스도를 기념하면서 이 거룩한 표들을 육신의 입으로 받아먹는 것처럼, 실제로 성령의 역사(役事)에 의해 우리가 그의 참된 몸과 피에 참여한다는 것입니다.

성찬의 상에서 신자가 얻을 수 있는 확신은 구체적으로 어떤 내용일까? 성찬을 제정해 주신 예수님은 성찬을 통해 신자에게 어떤 확신을 심어 주기를 원하셨을까? 우선, 성찬의 진행 과정과 내용을 생각해 보자. 예수님은 성찬의 상을 준비해 놓고 우리를 성찬의 상으로 초대하신다. 우리가 성찬의 상에 앉으면 예수님은 떡과 잔이 자신의 몸과 피라고 설명해 주심으로써, 자신이 우리를 위해서 십자가에서 몸을 찢어 주셨고 피를 흘려 주셨음을 선언해 주신다. 그리고 우리에게 자신의 대속적인 고난과 죽음을 상징하는 떡과 잔을 건네주신다. 그리고 마지막으로 우리에게 그것을 먹고 마시라고 말씀하신다. 성찬의 상에서 주님은 우리에게 어떤 확신을 심어 주기 위하여 이렇게 행동하실까?

예수님께서 성찬의 상에 우리를 초대하심은 자신의 대속적 고난과 죽음의 효력을 베풀어 주시겠다는 확고한 의지의 표현이다. 떡과 잔을 자신의 몸과 피라고 설명하심은 자신의 대속적 고난과 죽음이 우리를 위한 것이었다는 확고한 증거이다. 떡과 잔을 우리에게 건네주심은 자신의 대속적 고난과 죽음의 효력을 자신이 우리에게 친히 주신다는 사실에 대한 분명한 표현이다. 마지막으로, 떡과 잔을 먹고 마시라고 말씀하심은 자신의 대속적 고난과 죽음의 효력을 우리가 지금 실제로 경험하고 풍성하게 누릴 수 있다는 확고한 보장이다. 그러므로 우리는 믿음으로 성찬의 상에 참여하여 성령 하나님의 도움을 받아 우리가 그리스도의 몸과 피에 얼마든지 참여할 수 있고, 이미 참여하게 되었고, 앞으로 더 참여할 수 있음을 더 크게 확신하게 된다. 그러니 성찬은 얼마나 행복한 식사의 자리인가! 오늘 나는 고백한다.

"오, 주여! 성찬의 상에서 주님 때문에 한없는 행복을 누립니다."

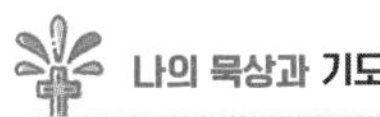

나의 묵상과 기도

203일

답4 둘째, 그리스도의 모든 고난과 순종이 확실하게 우리의 것이 되어, 마치 우리 자신이 직접 모든 고난을 당하고 우리의 죗값을 하나님께 치른 것과 같다는 것입니다.

성찬의 상에서 신자가 얻을 수 있는 확신은 구체적으로 어떤 내용일까? 성찬을 제정해 주신 예수님은 성찬을 통해 신자에게 어떤 확신을 심어 주기를 원하셨을까? 성찬의 진행 과정과 내용을 생각하면서 확신의 내용을 알아보았으니 성찬의 결과도 생각하면서 확신의 내용을 알아보자. 성찬은 식사이니 일반적인 식사의 장면을 생각해 보자. 어떤 아이가 배가 고파 기력이 없는데 그 아이의 엄마가 영양가 좋은 음식을 장만하여 그 아이에게 먹여 주었다. 음식을 다 먹은 아이를 바라보면서 엄마는 흐뭇한 표정으로 말할 것이다. "좋은 음식을 충분하게 먹었으니 이제 배부르지? 이제 몸도 다시 힘이 생길 거야." 그런 엄마를 보면서 아이는 이미 배부름을 느끼고 이미 몸의 기운이 되살아남을 느낄 것이다.

성찬의 상에서 우리에게 신령한 음식을 먹여 주시는 예수님도 떡과 잔을 먹고 마신 우리를 보시며 흐뭇한 표정으로 말씀하신다. "내가 너희를 위하여 십자가에서 내 몸을 찢어 주고 내 피를 흘린 일을 오늘도 너희가 먹고 마셨으니 이제 너희 안에서 그 모든 일이 실제로 효력을 발휘할 것이다. 내가 행한 모든 일을 내가 너희에게 주었으니 성부 하나님께서는 너희가 직접 너희 모든 죄의 값을 짊어지고 모든 형벌을 다 받은 것처럼 여기실 것이다. 너희는 하나님께서 너희를 그렇게 대우하신다는 것을 더 크게 확신할 수 있을 것이다." 성찬의 상에서 떡과 잔을 먹고 마신 우리에게 예수님께서 이렇게 말씀해 주시고, 실제로 그 말씀이 사실임을 성령 하나님께서 우리 안에서 증거해 주시기 때문에, 우리는 성찬에 참여할 때마다 우리의 구원을 더 크게 확신하게 된다. 그러니 성찬은 얼마나 행복한 식사인가! 오늘 나는 또 고백한다.

"오, 주여! 성찬의 상에서 주님 때문에 한없는 행복을 누립니다."

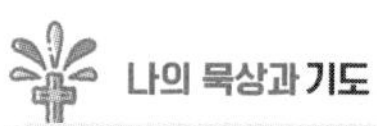

30주

제80문 성찬과 로마 가톨릭교회의 미사는 어떻게 다릅니까?

| 답 | 성찬은 예수 그리스도께서 친히 십자가 위에서 단번에 이루신 유일한 제사에 의해 우리의 모든 죄가 완전히 사해졌음을 선언하는 것이요, 우리가 성령님에 의해 지금 하늘 하나님 우편에서 우리의 경배를 받으시는 참된 몸을 가지신 그리스도와 연합되었음을 선언하는 것입니다. 그러나 미사는 그리스도의 몸이 사제들에 의해 산 자들이나 죽은 자들을 위해서 지금도 날마다 드려지지 않는다면 그리스도의 고난을 통해서는 죄 사함받지 못한다고 가르치며, 그리스도께서 떡과 포도주의 형체 속에 몸으로 존재하시기 때문에 그 형체로 경배를 받으셔야 한다고 가르칩니다. 그러므로 미사는 근본적으로 예수 그리스도께서 단번에 드리신 제사와 고난을 부인하는 것이며, 저주받을 우상 숭배입니다.

제81문 누가 주의 상에 참여할 수 있습니까?

| 답 | 자기 죄 때문에 참으로 슬퍼하는 사람, 그러나 그리스도의 고난과 죽음에 의해 자기 죄를 사함받고 남아 있는 연약성도 가려졌음을 믿는 사람, 또한 자신의 믿음이 더욱 강해지고 돌이킨 삶을 살기를 간절히 소원하는 사람이 참여할 수 있습니다. 그러나 외식(外飾)하거나 회개하지 않는 사람이 참여하는 것은 자기가 받을 심판을 먹고 마시는 것입니다.

제82문 말과 행위로 불신앙과 불경건함을 드러내는 사람들을 이 성찬에 참여하게 해도 됩니까?

| 답 | 안 됩니다. 그렇게 되면 하나님의 언약을 더럽히게 되어 하나님의 진노가 모든 회중에게 임하게 될 것입니다. 그러므로 그리스도의 교회는 그리스도와 사도들의 명령에 따라 천국 열쇠를 사용하여 그들이 삶을 돌이킬 때까지 성찬에서 제외시킬 의무가 있습니다.

204일

제80문 성찬과 로마 가톨릭교회의 미사는 어떻게 다릅니까?

답1 성찬은 예수 그리스도께서 친히 십자가 위에서 단번에 이루신 유일한 제사에 의해 우리의 모든 죄가 완전히 사해졌음을 선언하는 것이요, 우리가 성령님에 의해 지금 하늘 하나님 우편에서 우리의 경배를 받으시는 참된 몸을 가지신 그리스도와 연합되었음을 선언하는 것입니다.

성찬과 관련하여 개신교회와 로마 가톨릭교회는 다른 관점을 취하고 있다. 16세기에 로마 가톨릭교회의 타락을 개탄하는 사람들이 종교개혁을 일으켰고 그 열매로 개신교회가 세워졌다. 따라서 개신교회는 성경을 해석하고 교리를 설명하는 데 있어서 로마 가톨릭교회와 많은 점에서 크게 달랐다. 성찬도 마찬가지다. 그러므로 개신교회 교인이라면 양측이 성찬과 관련하여 어떻게 다른 관점을 취하고 있는지 제대로 알 필요가 있다. '미사'라는 용어는 로마 가톨릭교회에서 사용하는 종교적 용어인데 넓은 의미와 좁은 의미가 있다. 넓은 의미에서 미사는 로마 가톨릭교회의 공적인 예배를 가리킨다. 그런데 좁은 의미에서 미사는 로마 가톨릭교회의 공적인 예배의 후반부를 차지하고 있는 성찬을 가리킨다. 개신교회에는 여러 교단이 있는데 모든 개신교회가 성경에 근거를 두고 공통으로 믿고 있는 바 성찬에 관한 핵심 진리는 두 가지로 요약된다. 첫째, 예수 그리스도께서 우리의 죄를 없이 하시려고 십자가 위에서 친히 희생 제물로 드려졌는데, 그것은 반복될 필요가 없이 단번에 완성된 제사였고 성찬은 그것을 우리에게 확증해 주는 거룩한 의식이라는 것이다[히 7:27]. 둘째, 예수 그리스도께서는 부활 후에 하늘에 올라가셨고 몸으로는 하늘에 계시며 하나님 우편에서 우리의 경배를 받으시지만, 성령님을 통해 우리와 함께하시고 우리 안에 계시므로 우리는 그와 신비하게 연합되어 있고, 성찬은 그것을 우리에게 확증해 주는 거룩한 의식이라는 것이다[고전 10:16-17]. 오늘 나는 기도한다.

"오, 주여! 옳고 그른 것을 분별할 수 있는 지혜를 주옵소서."

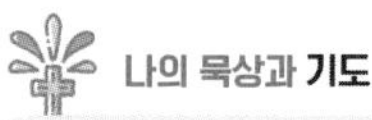

205일

답2 그러나 미사는 그리스도의 몸이 사제들에 의해 산 자들이나 죽은 자들을 위해서 지금도 날마다 드려지지 않는다면 그리스도의 고난을 통해서는 죄 사함받지 못한다고 가르치며, 그리스도께서 떡과 포도주의 형체 속에 몸으로 존재하시기 때문에 그 형체로 경배를 받으셔야 한다고 가르칩니다. 그러므로 미사는 근본적으로 예수 그리스도께서 단 번에 드리신 제사와 고난을 부인하는 것이며, 저주받을 우상 숭배입니다.

개신교회에서는 성찬을, 그리스도께서 십자가 위에서 드리신 희생 제사를 눈에 보이는 표로 우리에게 보여 주고 보증으로서 우리에게 확신을 심어 주는 식사로 이해한다. 하지만 로마 가톨릭교회에서는 성찬을, 그리스도께서 십자가 위에서 드리신 희생 제사가 재현되는 '제사'의 시간으로 이해한다. 그래서 성찬에 쓰이는 떡과 포도주도 신자가 바치는 제물이라고 표현하고, 사제가 그 제물을 제단에 바치고 기도하면 그 기도의 힘으로 떡과 포도주는 실제로 그리스도의 몸과 피로 변한다고 믿는다. 이렇게 성찬은 그리스도의 희생 제사가 재현되는 곳이 되고, 신자들은 그곳에서 떡과 포도주를 함께 먹고 마심으로써 그리스도의 제사에 참여하게 된다고 믿는다. 이것이 로마 가톨릭교회의 성찬에 관한 입장이다. 로마 가톨릭교회의 신앙 표준 문서인 트렌트 공의회 문서는 다음과 같이 주장한다. "제물은 유일하고 같으며, 십자가 위에서 자신을 바치셨던 바로 그분이 성찬 전례 안에서는 사제의 직무를 통해서 봉헌하신다. 봉헌하는 방식이 다를 뿐이다. 십자가 제단 위에서 단 한 번 자기 자신을 피 흘려 봉헌하신 그리스도께서 미사로 거행되는 이 신적 희생 제사에서 똑같은 제사를 피 흘림 없이 봉헌하신다. 그래서 성찬 전례는 희생 제사이고 이 희생 제사는 참으로 속죄의 제사이다." 십자가에서 드려진 희생 제사가 단 한번에 드려진 제사임을 인정하면서, 성찬에서 그것이 재현된다고 주장하는 것은 앞뒤가 맞지 않다. 떡과 포도주가 실제로 그리스도의 몸과 피로 변하여 그것을 경배해야 한다고 하는 주장은 우상 숭배다. 또한 신자들이 떡과 잔을 먹고 마심으로 그 제사에 동참하게 된다고 주장하는 것은 신성모독이다. 오늘 나는 기도한다.

"오, 주여! 잘못된 가르침에서 많은 이들을 건져 주옵소서."

206일

제81문 누가 주의 상에 참여할 수 있습니까?

개신교회들은 성찬에 관하여 로마 가톨릭교회와 분명하게 다른 견해를 취하고 있다. 하지만 그렇다고 해서 모든 개신교회가 성찬에 관한 모든 점에서 일치된 견해를 취하는 것은 아니다. 예를 들어, 어떤 사람이 성찬에 참여할 자격이 있는가 하는 문제에 관하여 개신교회 안에는 다양한 의견과 다양한 실천이 공존한다. 어떤 교회는 누구든지 물로 세례를 받았으면 언제든 성찬에 참여할 수 있다고 믿는다. 어떤 교회는 물로 세례를 받았다고 해서 언제든 성찬에 참여할 수 있는 것은 아니고 자기가 성찬에 참여할 수 있는 상태에 있는지를 매번 점검하고 그 결정에 따라 성찬 참여 여부를 개인이 판단해야 한다고 믿는다. 어떤 교회는 그것을 개인이 판단하고 결정해서는 안 되고 성찬 전에 목사와 장로가 각 교인의 영적인 상태를 점검하고 성찬 참여 가능 여부를 결정해야 한다고 믿는다.

똑같은 성경을 신앙의 규범으로 읽고 있으면서도, 성찬에 관하여 기본적인 입장이 같으면서도, 구체적인 한 가지 이슈에 들어가면 이렇듯 다양한 의견이 공존하니 사실 당혹스럽다. 어느 견해가 성경적이며 올바른지 판단하려고 성경을 읽고 연구해 봐도 정답을 찾기 어려우니 사실 답답하다. 각자 자기의 견해와 실천이 성경적이라고 주장하면서 다른 견해와 실천을 정죄하고 비난하니 사실 슬프다. 그렇다고 해서 개신교회 안에서 공존하는 다양한 견해라면 모든 견해를 다 좋게 생각하고 다 받아들이고 다 실천해야 한다고 말할 수도 없다. 성경이 그 이슈에 관하여 명확한 언급이나 자세한 지침을 주지 않았으니까 어떤 견해든 다 좋게 생각하고 다 받아들이고 다 실천해야 한다고 말할 수도 없다. 그래서 나는 성경을 다시 펼쳐 놓고 주님의 가르침을 구한다.

"오, 주여! 이 일과 관련하여 저를 가르치시고 인도하옵소서."

나의 묵상과 기도

207일

답1 **자기 죄 때문에 참으로 슬퍼하는 사람, 그러나 그리스도의 고난과 죽음에 의해 자기 죄를 사함받고 남아 있는 연약성도 가려졌음을 믿는 사람, 또한 자신의 믿음이 더욱 강해지고 돌이킨 삶을 살기를 간절히 소원하는 사람이 참여할 수 있습니다.**

"누가 주의 상에 참여할 수 있습니까?"라는 질문에 대해서 성경은 뭐라고 대답할까? 성경은 우리가 알고 싶은 모든 것을 다 자세히 말해 주지 않는다. 하지만 성경은 우리가 꼭 알아야 원리와 원칙은 분명하게 가르친다. 고린도전서 11장 27-32절 말씀을 들어 보자. "그러므로 누구든지 주의 떡이나 잔을 합당하지 않게 먹고 마시는 자는 주의 몸과 피에 대하여 죄를 짓는 것이니라 사람이 자기를 살피고 그 후에야 이 떡을 먹고 이 잔을 마실지니 주의 몸을 분별하지 못하고 먹고 마시는 자는 자기의 죄를 먹고 마시는 것이니라 그러므로 너희 중에 약한 자와 병든 자가 많고 잠자는 자도 적지 아니하니 우리가 우리를 살폈으면 판단을 받지 아니하려니와 우리가 판단을 받는 것은 주께 징계를 받는 것이니 이는 우리로 세상과 함께 정죄함을 받지 않게 하려 하심이라"[고전 11:27-32].

이렇듯 성경은 성찬에 참여하기 전 각자가 자신을 점검해야 한다고 말하면서 성찬에 참여할 수 없는 사람을 규정한다. 그 사람은 주의 몸을 분별하지 못하는 사람이다. 성찬의 떡과 잔이 의미하는 바를 모르거나 무시하여 아무 생각 없이 함부로 떡과 잔을 먹고 마실 사람이다. 따라서 성찬에 참여할 수 있는 사람은 그와 반대되는 사람이다. 그는 성찬의 떡과 잔이 보여 주는 예수 그리스도의 십자가의 대속적 죽음을 이해하고 믿는 사람이다. 그것이 자기에게 필요함을 인정하는 사람이요, 그래서 자기의 죄를 참으로 회개하는 사람이요, 그래서 예수 그리스도의 십자가의 대속적 죽음에 의해 자기의 모든 죄가 사함받고 남아 있는 연약성도 가려짐을 믿는 사람이요, 그래서 남은 삶 동안 그리스도를 더 신뢰하고 거룩함에 있어 그리스도를 더 닮아가기를 앙망하는 사람이다. 오늘 나는 기도한다.

"오, 주여! 성찬에 합당하게 준비된 사람이길 원합니다."

208일

답2 그러나 외식(外飾)하거나 회개하지 않는 사람이 참여하는 것은 자기가 받을 심판을 먹고 마시는 것입니다.

"주의 몸을 분별하지 못하고 먹고 마시는 자는 자기의 죄를 먹고 마시는 것이니라"[고전 11:29]. 성찬식과 관련하여 사도 바울이 고린도교회에 던진 무서운 경고이다. 이에 따르면, 성찬의 상에 앉아 떡과 잔을 먹고 마시지만 실제로는 자신의 죄를 먹고 마시는 사람이 있다는 것이다. 이런 사람은 어떤 사람인가? 주의 몸을 분별치 못하는 사람이다. 좀 더 구체적으로 말하자면, 성찬의 떡과 잔이 보여 주는 바 예수 그리스도의 십자가의 대속적 죽음이 자기에게 필요함을 인정하지 않는 사람이요, 그래서 자기의 죄를 참으로 회개하지 않는 사람이요, 그래서 예수 그리스도의 십자가의 대속적 죽음에 의해 자기의 모든 죄가 사함을 받고 남아 있는 연약함도 가려짐을 믿지 않는 사람이요, 그래서 남은 삶 동안 그리스도를 더 신뢰하고 거룩함에 있어 그리스도를 더 닮아 가기를 소원하지 않는 사람이다.

이런 사람이 성찬에 참여하는 일은 그 사람에게 무거운 죄가 되고 심각한 재앙을 초래한다. 어찌 안 그럴 수 있겠는가! 성찬은 예수님께서 차려 주신 거룩한 식사의 자리요 예수님께서 매우 소중하게 여기시는 식사의 자리다. 그곳에서 예수님은 신자들에게 자기 몸과 피를 먹고 마시게 하신다. 그런데 그곳에 계신 예수님을 인정하지도 않고 믿지도 않고 섬기지도 않는 사람이, 그곳에서 예수님이 먹고 마시게 하는 떡과 잔의 의미를 알지도 못하고 믿지도 않는 사람이, 그곳에 둘러앉아 있는 다른 신자들을 형제자매로 여기지도 않고 사랑하지도 않는 사람이, 그 자리에 함부로 앉아서 아주 태연하게 떡과 잔을 받아서 먹고 마신다면, 그것은 이전에 지은 모든 죄에 또 다른 죄, 아니 더 큰 죄, 아니 가장 심각한 죄를 더 얹는 것이 된다. 그래서 오늘 나는 기도한다.

"오, 주님! 우리 교회 성찬식에 이런 사람이 없기를 원합니다."

나의 묵상과 기도

209일

제82문 말과 행위로 불신앙과 불경건함을 드러내는 사람들을 이 성찬에 참여하게 해도 됩니까?

답1 **안 됩니다. 그렇게 되면 하나님의 언약을 더럽히게 되어 하나님의 진노가 모든 회중에게 임하게 될 것입니다.**

"우리가 우리를 살폈으면 판단을 받지 아니하려니와 우리가 판단을 받는 것은 주께 징계를 받는 것이니"[고전 11:31-32]. 여기에서 바울은 성찬에 참여할 수 없는 사람이 성찬에 참여할 때 다양한 방법으로 현실적인 징계가 내려진다고 말한다. 그런데 바울은 이런 징계를 설명할 때, '너희'라는 단어와 '우리'라는 단어를 사용한다. 그러니까 하나님의 징계가 성찬에 함부로 참여한 사람 개인뿐만 아니라 교회 전체에도 내려졌다는 것이다. 여호수아 7장을 보면, 아간이 하나님 앞에 범죄한 일 때문에 이스라엘 전체가 하나님의 징계 가운데 들어간 일이 있다. 사도 바울은 성찬의 상에서 범죄하는 사람 때문에 교회 전체가 하나님의 징계 가운데 들어갈 수 있다고 말한다. 교회 안에는 세례를 받았으나 복음을 믿지 않고 복음에 순종하지 않는 몇 가지 부류의 사람이 있다. 첫 번째 부류는 드러내 놓고 복음을 믿지 않고 경건한 삶을 살지도 않는 사람이다. 두 번째 부류는 자기는 나름대로 복음을 믿고 순종한다고 생각하나, 성경에 비추어 보면 실제 복음을 믿지도 않고 순종하지도 않는 사람이다. 세 번째 부류는 자기가 복음을 믿지 않고 순종하지 않는다는 것을 알지만, 사람들 앞에서는 믿고 순종하는 척 행세하는 사람이다. 이렇게 신앙고백과 순종의 삶에 결정적인 흠이 있는 사람은 성찬에 상에 참여하지 말아야 한다. 그들이 그런 상태로 성찬에 참여한다면, 그들 자신에게도 하나님의 두려운 징계가 임하겠지만 그들이 출석하는 교회에도 징계가 임할 수 있다. 하나님의 언약을 보여주고 확신케 하는 성찬의 상이 더럽혀졌기 때문이다. 오늘 나는 기도한다.

"오, 주여! 교회가 성찬을 가벼이 생각하지 않게 하옵소서."

210일

답2 그러므로 그리스도의 교회는 그리스도와 사도들의 명령에 따라 천국 열쇠를 사용하여 그들이 삶을 돌이킬 때까지 성찬에서 제외시킬 의무가 있습니다.

성찬을 앞두고 우리 각자는 무엇을 해야 할까? "사람이 자기를 살피고 그 후에야 이 떡을 먹고 이 잔을 마실지니"[고전 11:28]. 성찬을 앞두고 있을 때마다 모든 신자는 자기를 살펴야 한다. 내 마음과 삶이 어떤 상태에 있는지를 정확하게 판단할 수 있는 사람은 우리 자신이기 때문이다. 다른 사람들은 우리 마음속 깊은 곳을 들여다볼 수도 없고 우리 삶의 후미진 곳들을 알 수도 없으니, 당연히 성찬을 앞두고 해야 하는 자기 점검은 일차적으로 우리 각자의 몫이다. 물론 팔이 안으로 굽는다는 말처럼, 우리도 우리 자신을 점검할 때 정직하지 않을 수 있고 잘못된 판단을 내릴 수 있다. 그러므로 객관적인 기준으로 하나님의 말씀을 거울로 삼고, 우리 마음의 깊은 곳을 다 아시는 성령 하나님의 조명을 받아, 우리 자신의 신앙과 순종의 삶을 정직하게 그리고 철저하게 점검해야 한다. 하지만 동시에 이 일은 교회가 지도력을 발휘하여 적극적으로 해야 하는 일이다. 성찬은 개개인이 집에서 개별적으로 하는 일이 아니고 교회가 함께 모여 행하는 교회 차원의 일이기 때문이다. 성찬에 합당치 않게 참여하여 성찬을 더럽히는 사람이 있으면 그 사람만 하나님의 징계를 받는 것이 아니라 교회 전체가 징계를 받을 수 있기 때문이다. 성찬의 상에서 누리는 은혜와 복은 개개인이 받아서 누리는 은혜와 복일 뿐 아니라 교회가 함께 받아서 함께 누리는 은혜와 복이기 때문이다. 일찍이 예수님은 말씀하셨다. "내가 천국 열쇠를 네게 주리니 네가 땅에서 무엇이든지 매면 하늘에서도 매일 것이요 네가 땅에서 무엇이든지 풀면 하늘에서도 풀리리라"[마 16:19]. 그러므로 교회는 열쇠를 쥐고 있는 사람처럼 책임감을 느끼며 이 일에 임해야 한다. 합당치 못하게 성찬의 상에 참여하려는 사람들을 막아야 한다. 오늘 나는 기도한다.

"오, 주여! 교회가 성찬의 상을 거룩하게 지키게 하옵소서."

31주

제83문 천국 열쇠가 무엇입니까?

| 답 | 거룩한 복음의 설교와 교회의 권징인데, 천국은 이 두 가지를 통해 신자에게는 열리고 불신자에게는 닫힙니다.

제84문 거룩한 복음의 설교를 통해 어떻게 천국이 열리고 닫힙니까?

| 답 | 그리스도의 명령에 따라 열리고 닫힙니다. 즉, 신자들이 복음의 약속을 참된 믿음으로 받아들일 때, 참으로 그들의 모든 죄가 그리스도의 공로 덕분에 하나님께서 용서해 주신다는 것을 신자 개개인이나 전체에게 공적(公的)으로 선포하고 선언함으로써 천국은 열립니다. 그러나 반대로 회개하지 않는 한 하나님의 진노와 영원한 저주가 그들 위에 놓이게 된다고 불신자와 위선자들에게 공적(公的)으로 선포하고 선언함으로써 천국은 닫힙니다. 이러한 복음의 증언에 따라 하나님께서는 이 세상과 오는 세상에서 심판하실 것입니다.

제85문 교회의 권징을 통해서 어떻게 천국이 열리고 닫힙니까?

| 답 | 그리스도의 명령에 따라 열리고 닫힙니다. 즉, 그리스도인이라 불리면서 교리나 생활에서 그리스도인답지 않게 행하는 이들이 있다면 형제로서 거듭 권면합니다. 그럼에도 자신의 잘못이나 악행에서 돌이키기를 거부한다면, 그 사실을 교회 곧 교회의 직분자들에게 알려야 합니다. 그들이 이러한 교회의 권고를 듣고도 돌이키지 않는다면, 교회는 그들이 성례에 참여하지 못하도록 하여 성도의 사귐 밖에 두어야 합니다. 하나님께서도 그들을 그리스도의 나라에서 친히 추방하실 것입니다. 그러나 참으로 돌이키기를 약속하고 이를 증명해 보인다면, 그들은 그리스도의 지체(肢體)와 교회의 회원으로 다시 받아들여지게 됩니다.

211일

제83문 천국 열쇠가 무엇입니까?

답 **거룩한 복음의 설교와 교회의 권징인데, 천국은 이 두 가지를 통해 신자에게는 열리고 불신자에게는 닫힙니다.**

예수 그리스도께서 땅에 있는 교회에 주신 천국 열쇠를 생각해 본다. 예수님은 그리스도에 관한 신앙고백 위에 교회를 세우시겠다면서 천국 열쇠를 교회에 주어 교회가 땅에서 무엇이든지 매면 하늘에서도 매일 것이고 교회가 땅에서 무엇이든지 풀면 하늘에서도 풀릴 것이라고 말씀하셨다[마 16:18-19]. 예수님의 말씀에서 우리는 세 가지를 깨닫게 된다. 첫째, 그리스도에 관한 참된 신앙고백 위에 세워진 모든 참 교회는 똑같이 천국 열쇠를 그리스도로부터 받아 가지고 있다는 것이다. 둘째, 그 열쇠로 교회는 천국 문을 열어 어떤 이들이 그리로 들어가도록 하기도 하고 반대로 천국 문을 닫아 어떤 이들이 그리로 들어가지 못하도록 만들기도 한다. 셋째, 교회가 그 열쇠로 그렇게 하는 일은 영적 권위와 효과가 분명하게 있어 교회가 땅에서 매고 푸는 대로 하늘에서도 매고 풀린다. "예수님이 교회에 주신 천국 열쇠는 무엇인가?"라는 질문에 정답을 찾으려면, 앞서 말한 세 가지 조건을 모두 충족시키는 것을 찾아야 한다. 첫째로, 그것은 크고 작은 모든 교회, 강하고 약한 모든 교회가 그리스도에게서 받아 소유하고 있는 것이어야 한다. 둘째, 그것은 교회가 어떤 사람들을 천국 안으로 들어오게 하려고 여는 것이어야 하고 어떤 사람들을 천국 밖에 머물게 하려면 닫는 것이어야 한다. 셋째, 그것은 영적인 권위와 효과가 있어 교회가 열면 실제로 열리고 교회가 닫으면 실제로 닫히는 것이어야 한다. 교회 안에 있는 것 중에서 무엇이 이 세 가지 조건을 모두 충족시킬까? 어렴풋이 두 가지가 생각난다. 하나는 교회의 복음 설교, 다른 하나는 교회의 치리 또는 권징이다. 그러므로 오늘 나는 천국의 열쇠라는 관점으로 교회의 복음 설교와 권징을 다시 생각한다.

"오, 주여! 내게 그것을 가르쳐 주소서."

212일

제84문 거룩한 복음의 설교를 통해 어떻게 천국이 열리고 닫힙니까?

답1 **그리스도의 명령에 따라 열리고 닫힙니다. 즉, 신자들이 복음의 약속을 참된 믿음으로 받아들일 때, 참으로 그들의 모든 죄가 그리스도의 공로 덕분에 하나님께서 용서해 주신다는 것을 신자 개개인이나 전체에게 공적(公的)으로 선포하고 선언함으로써 천국은 열립니다.**

부활하신 예수님께서 사도들에게 하신 말씀을 생각해 본다. “너희는 온 천하에 다니며 만민에게 복음을 전파하라. 믿고 세례를 받는 사람은 구원을 얻을 것이요 믿지 않는 사람은 정죄를 받으리라”[막 16:15-16]. 예수님은 매우 중요한 세 가지 사실을 말씀하셨다. 첫째, 사도들에게 복음을 전파할 수 있는 특별한 권세를 주신다는 것이다. 둘째, 사도들의 복음 전하는 일이 어떤 사람에게는 천국 문을 여는 기능을 하고 다른 어떤 사람에게는 천국 문을 닫는 기능을 한다는 것이다. 셋째, 사도들의 복음 전하는 일은 영적 권위와 효과가 있어 그것을 믿는 사람들은 실제로 구원을 얻어 천국 백성이 되고, 그것을 믿지 않는 사람들은 실제로 구원을 얻지 못해 천국 밖에 영원히 머무르게 된다는 것이다. 그러므로 교회가 복음을 설교하는 일은 그리스도께서 교회에 맡겨 주신 천국 열쇠임이 분명하다. 교회는 그리스도의 위임을 받고 복음을 전파한다. 교회가 전하는 복음의 핵심 내용은 하나님께서 그리스도의 죽음과 부활을 통해 죄인을 은혜로 구원하신다는 것이며 이 약속을 참된 믿음으로 믿는 사람은 모든 죄를 용서받는다는 것이다. 교회가 이런 내용을 선포하고 증언할 때마다 천국 문은 활짝 열린다. 처음으로 복음을 믿게 된 사람에게만 아니라 이미 복음을 믿고 있던 사람들에게도 활짝 열린다. 그래서 모두 그리로 들어가 천국의 복락을 누리게 된다. 그러므로 교회가 해야 하는 가장 본질적인 일, 교회가 세상을 위해 할 수 있는 가장 복된 일은 강단을 통해 복음을 순전하게 전파하는 것이다. 오늘 나는 교회가 맡은 복음 설교의 귀중함과 영광스러움 앞에 겸비함을 갖춘다.

“오, 주여! 모든 교회의 강단에서 복음이 순전하게 증거되게 하옵소서.”

213일

답2 그러나 반대로 회개하지 않는 한 하나님의 진노와 영원한 저주가 그들 위에 놓이게 된다고 불신자와 위선자들에게 공적(公的)으로 선포하고 선언함으로써 천국은 닫힙니다. 이러한 복음의 증언에 따라 하나님께서는 이 세상과 오는 세상에서 심판하실 것입니다.

교회가 전하는 복음에는 엄중한 경고도 따라붙는다. 복음을 거부하고 회개하지 않으며 예수를 구주와 주로 믿지 않는 사람에게는 하나님의 진노와 영원한 정죄가 그 사람 위에 머물고 쌓이며 영원히 실현된다는 경고이다. 복음을 가장 잘 표현한 요한복음 3장 16절 말씀 다음에는 다음과 같은 엄중한 경고가 붙어 있다. "믿지 아니하는 자는 하나님의 독생자의 이름을 믿지 아니하므로 벌써 심판을 받은 것이니라 그 정죄는 이것이니 곧 빛이 세상에 왔으되 사람들이 자기 행위가 악하므로 빛보다 어둠을 더 사랑한 것이니라"[요 3:18-19]. 복음에 포함된 이런 경고는 두 가지 역할을 한다. 한 가지는 한시라도 빨리 복음을 믿어야만 하는 절박한 이유를 제시하는 것이고, 다른 한 가지는 복음을 믿지 않는 자들에게 현재 있고 장차 있을 비참함을 알려 주는 것이다.

교회가 이런 내용까지 선포하고 증언했는데도 끝까지 복음을 믿지 않는 사람에게는 천국 문이 서서히, 그러나 결국에는 완전히 닫힌다. 그래서 이런 사람들은 마치 야곱에게 복을 빼앗긴 에서가 나중에 울면서 복을 구했으나 회개할 기회조차 얻지 못했던 것처럼, 죄를 회개할 수 있는 은혜나 그리스도를 믿을 기회를 다시는 얻지 못한다. 그리고 영원한 세상으로 들어가게 되면 복음이 경고했던 대로 심판을 받게 된다. "나를 저버리고 내 말을 받지 아니하는 자를 심판할 이가 있으니 곧 내가 한 그 말이 마지막 날에 그를 심판하리라"[요 12:48]. 그런 후에는 복음이 경고했던 영원한 정죄와 영원한 형벌을 지옥에서 실제로 받게 된다. 그러므로 교회의 복음 설교를 우습게 여기는 사람들은 얼마나 어리석은 사람들인가!

"오, 주여! 교만함과 불신으로 천국 문을 닫는 어리석음에서 우리를 구원하옵소서."

214일

제85문 교회의 권징을 통해서 어떻게 천국이 열리고 닫힙니까?

예수님께서 교회에게 주신 천국 열쇠가 무엇인지를 생각할 때, 교회의 복음 설교와 함께 교회의 권징을 생각한 것은 예수님이 교회의 권징을 설명해 주실 때 덧붙이신 말씀 때문이다. 마태복음 18장에서 예수님은 교회 안에서 죄를 범하는 형제를 어떻게 권고하고 책망하고 벌해야 하는지를 말씀하셨는데 그 말씀 끝에 다음과 같은 말씀을 덧붙이셨다. "진실로 너희에게 이르노니 무엇이든지 너희가 땅에서 매면 하늘에서도 매일 것이요 무엇이든지 땅에서 풀면 하늘에서도 풀리리라"[마 18:18]. 그런데 이 말씀은 예수님이 천국 열쇠를 교회에게 주신다고 말씀하실 때 덧붙이신 말씀과 똑같다. "내가 천국 열쇠를 네게 주리니 네가 땅에서 무엇이든지 매면 하늘에서도 매일 것이요 네가 땅에서 무엇이든지 풀면 하늘에서도 풀리리라"[마 16:19]. 그러므로 교회의 권징이 예수님께서 교회에게 주신 천국 열쇠임은 분명한 사실이다.

교회의 권징과 관련하여 예수님께서 들려주신 말씀을 묵상해 본다. "네 형제가 죄를 범하거든 가서 너와 그 사람과만 상대하여 권고하라 만일 들으면 네가 네 형제를 얻은 것이요 만일 듣지 않거든 한두 사람을 데리고 가서 두세 증인의 입으로 말마다 확증하게 하라 만일 그들의 말도 듣지 않거든 교회에 말하고 교회의 말도 듣지 않거든 이방인과 세리와 같이 여기라 진실로 너희에게 이르노니 무엇이든지 너희가 땅에서 매면 하늘에서도 매일 것이요 무엇이든지 땅에서 풀면 하늘에서도 풀리리라"[마 18:15-18]. 권징의 일차적 목적은 천국 문을 여는 것이다. 죄를 범한 사람이 회개하고 하나님의 은혜 가운데 다시 들어가도록 천국 문을 여는 것이다. 하지만 그렇게 열린 문을 거부하고 고집을 피우며 문밖에 머무는 사람에게는 그 문을 닫는 것도 권징의 목적이다.

"오, 주여! 교회들이 권징을 성실히 시행하게 하옵소서."

215일

답1 그리스도의 명령에 따라 열리고 닫힙니다. 즉, 그리스도인이라 불리면서 교리나 생활에서 그리스도인답지 않게 행하는 이들이 있다면 형제로서 거듭 권면합니다. 그럼에도 자신의 잘못이나 악행에서 돌이키기를 거부한다면, 그 사실을 교회 곧 교회의 직분자들에게 알려야 합니다.

예수님께서 교회에게 주신 권징의 일차적인 목적은 죄를 범한 신자가 진정으로 회개할 수 있도록 돕고, 하나님의 은혜 가운데로 다시 들어가 그 은혜를 누리도록 돕는 것이다. 권징은 사랑에 기초를 두고 있고 회복을 목적으로 한다. 그래서 교회가 권징을 통해 천국 문을 여닫을 때는 반드시 사랑에 기초를 두고 반드시 회복에 목적을 두어야 한다. 그래서 주님은 어떤 신자가 성경의 가르침을 믿는 일에서나 순종하는 생활에서 그릇됨이 있거나 악을 행하면, 처음부터 그것을 공개적으로 드러내지 말라고 말씀하셨다. 그것은 결코 사랑에서 비롯된 일도 아니고 회복에 유익한 일도 아니기 때문이다. 처지를 바꿔 생각해 보자. 어떤 사람이 우리의 잘못을 알자마자 온 세상에 그것을 공포한다면, 우리가 어떻게 사랑을 느끼고 마음이 녹아 참된 회개와 회복에 이르겠는가! 그러므로 어떤 신자가 다른 신자의 교리적 탈선이나 신앙적 탈선을 보았으면, 먼저는 그 사람이 형제의 사랑으로 다가가 은밀하게 잘못을 지적해 주고 바른길로 돌이키도록 권면해야 한다. 이때, 마음이 어두워져 교회의 설교를 통해서도 자신의 죄를 깨닫지 못하고 회개하지 않던 신자에게 천국 문이 열리게 된다. 그래도 회개하지 않으면, 그때는 두세 명의 신실한 증인을 데리고 가서 형제의 사랑으로 다시 권면해야 한다. 이때 일대일의 권면을 통해서도 회개하지 않던 신자에게 천국 문이 다시 열리게 된다. 그렇게 해도 회개하지 않으면, 그때는 교회 전체가 그 신자의 회개와 회복을 도와야 한다. 이때, 일대일의 권면이나 여러 증인의 권면을 듣고도 회개하지 않던 신자에게 천국 문이 다시 열리게 된다.

"오, 주여! 죄를 범한 신자에게 설교뿐 아니라
권징을 통해서도 천국 문을 열어 주시니 감사합니다."

216일

답2 그들이 이러한 교회의 권고를 듣고도 돌이키지 않는다면, 교회는 그들이 성례에 참여하지 못하도록 하여 성도의 사귐 밖에 두어야 합니다. 하나님께서도 그들을 그리스도의 나라에서 친히 추방하실 것입니다.

권징의 이차적 목적은 열린 천국 문을 무시하고 거부하는 신자에게 천국 문을 일시적으로 닫는 것이다. 죄를 회개하지 않으면 실제로 천국 문이 그들에게 영원히 닫힐 수 있다는 것을 보여 주기 위해 이 땅에서 일시적으로 천국 문을 닫는 것이다. 그렇다면, 교회가 권징을 통해 천국 문을 일시적으로 닫는 방법은 무엇일까? 예수님은 "교회의 말도 듣지 않거든 이방인과 세리와 같이 여기라"고 말씀하셨다[마 18:17]. 사도 바울은 "만일 어떤 형제라 일컫는 자가 음행하거나 탐욕을 부리거나 우상 숭배를 하거나 모욕하거나 술 취하거나 속여 빼앗거든 사귀지도 말고 그런 자와는 함께 먹지도 말라 함이라"고 하며 예수님의 말씀을 좀 더 구체적으로 표현하였다[고전 5:11]. 이처럼, 교회의 권면까지도 거부하는 신자들에게 천국 문을 일시적으로 닫는 방법은 그들을 성도들의 사귐 밖으로 밀어내는 것이다. 그렇다면, 교회가 성도들의 사귐 밖으로 그들을 밀어내려면 어떻게 해야 할까? 첫째, 그들이 성례에 참여하는 것을 금해야 한다. 모든 신자는 세례를 통해 신자들의 무리에 가입하고 성찬을 통해 다른 신자들과 함께 그리스도의 살과 피를 먹고 마시는 거룩한 사귐을 누리는데, 우선 이것을 금하여 죄의 심각성과 회개의 필수성을 알려 주어야 한다. 둘째, 그래도 그들이 회개하지 않으면, 그들을 교회 밖으로 쫓아내어 교회의 다른 모든 사귐에도 참여할 수 없게 해야 한다. 그들이 끝까지 회개하지 않으면 어느 때 마침내 하나님이 친히 그들에게 천국 문을 영원히 닫으신다는 것을 강력하게 보여 주는 차원에서 그렇게 해야 한다. 이런 점에서 교회가 권징을 통해 일시적으로 천국 문을 닫는 것은 사실 천국 문을 다시 열어 주기 위함이다.

"오, 주여! 오늘날 교회들이 외면하고 있는
이런 권징이 성실히 이행되게 하옵소서."

217일

답3 그러나 참으로 돌이키기를 약속하고 이를 증명해 보인다면, 그들은 그리스도의 지체(肢體)와 교회의 회원으로 다시 받아들여지게 됩니다.

교회의 권면을 듣고도 자신의 죄를 인정하지 않고 회개하지 않는 사람이 있으면, 교회는 그리스도의 명을 받들어 반드시 권징을 단계적으로 시행해야 한다. 천국 문을 여는 차원에서의 권징도, 천국 문을 닫는 차원에서의 권징도 단계적으로 시행해야 한다. 하지만 권징을 단계적으로 시행하는 것보다 더 중요한 것이 있다. 그것은 모든 권징은 반드시 사랑에 기초하고 반드시 회복을 목적으로 삼아야 한다는 것이다. 데살로니가후서 3장 15절에서 사도 바울은 교회에서 권징을 시행할 때 반드시 품어야 할 심정을 다음과 같이 규정하였다. "그러나 원수와 같이 생각하지 말고 형제같이 권면하라"[살후 3:15]. 그러므로 교리로나 행실로나 죄를 범한 신자를 교회가 권징할 때는 모든 단계에서 그 신자를 형제로 여기기 때문에 안타까움과 연민, 아픔과 사랑의 뜨거운 눈물이 있어야 한다. 권징의 목적은 징계가 아니고 회복이기 때문이다. 만일 권징의 어떤 단계에서든 죄를 범한 신자가 자신의 죄를 인정하고 회개하며 돌이키기를 약속하고 그 약속을 실천한다면, 교회는 어떻게 반응해야 할까? 고린도후서 2장에서 사도 바울은 이렇게 가르친다. "이러한 사람은 많은 사람에게서 벌 받는 것이 마땅하도다 그런즉 너희는 차라리 그를 용서하고 위로할 것이니 그가 너무 많은 근심에 잠길까 두려워하노라 그러므로 너희를 권하노니 사랑을 그들에게 나타내라"[고후 2:6-8]. 권징의 어떤 단계에서든 죄를 범한 신자가 진실하게 회개하면, 교회는 대대적으로 환영하며 그에게 내려진 모든 징계를 풀어주고, 그 신자를 전적으로 용서하며, 그의 마음을 위로하고, 풍성한 사랑을 그에게 나타내야 한다. 출교를 했던 신자라도 다시 교회의 회원으로 받아들이고 그를 교회의 모든 거룩한 사귐에 참여케 해야 한다.

"오, 주여! 교회의 권징이 이런 행복한 결말로 이어지게 하옵소서."

32주

제86문 우리는 우리의 공로가 아닌 그리스도를 통하여 오직 은혜로 말미암아 우리의 비참함으로부터 구원을 받았습니다. 그런데 왜 우리는 여전히 선을 행해야만 합니까?

| 답 |

그리스도께서 자신의 피로 우리를 구속하셨음은 틀림이 없습니다. 그러나 우리는 그리스도께서 성령을 통해 우리를 새롭게 하셔서 자기 형상 닮기를 원하시기에 선을 행합니다. 따라서 우리는 우리의 모든 삶 가운데 하나님께서 우리에게 베푸신 호의(好意)에 감사를 표하고, 우리를 통해 그분이 찬양받으시게 하며, 우리 각 사람이 믿음의 열매로써 자기 믿음에 확신을 얻고, 경건한 삶으로써 우리의 이웃을 그리스도께로 인도하기 위해 선을 행합니다.

제87문 감사할 줄도 모르고 뉘우치지도 않는 삶을 계속 살면서 하나님께로 돌이키지 않는 사람들은 구원을 받을 수 있습니까?

| 답 |

결코 구원받을 수 없습니다. 성경은 음란한 자, 우상 숭배자, 간음하는 자, 도둑질하는 자, 탐욕을 부리는 자, 술 취한 자, 욕하는 자, 강도질하는 자나 그와 같은 자들이 하나님 나라를 유업으로 받을 수 없다고 말합니다.

218일

제86문 우리는 우리의 공로가 아닌 그리스도를 통하여 오직 은혜로 말미암아 우리의 비참함으로부터 구원을 받았습니다. 그런데 왜 우리는 여전히 선을 행해야만 합니까?

지금까지는 인간의 비참함과 하나님이 그리스도 안에서 우리에게 베풀어 주시는 구원을 살펴보았다. 그러니 이제 마지막으로 감사에 관하여 생각해 본다. 사람이 구원에 이르기 위해서는 인간의 비참함을 먼저 알아야 한다. 그래야 그리스도 안에 있는 구원을 참으로 갈망할 수 있다. 또한, 그리스도 안에서 성취되고 약속되고 제공되는 하나님의 구원을 함께 알아야 한다. 그래야 인간의 비참함 앞에서 절망하지 않을 수 있고 자기 자신의 선행으로 구원에 이르려는 헛된 몸부림을 치지 않을 수 있다. 그런데 이런 과정을 통해서 구원에 이른 사람이 반드시 알아야 할 것이 하나 더 있다. 그것은 하나님께 감사하는 삶이다. 그리스도 안에서 은혜로 구원받은 사람은 하나님께 감사하는 삶을 알고 실제로 그런 삶을 살 때, 복음 안에서 참된 위로를 더 풍성히 누리며 하나님을 영화롭게 하는 삶을 더 분명하게 살게 된다.

하나님께 감사하는 삶을 알고 실제로 살기 위해서는 구원받은 신자가 왜 꼭 그런 삶을 살아야만 하는지 그 이유를 먼저 알아야 한다. 하나님께 감사하는 삶은 단순히 감정적으로 하나님께 감사의 심정을 품는 것만을 말하지 않는다. 그것은 하나님께 구원의 은혜를 입었으니 감사와 경외의 심정으로 실제 삶에서 하나님의 말씀을 순종하여 하나님 앞에서 선한 삶, 경건한 삶, 거룩한 삶을 사는 것이다. 여기에서 많은 사람이 혼란스러워한다. 왜냐하면, 구원에 이르는 과정에서는 사람의 선한 삶이 전혀 가치 없는 것이었고 소중히 여겨서도 안 되는 것이었기 때문이다. 또한, 구원에 이르는 과정에서는 그리스도께서 우리 대신 하나님의 모든 법을 완전하게 순종하셨다고 배웠기 때문이다. 그런데 왜 우리는 구원받은 이후에 선한 삶, 순종의 삶, 거룩한 삶에 매진해야 할까?

"오, 주여! 그 이유를 확실하게 가르쳐 주옵소서."

219일

답1 그리스도께서 자신의 피로 우리를 구속하셨음은 틀림이 없습니다. 그러나 우리는 그리스도께서 성령을 통해 우리를 새롭게 하셔서 자기 형상 닮기를 원하시기에 선을 행합니다.

"왜 우리는 구원받은 이후에 선한 삶, 순종의 삶, 거룩한 삶에 매진해야 할까?" 이 질문 앞에 서면 에베소서의 말씀이 제일 먼저 생각난다. "너희는 그 은혜에 의하여 믿음으로 말미암아 구원을 받았으니 이것은 너희에게서 난 것이 아니요 하나님의 선물이라 행위에서 난 것이 아니니 이는 누구든지 자랑하지 못하게 함이라 우리는 그가 만드신 바라 그리스도 예수 안에서 선한 일을 위하여 지으심을 받은 자니 이 일은 하나님이 전에 예비하사 우리로 그 가운데서 행하게 하려 하심이니라"[엡 2:8-10]. 그렇다. 구원에 이르는 길에서는 우리의 선한 행위나 선한 삶이 가치도 없고 역할도 없다. 하지만 하나님의 구원이 우리에게 임하면, 그 은혜는 하나님 앞에서 선한 일을 행하는 사람으로 우리를 만들어 간다. 왜냐하면, 우리는 그리스도 안에서 선한 일을 행하는 삶을 살도록 구원을 받았기 때문이다. 성경에서 이 진리를 배운 나는, "왜 우리는 구원받은 이후에 선한 삶, 거룩한 삶에 매진해야 할까?"라는 질문 앞에서 다음과 같은 답변을 제일 먼저 내놓을 수밖에 없다. "하나님께서는 우리를 구원하실 때 분명한 목적을 위하여 구원하셨습니다. 죄 가운데 살던 우리를 새롭게 하여 그리스도 안에서 하나님이 기뻐하시는 선한 삶을 살게 하는 것입니다. 그래서 일찍이 하나님께서는 다음과 같이 약속하셨습니다. '또 새 영을 너희 속에 두고 새 마음을 너희에게 주되 너희 육신에서 굳은 마음을 제거하고 부드러운 마음을 줄 것이며 또 내 영을 너희 속에 두어 너희로 내 율례를 행하게 하리니 너희가 내 규례를 지켜 행할지라'[겔 36:26-27]. 하나님께서는 나를 구원하실 때 내 죄만 용서하신 것이 아니라 이 약속도 실제로 이루셨습니다. 그러므로 내가 선한 삶, 거룩한 삶에 매진하는 것은 지극히 자연스럽고 당연한 일입니다." 오늘 나는 고백한다.

"오, 주여! 주께서 구원하신 것에 감사하여 선을 행하게 됩니다."

나의 묵상과 기도

220일

답2 따라서 우리는 우리의 모든 삶 가운데 하나님께서 우리에게 베푸신 호의(好意)에 감사를 표하고, 우리를 통해 그분이 찬양받으시게 하며,

"왜 우리는 구원받은 이후에 선한 삶, 순종의 삶, 거룩한 삶에 매진해야 할까?" 이 질문 앞에 서면 마태복음 5장 16절 말씀이 두 번째로 생각난다. "이같이 너희 빛이 사람 앞에 비치게 하여 그들로 너희 착한 행실을 보고 하늘에 계신 너희 아버지께 영광을 돌리게 하라"[마 5:16]. 예수님은 이미 구원받은 신자들에게 착한 행실로 살라고 명령하셨다. 다른 사람들이 우리의 선한 삶을 보고 감탄할 정도로 확실하게 선한 삶을 살라고 명령하셨다. 구원의 은혜가 우리에게 임하면 그 은혜가 자연스럽게 우리를 선한 행실로 이끌어 가지만, 구원받은 신자가 은혜의 그런 역사를 따라가지 않는 일이 많으므로 그것을 명령으로 만들어 주신 것이다. 그러면서 예수님은 꼭 그렇게 살아야 하는 이유를 덧붙이셨다. 우리의 선한 행실을 보면서 세상 사람들까지도 하나님께 영광을 돌릴 수 있게 하라고 말씀하셨다.

성경에서 이 진리를 배운 나는 "왜 우리는 구원받은 이후에 선한 삶, 순종의 삶, 거룩한 삶에 매진해야 할까?"라는 질문 앞에서 다음과 같은 답변을 두 번째로 내놓을 수밖에 없다. "구원의 은혜가 내 안에 들어오면 그 은혜가 나를 선한 삶으로 이끌어 갑니다. 은혜가 내 안에서 이렇게 일하기 때문에 나는 선한 삶, 거룩한 삶에 매진하지 않을 수 없습니다. 하지만 또 다른 이유가 있습니다. 하나님으로부터 놀라운 구원을 선물로 받은 후로는 내 모든 삶을 통해 하나님께 감사하고 하나님의 영광을 온 세상에 드러내고 싶은 간절한 마음이 내 안에 있습니다. 그런데 하나님의 거룩하신 아들이신 예수님께서 그 방법을 지정해 주셨습니다. 다른 사람들이 내 선한 행실과 선한 삶을 보고 감탄하며 하나님께 영광을 돌릴 수 있을 정도로 확실하게 선한 삶을 사는 것입니다. 그래서 나는 선한 삶, 거룩한 삶에 매진하지 않을 수 없습니다." 오늘 나는 고백한다.

"오, 주여! 주께서 베푸신 은혜에 감사하여 선을 행하게 됩니다."

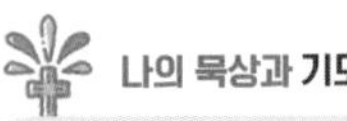

221일

답3 우리 각 사람이 믿음의 열매로써 자기 믿음에 확신을 얻고,

“왜 우리는 구원받은 이후에 선한 삶, 순종의 삶, 거룩한 삶에 매진해야 할까?” 이 질문 앞에 서면 요한일서 2장 5-6절 말씀이 세 번째로 생각난다. “누구든지 그의 말씀을 지키는 자는 하나님의 사랑이 참으로 그 속에서 온전하게 되었나니 이로써 우리가 그의 안에 있는 줄을 아노라”[요일 2:5]. 여기에서 성경은 구원받은 신자가 하나님의 말씀을 순종하는 삶을 두 가지로 설명하고 있다. 첫째, 구원받은 신자가 순종의 삶, 곧 거룩한 삶을 사는 것은 하나님의 사랑이 그 신자 속에서 온전케 되었기 때문이라고 설명한다. 둘째, 구원받은 신자는 자신이 순종의 삶, 곧 선한 삶을 사는 것을 보면서 자신이 하나님 안에 참으로 거한다는 것과 하나님께서 그 신자 안에 참으로 거하신다는 것을 확신할 수 있다고 설명한다. 그래서 성경은 다음과 같이 명령한다. “그의 안에 산다고 하는 자는 그가 행하시는 대로 자기도 행할지니라”[요일 2:6].

성경에서 이 진리를 배운 나는 “왜 우리는 구원받은 이후에 선한 삶, 순종의 삶, 거룩한 삶에 매진해야 할까?”라는 질문 앞에서 다음과 같은 답변을 세 번째로 내놓을 수밖에 없다. “구원의 은혜가 내 안에 들어오면 나를 선한 삶으로 이끌어 가므로 나는 선한 삶에 매진하지 않을 수 없습니다. 또 내 모든 삶을 통해 하나님께 감사하고 하나님의 영광을 온 세상에 드러내고 싶은 간절한 마음이 내 안에 있어서 나는 그런 삶에 매진하지 않을 수 없습니다. 하지만 또 다른 이유가 있습니다. 은혜가 내 안에서 일하기 때문에 지극히 자연스러운 그 삶을 내가 실제로 살면, 하나님을 영화롭게 하기 위해 살아야 할 그 삶을 내가 실제로 살면, 내 안에 구원의 은혜가 온전히 이루어졌다는 것과 하나님께서 내 안에 실제로 사신다는 것을 더 분명하게 확신할 수 있기 때문입니다. 그래서 내 믿음이 더욱 견고해지기 때문입니다.” 오늘 나는 고백한다.

“오, 주여! 선물로 받은 믿음이 있어 선을 행하게 됩니다.”

나의 묵상과 기도

222일

답4 경건한 삶으로써 우리의 이웃을 그리스도께로 인도하기 위해 선을 행합니다.

"왜 우리는 구원받은 이후에 선한 삶, 순종의 삶, 거룩한 삶에 매진해야 할까?" 이 질문 앞에 서면 베드로전서의 말씀도 생각난다. "아내들아 이와 같이 자기 남편에게 순종하라 이는 혹 말씀을 순종하지 않는 자라도 말로 말미암지 않고 그 아내의 행실로 말미암아 구원을 받게 하려 함이니 너희의 두려워하며 정결한 행실을 봄이라"[벧전 3:1-2]. 불신 남편을 둔 아내들에게 성경은 남편에게 순복하는 삶을 살라고 명령한다. 그러면서 아내가 그런 삶을 살아야 할 이유를 분명하게 제시한다. 말로 복음을 전할 때는 듣지 않던 남편도 아내의 선하고 정결한 행실을 보면서 마음에 감동을 받아 복음에 관심을 기울이고 마침내 구원에 이를 수 있다는 것이다. "혹 말씀을 순종하지 않는 자라도 말로 말미암지 않고 그 아내의 행실로 말미암아 구원을 받게 하려 함이니"[1절]. 이 원리는 구원받은 모든 신자의 삶에도 똑같이 적용된다. 성경에서 이 진리를 배운 나는 "왜 우리는 구원받은 이후에 선한 삶, 순종의 삶, 거룩한 삶에 매진해야 할까?"라는 질문 앞에서 다음과 같은 답변을 네 번째로 내놓을 수밖에 없다. "내가 선한 삶에 매진하는 이유는 구원의 은혜가 내게 임하면 그 은혜가 나를 선한 삶으로 이끌어 가기 때문입니다. 또 그런 삶이 내 모든 삶을 통해 하나님께 감사하고 하나님의 영광을 드러내는 가장 좋은 방법이기 때문입니다. 또 그런 삶을 살면 내 안에 구원의 은혜가 온전히 이루어졌다는 것을 더 분명하게 확신할 수 있어 내 믿음이 더 강해지기 때문입니다. 하지만 또 다른 이유가 있습니다. 내 선한 행실과 삶을 보면서 어떤 사람들은 자신의 죄와 구원에 관하여 다시 생각하게 되고 마침내 구원을 얻게 된다는 하나님의 약속 때문입니다. 이렇게 나는 은혜 때문에, 하나님을 위해, 나를 위해, 그리고 이웃을 위해 선한 삶에 매진합니다." 오늘 나는 기도한다.

"오, 주여! 나의 선행이 다른 이들을 주님께로 이끌게 하옵소서."

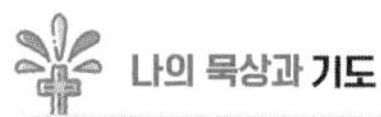

223일

제87문 감사할 줄도 모르고 뉘우치지도 않는 삶을 계속 살면서 하나님께로 돌이키지 않는 사람들은 구원을 받을 수 있습니까?

구원받은 신자가 왜 선한 삶, 순종의 삶, 거룩한 삶을 살아야 하는지 그 이유를 알았다면, 우리 마음에서 그리고 교회의 가르침에서 철저하게 제거해야 할 악한 이론이 있다. "나는 예수를 믿는 사람이니까 분명히 구원을 받은 사람이다. 그러므로 지금 내가 선한 삶, 순종의 삶, 거룩한 삶을 살지 않는 것은 내 구원에 그 어떤 영향도 미치지 못한다. 지금 내가 선한 삶, 순종의 삶, 거룩한 삶을 살지 않는 것을 고친다면 좋겠지만, 심각한 문제로 생각할 필요도 없고 반드시 고칠 필요도 없다. 구원은 오직 믿음으로 얻는다." 오늘날 교회 안에 있는 수많은 사람이 이런 이론에 사로잡혀 있다. 구원의 은혜가 어떤 사람에게 실제로 임하면, 구원의 은혜는 반드시 그 사람을 선한 삶으로 이끌고 선한 삶에 열심을 내게 만드는데, 구원의 은혜를 정말로 경험하지 않았기 때문에 그런 이론을 고집하며 경건치 않은 삶을 떠나지 않는다. 하나님과 우리의 근본적인 관계를 생각해 본다. 하나님은 창조주, 우리는 피조물이다. 이런 관계에서 우리에게는 하나님 앞에서 선한 삶을 살아야 할 근본적인 책임이 있다. 그러므로 구원을 받고자 하는 사람은 지극히 당연한 의무를 준행하지 않는 자신의 악함과 무능함을 부끄러워하며 뉘우치고 하나님을 순종하는 삶으로 돌이키려는 진심이 있어야 한다. 구원받는 과정에서는 자신의 선한 행실을 전혀 의지하지 않지만, 믿음으로 구원의 은혜를 받아 그리스도 안에서 선한 삶을 사는 사람으로 변화되려는 갈망이 있어야 한다. 구원받은 후에는 은혜가 이끄는 대로 실제 선한 삶을 살아야 한다. 선한 행위 없이도 구원받을 수는 있지만 이런 갈망 없이는 구원받을 수 없다. 구원은 오직 믿음으로 얻지만 참된 구원은 반드시 선행의 열매를 맺는다. 오늘 나는 기도한다.

"오, 주여! 악한 이론에서 우리를 구하시고 참된 구원으로 이끄시옵소서."

224일

답 결코 구원받을 수 없습니다. 성경은 음란한 자, 우상 숭배자, 간음하는 자, 도둑질하는 자, 탐욕을 부리는 자, 술 취한 자, 욕하는 자, 강도질하는 자나 그와 같은 자들이 하나님 나라를 유업으로 받을 수 없다고 말합니다.

"감사할 줄도 모르고 뉘우치지도 않는 삶을 계속 살면서 하나님께로 돌이키지 않는 사람들도 구원을 얻을 수 있는가?"라는 질문 앞에서 나는 고린도전서 6장 9-10절 말씀을 생각하게 된다. 고린도교회 안에는 심각한 죄를 범하고도 회개하지 않는 사람들이 있었는데 사도 바울은 그들과 관련하여 다음과 같이 엄중하게 말하였다. "미혹을 받지 말라 음행하는 자나 우상 숭배하는 자나 간음하는 자나 탐색하는 자나 남색하는 자나 도적이나 탐욕을 부리는 자나 술 취하는 자나 모욕하는 자나 속여 빼앗는 자들은 하나님의 나라를 유업으로 받지 못하리라"[고전 6:9-10]. 서신서를 읽어 보면 흥미로운 사실을 발견하게 된다. 바울이 비슷한 표현과 똑같은 취지의 교훈을 갈라디아 교회에도 말하고 에베소 교회에도 매우 강하게 말했다는 것이다[갈 5:19-21; 엡 5:5-6]. 바울은 무슨 뜻으로 그렇게 말했을까? 위에 나열된 죄를 범한 사람은 절대로 구원받을 수 없다는 뜻일까? 그럴 리 없다. 위에 나열된 죄를 전부 범한 사람도 회개하고 예수를 믿으면 구원에 이를 수 있다. 위에 나열된 죄를 범하는 사람은 예수를 진짜 믿는 사람이 아니라는 뜻일까? 그럴 리 없다. 다윗처럼 탁월한 신자도 살인죄와 간음죄를 범하는 자리까지 떨어졌다. 예수를 믿어 구원을 얻은 사람도 위에 나열된 죄를 범하면 구원이 취소된다는 뜻일까? 그럴 리 없다. 참된 믿음으로 얻은 구원은 취소되는 법이 없다. 그러면 무슨 뜻일까? 그런 죄를 짓고도 부끄러운 줄 모르며 회개하기를 끝까지 거부하고 그런 삶에 평생 머무는 사람은 예수를 믿는다고 고백해도 구원에 이를 수 없고, 예수를 진실하게 믿는 사람일 리 없으며, 처음부터 구원을 안 받은 사람이라는 뜻이다. 오늘 나는 기도한다.

"오, 주여! 이런 사람이 아니게 하옵소서."

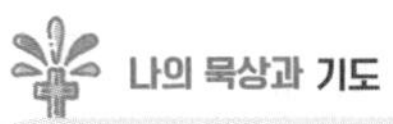

나의 묵상과 기도

33주

제88문 참된 회개 또는 회심이란 무엇입니까?

| 답 |

두 가지, 옛 사람이 죽는 것과 새사람으로 사는 것입니다.

제89문 옛 사람이 죽는다는 것은 무엇입니까?

| 답 |

우리의 죄를 진심으로 슬퍼하고 그것을 더욱더
미워하며 멀리하는 것입니다.

제90문 새사람으로 산다는 것은 무엇입니까?

| 답 |

그리스도로 말미암아 하나님 안에서 기뻐하고,
하나님의 뜻에 따라 모든 선을 행하며 사는 것을 즐거워하는 것입니다.

제91문 선행이란 무엇입니까?

| 답 |

참된 믿음으로 하나님의 율법을 따라서, 그리고 그의 영광을 위해
행하는 것만을 선행이라고 합니다. 우리 자신의 생각이나
사람의 전통에 근거하여 행하는 것은 선행이 아닙니다.

225일

제88문 참된 회개 또는 회심이란 무엇입니까?

구원받은 신자는 구원받기 전과 다르게 하나님 앞에서 선한 삶을 기쁨으로 살아간다. 구원하는 은혜가 그를 놀랍게 변화시켰기 때문이다. 이러한 변화를 신학적인 용어로 '회개' 또는 '회심'이라고 부른다. 그런데 구원받은 신자는 자신에게 일어난 이 변화를 정확하게 이해할 필요가 있다. 이런 변화가 어떤 성격과 어떤 내용인지를 정확하게 알 때, 구원받은 신자가 살아가는 선한 삶의 성격과 내용도 알 수 있기 때문이다. 이렇게 신자가 살아가는 선한 삶의 성격과 내용을 정확하게 알 때, 우리는 율법주의적인 신앙이나 도덕적인 삶으로 엇나가지 않을 수 있다. 그러므로 구원받은 신자가 살아가는 선한 삶을 자세히 들여다보기 전에 우리는 다음과 같은 질문을 던지고 답을 찾아야 한다. "구원하는 은혜가 우리에게 임하면 그 은혜가 우리 안에 만들어 내는 변화, 곧 참된 회개 또는 참된 회심은 무엇인가?"

이 질문에 대한 올바른 답을 찾으려면, 제일 먼저 성경을 펼쳐 놓고 참된 회개와 회심에 관하여 명백하게 설명하는 구절을 찾아 자세히 살펴보는 것이 제일 좋은 방법이다. 가장 대표적인 성경 구절은 로마서 6장 4-6절이다. "그러므로 우리가 그의 죽으심과 합하여 세례를 받음으로 그와 함께 장사되었나니 이는 아버지의 영광으로 말미암아 그리스도를 죽은 자 가운데서 살리심과 같이 우리로 또한 새 생명 가운데서 행하게 하려 함이라 만일 우리가 그의 죽으심과 같은 모양으로 연합한 자가 되었으면 또한 그의 부활과 같은 모양으로 연합한 자도 되리라 우리가 알거니와 우리의 옛 사람이 예수와 함께 십자가에 못 박힌 것은 죄의 몸이 죽어 다시는 우리가 죄에게 종노릇하지 아니하려 함이니"[롬 6:4-6]. 오늘 나는 이 구절을 깊이 묵상하면서 참된 회개와 참된 회심을 다시 생각해 본다.

"오, 주여! 나를 가르치소서."

226일

답 두 가지, 옛 사람이 죽는 것과 새사람으로 사는 것입니다.

"구원하는 은혜가 우리에게 임하면 그 은혜가 우리 안에 만들어 내는 변화, 곧 참된 회개 또는 참된 회심은 무엇인가?" 로마서 6장 4-6절은 참된 회개와 회심의 성격과 내용을 설명할 때, 다음 세 가지에 방점을 둔다. 첫째, 참된 회개와 회심에서 일어나는 변화는 우리가 죽고 다시 사는 근본적인 변화다. 둘째, 참된 회개와 회심에서 우리는 죽고 다시 사는 변화를 경험하는데, 그 변화는 예수 그리스도의 죽으심 및 부활과 연결되어 있다. 참된 회개와 회심에서 우리가 죽는 것은 예수 그리스도의 죽으심과 연합하여 죽는 것이고, 우리가 다시 사는 것은 예수 그리스도의 부활과 연합하여 다시 사는 것이다. 셋째, 참된 회개와 회심에서 우리가 죽는 것은 다시는 죄의 종노릇하지 않도록 죄의 몸 또는 옛 사람이 죽는 것이고, 우리가 다시 사는 것은 새 생명으로 살기 위하여 새 사람으로 다시 사는 것이다.

성경이 참된 회개와 회심을 설명하는 내용을 깊이 생각해 본다. 하나님께서는 우리를 구원하실 때 우리의 죄만 용서하신 것도 아니고 우리에게 천국만 보장해 주신 것도 아니다. 하나님께서는 우리 안에 놀라운 변화를 일으키셨다. 우리 안에서 죽음과 부활이 일어났다고밖에는 달리 표현할 수 없는 근본적인 변화를 일으켜 주셨다. 우리가 다시는 죄의 종노릇하지 않도록 우리 안에 있는 죄의 몸을 죽이셨고, 우리가 새로운 생명으로 살아갈 수 있도록 우리를 새로운 사람으로 다시 살리셨다. 하나님께서는 자기 아들의 죽으심과 부활에 우리를 연합시키심으로써 우리 안에 이런 변화를 일으키셨다. 아, 예수를 믿는 나에게 이런 놀라운 변화가 이미 일어났다니! 나에게 남아 있는 죄만 볼 것이 아니라 하나님께서 내 안에 일으켜 주신 이 놀라운 변화를 주목해야겠다. 오늘 나는 고백한다.

"오, 주여! 오늘 이 말씀을 들으며 내 영혼이 기뻐 주를 찬송합니다."

나의 묵상과 기도

227일

제89문 옛 사람이 죽는다는 것은 무엇입니까?

답 **우리의 죄를 진심으로 슬퍼하고 그것을 더욱더 미워하며 멀리하는 것입니다.**

구원하는 은혜가 우리 안에서 일으키는 놀라운 변화인 참된 회개와 회심에서 우리는 죽고 사는 변화를 경험하게 된다. 먼저, 우리는 죽음을 경험하는데, 이때 죽는 것은 우리의 옛 사람 또는 죄의 몸이다. 성경에서 '옛 사람'과 '죄의 몸'은 죄의 세력에 굴복하여 죄의 노예가 된, 심지어 죄를 사랑하는 우리의 악한 인격 또는 악한 본성을 뜻한다. 그런데 구원의 은혜가 우리에게 임하면 옛 사람 또는 죄의 몸이 우리 안에서 죽게 된다. 하나님께서 은혜로 그것을 죽이시기 때문이다. 하나님께서는 우리를 위하여 자기 아들을 십자가에 죽이신 것처럼, 우리 안에서는 우리를 위하여 우리의 악한 본성과 인격을 죽이신다. "우리가 알거니와 우리의 옛 사람이 예수와 함께 십자가에 못 박힌 것은 죄의 몸이 죽어 다시는 우리가 죄에게 종노릇하지 아니하려 함이니"[롬 6:6]. 이 얼마나 놀라운 말씀인가! 이렇듯 참된 회개와 회심의 핵심에는 먼저 옛 사람의 죽음 또는 죄의 몸의 죽음이 있다. 그러므로 구원받은 신자가 살아야 할 선한 삶의 핵심에도 먼저 옛 사람의 죽음 또는 죄의 몸의 죽음이 있어야 한다. 지금도 우리 안에는 옛 사람 또는 죄의 몸의 잔재가 남아 있고, 때로는 그 잔재가 매우 강력한 힘으로 우리를 죄로 끌고 간다. 그러므로 구원받은 신자로서 하나님 앞에서 선한 삶을 살아가려면 먼저 우리 안에 남아 있는 옛 사람과 죄의 몸을 계속해서 죽여야 한다. 그래서 성경은 신자들에게 다음과 같이 명령한 것이다. "너희는 유혹의 욕심을 따라 썩어져 가는 구습을 좇는 옛 사람을 벗어 버리라"[엡 4:22]. 지금도 거룩하신 하나님을 진노케 하는 우리의 죄를 더 슬퍼하고 더 미워하며 죄의 뿌리를 죽이라는 말이다. 오늘 나는 기도한다.

"오, 주여! 옛 사람을 벗고 죄의 몸을 죽이라는 명령에 순종하겠습니다. 붙들어 주옵소서."

228일

제90문 새사람으로 다시 산다는 것은 무엇입니까?

답 그리스도로 말미암아 하나님 안에서 기뻐하고, 하나님의 뜻에 따라 모든 선을 행하며 사는 것을 즐거워하는 것입니다.

구원하는 은혜가 우리 안에서 일으키는 놀라운 변화인 참된 회개와 회심에서 우리는 죽고 사는 변화를 경험하게 된다. 먼저 죽음을 경험한 후 우리는 다시 사는 것을 경험한다. 이때 우리는 '새 사람'[엡 4:24] 또는 '새로운 피조물'[고후 5:17]로 다시 살아난다. 성경에서 '새사람'과 '새로운 피조물'은 성령으로 거듭나 그리스도로 말미암아 하나님과 화평을 누리고 하나님을 즐거워하고 사랑하기 때문에 하나님에게 자발적인 종이 되어 하나님의 모든 뜻에 순종하며 사는 것을 즐거워하는 사람이다. 하나님은 우리를 위하여 자기 아들을 무덤에서 다시 일으켜 세우신 것처럼, 우리를 이런 새 사람으로 다시 일으켜 세워 주신다. "그리스도를 죽은 자 가운데서 살리심과 같이 (우리를 다시 살리셨으니) 우리로 또한 새 생명 가운데서 행하게 하려 함이라"[롬 6:4]. 이 얼마나 놀라운 말씀인가! 그러므로 구원받은 신자가 살아야 할 선한 삶의 핵심에도 당연히 새 사람 또는 새 피조물로 다시 살아나는 일이 있어야 한다. 왜 그럴까? 지금도 우리는 그리스도로 말미암아 하나님과 화평을 누리는 것, 하나님을 즐거워하고 사랑하기 때문에 하나님의 자발적인 종이 되어 하나님의 모든 뜻에 순종하며 사는 것을 온전히 즐거워하지 못하다. 그러므로 날마다 그 일에 진보를 이루어야 하나님 앞에서 선한 삶을 확고하게 살 수 있다. 이것 때문에 성경은 신자들에게 거룩한 삶을 살라고 촉구할 때 다음과 같이 명령한다. "오직 너희의 심령이 새롭게 되어 하나님을 따라 의와 진리의 거룩함으로 지으심을 받은 새 사람을 입으라"[엡 4:23-24]. 오늘 나는 기도한다.

"오, 주여! 새사람을 입으라는 명령에 순종하겠습니다. 붙들어 주옵소서."

나의 묵상과 기도

229일

답 그리스도로 말미암아 하나님 안에서 기뻐하고, 하나님의 뜻에 따라 모든 선을 행하며 사는 것을 즐거워하는 것입니다.

옛 사람이 죽는 것과 새 사람이 사는 것을 다시 생각한다. 사도 바울은 하나님의 은혜로 자신의 옛 사람이 죽은 것과 자신이 새 사람으로 다시 살게 된 것을 다음과 같이 표현하였다. "내가 그리스도와 함께 십자가에 못 박혔나니 그런즉 이제는 내가 사는 것이 아니요 오직 내 안에 그리스도께서 사시는 것이라 이제 내가 육체 가운데 사는 것은 나를 사랑하사 나를 위하여 자기 자신을 버리신 하나님의 아들을 믿는 믿음 안에서 사는 것이라"[갈 2:20]. 바울은 새 사람으로 다시 살아가는 지금 자신의 삶을 가리켜 "내 안에 그리스도께서 사시는 것이라"라고 표현하였다. 참으로 놀라운 고백이 아닐 수 없다. 그런데 더 놀라운 것은 참 신자라면 누구나 새 사람으로 다시 살아났기 때문에 각자 현재 삶을 그렇게 똑같이 표현할 수 있다는 것이다. "지금 내 안에 그리스도께서 살고 계신다." 이 얼마나 복된 고백인가!

이런 관점으로 구원받은 신자가 살아야 할 선한 삶을 다시 생각해 본다. 구원받은 신자로서 내가 살아야 할 선한 삶은 아무도 도와주는 이가 없으므로 나 혼자서 어떻게든 살아 내야 하는 힘겨운 삶이 아니다. 나의 구주이시며 친구이신 그리스도께서 내 안에 사시며 은혜를 베푸시기 때문이다. 또한, 구원받은 신자로서 내가 살아야 할 선한 삶은 늘 완전하지도 완벽하지도 않겠지만 하나님께서는 기쁘게 내 삶을 받아 주실 것이고, 잘한 것은 칭찬해 주실 것이며, 못한 것은 그리스도의 의로 덮어 주시고, 나중에 더 잘할 수 있도록 더 많은 은혜를 공급해 주실 것이다. 내 삶은 하나님께서 사랑하시는 아들, 그리스도께서 내 안에 사시고 일하심으로써 맺은 열매이기 때문이다. 이렇게 생각하니 신자가 하나님 앞에서 살아야 할 선한 삶은 복되고 행복하며 안전한 삶이다. 오늘 나는 고백한다.

"오, 주여! 주님을 순종하며 섬기는 것이 너무 행복합니다."

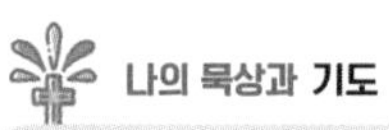

230일

제91문 선행이란 무엇입니까?

지금까지는 참된 회개 또는 회심의 성격과 내용을 살펴봄으로써 구원받은 신자가 살아야 할 선한 삶의 성격과 내용을 파악하였다. 그러므로 이제는 구원받은 신자가 선한 삶을 살아갈 때, 무엇을 기준으로 삼아야 하고 그 기준을 어떻게 지켜야 하고 무엇을 목표로 삼아야 하는지를 생각할 차례이다. 왜 이 세 가지를 중요하게 생각하고 반드시 알아야 할까? 이 세 가지를 아예 모르거나 틀리게 알면, 하나님 앞에서 선한 삶을 살려고 해도 실제로는 선한 삶을 살 수 없기 때문이다. 무엇이 선한 것인지 기준도 모르는 사람이 실제로 선한 삶을 살 수 있겠는가? 선한 것의 기준을 어떻게 지켜야 하는지 모르는 사람이 선한 삶을 제대로 살 수 있겠는가? 선한 것을 지키려는 마음의 목적이 올바르지 않은 사람이 선한 삶을 산다고 해서 그것이 정말로 선한 삶이 되겠는가?

이 세 가지를 아예 모르거나 틀리게 알았기 때문에 선한 삶을 살지 못한 사람들을 생각해 보면 바리새인들이 생각난다. 그들은 하나님 앞에서 선한 삶을 살겠다고 온갖 생색을 다 냈지만, 예수님께서 보실 때 그들은 선한 삶을 살기는커녕 위선적이며 악한 삶을 살았을 뿐이다. 그들은 하나님의 아들이신 예수님을 미워하고 죽이는 자리까지 나아갔다. 무엇이 문제였을까? 앞서 말한 세 가지를 그들이 아예 몰랐거나 틀리게 알았기 때문이다. 예수님께서 그들을 책망하실 때 하신 말씀을 기억해 보자. "너희가 하나님의 계명은 버리고 사람의 전통을 지키느니라"[막 7:8]. "그들의 모든 행위를 사람에게 보이고자 하나니"[마 23:5]. "너희는 나를 보고도 믿지 아니하는도다"[요 6:36]. 그러므로 나는 그들을 반면교사 삼아 주님께 간절히 기도한다.

"오, 주여! 선한 삶을 사는 데 필요한 모든 지식과 지혜를 주옵소서."

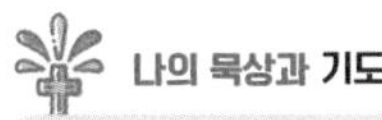
나의 묵상과 기도

231일

답 참된 믿음으로 하나님의 율법을 따라서, 그리고 그의 영광을 위해 행하는 것만을 선행이라 고 합니다. 우리 자신의 생각이나 사람의 전통에 근거하여 행하는 것은 선행이 아닙니다.

구원받은 신자는 선한 삶을 살아갈 때, 무엇을 기준으로 삼아야 하고 그 기준을 어떻게 지켜야 하고 무엇을 목표로 삼아야 하는가? 구원하는 은혜가 우리에게 임하면 그 은혜가 이 세 가지를 우리에게 가르쳐 주고, 이 세 가지를 우리 안에 반듯하게 세워 준다. 그러므로 예수님을 믿고 구원의 은혜를 받은 모든 참된 신자는 본능적으로 이 세 가지가 무엇인지 알고 이 세 가지가 그들 안에 확고하게 세워져 있기 마련이다. 성경도 우리에게 이 세 가지가 무엇인지 분명하게 밝혀 준다. 사람마다 구원의 은혜를 경험하는 일이 차이가 있는데, 각 사람이 각자의 경험에 의지해서 이 세 가지를 각자 나름대로 이해하게 되면 각자 다르게 이해하거나 혼동이 생길 수 있기 때문이다. 그러므로 이 세 가지를 객관적으로 분명하게 알려면, 성경에서 답을 찾아야 한다.

"너희는 내 법도를 따르며 내 규례를 지켜 그대로 행하라 나는 너희의 하나님 여호와이니라"[레 18:4]. 그러므로 구원받은 신자가 살아야 할 선한 삶의 기준은 오직 하나님의 율법, 곧 모든 시대 모든 사람에게 준수하라고 명하신 도덕법이다. 우리 자신의 생각, 세상의 도덕이나 윤리, 종교의 전통은 기준이 될 수 없다. "믿음이 없이는 하나님을 기쁘시게 하지 못하나니 하나님께 나아가는 자는 반드시 그가 계신 것과 또한 그가 자기를 찾는 자들에게 상 주시는 이심을 믿어야 할지니라"[히 11:6]. 그러므로 구원받은 신자가 하나님의 율법을 지키는 방식은 믿음이어야 한다. "그런즉 너희가 먹든지 마시든지 무엇을 하든지 다 하나님의 영광을 위하여 하라"[고전 10:31]. 그러므로 구원받은 신자가 하나님의 율법을 지키는 목표는 오직 하나님의 영광이어야 한다. 오늘 나는 기도한다.

"오, 주여! 이 세 가지 내용이 모두 세워져 있는 선한 삶을 살게 하옵소서."

34주

제92문 하나님의 율법은 무엇입니까?

| **답** | 하나님께서는 다음과 같이 말씀하셨습니다. "나는 너를 애굽 땅, 종 되었던 집에서 인도하여 낸 너의 하나님 여호와로라"

제1계명: "너는 나 외에는 다른 신들을 네게 두지 말라"

제2계명: "너를 위하여 새긴 우상을 만들지 말고 또 위로 하늘에 있는 것이나 아래로 땅에 있는 것이나 땅 아래 물속에 있는 것의 어떤 형상도 만들지 말며 그것들에게 절하지 말며 그것들을 섬기지 말라 나 네 하나님 여호와는 질투하는 하나님인즉 나를 미워하는 자의 죄를 갚되 아버지로부터 아들에게로 삼사 대까지 이르게 하거니와 나를 사랑하고 내 계명을 지키는 자에게는 천 대까지 은혜를 베푸느니라"

제3계명: "너는 네 하나님 여호와의 이름을 망령되게 부르지 말라 여호와는 그의 이름을 망령되게 부르는 자를 죄 없다 하지 아니하리라"

제4계명: "안식일을 기억하여 거룩하게 지키라 엿새 동안은 힘써 네 모든 일을 행할 것이나 일곱째 날은 네 하나님 여호와의 안식일인즉 너나 네 아들이나 네 딸이나 네 남종이나 네 여종이나 네 가축이나 네 문안에 머무는 객이라도 아무 일도 하지 말라 이는 엿새 동안에 나 여호와가 하늘과 땅과 바다와 그 가운데 모든 것을 만들고 일곱째 날에 쉬었음이라 그러므로 나 여호와가 안식일을 복되게 하여 그 날을 거룩하게 하였느니라"

제5계명: "네 부모를 공경하라 그리하면 네 하나님 여호와가 네게 준 땅에서 네 생명이 길리라"

제6계명: "살인하지 말라"
제7계명: "간음하지 말라"
제8계명: "도둑질하지 말라"
제9계명: "네 이웃에 대하여 거짓 증거하지 말라"
제10계명: "네 이웃의 집을 탐내지 말라 네 이웃의 아내나 그의 남종이나 그의 여종이나 그의 소나 그의 나귀나 무릇 네 이웃의 소유를 탐내지 말라"

제93문 십계명은 어떻게 구분됩니까?

| **답** | 두 부분으로 분됩니다. 처음 부분은 하나님께 대한 우리의 태도를 가르치며, 둘째 부분은 이웃에 대한 우리의 의무를 가르칩니다.

제94문 제1계명에서 하나님께서 요구하시는 것은 무엇입니까?

| **답** | 내 영혼의 구원을 간절히 바라는 만큼 온갖 우상 숭배, 마술과 점치는 일과 미신, 성인(聖人)이나 다른 피조물에게 기도하는 것을 피하고 멀리하는 것입니다. 더 나아가 유일하시고 참되신 하나님을 바르게 알고 그분만을 신뢰하며, 모든 겸손과 인내로 그분에게만 복종하고, 모든 좋은 것들을 오직 그분에게서만 기대하며, 마음을 다해 그분을 사랑하고 경외하며 그분만 섬기는 것입니다. 요컨대, 아무리 사소한 것일지라도 하나님의 뜻을 거슬러 행하기보다는 오히려 모든 것을 포기하는 것입니다.

제95문 우상 숭배란 무엇입니까?

| **답** | 우상 숭배란 말씀으로 자신을 계시하신 유일하시고 참되신 하나님을 대신하여 또는 하나님과 동시에 다른 어떤 것을 신뢰하거나 만들어 소유하는 것입니다.

232일

제92문 하나님의 율법이란 무엇입니까?

구원받은 신자가 선한 삶을 살아갈 때 기준이 되고 지켜야 하는 것은 하나님의 율법이다. 그렇다면, 하나님의 율법은 구체적으로 무엇을 말하는 것일까? 성경을 보면 하나님께서 사람에게 법을 제정해 주시는 말씀을 흔히 볼 수 있는데, 하나님께서 법을 내려 주시는 대상과 그 법이 요구하는 순종의 내용을 살펴보면, 크게 세 가지 법으로 구분된다는 것을 알 수 있다. 도덕법, 의식법, 시민법이다. 도덕법은 사람이 반드시 지켜야 할 가장 근본적인 도리를 규정한 것으로서, 모든 시대에 모든 사람에게 영구적으로 주어진 법이다. 의식법은 구약의 이스라엘 백성이 하나님을 예배하고 의식을 행할 때 반드시 지켜야 할 도리를 규정한 것으로서, 구약 시대 이스라엘 백성에게 한시적으로 주어진 법이다. 시민법은 이스라엘 백성이 하나의 사회 또는 국가로서 질서를 유지할 때 반드시 지켜야 할 도리를 규정한 것으로서, 구약 시대 이스라엘 백성에게 한시적으로 주어진 법이다. 넓은 의미에서 하나님의 율법은 도덕법, 의식법, 시민법, 이 세 가지를 합친 것이다.

하지만 구원받은 신자가 하나님을 사랑하고 하나님의 은혜에 감사하여 지켜야 할 법은 '넓은 의미에서의 하나님의 율법'이 아니다. 넓은 의미에서 하나님의 율법에 속하는 의식법과 시민법은 구약 시대 이스라엘 백성에게 한시적으로 내려진 법이기 때문에, 이 두 가지 법은 그리스도 안에 있는 신자에게 아무런 순종도 요구하지 않는다. 반면에 도덕법은 모든 시대 모든 사람에게 영구적으로 내려진 법이기 때문에, 이 법은 그리스도 안에 있는 신자에게 지금도 순종을 요구한다. 그리스도 안에 있는 신자도 하나님께서 창조하신 사람이기 때문에, 사람이 반드시 지켜야 할 가장 근본적인 도리를 지키는 것은 당연한 의무이다. 그러므로 구원받은 신자가 하나님을 사랑하고 하나님의 은혜에 감사하여 지켜야 할 법은 '좁은 의미에서의 하나님의 율법', 곧 도덕법이다. 오늘 나는 다짐한다.

"오, 주여! 신자가 순종해야 할 주의 법을 제가 순종하겠습니다."

233일

답 하나님께서는 다음과 같이 말씀하셨습니다. "나는 너를 애굽 땅, 종 되었던 집에서 인도하여 낸 너의 하나님 여호와로라." 제1계명: "너는 나 외에는 다른 신들을 네게 두지 말라." 제2계명: "너를 위하여 새긴 우상을 만들지 말고 또 위로 하늘에 있는 것이나 아래로 땅에 있는 것이나 땅 아래 물 속에 있는 것의 어떤 형상도 만들지 말며 그것들에게 절하지 말며 그것들을 섬기지 말라 나 네 하나님 여호와는 질투하는 하나님인즉 나를 미워하는 자의 죄를 갚되 아버지로부터 아들에게로 삼사 대까지 이르게 하거니와 나를 사랑하고 내 계명을 지키는 자에게는 천 대까지 은혜를 베푸느니라." 제3계명: "너는 네 하나님 여호와의 이름을 망령되게 부르지 말라 여호와는 그의 이름을 망령되게 부르는 자를 죄 없다 하지 아니하리라." 제4계명: "안식일을 기억하여 거룩하게 지키라. 엿새 동안은 힘써 네 모든 일을 행할 것이나 일곱째 날은 네 하나님 여호와의 안식일인즉 너나 네 아들이나 네 딸이나 네 남종이나 네 여종이나 네 가축이나 네 문안에 머무는 객이라도 아무 일도 하지 말라 이는 엿새 동안에 나 여호와가 하늘과 땅과 바다와 그 가운데 모든 것을 만들고 일곱째 날에 쉬었음이라 그러므로 나 여호와가 안식일을 복되게 하여 그날을 거룩하게 하였느니라." 제5계명: "네 부모를 공경하라 그리하면 네 하나님 여호와가 네게 준 땅에서 네 생명이 길리라." 제6계명: "살인하지 말라." 제7계명: "간음하지 말라." 제8계명: "도둑질하지 말라." 제9계명: "네 이웃에 대하여 거짓 증거하지 말라." 제10계명: "네 이웃에 대하여 거짓 증거하지 말라 네 이웃의 집을 탐내지 말라 네 이웃의 아내나 그의 남종이나 그의 여종이나 그의 소나 그의 나귀나 무릇 네 이웃의 소유를 탐내지 말라."

하나님께서는 넓은 의미에서의 율법, 곧 도덕법, 의식법, 시민법을 모세를 통해 계시해 주셨다. 그런데 좁은 의미에서의 율법, 곧 도덕법은 열 가지 계명으로 요약하여 돌판에 새겨 주셨다[출 34:27-28, 신 10:1-5]. 그러다가 모든 계시의 종결자이신 예수 그리스도께서 공생애 초기에 하나님 나라의 참된 행복을 선언하신 후 "내가 율법이나 선지자를 폐하러 온 줄로 생각하지 말라 폐하러 온 것이 아니요 완전하게 하려 함이라"[마 5:17]라고 말씀하시면서 도덕법의 정신과 내용을 친히 그리고 매우 자세히 가르쳐 주셨다. 그러므로 구원받은 신자는 자신이 순종해야 할 하나님의 율법을 알기 위해서 먼저는 십계명을 들여다봐야 하는데, 반드시 예수님의 계시를 기준으로 삼아야 한다. 오늘 나는 간구한다.

"오, 주여! 십계명을 보면서 하나님의 거룩한 요구를 온전히 알게 하옵소서."

234일

제93문 십계명은 어떻게 구분됩니까?

답 두 부분으로 구분됩니다. 처음 부분은 하나님께 대한 우리의 태도를 가르치며, 둘째 부분은 이웃에 대한 우리의 의무를 가르칩니다.

십계명의 구성을 생각해 본다. 십계명은 두 부분으로 구성되어 있다. 첫 번째 부분은 하나님에 대해서 우리가 지켜야 할 법으로 첫 번째 계명부터 네 번째 계명까지다. "너는 나 외에는 다른 신들을 네게 두지 말라", "너를 위하여 새긴 우상을 만들지 말고 또 위로 하늘에 있는 것이나 아래로 땅에 있는 것이나 땅 아래 물속에 있는 것의 어떤 형상도 만들지 말며 그것들에게 절하지 말며 그것들을 섬기지 말라", "너는 네 하나님 여호와의 이름을 망령되게 부르지 말라 여호와는 그의 이름을 망령되게 부르는 자를 죄 없다 하지 아니하리라", "안식일을 기억하여 거룩하게 지키라." 예수 그리스도께서는 이 부분을 다음과 같이 요약해 주셨다. "예수께서 이르시되 네 마음을 다하고 목숨을 다하고 뜻을 다하여 주 너의 하나님을 사랑하라 하셨으니 이것이 크고 첫째 되는 계명이요"[마 22:37-38].

두 번째 부분은 사람에 대해 우리가 지켜야 할 법으로 다섯 번째 계명부터 열 번째 계명까지다. "네 부모를 공경하라. 그리하면 네 하나님 여호와가 네게 준 땅에서 네 생명이 길리라", "살인하지 말라", "간음하지 말라", "도둑질하지 말라", "네 이웃에 대하여 거짓 증거하지 말라", "네 이웃의 집을 탐내지 말라 네 이웃의 아내나 그의 남종이나 그의 여종이나 그의 소나 그의 나귀나 무릇 네 이웃의 소유를 탐내지 말라." 예수님은 이 부분을 다음과 같이 요약해 주셨다. "둘째는 그와 같으니 네 이웃을 네 몸과 같이 사랑하라 하셨으니"[마 22:39]. 십계명에서 하나님에 대해 지켜야 할 법이 먼저 제시된 후에 사람에 대해 지켜야 할 법이 주어진 것은 우리에게 하나님을 사랑하는 것이 우선이기 때문이다. 오늘 나는 기도한다.

"오, 주여! 주의 모든 계명을 즐거워하게 하옵소서."

235일

제94문 제1계명에서 하나님께서 요구하시는 것은 무엇입니까?

십계명의 첫 번째 계명, "너는 나 외에는 다른 신들을 네게 두지 말라." 앞에서 하나님께서 나에게 요구하시는 거룩한 뜻을 헤아린다. 하나님께서 이 계명을 주신 이유는 무엇일까? 첫째, 하나님 외에는 우리가 신으로 인정하고 섬길 수 있는 다른 신이 실제로 없기 때문이다. "이스라엘의 왕인 여호와, 이스라엘의 구원자인 만군의 여호와가 이같이 말하노라 나는 처음이요 나는 마지막이라 나 외에 다른 신이 없느니라."[사 44:6]. 둘째, 하나님 한 분 안에 우리의 영원한 구원과 영원한 행복이 전부 있기 때문이다. "우리의 도움은 천지를 지으신 여호와의 이름에 있도다"[시 124:8]. 셋째, 하나님은 우리가 영원한 구원과 영원한 행복을 얻고 그것을 풍성히 누리기를 간절히 바라시기 때문이다. "주 여호와의 말씀이니라 죽을 자가 죽는 것도 내가 기뻐하지 아니하노니 너희는 스스로 돌이키고 살지니라"[겔 18:32].

하나님께서 첫 번째 계명을 주신 근본적인 이유를 묵상해 보면, 첫 번째 계명에서 하나님은 우리에게 "~을 하라"라고 적극적인 요구를 하신다는 것을 알게 된다. "너는 나 외에는 다른 신들을 네게 두지 말라"는 표현은 "~을 하지 말라"라고 되어 있지만, 이 표현에 담긴 하나님의 진짜 요구는 모두 매우 적극적인 것들이다. "내가 유일하고 참된 신이니 네 마음과 삶에서 오직 나만 신으로 믿고 섬겨라", "내가 유일하고 참된 신이기 때문에 너에게 필요한 모든 도움과 구원과 행복은 다 내 안에 있다. 그러니 내 안에서 그것을 찾아라", "나는 유일하고 참된 신으로서 내게 있는 모든 도움과 구원과 행복을 다 너에게 주고 싶으니, 내게로 와서 그것을 얻고 풍성히 누려라." 이런 마음과 이런 내용으로 계명을 주신 하나님을 어찌 사랑하지 않을 수 있을까! 오늘 나는 고백한다.

"오, 주여! 계명을 주신 하나님을 사랑합니다."

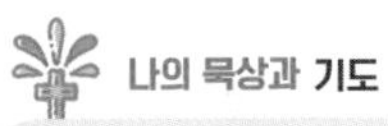

236일

답1 내 영혼의 구원을 간절히 바라는 만큼 온갖 우상 숭배, 마술과 점치는 일과 미신, 성인(聖人)이나 다른 피조물에게 기도하는 것을 피하고 멀리하는 것입니다.

십계명의 첫 번째 계명, "너는 나 외에는 다른 신들을 네게 두지 말라." 앞에서 이 계명을 지키기 위해서 먼저 우리가 하지 말아야 할 일을 생각해 본다. 하나님께서 이 계명을 주신 이유를 다시 생각하면서 우리가 하지 말아야 할 일들을 정리해 본다. 첫째, 하나님만이 유일하시고 참되신 신이시며 다른 신은 세상에 없으니, 나는 하나님을 믿지 않는 사람들이 신이라고 부르고 신으로 섬기는 모든 것들을 신으로 인정하지도 말고 섬기지도 말아야 한다. 내가 인정하지도 말고 섬기지도 말아야 할 대상은 세상 사람들이 형상으로 만들어 놓고 그 앞에 절하는 모든 이방 종교의 신들이다. 그리고 세상 사람들이 그 앞에 절하지는 않으나 신처럼 떠받들고 사는 돈, 명예, 성공, 사람, 건강, 쾌락이다. 사도 요한은 요한일서의 맨 마지막을 다음과 같이 끝낸다. "자녀들아 너희 자신을 지켜 우상에게서 멀리하라"[요일 5:21].

둘째, 하나님 한 분 안에 나에게 필요한 영원한 구원과 영원한 행복이 전부 있고 하나님께서는 은혜로 그 모든 것을 나에게 선물로 주시니, 나의 구원과 행복을 위하여 하나님 외에는 그 어떤 것도 의지하지 말아야 한다. 현실이 불안하고 장래가 암담할 때 세상 사람들은 기분을 전환하고 해결책을 발견하려고 점을 치거나 미신을 따라 여러 가지 일을 행하지만, 나는 그런 일을 절대 하지 말아야 한다. "너희는 신접한 자와 박수를 믿지 말며 그들을 추종하여 스스로 더럽히지 말라 나는 너희 하나님 여호와이니라"[레 19:31]. 로마 가톨릭교회 사람들은 기도할 때 하나님께 기도하면서도 자기들이 성인으로 추대한 이들에게도 부탁하는 형식을 취하지만, 나는 그런 일을 절대 하지 말아야 한다. 그런 일은 내 영혼의 구원과 행복에 전혀 도움이 되지 않고 오히려 재앙이 될 뿐이다. 오늘 나는 다짐한다.

"오, 주여! 내 평생 우상을 멀리하겠습니다."

237일

답2 더 나아가 유일하시고 참되신 하나님을 바르게 알고 그분만을 신뢰하며, 모든 겸손과 인내로 그분에게만 복종하고, 모든 좋은 것들을 오직 그분에게서만 기대하며, 마음을 다해 그분을 사랑하고 경외하며 그분만 섬기는 것입니다. 요컨대, 아무리 사소한 것일지라도 하나님의 뜻을 거슬러 행하기보다는 오히려 모든 것을 포기하는 것입니다.

십계명의 첫 번째 계명, "너는 나 외에는 다른 신들을 네게 두지 말라." 앞에서 하나님께서 이 계명을 주신 이유를 다시 생각하면서 우리가 적극적으로 해야 할 일을 정리해 본다. 첫째, 하나님만이 유일하고 참되신 신이시고 다른 신은 세상에 없으니, 나는 성경이 계시하는 하나님을 깊이 알고 진심으로 인정해야 한다. 그렇게 하나님을 알고 인정하기 때문에 마음을 다해 하나님을 경외하고, 경외할 뿐 아니라 사랑하며, 사랑할 뿐 아니라 섬기고, 섬길 뿐 아니라 모든 겸손과 인내로 항상 복종해야 한다. "그러므로 우리가 여호와를 알자"[호 6:3]. "너는 마음을 다하고 뜻을 다하고 힘을 다하여 네 하나님 여호와를 사랑하라"[신 6:5]. "여호와를 경외함이 지혜의 근본이라"[시 111:10].

둘째, 하나님 한 분 안에 나에게 필요한 영원한 구원과 참된 행복이 전부 있고 하나님께서는 은혜로 그 모든 것을 나에게 선물로 주시니, 나는 영원한 구원과 참된 행복을 위하여 오직 하나님 한 분만 신뢰해야 한다. 그렇게 하나님을 신뢰하기 때문에 모든 구원과 참된 행복을 오직 하나님께만 기대해야 하고, 하나님께서 실제로 그것들을 주실 때 기쁘게 받아야 하며, 모든 피조물을 다 잃어버린다 해도 하나님 한 분을 선택하는 사람이 되어야 한다. "온갖 좋은 은사와 온전한 선물이 다 위로부터 빛들의 아버지께로부터 내려오나니 그는 변함도 없으시고 회전하는 그림자도 없으시니라"[약 1:17]. "너는 마음을 다하여 여호와를 신뢰하고 네 명철을 의지하지 말라 너는 범사에 그를 인정하라 그리하면 네 길을 지도하시리라"[잠 3:5-6]. 오늘 나는 다짐한다.

"오, 주여! 내 평생 하나님을 하나님으로 잘 섬기겠습니다."

238일

제95문 우상 숭배란 무엇입니까?

답 우상 숭배란 말씀으로 자신을 계시하신 유일하시고 참되신 하나님을 대신하여 또는 하나님과 동시에 다른 어떤 것을 신뢰하거나 만들어 소유하는 것입니다.

십계명의 첫 번째 계명, "너는 나 외에는 다른 신들을 네게 두지 말라." 앞에서 이 계명이 엄격하게 금하고 있는 우상 숭배를 생각해 본다. 먼저, 노골적인 우상 숭배가 있다. 어떤 동물이나 물건이나 사람을 형상으로 만들어 놓고 그 앞에 절하며 복을 비는 것이다. 이런 우상 숭배는 하나님을 알지도 못하고 믿지도 않는 세상 사람들에게 보편적으로 퍼져 있는 악이다. 하지만 세상 사람들에게만 이런 우상 숭배가 있는 것은 아니다. 하나님의 백성들도 이런 우상 숭배에 빠진다. 이스라엘 백성은 출애굽할 때 하나님의 놀라운 구원을 목도하고도 얼마 후에 금으로 송아지 형상을 만들고 그것을 하나님이라고 부르며 그 앞에서 뛰고 절하였다[출 32장]. 옛날에 하나님의 백성들 가운데 이런 일이 있었다면 지금도 신자들 가운데, 교회 안에, 이런 일이 있을 수 있지 않을까? 생각만 해도 소름 돋는 일이다. 더 소름 돋는 것은 교묘한 우상 숭배다. 겉으로는 하나님만 믿고 섬기는 것 같은데, 사실은 하나님과 함께 다른 것도 믿고 섬기는 것이다. 성경이 계시하고 있는 유일하시고 참되신 하나님도 알고 믿고 섬기지만, 마음에 쌓이는 욕심이 끊임없이 만들어내는 하나님도 믿고 섬기는 것이다. 십자가 죽음과 부활로 영원한 생명을 주시는 하나님도 믿지만, 건강과 돈과 즐거움을 풍성히 주셔서 우리로 이 세상에서 행복을 만끽하게 하시는 하나님도 함께 믿고 섬기려는 것이다. 사도 바울은 이런 사람들을 우상 숭배자로 규정하였다. "그들의 마침은 멸망이요 그들의 신은 배요"[빌 3:19]. "너희도 정녕 이것을 알거니와 음행하는 자나 더러운 자나 탐하는 자 곧 우상 숭배자는 다 그리스도와 하나님의 나라에서 기업을 얻지 못하리니"[엡 5:5]. 그래서 오늘 나는 간절히 기도한다.

"오, 주여! 교묘한 우상 숭배에서 우리를 건져 주옵소서."

35주

제96문 제2계명에서 하나님께서 원하시는 것은 무엇입니까?

| 답 |

어떤 방식으로든 하나님의 형상을 만들지 말고, 하나님께서 자신의 말씀에서 명령하지 아니한 다른 방식으로 그분을 예배하지 말라는 것입니다.

제97문 그렇다면 우리는 어떤 형상도 만들면 안 됩니까?

| 답 |

하나님은 어떤 방식으로든 형상으로 표현될 수 없고, 표현해서도 안 됩니다. 피조물은 형상으로 표현될 수 있지만 그것을 예배하기 위해, 또는 그것들을 통해 하나님을 섬기기 위해 형상을 만들거나 소유하는 일은 금하셨습니다.

제98문 그렇다면 형상들이 교회에서 '일반 성도를 위한 교보재'로 허용될 수 없습니까?

| 답 |

허용될 수 없습니다. 우리는 하나님보다 더 지혜로운 체해서는 안 됩니다. 하나님께서는 자기 백성들이 말 못하는 우상을 통해서가 아니라 자신의 말씀이 살아 있는 설교를 통해 가르침 받기를 원하십니다.

239일

제96문 제2계명에서 하나님께서 원하시는 것은 무엇입니까?

십계명의 두 번째 계명, "너를 위하여 새긴 우상을 만들지 말고 또 위로 하늘에 있는 것이나 아래로 땅에 있는 것이나 땅 아래 물속에 있는 것의 어떤 형상도 만들지 말며 그것들에게 절하지 말며 그것들을 섬기지 말라." 앞에서 하나님께서 나에게 요구하시는 거룩한 뜻을 헤아린다. 먼저, 하나님께서 이 계명을 주신 이유는 무엇일까? 첫째, 앞서 첫 번째 계명에서 하나님 한 분만을 유일하고 참된 신으로 섬겨야 한다는 계명을 주셨으니 논리적인 순서상 그 하나님을 섬기는 올바른 방법에 관하여 계명을 주셔야 하기 때문이다. 둘째, 타락한 인간은 하나님 한 분만을 유일하고 참된 신으로 섬긴다고 하면서도 그 하나님을 섬기는 방식에서는 하나님의 의중을 묻지도 따르지도 않고 자기들 멋대로 자기들 편한 대로 행하기 때문이다. 하나님께서는 우리에게 필요하지 않은 계명을 주시는 법이 결코 없으시다.

하나님께서 두 번째 계명을 주신 근본적 이유를 묵상해 본다. 하나님께서는 자신이 유일하고 참된 하나님이니까 자기만 의지하고 섬기라고 명령하신 후에, 하나님을 섬기는 올바른 방법에 관해서는 우리가 알아서 방법을 찾으라고 힘든 숙제를 내주지 않으셨다. 하나님께서는 자신을 올바르게 섬기는 방법을 가르쳐 주셨고, 그 섬김의 길에서 우리가 해야 할 일과 하지 말아야 할 일을 구별해 주셨다. "너희의 구속자시요 이스라엘의 거룩하신 이이신 여호와께서 이르시되 나는 네게 유익하도록 가르치고 너를 마땅히 행할 길로 인도하는 네 하나님 여호와라"[사 48:17]. 아, 하나님은 얼마나 은혜로우신 분이신가! 그러므로 두 번째 계명 앞에서 나는 고백한다. "주의 말씀은 내 발에 등이요 내 길에 빛이니이다"[시 119:105]. 그리고 하나님을 찬송한다.

"오, 주여! 두 번째 계명을 주신 주님을 사랑합니다."

240일

답1 **어떤 방식으로든 하나님의 형상을 만들지 말고,**

십계명의 두 번째 계명, "너를 위하여 새긴 우상을 만들지 말고 또 위로 하늘에 있는 것이나 아래로 땅에 있는 것이나 땅 아래 물속에 있는 것의 어떤 형상도 만들지 말며 그것들에게 절하지 말며 그것들을 섬기지 말라." 앞에서 하나님께서 나에게 요구하시는 거룩한 뜻을 헤아린다. 두 번째 계명에서 하나님께서 요구하시는 것은 명확하다. 유일하시고 참되신 하나님을 어떤 형태로든 형상으로 표현하지 말라는 것이다. 하나님께서는 자기를 믿고 섬기는 이스라엘 백성들이 자기를 어떤 형상으로 만들까 늘 염려하셨고 그것을 엄하게 금지하셨다. "여호와께서 호렙 산 불길 중에서 너희에게 말씀하시던 날에 너희가 어떤 형상도 보지 못하였은즉 너희는 깊이 삼가라 그리하여 스스로 부패하여 자기를 위해 어떤 형상대로든지 우상을 새겨 만들지 말라"[신 4:15-18 참고].

하나님의 이런 요구는 지극히 당연한 요구이다. 하나님께서는 우리에게 그렇게 요구하실 수밖에 없고, 우리는 하나님의 요구에 순종해야만 한다. 하나님은 어떤 분이신가? "하나님은 복되시고 유일하신 주권자이시며 만왕의 왕이시며 만주의 주시요 오직 그에게만 죽지 아니함이 있고 가까이 가지 못할 빛에 거하시고 어떤 사람도 보지 못하였고 또 볼 수 없는 이시니 그에게 존귀와 영원한 권능을 돌릴지어다 아멘"[딤전 6:15-16]. 이런 하나님을 우리 눈에 보이는 어떤 형상으로 표현한다는 것이 가당키나 한 일인가? 그것은 하나님에 대한 심각한 모독이다. 사람으로서는 하나님을 볼 수 없고 하나님을 본 사람이 아무도 없는데, 우리가 하나님을 어떤 형상으로 표현한다는 것이 가당키나 한 일인가? 그것은 하나님에 대한 심각한 모독이다. 오늘 나는 고백한다.

"오, 주여. 주의 계명은 의롭고 순전하오니 제가 즐거이 순종하겠습니다."

241일

답2 하나님께서 자신의 말씀에서 명령하지 아니한 다른 방식으로 그분을 예배하지 말라는 것입니다.

십계명의 두 번째 계명, "너를 위하여 새긴 우상을 만들지 말고 또 위로 하늘에 있는 것이나 아래로 땅에 있는 것이나 땅 아래 물속에 있는 것의 어떤 형상도 만들지 말며 그것들에게 절하지 말며 그것들을 섬기지 말라." 앞에서 하나님께서 우리에게 요구하시는 것을 다시 생각해 본다. 두 번째 계명에서 하나님께서 우리에게 요구하신 것은 하나님을 예배할 때 어떤 형태로든 하나님을 형상으로 표현하지 말라는 것이다. 그런데 두 번째 계명에서 하나님은 "그것들에게 절하지 말며 그것들을 섬기지 말라."라고도 말씀하셨다. 이 두 가지 표현은 예배를 가리키는 표현이다. 그러므로 두 번째 계명은 하나님을 예배하는 일과 연결해서 해석하고 이해해야 한다. 그러니까 두 번째 계명에서 하나님께서는 우리가 하나님을 어떤 형상으로 만들어 놓고 예배하는 것을 엄하게 금하신 것이다.

그렇다면 두 번째 계명에서 하나님께서는 우리가 하나님을 어떤 형상으로 만들어 놓고 예배하는 것만 금하신 것일까? 우리가 하나님을 어떤 형상으로 만들어 놓고 예배하지만 않으면 우리 마음대로 하나님을 예배해도 괜찮다는 것일까? 구약의 예배인 제사 제도와 구약의 예배당인 성막을 생각해 보자. 그때 하나님은 이스라엘 백성들이 마음대로 방식을 정해 하나님께 제사를 드리고 성막을 건축해도 된다고 하셨는가? 그렇지 않다. 하나님께서는 그 모든 것에 관해 자세한 내용까지 다 정해 주셨다[출 25:9]. 이것을 두 번째 계명과 연결해 보자. 하나님께서는 예배와 관련하여 우리가 하나님을 어떤 형상으로 만들어 놓고 예배하는 것만 금하신 것이 아니다. 하나님께서는 성경에 계시되지 않은 방식으로, 우리 임의대로 예배하는 것도 금하신 것이다. 오늘 나는 고백한다.

"오, 주여! 주님을 예배할 때, 주님께서 원하시는 방식만을 따르게 하옵소서."

242일

제97문 그렇다면 우리는 어떤 형상도 만들면 안 됩니까?

답1 하나님은 어떤 방식으로든 형상으로 표현될 수 없고, 표현해서도 안 됩니다.

십계명의 두 번째 계명 앞에서 에덴동산에서 있었던 일을 떠올려 본다. 하나님께서는 아담과 하와에게 에덴동산의 모든 실과를 먹을 수 있되 다만 한 가지를 금하셨는데, 선악을 알게 하는 나무의 실과를 먹지 말라고 하셨다. 그런데 교활한 마귀는 하와를 유혹할 때, 마치 하나님께서 에덴동산에 있는 모든 나무의 실과를 먹지 말라고 금하신 것 같은 뉘앙스로 말했다. "하나님이 참으로 너희에게 동산 모든 나무의 열매를 먹지 말라 하시더냐"[창 3:1]. 마귀는 하와의 마음에 하나님의 선하심과 은혜로우심에 대한 믿음을 흔들었다. 그리고 하나님께서 다른 모든 것을 허락하시면서 오직 한 가지만 금하신 일조차도 불평하게 했다. 놀라운 사실은 시간이 오래 흘러도 마귀의 계략은 여전하다는 것이다. 그래서 많은 사람이 두 번째 계명 앞에서 불평한다. "아니, 어떤 형상도 만들지 말라는 것인가?"

두 번째 계명에서 하나님은 말씀하셨다. "또 위로 하늘에 있는 것이나 아래로 땅에 있는 것이나 땅 아래 물속에 있는 것의 어떤 형상도 만들지 말며…." 그러나 하나님께서 어떤 문맥에서 그렇게 말씀하셨는지를 보라. 하나님께서는 첫 번째 계명에 연결되는 것으로 두 번째 계명을 주시면서 그렇게 말씀하셨다. 또한, "그것들에게 절하지 말며 그것들을 섬기지 말라."라고 덧붙이심으로써 위의 금령이 예배와 관련된 것임을 분명하게 나타내셨다. 그러므로 두 번째 계명에서 하나님께서는 우리가 형상을 만드는 모든 일을 전부 다 금하신 것이 아니다. 유일하고 참되신 하나님은 어떤 형태로든 형상으로 표현될 수 없으며 형상으로 표현해서도 안 되니까 형상으로 표현하지 말라고 금하신 것이다. 그러므로 마귀의 계략에 넘어가 하나님의 금령을 오해하고 괜한 불만을 품지 말자. 오늘 나는 기도한다.

"오, 주여! 마귀의 계략에 빠지지 않게 하옵소서."

243일

답2 피조물은 형상으로 표현될 수 있지만 그것을 예배하기 위해, 또는 그것들을 통해 하나님을 섬기기 위해 형상을 만들거나 소유하는 일은 금하셨습니다.

십계명의 두 번째 계명에서 하나님은 우리가 형상을 만드는 모든 일을 전부 다 금하신 것이 아니다. 성경에 보면, 피조물을 어떤 형상으로 만드는 일을 하나님께서 적극적으로 명령하시거나 허용하신 일이 있다. 첫째, 성막을 건축하는 과정에서 하나님은 오홀리압과 브살렐에게 지혜와 재능을 주시면서 속죄소를 만들 때 두 천사를 금으로 만들라고 명령하셨다. "금으로 그룹 둘을 속죄소 두 끝에 쳐서 만들되"[출 25:18]. 둘째, 이스라엘 백성이 사막에서 뱀에 물려 죽어 가고 있을 때 하나님께서는 모세에게 명하여 구리로 뱀 형상을 만들고 그것을 장대에 달아 높이 들라고 명령하셨다. "여호와께서 모세에게 이르시되 불뱀을 만들어 장대 위에 매달아라 물린 자마다 그것을 보면 살리라"[민 21:8]. 그러므로 정당하고 선한 목적에 필요한 경우, 우리가 어떤 형상을 만드는 일은 결코 죄가 되지 않는다.

그러나 한 가지 주의할 점이 있다. 처음에는 정당하고 선한 목적으로 어떤 형상을 만들더라도, 나중에는 그 형상 앞에서 예배나 기도의 행위를 하는 일이 자주 생긴다는 것이다. 구약 성경을 읽어 보면, 모세가 하나님의 명령을 받들고 구리로 만들었던 뱀은 이스라엘을 치유하는 일시적인 도구로 제작되었는데, 나중에 이스라엘 백성은 그것을 향해 분향하며 경배하는 어리석음에 빠지고 말았다[왕하 18:4]. 그러한 일은 오늘날에도 반복된다. 가령, 어떤 교회들은 예배당 앞에 십자가 형상을 걸어 놓는데, 어떤 신자들은 기도할 때 그 십자가 아래 앉아 기도하면 특별한 효과가 있는 것처럼 생각하여 일부러 그 앞에 앉아 기도하기도 한다. 아, 형상에 대한 인간의 집착은 우리가 상상하는 것 그 이상이다. 오늘 나는 기도한다.

"오, 주여! 형상에 대한 집착에서 우리를 건지사
그것을 예배하지 않게 하옵소서."

244일

제98문 그렇다면 형상들이 교회에서 '일반 성도를 위한 교보재'로 허용될 수 없습니까?

십계명의 두 번째 계명, "너를 위하여 새긴 우상을 만들지 말고…" 앞에서 오늘은 형상에 대한 인간의 끝없는 집착을 생각해 본다. 지금도 어떤 사람들은 종교적인 목적과 용도를 핑계 삼아 형상을 만들고 그것을 예배에 활용해야 한다고 주장한다. 대표적인 경우가 로마 가톨릭교회 사람들이다. 로마 가톨릭교회 사람들은 성경을 잘 이해하지 못하는 일반 성도들이 하나님을 알고 예배하는 일을 돕기 위해서 형상을 만들어 예배와 교육에 사용하는 것은 괜찮다고 주장한다. 아니, 바람직하고 꼭 필요하다고 주장한다. 개신교회 안에도 이런 사고의 영향을 받은 사람들이 적지 않다. 이들이 내세우는 주장은, 사람은 귀로 들어 배우는 것보다 눈으로 봄으로써 더 쉽게, 더 빠르게, 더 많이 배운다는 것이다. 얼핏 들으면 맞는 말처럼 들려 고개가 끄덕여진다. 하지만 정신을 차리고 다시 생각한다. 우리는 인간의 상식과 경험을 근거로 삼아 신앙적인 일을 결정할 수 없다.

우리의 신앙과 삶의 유일한 규범은 성경이다. 그러면 성경은 뭐라고 가르칠까? 먼저, 디모데후서 3장 16-17절 말씀을 들어 보자. "모든 성경은 하나님의 감동으로 된 것으로 교훈과 책망과 바르게 함과 의로 교육하기에 유익하니 이는 하나님의 사람으로 온전하게 하며 모든 선한 일을 행할 능력을 갖추게 하려 함이라"[딤후 3:16-17]. 다음으로 요한복음 16장 13-14절 말씀을 들어 보자. "그러나 진리의 성령이 오시면 그가 너희를 모든 진리 가운데로 인도하시리니 그가 스스로 말하지 않고 오직 들은 것을 말하며 장래 일을 너희에게 알리시리라 그가 내 영광을 나타내리니 내 것을 가지고 너희에게 알리시겠음이라"[요 16:13-14]. 마지막으로 로마서 10장 17절 말씀을 들어 보자. "그러므로 믿음은 들음에서 나며 들음은 그리스도의 말씀으로 말미암았느니라"[롬 10:17]. 오늘 나는 기도한다.

"오, 주여! 형상이 유익할 수 있다는 생각을 버리게 하옵소서."

245일

답 허용될 수 없습니다. 우리는 하나님보다 더 지혜로운 체해서는 안 됩니다. 하나님께서는 자기 백성들이 말 못하는 우상을 통해서가 아니라 자신의 말씀이 살아 있는 설교를 통해 가르침 받기를 원하십니다.

오늘도 십계명의 두 번째 계명, "너를 위하여 새긴 우상을 만들지 말고…" 앞에서 형상에 대한 인간의 끝없는 집착을 생각해 본다. 하나님께서는 우리에게 신앙을 가르쳐 주기 위해 무엇을 주셨는가? 그림인가? 형상인가? 아니다. 성경이다. 그러면 성경은 어떻게 제작되어 있는가? 그 안에 삽화가 한 장이라도 있는가? 그 안에 형상이 하나라도 부록으로 붙어 있는가? 그렇지 않다. 성경에는 삽화 한 장 들어 있지 않고 형상 하나 붙어 있지 않다. 처음부터 끝까지 글자밖에 없다. 생각해 보자. 하나님께는 모든 지혜가 다 있어 우리를 가르치실 때 어떤 방법이 최선인지 아실 텐데, 또 하나님께서는 우리가 무엇을 배움에 있어 얼마나 느리고 연약한지 그 누구보다 잘 아실 텐데, 왜 그림이나 형상이 아니라 성경을 읽으라고 주셨을까? 그마저도 왜 삽화 한 장 없고 형상 하나 붙어 있지 않은 책으로 성경을 만들어 주셨을까? 그 이유는 하나다. 성경으로 충분하기 때문이다. 하나님께서는 성경을 주실 때 두 가지 귀한 선물도 함께 주셨다. 한 가지는 교회 안에 세워 주신 설교자들로 성경을 해설하게 하신 것이고, 다른 한 가지는 성령 하나님께서 진리의 영으로 신자 안에 거주하시면서 성경의 모든 진리를 가르치게 하신 것이다[엡 4:11-16; 요 14:16-17, 26]. 모든 지혜의 하나님께서 이런 방법을 사용하시는데, 그림과 형상이 필요하다는 주장을 굽히지 않는 사람들은 대체 왜 그러는 걸까? 자기들이 하나님보다 지혜롭다는 것인가? 하나님께서는 두 번째 계명을 존중하고 순종하는 신자에게 천대까지 이어지는 복을 약속하신다. "나 네 하나님 여호와는 질투하는 하나님인즉 나를 미워하는 자의 죄를 갚되 아버지로부터 아들에게로 삼사 대까지 이르게 하거니와 나를 사랑하고 내 계명을 지키는 자에게는 천 대까지 은혜를 베푸느니라." 오늘 나는 고백한다.

"오, 주여! 주의 계명을 즐거이 순종하겠습니다."

36주

제99문 제3계명에서 하나님께서 원하시는 것은 무엇입니까?

| 답 |

저주나 거짓 맹세 또는 불필요한 서약으로 하나님의 이름을 욕되게 하거나 오용하지 않는 것이며, 또한 그러한 죄를 보고도 침묵하는 방관자가 되어 두려운 죄에 참여하지 않는 것입니다. 즉, 하나님의 거룩한 이름을 오직 두려워하며 존경하는 마음으로만 사용하여서, 우리가 하나님을 올바르게 고백하고 부르며, 우리의 모든 말과 행실에서 하나님을 영화롭게 하는 것입니다.

제100문 맹세나 저주로 하나님의 이름을 욕되게 하는 것은, 그러한 죄를 힘을 다해 막거나 금하려고 하지 않은 사람들에게까지 하나님께서 진노하실 만큼 심각한 죄입니까?

| 답 |

물론입니다. 하나님의 이름을 욕되게 하는 것보다 더 큰 죄도 없고 그것보다 더 하나님을 진노케 하는 죄도 없습니다. 그러므로 하나님께서는 이 죄를 사형으로 벌하라 명하셨습니다.

246일

제99문 제3계명에서 하나님께서 원하시는 것은 무엇입니까?

십계명의 세 번째 계명, "너는 네 하나님 여호와의 이름을 망령되게 부르지 말라. 여호와는 그의 이름을 망령되게 부르는 자를 죄 없다 하지 아니하리라." 앞에서 하나님께서 계명을 주신 순서를 먼저 생각해 본다. 첫 번째 계명에서 하나님께서는 이 세상에 다른 신이 없고 자신만이 유일하고 참되신 하나님이시니 우리 마음에 하나님만 두고 살라고 요구하셨다. 두 번째 계명에서는 영이신 하나님을 어떤 형상으로 표현하는 일과 그 형상을 사용하여 예배하는 일을 금하시며 성경에 계시된 방식으로만 하나님을 예배할 것을 요구하셨다. 그런 다음 세 번째 계명에서는 하나님의 거룩한 이름을 어떻게 사용해야 하는지를 가르쳐 주시며 그것을 우리에게 계명으로 주신다. 이렇듯 하나님은 순서를 차근차근 밟아 계명을 우리에게 주신다. "주의 말씀이 심히 순수하므로 주의 종이 이를 사랑하나이다"[시 119:140].

왜 십계명의 세 번째 계명은 하나님의 이름에 관한 계명일까? 생각해 보면, 인간 사회에서도 다른 사람의 이름을 가지고 장난치는 것을 나쁜 일로 여긴다. 어떤 사람의 이름은 그 사람의 존재나 인격을 상징하기 때문이다. 그래서 다른 사람의 이름을 가지고 장난치는 것은 곧 그 사람을 가지고 장난치는 것과 똑같다고 여긴다. 또한, 인간 사회에서도 윗사람의 이름은 함부로 부르는 법이 없다. 윗사람의 이름 자체가 특별하고 고귀하기 때문은 아니다. 그 이름이 가리키는 윗사람의 존재와 권위가 특별하고 고귀하기 때문이다. 그러므로 십계명의 세 번째 계명은 하나님의 이름을 어떤 마음과 어떤 태도로 사용해야 하는지를 규정함으로써 우리가 예배에서든 일상에서든 하나님의 존재와 인격, 그리고 권위와 능력에 대해서 어떤 심정, 어떤 태도를 보여야 하는지를 규정한다. 오늘 나는 기도한다.

"오, 주여! 주님의 존재와 인격, 권위와 능력을
경외하게 하옵소서."

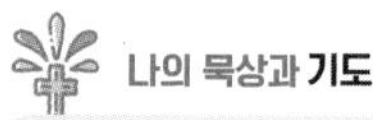

247일

답1 저주나 거짓 맹세 또는 불필요한 서약으로 하나님의 이름을 욕되게 하거나 오용하지 않는 것이며,

십계명의 세 번째 계명, "너는 네 하나님 여호와의 이름을 망령되게 부르지 말라. 여호와는 그의 이름을 망령되게 부르는 자를 죄 없다 하지 아니하리라." 앞에서 오늘은 하나님께서 우리에게 금하신 것을 생각해 본다. "하나님의 이름을 망령되게 부르지 말라." 하나님의 이름을 '망령되게 부른다'는 것은 무엇일까? 이름과 존재의 관계를 생각해 볼 때, 하나님의 이름이 가리키는 하나님의 존재와 인격, 권위와 능력을 존중하지 않으면서 하나님의 이름을 사용하는 것이다. 구체적으로는 다음 세 가지 상황이다. 첫째, 하나님의 이름을 모독하고 조롱하는 것이다. 둘째, 하나님의 이름을 쓸 필요가 전혀 없는 상황인데도 함부로 사용하는 것이다. 셋째, 하나님의 이름을 사람의 사적인 이익을 챙기는 일에 이용하거나 심지어 악한 일을 합리화하는 데 이용하는 것이다. 하나님께서는 이 세 가지를 금하셨다.

하나님의 이름으로 말장난하고 그 이름을 조롱하고 하나님에 관하여 나쁘게 말하는 일은 하나님께서 금하신 죄다. "여호와의 이름을 모독하면 그를 반드시 죽일지니"[레 24:16]. 거짓말을 하면서 진실을 말하는 것처럼 꾸미기 위해 하나님의 이름으로 맹세하는 일도 하나님께서 금하신 죄다. "너희는 내 이름으로 거짓 맹세함으로 네 하나님의 이름을 욕되게 하지 말라 나는 여호와이니라"[레 19:12]. 정직한 말을 상대방이 안 믿어 준다고 해서 하나님의 이름으로 불필요한 서약이나 맹세를 하는 일 역시 하나님께서 금하신 죄다. "내 형제들아 무엇보다도 맹세하지 말지니 하늘로나 땅으로나 아무 다른 것으로도 맹세하지 말고 오직 너희가 그렇다고 생각하는 것은 그렇다 하고 아니라고 생각하는 것은 아니라 하여 정죄 받음을 면하라"[약 5:12]. 오늘 나는 기도한다.

"오, 주여! 이 세 가지 악한 죄에서 저를 건져 주옵소서."

248일

답2 또한 그러한 죄를 보고도 침묵하는 방관자가 되어 두려운 죄에 참여하지 않는 것입니다.

십계명의 세 번째 계명, "너는 네 하나님 여호와의 이름을 망령되게 부르지 말라. 여호와는 그의 이름을 망령되게 부르는 자를 죄 없다 하지 아니하리라." 앞에서 하나님께서 금하신 것을 다시 생각해 본다. 여기에서 하나님께서 금하신 것은 우리가 하나님의 이름을 망령되게 부르는 것뿐일까? 혹시 그것 외에도 다른 것을 우리에게 더 금하신 것은 아닐까? 이런 질문을 하지 않을 수 없는 이유가 있다. 일상적인 삶에서 우리는 이 세상 사람들 또는 경건치 않은 명목상의 신자들과 함께 살고 그들과 많은 말을 하게 되는데, 그들이 우리가 듣고 보는 데서 하나님의 이름을 망령되게 부르는 일이 의외로 많기 때문이다. 하나님은 우리가 이런 상황에 자주 처한다는 것을 분명히 알고 계실 텐데, 혹시 이런 상황과 관련하여 우리에게 무엇을 금하신 것은 없을까?

확실한 사실부터 정리해 보자. 하나님께서는 우리가 하나님의 이름을 망령되게 부르는 것을 금하셨다. 이것이 확실하다면, 다른 사람이 하나님의 이름을 망령되게 부르는 현장에 우리가 있을 때 우리가 절대 하지 말아야 할 일이 있을까? 물론 있다. 분명히 있다. 첫째, 하나님의 이름이 망령되게 불리는 상황을 무책임하게 방치하는 것이다. 못 들은 척 안 들은 척 침묵하면서 그 상황을 교정하지 않고 방치하는 것이다. 둘째, 하나님의 이름이 망령되게 불리는 상황에 동조하는 것이다. 그런 악을 행하는 사람들과 계속 어울리거나 심지어 맞장구를 치면서 그런 악이 지속하도록 동조하는 것이다. 십계명의 세 번째 계명에서 이 두 가지 일을 하나님께서 명시적으로 금하신 것은 아니지만 하나님께서 금하시는 일이 분명하다. 오늘 나는 기도한다.

"오, 주여! 내 마음을 넓혀 주사 주의 계명을 폭넓게 순종하게 하옵소서."

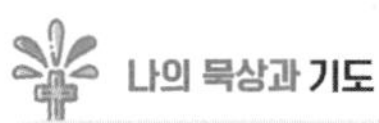

249일

답3 즉, 하나님의 거룩한 이름을 오직 두려움과 존경의 마음으로만 사용하여서,

십계명의 세 번째 계명, "너는 네 하나님 여호와의 이름을 망령되게 부르지 말라. 여호와는 그의 이름을 망령되게 부르는 자를 죄 없다 하지 아니하리라." 앞에서 오늘은 하나님께서 우리에게 적극적으로 요구하시는 것을 생각해 본다. "~을 하지 말라"라는 표현으로 전달되는 부정적 명령 안에는 "~을 하라"라는 긍정적 명령이 내포되어 있다. 이때 부정적 명령은 긍정적 명령으로 나아가기 위한 발판이다. 부정적 명령에 내포된 긍정적 명령이 사실은 더 궁극적인 명령인 셈이다. 이런 관점으로 십계명의 세 번째 계명을 다시 들여다보면, "너는 네 하나님 여호와의 이름을 망령되게 부르지 말라."라는 계명 안에는 "너는 네 하나님 여호와의 이름을 존중하고 존경하는 마음으로 사용해라."라는 긍정적 명령이 내포되어 있음을 알 수 있다. 그리고 이 긍정적 명령이 더 궁극적 명령임을 깨달을 수 있다.

그러므로 십계명의 세 번째 계명에 내포된 긍정적 명령, 곧 하나님께서 우리에게 궁극적으로 명령하시는 내용을 깊이 묵상한다. "너는 네 하나님 여호와의 이름을 존중하고 존경하는 마음으로 사용해라." 아, 하나님께서 우리에게 궁극적으로 원하시는 바는 우리가 하나님의 이름을 사용하는 것이다. 올바르게, 적극적으로 사용하는 것이다. 그래서 하나님과 우리의 관계가 돈독해지고 그 관계 안에서 우리가 하나님의 복을 풍성히 누리는 것이다. 그래서 예수님도 기도에 관하여 다음과 같이 말씀하신 것이다. "너희가 내 이름으로 무엇을 구하든지 내가 행하리니 이는 아버지로 하여금 아들로 말미암아 영광을 받으시게 하려 함이라 내 이름으로 무엇이든지 내게 구하면 내가 행하리라"[요 14:13-14]. 이것을 오늘 깨달은 나는 감사하는 마음으로 기도한다.

"오, 주여! 주의 거룩한 이름을 우리에게 주셔서 감사합니다."

250일

답4 우리가 하나님을 올바르게 고백하고 부르며, 우리의 모든 말과 행실에서 하나님을 영화롭게 하는 것입니다.

십계명의 세 번째 계명, "너는 네 하나님 여호와의 이름을 망령되게 부르지 말라. 여호와는 그의 이름을 망령되게 부르는 자를 죄 없다 하지 아니하리라." 앞에서 오늘도 하나님께서 우리에게 적극적으로 요구하시는 것을 생각해 본다. 하나님께서는 우리가 올바르게, 적극적으로 하나님의 이름을 사용하라고 그 이름을 알려 주셨는데, 하나님의 이름을 어떻게 사용해야 올바르게 사용하는 것이 되고, 또한 어떻게 사용해야 적극적으로 사용하는 것이 될까? 하나님의 이름은 하나님의 인격과 권위와 능력을 가리키는 것이다. 그러므로 하나님의 이름을 올바르게 사용한다는 것은 하나님을 참되시고 유일하신 하나님으로 바르게 믿고, 하나님의 이름을 부르며 찾고, 하나님을 경배하는 것이다. 또한, 하나님을 우리의 유일하고 능한 구원자로 바르게 믿고, 하나님의 이름을 부르며 찾고, 하나님을 경배하는 것이다.

하지만 우리 자신만 그렇게 하나님을 바르게 고백하고 부르면 다 되는 것일까? 하나님의 이름을 망령되게 부르지 않는 일도 우리 자신만 그렇게 하지 않으면 되는 것이 아니라 다른 사람도 그렇게 하지 않도록 하는 데까지 나아가야 한다. 하나님의 이름을 바르고 고백하고 부르는 일도 마찬가지다. 우리 자신만 그렇게 하면 되는 것이 아니라 다른 사람도 그렇게 하도록 해야 한다. 그렇다면, 다른 사람이 하나님의 이름을 올바르게 사용하도록 우리가 할 수 있는 일이 뭐가 있을까? 우리의 모든 말과 행실을 보고 다른 사람들이 하나님께 영광을 돌리며 하나님을 찾고 구하게 하는 것이다. "이같이 너희 빛이 사람 앞에 비치게 하여 그들로 너희 착한 행실을 보고 하늘에 계신 너희 아버지께 영광을 돌리게 하라"[마 5:16]. 그래서 오늘 나는 기도한다.

"오, 주여! 하나님의 이름을 올바르게, 적극적으로 사용하게 하옵소서."

251일

제100문 맹세나 저주로 하나님의 이름을 욕되게 하는 것은, 그러한 죄를 힘을 다해 막거나 금하려고 하지 않은 사람들에게까지 하나님께서 진노하실 만큼 심각한 죄입니까?

십계명의 세 번째 계명, "너는 네 하나님 여호와의 이름을 망령되게 부르지 말라. 여호와는 그의 이름을 망령되게 부르는 자를 죄 없다 하지 아니하리라." 앞에서 오늘은 하나님의 이름을 망령되게 부르는 사람을 향한 하나님의 두려운 경고를 생각해 본다. "죄 없다 하지 아니하리라." 하나님의 경고는 짧지만 무섭다. 세 번째 계명을 어기는 일에 관하여 반드시 죄를 물으시겠다는 경고이다. 흔히 사람들은 하나님의 이름을 망령되게 부르는 일을 심각한 죄로 여기지 않는다. 심지어 교회 안에 있는 사람들까지도 그런 태도를 보일 때가 많다. 하지만 하나님께서는 그런 세상을 보시면서 분명하게 경고하신다. 온 세상이 하나님의 이름을 망령되게 부르는 일을 죄로 여기지 않더라도 하나님만큼은 반드시 그것을 매우 심각한 죄로 여기시고 반드시 그 죄를 엄하게 형벌하시겠다고 경고하신다.

구약 시대에 하나님께서는 하나님의 이름을 망령되게 부르는 일을 매우 심각한 죄로 정죄하셨고, 그 죄를 지은 사람에게 사형을 선고하셨다. "여호와의 이름을 모독하면 그를 반드시 죽일지니 온 회중이 돌로 그를 칠 것이니라 거류민이든지 본토인이든지 여호와의 이름을 모독하면 그를 죽일지니라"[레 24:16]. 신약 시대에도 하나님의 이름을 망령되게 부르는 일에 관하여 하나님의 심판이 임하고 있다. 사람의 마음에 악의 돌무더기가 쌓여 그 마음이 끝없이 패역해지는 것이다. "하나님을 알되 하나님을 영화롭게도 아니하며 감사하지도 아니하고 오히려 그 생각이 허망하여지며 미련한 마음이 어두워졌나니, 그러므로 하나님께서 그들을 마음의 정욕대로 더러움에 내버려 두사 그들의 몸을 서로 욕되게 하게 하셨으니"[롬 1:21, 24]. 오늘 나는 기도한다.

"오, 주여! 하나님의 경고를 듣고 많은 사람이 이 죄에서 돌이키게 하옵소서."

252일

답 물론입니다. 하나님의 이름을 욕되게 하는 것보다 더 큰 죄도 없고 그것보다 더 하나님을 진노케 하는 죄도 없습니다. 그러므로 하나님께서는 이 죄를 사형으로 벌하라 명하셨습니다.

십계명의 세 번째 계명, "너는 네 하나님 여호와의 이름을 망령되게 부르지 말라. 여호와는 그의 이름을 망령되게 부르는 자를 죄 없다 하지 아니하리라." 앞에서 하나님의 이름을 망령되게 부르는 사람을 향한 하나님의 두려운 경고를 생각해 본다. "죄 없다 하지 아니하리라." 성경은 하나님의 존엄과 영광과 은혜로우심을 언급하면서 사람이 하나님의 이름을 찬송하며 높이는 것이 지극히 마땅하다고 선언한다. "여호와는 위대하시니 크게 찬양할 것이라 그의 위대하심을 측량하지 못하리로다 대대로 주께서 행하시는 일을 크게 찬양하며 주의 능한 일을 선포하리로다."[시 145:3-4]. "여호와는 은혜로우시며 긍휼이 많으시며 노하기를 더디 하시며 인자하심이 크시도다 여호와께서는 모든 것을 선대하시며 그 지으신 모든 것에 긍휼을 베푸시는도다 여호와여 주께서 지으신 모든 것들이 주께 감사하며 주의 성도들이 주를 송축하리이다"[시 145:8-10]. 그러므로 하나님의 이름을 망령되게 부르는 일을 하나님의 존엄과 영광과 은혜로우심에 비추어 죄의 경중을 따져 보자. 그것은 최고로 존엄하시고 가장 영광스러우시며 지극히 은혜로우신 하나님에 대한 사악한 모독이며 공격이다. 그러니 하나님께서 이 죄에 대하여 특별히 진노하시고 엄하게 처벌하시는 것은 당연한 일이다. 이번에는 하나님의 이름을 망령되게 부르는 일을 사람이 하나님에 대해 가장 근본적으로 지켜야 할 기본 의무에 비추어 죄의 경중을 따져 보자. 그것은 사람의 가장 근본적인 의무를 배신하는 행동이고 사람이기를 스스로 포기하는 행동이다. 그러므로 하나님께서 세 번째 계명을 어기는 사람을 구약 시대에 사형에 처하신 것도, 신약 시대에 그들의 마음에 돌무더기를 쌓아 끝없이 패역하게 벌하시는 것도 당연한 일이다. 그러므로 오늘 나는 고백한다.

"오, 주여! 주의 판단은 항상 의로우십니다."

37주

제101문 그렇다면 하나님의 이름으로 경건하게 맹세할 수는 있습니까?

| 답 |

할 수 있습니다. 정부가 요구하는 경우, 혹은 하나님의 영광과 이웃의 복을 위하여 신뢰와 진리를 보존하고 증진하는 데 꼭 필요한 경우에는 맹세할 수 있습니다. 이런 맹세는 하나님의 말씀에 근거하고 있기 때문에 구약과 신약의 성도들도 이것을 옳게 사용해 왔습니다.

제102문 성인(聖人)이나 다른 피조물로도 맹세할 수 있습니까?

| 답 |

할 수 없습니다. 정당한 맹세란 내 마음을 아시고 내 진정성에 대해 증인이 되어 주시는 유일하신 하나님을 불러, 내가 거짓으로 맹세한다면 벌해 주시기를 구하는 것입니다. 어떠한 피조물도 그러한 명예를 얻을 수 없습니다.

253일

제101문 그렇다면 하나님의 이름으로 경건하게 맹세할 수는 있습니까?

십계명의 세 번째 계명, "너는 네 하나님 여호와의 이름을 망령되게 부르지 말라. 여호와는 그의 이름을 망령되게 부르는 자를 죄 없다 하지 아니하리라." 앞에서 하나님의 이름으로 맹세하는 일을 생각해 본다. 구약 성경에는 하나님의 이름으로 맹세하라는 말씀이 있다. "네 하나님 여호와를 경외하며 그를 섬기며 그의 이름으로 맹세할 것이니라"[신 6:13]. 그런데 신약 성경에는 도무지 맹세하지 말라는 말씀이 있다. "나는 너희에게 이르노니 도무지 맹세하지 말지니 하늘로도 하지 말라 이는 하나님의 보좌임이요 땅으로도 하지 말라 이는 하나님의 발등상임이요 예루살렘으로도 하지 말라 이는 큰 임금의 성임이요 네 머리로도 하지 말라 이는 네가 한 터럭도 희고 검게 할 수 없음이라 오직 너희 말은 옳다 옳다, 아니라 아니라 하라 이에서 지나는 것은 악으로부터 나느니라"[마 5:34-37]. 이 두 가지 말씀을 어떻게 이해해야 옳을까?

똑같은 일을 두고 서로 다르게 말하는 구약 성경과 신약 성경을 보면서 우리가 가장 쉽게 내릴 수 있는 결론은 다음과 같을 것이다. "구약 시대에는 우리가 하나님의 이름으로 맹세하는 일이 허락되었으나 신약 시대에는 그것이 완전하게 금지되었다. 예수님은 산상설교에서 구약의 율법을 새롭게 해석하시면서 도무지 맹세하지 말라고 명하셨다." 하지만 이렇게 결론을 내리기도 어렵다. 신약 성경에는 예수님의 말씀을 누구보다도 잘 알았을 사도 바울이 하나님으로 이름으로 맹세하는 장면도 있기 때문이다. 바울은 고린도교회에 편지를 쓰면서 다음과 같이 적었다. "내가 내 목숨을 걸고 하나님을 불러 증언하시게 하노니 내가 다시 고린도에 가지 아니한 것은 너희를 아끼려 함이라"[고후 1:23]. 그러므로 오늘 나는 기도한다.

"오, 주여! 하나님의 이름으로 경건하게 맹세하는 법을 가르쳐 주옵소서."

254일

답1 **할 수 있습니다. 정부가 요구하는 경우, 혹은 하나님의 영광과 이웃의 복을 위해 신뢰와 진리를 보존하고 증진하는 데 꼭 필요한 경우에는 맹세할 수 있습니다.**

십계명의 세 번째 계명, "너는 네 하나님 여호와의 이름을 망령되게 부르지 말라. 여호와는 그의 이름을 망령되게 부르는 자를 죄 없다 하지 아니하리라." 앞에서 오늘도 하나님의 이름으로 맹세하는 일을 생각해 본다. 구약 성경은 하나님의 이름으로 맹세하라고 명하였는데, 예수님은 산상설교에서 "도무지 맹세하지 말라"고 명하셨다. 그렇다면, 예수님은 구약 시대에서 허용되었던 일, 곧 하나님의 이름으로 경건하게 맹세하는 일을 원천적으로 금하신 것일까? 이 질문에 대하여 올바른 답을 찾으려면, 하나님의 이름으로 맹세하는 일이 십계명의 세 번째 계명에 해당한다는 사실부터 생각해야 한다. 이 말은 하나님의 이름으로 맹세하는 일이 도덕법의 한 조항이라는 뜻인데, 과연 예수님은 도덕법의 한 조항을 폐하시겠는가? 구약에는 허용되고 권장되었던 도덕법의 한 조항을 신약에서는 불허하시고 금하시겠는가?

예수님은 구약의 도덕법을 해석해 주시기 전에 선언하셨다. "내가 율법이나 선지자를 폐하러 온 줄로 생각하지 말라 폐하러 온 것이 아니요 완전하게 하려 함이라 진실로 너희에게 이르노니 천지가 없어지기 전에는 율법의 일점일획도 결코 없어지지 아니하고 다 이루리라"[마 5:17-18]. 그러므로 "도무지 맹세하지 말라"는 예수님의 말씀은 구약에서 허용되었던 정당한 맹세를 금하신 것이 아니라, 불필요한 맹세를 남발하는 악행을 금하신 것이다. 그래서 사도 바울은 고린도교회의 유익과 하나님의 영광을 위하여 꼭 필요한 일에 하나님의 이름으로 맹세한 것이다. 지금도 하나님의 영광과 이웃의 유익을 위하여 신뢰와 진리를 보존하고 증진해야 할 때, 정부가 요구하거나 꼭 필요하다고 판단되면 하나님의 이름으로 맹세할 수 있다. 오늘 나는 고백한다.

"오, 주여! 주의 뜻을 깨달으니 마음이 시원합니다."

255일

답2 이런 맹세는 하나님의 말씀에 근거하고 있기 때문에 구약과 신약의 성도들도 이것을 올바르게 사용해 왔습니다.

십계명의 세 번째 계명, “너는 네 하나님 여호와의 이름을 망령되게 부르지 말라. 여호와는 그의 이름을 망령되게 부르는 자를 죄 없다 하지 아니하리라.” 앞에서 오늘도 하나님의 이름으로 맹세하는 일을 생각해 본다. 구약 성경을 보면 신실한 믿음의 사람들이 하나님의 이름으로 경건하게 맹세한 일을 볼 수 있다. 아브라함은 아비멜렉과 상호불가침 조약을 맺으면서 맹세했고[창 21:24], 야곱은 외삼촌 라반과 상호불가침 조약을 맺으면서 하나님의 이름으로 맹세했으며[창 31:53], 다윗은 사울과 그 후손들의 안전을 보장하는 약조를 할 때 하나님의 이름으로 맹세했다[삼상 24:21-22]. 이 모든 맹세가 이루어진 상황을 살펴보면, 거짓을 감추기 위해 하나님의 이름을 사용하는 거짓 맹세도 아니었고, 꼭 맹세하지 않아도 되는데 하나님의 이름을 우습게 생각하기 때문에 함부로 하는 불필요한 맹세도 아니었다.

신약 성경에서도 신실한 믿음의 사람들이 하나님의 이름으로 경건하게 맹세한 일을 볼 수 있다. 사도 바울이 대표적인 인물이다. “내가 그의 아들의 복음 안에서 내 심령으로 섬기는 하나님이 나의 증인이 되시거니와 항상 내 기도에 쉬지 않고 너희를 말하며”[롬 1:9]. “내가 그리스도 안에서 참말을 하고 거짓말을 아니하노라 나에게 큰 근심이 있는 것과 마음에 그치지 않는 고통이 있는 것을 내 양심이 성령 안에서 나와 더불어 증언하노니”[롬 9:1]. “내가 예수 그리스도의 심장으로 너희 무리를 얼마나 사모하는지 하나님이 내 증인이시니라”[빌 1:8]. 신구약 성경의 이런 사례들을 볼 때, 지금도 신자가 하나님의 이름으로 경건하게 맹세하는 일은 허용되는 일이며 바람직한 일이다. 다만, 모든 맹세는 진실해야 하고 하나님의 영광과 이웃의 유익을 위한 것이어야 한다. 오늘 나는 기도한다.

“오, 주여! 말과 행실에 늘 진실하게 하옵소서.”

256일

제102문 성인(聖人)이나 다른 피조물로도 맹세할 수 있습니까?

십계명의 세 번째 계명, "너는 네 하나님 여호와의 이름을 망령되게 부르지 말라. 여호와는 그의 이름을 망령되게 부르는 자를 죄 없다 하지 아니하리라." 앞에서 오늘도 하나님의 이름으로 맹세하는 일을 생각해 본다. 로마 가톨릭교회는 십계명의 세 번째 계명을 가르칠 때, 여기에서 하나님께서 금하시는 것은 하나님의 이름을 함부로 부르는 것인데 하나님과 예수 그리스도, 성모 마리아와 모든 성인의 이름을 부당하게 부르는 것을 모두 금한다고 가르친다. 참으로 어이없는 일이다. 십계명의 세 번째 계명은 하나님의 거룩한 이름만 언급하고 있는데, 거기에 성모 마리아와 모든 성인의 이름을 살짝 끼워 넣고 하나님의 거룩한 이름과 성모 마리아 및 모든 성인의 이름을 동급으로 취급하다니! 신성모독을 엄하게 금지하는 계명을 해설하고 가르치면서 오히려 그들은 가장 참담한 신성모독을 저지른다.

또한, 로마 가톨릭교회는 십계명의 세 번째 계명을 가르칠 때, 여기에서 하나님께서 원하시는 것은 하나님의 이름으로 경건하게 맹세하는 것인데, 모든 성인 그리고 모든 거룩한 물건에 대하여 경건하게 말하고 서약 및 서원을 하는 것도 포함한다고 가르친다. 참으로 어이없는 일이다. 십계명의 세 번째 계명은 오직 하나님의 이름만 언급하면서 우리에게 오직 하나님의 이름으로 합당하고 경건하게 맹세할 것을 요구하고 있는데, 거기에 모든 성인의 이름도 끼워 넣고 그것도 모자라서 미사나 십자가 형상 등 로마 가톨릭교회에서 종교적인 목적으로 사용하는 물건들까지 끼워 넣어 그것으로 맹세를 해도 된다고 가르치다니! 종교적인 목적으로 사용하는 물건들이 하나님과 동급이라도 된다는 말인가! 그러므로 오늘 나는 기도한다.

"오, 주여! 가장 경건한 척하면서 하나님을 모독하는
저들의 악에서 많은 사람을 구해 주소서."

257일

답1 할 수 없습니다. 정당한 맹세란 내 마음을 아시고 내 진정성에 대해 증인이 되어 주시는 유일하신 하나님을 불러, 내가 거짓으로 맹세한다면 벌해 주시기를 구하는 것입니다.

십계명의 세 번째 계명, "너는 네 하나님 여호와의 이름을 망령되게 부르지 말라. 여호와는 그의 이름을 망령되게 부르는 자를 죄 없다 하지 아니하리라." 앞에서 오늘도 하나님의 이름으로 맹세하는 일을 생각해 본다. 하나님의 영광과 이웃의 복을 위해 신뢰와 진리를 증진하는 일에 꼭 필요할 경우, 우리는 하나님의 이름으로 경건하게 맹세할 수 있다. 그런데 왜 우리는 오직 하나님의 이름으로만 맹세해야 하는 걸까? 크게 두 가지 이유가 있다. 첫째, 하나님께서 우리에게 오직 하나님의 이름으로 맹세하라고 명하셨고 다른 것으로 맹세하는 것을 금하셨기 때문이다. "네 하나님 여호와를 경외하여 그를 섬기며 그에게 의지하고 그의 이름으로 맹세하라"[신 10:20]. "내가 네게 이른 모든 일을 삼가 지키고 다른 신들의 이름은 부르지도 말며 네 입에서 들리게도 하지 말지니라"[출 23:13].

둘째, 맹세하는 사람은 맹세의 진실 여부를 완전하게 알 수 있는 대상만 증인으로 세워야 하는데, 오직 하나님만이 홀로 사람의 마음을 완전하게 아시기 때문이다. "만물보다 거짓되고 심히 부패한 것은 마음이라 누가 능히 이를 알리요마는 나 여호와는 심장을 살피며 폐부를 시험하고 각각 그의 행위와 그의 행실대로 보응하나니"[렘 17:9-10]. 그래서 사도 바울은 다음과 같은 표현으로 하나님의 이름을 사용하여 경건하게 맹세했다. "내가 내 목숨을 걸고 하나님을 불러 증언하시게 하노니 내가 다시 고린도에 가지 아니한 것은 너희를 아끼려 함이라"[고후 1:23]. "내가 그의 아들의 복음 안에서 내 심령으로 섬기는 하나님이 나의 증인이 되시거니와 항상 내 기도에 쉬지 않고 너희를 말하며"[롬 1:9]. 오늘 나는 고백한다.

"오, 주여! 주의 이름이 아니면
우리가 맹세할 다른 이름이 전혀 없습니다."

258일

답1 **할 수 없습니다. 정당한 맹세란 내 마음을 아시고 내 진정성에 대해 증인이 되어 주시는 유일하신 하나님을 불러, 내가 거짓으로 맹세한다면 벌해 주시기를 구하는 것입니다.**

십계명의 세 번째 계명, "너는 네 하나님 여호와의 이름을 망령되게 부르지 말라. 여호와는 그의 이름을 망령되게 부르는 자를 죄 없다 하지 아니하리라." 앞에서 오늘도 하나님의 이름으로 맹세하는 일을 생각해 본다. 하나님의 영광과 이웃의 복을 위해 신뢰와 진리를 증진하는 일에 꼭 필요할 경우, 우리는 하나님의 이름으로 경건하게 맹세할 수 있다. 그렇다면, 우리가 하나님의 이름으로 이런 맹세를 하면 무슨 일이 일어나는 것일까? 첫째, 우리가 이런 맹세를 하면 우리는 우리가 맹세하는 일과 그 내용에 관하여 하나님이 증인 되어 주시기를 공식적으로 요청하는 것이 된다. 야곱은 자기를 믿지 못하는 외삼촌 라반과 언약을 세울 때 하나님의 이름으로 맹세하며 다음과 같이 말했다. "아브라함의 하나님, 나홀의 하나님, 그들의 조상의 하나님은 우리 사이에 판단하옵소서"[창 31:53]. 둘째로, 우리가 이런 맹세를 하면 우리는 우리가 맹세하는 일과 그 내용에 거짓이 있을 경우 하나님이 우리에게 벌을 내리시기를 공식적으로 요청하는 것이 된다. 다윗은 요압이 다윗 몰래 아브넬을 죽였을 때 아브넬의 죽음을 슬퍼하고 음식 먹기를 거부하며 맹세했는데, 성경은 그때의 일을 다음과 같이 기록하였다. "석양에 뭇 백성이 나아와 다윗에게 음식을 권하니 다윗이 맹세하여 이르되 만일 내가 해 지기 전에 떡이나 다른 모든 것을 맛보면 하나님이 내게 벌 위에 벌을 내리심이 마땅하니라 하매"[삼하 3:35]. 이를 보건대 정당한 맹세는 오직 홀로 사람의 마음을 아시는 하나님을 불러 두 가지를 구하는 것이니, 곧 진리에 대해 증인이 되어 주시기를 구하는 것과 거짓으로 맹세할 때에 형벌하시기를 구하는 것이다. 오늘 나는 고백한다.

"오, 주여! 맹세를 꼭 해야 한다면
반드시 정당하게 하겠습니다. 저를 도와주옵소서."

259일

답2 어떠한 피조물도 그러한 명예를 얻을 수 없습니다.

십계명의 세 번째 계명, "너는 네 하나님 여호와의 이름을 망령되게 부르지 말라. 여호와는 그의 이름을 망령되게 부르는 자를 죄 없다 하지 아니하리라." 앞에서 하나님의 이름으로 맹세하는 일을 한 번 더 생각해 본다. 우리는 법정에 증인으로 불려 나가게 되면 그 일을 부담스럽게 생각한다. 진실을 가리는 재판에서 증인이 된다는 것은 여러 가지로 부담이 따르는 일이기 때문이다. 그렇다면, 하나님은 어떠실까? 우리가 하나님의 영광과 이웃의 유익을 위해서 신뢰와 진리를 보존하고 증진하는 일에 꼭 필요해서 하나님의 이름으로 정당하게 맹세할 때, 하나님은 기분이 어떠실까? 우리가 이런 맹세를 하게 되면 하나님께서는 우리가 맹세하는 일과 그 내용에 증인이 되시는 것이고, 우리의 맹세가 거짓일 경우 우리에게 벌을 내리실 책임을 지게 되시는데, 우리가 하나님의 이름으로 맹세할 때 그분은 어떤 마음이실까?

이스라엘 백성에 관한 하나님의 말씀을 들어 보자. "그들이 내 백성의 도를 부지런히 배우며, 사는 여호와 내 이름으로 맹세하기를 자기들이 내 백성을 가리켜 바알로 맹세하게 한 것 같이 하면 그들이 내 백성 중에 세움을 입으려니와"[렘 12:16]. 하나님께서는 이스라엘 백성이 하나님의 도를 부지런히 배울 뿐만 아니라 살아 계신 하나님의 이름으로 맹세할 때 복을 주시겠다고 약속하셨다. 왜 하나님의 이름으로 맹세하는 일이 여기에 언급되었을까? 우리가 하나님의 이름으로 합당하게 맹세할 때, 하나님께서 그것을 자신의 명예로 여기시며 기뻐하시기 때문이다. 그러므로 하나님의 이름 외에 다른 이름으로 맹세하는 이들은 얼마나 어리석은 사람들이며 얼마나 큰 악을 행하는 사람들인가! 오늘 나는 고백한다.

**"오, 주여! 제 평생에 주의 거룩하신 이름을 사랑하며,
그 이름으로 합당하게 맹세하여 주님을 영화롭게 하겠습니다."**

38주

제103문 제4계명에서 하나님께서 원하시는 것은 무엇입니까?

| 답 |

첫째, 복음 사역과 그것에 관한 교육이 계속되는 것인데,
특히 안식의 날인 주일에 하나님의 교회에 부지런히 참석하여,
하나님의 말씀을 경청하고, 성례에 참여하며, 주님을 공적(公的)으로 부르고,
가난한 자들에게 기독교적 자비를 행하는 것입니다.

둘째, 내 생애 모든 날 동안 악한 길에서 벗어나고,
주님께서 성령으로 내 안에서 일하시게 함으로써,
이 세상에서부터 영원한 안식을 누리기 시작하는 것입니다.

260일

제103문 제4계명에서 하나님께서 원하시는 것은 무엇입니까?

오늘은 십계명의 네 번째 계명, "안식일을 기억하여 거룩하게 지키라. 엿새 동안은 힘써 네 모든 일을 행할 것이나 일곱째 날은 네 하나님 여호와의 안식일인즉 너나 네 아들이나 네 딸이나 네 남종이나 네 여종이나 네 가축이나 네 문안에 머무는 객이라도 아무 일도 하지 말라. 이는 엿새 동안에 나 여호와가 하늘과 땅과 바다와 그 가운데 모든 것을 만들고 일곱째 날에 쉬었음이라. 그러므로 나 여호와가 안식일을 복되게 하여 그날을 거룩하게 하였느니라." 앞에서 하나님께서 이 계명을 주신 사실을 생각해 본다. 네 번째 계명은 시간과 관련이 있다. 하나님께서는 사람을 창조하실 때 시간 속에서 살도록 창조하셨다. 좀 더 구체적으로 말하면, 7일로 구성된 일주일 단위로 살아가게 하셨다. 그리고 그중의 한 날을 안식일로 정하시고 하나님도 그날에 안식하시며 사람에게 그날을 거룩하게 지키라는 계명을 주셨다.

십계명의 다른 계명과 비교해 보면 네 번째 계명은 몇 가지 특징이 있다. 첫째, 십계명의 네 번째 계명은 열 가지 계명 중에서 가장 길고 자세한 내용으로 제시되어 있다. 다른 계명들은 대부분 매우 짧고 두 번째 계명이 꽤 길다. 그런데 네 번째 계명은 그보다 더 길고 자세하다. 둘째, 십계명의 다른 계명들은 거의 다 한 가지 계명만 있는데 네 번째 계명에는 세 가지 명령이 들어 있다. "안식일을 기억하라", "안식일을 거룩히 지키라", "안식일에는 아무 일도 하지 말라." 셋째, 십계명의 다른 계명들은 순종의 이유가 아예 안 적혀 있거나 적혀 있어도 하나만 명시되어 있는데, 네 번째 계명에는 순종의 이유가 세 가지나 명시되어 있다. "하나님 여호와의 안식일인즉", "여호와가 제 칠일에 쉬었음이라", "여호와가 안식일을 복되게 하여 그날을 거룩하게 하였느니라." 오늘 나는 기도한다.

"오, 주여! 주의 계명을 가르쳐 주옵소서."

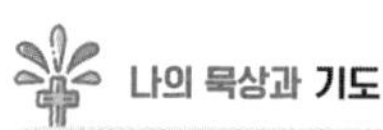

나의 묵상과 기도

261일

답1 첫째, 복음 사역과 그것에 관한 교육이 계속되는 것인데,

십계명의 네 번째 계명, "안식일을 기억하여 거룩하게 지키라. 엿새 동안은 힘써 네 모든 일을 행할 것이나 일곱째 날은 네 하나님 여호와의 안식일인즉 너나 네 아들이나 네 딸이나 네 남종이나 네 여종이나 네 가축이나 네 문안에 머무는 객이라도 아무 일도 하지 말라." 앞에서 하나님께서 우리에게 요구하시는 것을 생각해 본다. 하나님은 우리에게 세 가지를 요구하셨다. 첫째, 안식일을 기억하라고 하셨다. 둘째, 안식일을 거룩하게 지키라고 하셨다. 셋째, 안식일에는 아무 일도 하지 말라고 하셨다. 생각해 보면, 이런 세 가지 요구는 하나님의 창조 사역에 근거를 두고 있다. 하나님께서는 6일에 걸쳐 천지를 창조하신 후 일곱째 날을 안식일로 정하셨고, 친히 그날을 거룩하게 지키셨으며, 그날 친히 안식하셨다. 하나님께서는 하나님께서 시간 속에서 걸어 가신 그 발자취를 시간 속에 사는 우리에게 매주 따르라고 요구하신다.

그렇다면 하나님께서는 왜 창조의 사역을 마치시고 일곱째 날을 안식일로 정하셔서 그날 친히 안식하셨을까? 예수님의 대답을 들어 보자. "안식일이 사람을 위하여 있는 것이요 사람이 안식일을 위하여 있는 것이 아니니"[막 2:27]. 한마디로, 하나님은 시간 속에 살아갈 사람을 위하여 그렇게 하셨다. 좀 더 구체적으로 말하면, 평일에 많은 일을 하면서 살아갈 사람이 일주일에 한 번씩은 평일에 하던 모든 일을 내려놓고 편히 쉬면서 하나님의 말씀을 충분하게 듣고 풍성하게 배우는 복을 규칙적으로 그리고 반복적으로 누릴 수 있게 하시려고, 하나님께서는 친히 시간을 사용하는 패턴을 만드시고 친히 그 패턴 속에서 사셨다. 그리고 우리에게 일주일 중의 하루를 자유롭게 쉴 수 있는 날로 주시고 그날을 거룩하게 지키라고 계명을 주신 것이다. 오늘 나는 감사한다.

"오, 주여! 참으로 귀한 선물을 주셨습니다."

262일

답2 특히 안식의 날인 주일에 하나님의 교회에 부지런히 참석하여, 하나님의 말씀을 경청하고, 성례에 참여하며, 주님을 공적(公的)으로 부르고,

십계명의 네 번째 계명, "안식일을 기억하여 거룩하게 지키라. 엿새 동안은 힘써 네 모든 일을 행할 것이나 일곱째 날은 네 하나님 여호와의 안식일인즉 너나 네 아들이나 네 딸이나 네 남종이나 네 여종이나 네 가축이나 네 문안에 머무는 객이라도 아무 일도 하지 말라." 앞에서 하나님께서 우리에게 요구하시는 것을 생각해 본다. 우리가 사용하는 달력을 들여다보면 신기하다 못해 경이롭기까지 하다. 하나님께서 천지를 창조하실 때 정해 주신 패턴대로 지금도 일주일이 7일로 구성되어 있고, 그중 하루는 누구나 마음껏 쉴 수 있는 날로 보장되어 있기 때문이다. 현재의 달력에서 안식의 날은 일주일의 첫째 날인데, 안식 후 첫날, 곧 일주일의 첫째 날에 예수님께서 부활하셨고 이후에 신약의 교회가 그날을 안식일로 삼았기 때문이다. 이렇듯 우리의 달력은 놀랍게도 하나님의 창조 질서와 예수님의 부활을 그대로 반영하고 있다. 하나님께서는 왜 지금도 창조 질서 그대로 모든 사람에게 일주일 중의 한 날을 안식의 날로 보장해 주시는 걸까? 하나님께서는 왜 예수님의 부활을 따라 한 주간의 첫째 날을 안식의 날로 모든 사람에게 보장해 주시는 걸까? 그날 우리가 하나님의 교회에 부지런히 참석하여 다른 신자들과 함께 공적으로 하나님을 예배하기를 원하시기 때문이다. 또 그날 우리가 교회에 부지런히 참석하여 하나님의 모든 말씀을 성실히 듣고 배우며 복음을 우리 눈에 보여 주는 성례에 참여하기를 원하시기 때문이다. 또 그날 우리가 하나님의 백성들과 함께 하나님의 거룩한 이름을 높이고 하나님의 은혜와 복을 구하기를 바라시기 때문이다. 그러므로 신자들은 한 주간의 첫째 날을 '신약의 안식일' 또는 '주일'이라 부르며 그날 교회에 힘써 모인다. 오늘 나는 기도한다.

"오, 주여! 우리 시대가 주일의 소중함을 깨닫고 힘써 모이게 하옵소서."

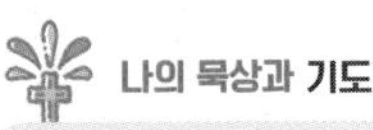

263일

답3 가난한 자들에게 기독교적 자비를 행하는 것입니다.

십계명의 네 번째 계명, "안식일을 기억하여 거룩하게 지키라. 엿새 동안은 힘써 네 모든 일을 행할 것이나 일곱째 날은 네 하나님 여호와의 안식일인즉 너나 네 아들이나 네 딸이나 네 남종이나 네 여종이나 네 가축이나 네 문안에 머무는 객이라도 아무 일도 하지 말라." 앞에서 하나님께서 우리에게 요구하시는 것을 생각해 본다. 하나님께서는 네 번째 계명을 주실 때 가정이면 가정, 직장이면 직장, 사회면 사회가 함께 안식일을 기억하고 함께 거룩히 지켜야 한다고 말씀하셨다. 그 일을 위해서 각 가정의 가장과 각 직장의 사장과 각 사회의 지도자들은 먼저 자신에게 속한 모든 사람이나 모든 육축까지도 그날에 반드시 안식할 수 있도록 철저하게 배려해야 한다고 말씀하셨다. "너나 네 아들이나 네 딸이나 네 남종이나 네 여종이나 네 가축이나 네 문안에 머무는 객이라도 아무 일도 하지 말라." 참으로 귀한 말씀이다.

그러므로 신약의 안식일인 주일에 우리는 최대한 이타적인 사람이 되어야 한다. 그날 나만 하나님께서 주시는 신령한 안식을 풍성히 누리면 다 되는 것처럼 생각하고, 집에서 혼자 신앙적인 활동을 할 뿐 교회의 모임에 참석하지 않는 사람, 교회의 모임에 참석해서도 다른 교우들이 하나님의 안식을 더 풍성히 얻도록 성도의 교제에 적극적으로 참여할 생각은 하지 않고 그저 나에게 필요한 은혜와 안식을 얻고 누리는 일에만 몰두하는 사람, 주변에 질병이나 가난이나 여러 가지 환난으로 하나님의 안식을 풍성히 누리지 못하는 이웃이 있는데도 주일에 그런 이웃을 위해 시간을 내지도 않고 그들에게 친절과 자비를 행하지 않는 사람, 이런 사람은 주일에 혼자서 아무리 많은 신앙적인 활동을 한다고 해도 주일을 올바르게 지킨 사람이 아니다. 오늘 나는 기도한다.

"오, 주여! 주일에도 이기적, 개인적인 신앙을 고집하는 사람들을 고쳐 주옵소서."

264일

답4 둘째, 내 생애 모든 날 동안 악한 길에서 벗어나고,

십계명의 네 번째 계명, "안식일을 기억하여 거룩하게 지키라. 엿새 동안은 힘써 네 모든 일을 행할 것이나 일곱째 날은 네 하나님 여호와의 안식일인즉 너나 네 아들이나 네 딸이나 네 남종이나 네 여종이나 네 가축이나 네 문안에 머무는 객이라도 아무 일도 하지 말라." 앞에서 하나님께서 우리에게 요구하시는 것을 생각해 본다. 만일 하나님께서 시간의 질서를 정해 주실 때 일주일 단위로 시간을 끊어 주지 않으셨다면 우리의 삶은 어떨까? 만일 하나님께서 일주일 중의 하루를 규칙적으로 안식할 수 있게 만들어 주지 않으셨다면, 그래서 우리가 주일의 안식을 규칙적으로 누리지 못하고 끊임없이 일해야 한다면, 우리의 삶은 어떨까? 틀림없이 우리는 삶의 올바른 방향에서 벗어나 이리저리 헤맬 것이다. 틀림없이 우리는 심신이 지치고 영혼마저도 산만해져서 여러 가지 종류의 악에 깊이 빠져들 것이다.

그러나 감사하게도 우리 하나님께서는 우리에게 매주 하루씩 복된 안식일을 주신다. 우리의 삶이 바쁘고 복잡한 시간의 흐름 속에서 방향을 잃은 가엾은 인생이 되지 않도록, 또 여러 가지 악에 점점 더 깊이 빠져서 악에 중독된 인생이 되지 않도록, 매주 하루씩 복된 안식일을 주신다. 그리고 그날 우리를 교회로 불러 모아 공적으로 선포되는 하나님의 말씀을 듣고 배우게 하시고, 복음을 보여 주고 인치는 성례에 참여하게 하시며, 성도들과 거룩한 교제를 나누고 하나님의 나라의 아름다움과 능력을 경험하게 하신다. 그러므로 정상적인 경우, 신자는 이 세상에서 주일을 거룩하게 구별하여 지키는 횟수가 많아질수록 하나님의 은혜로 악에서 점점 더 멀어지고 거룩함에 점점 더 가까이 나아가게 된다. 그러므로 오늘 나는 기도한다.

"오, 주여! 주일을 지내면서
악에서 점점 더 멀리 벗어나게 하옵소서."

265일

답5 주님께서 성령으로 내 안에서 일하시게 함으로써,

십계명의 네 번째 계명, "안식일을 기억하여 거룩하게 지키라. 엿새 동안은 힘써 네 모든 일을 행할 것이나 일곱째 날은 네 하나님 여호와의 안식일인즉 너나 네 아들이나 네 딸이나 네 남종이나 네 여종이나 네 가축이나 네 문안에 머무는 객이라도 아무 일도 하지 말라." 앞에서 하나님께서 우리에게 요구하시는 것을 생각해 본다. 하나님께서는 주일에 아무 일도 하지 말라고 명하신다. 왜 그러실까? 우리가 아무 일도 하지 않고 가만히 앉아 있거나 가만히 누워 있기를 바라시기 때문일까? 그렇지 않다. 평일의 복잡하고 무거운 많은 일에서 우리를 자유롭게 하신 후에 평일보다 더 특별하게, 평일보다 더 집중적으로, 주의 성령으로 우리 안에서 은혜롭고 복된 일을 행하시기 위함이다. 생각해 보면 주일은 예수님께서 부활하셔서 성령을 받으라 말씀하신 날이며, 나중에는 예수님의 약속처럼 성령님이 오신 날이다 [요 20:22; 행 2장].

주일에 우리 안에서 성령으로 일하시는 하나님을 묵상해 본다. 누가 주일을 일컬어 우리가 하나님을 섬기는 날이라고 말했던가! 틀린 말은 아니다. 하지만 어떤 점에서 주일은 하나님께서 우리를 복되게 섬겨 주시는 날이다. 예수님은 하나님께서 사람을 위하여 안식을 제정해 주셨다고 말씀하지 않으셨던가! 하나님께서는 우리에게 평일의 복잡하고 무거운 짐을 다 내려놓게 하시고, 자신은 온종일 특별하게 우리 안에서 성령으로 일하시며 많은 은혜와 복을 내려 주신다. 얼마나 황송한 일인가! 그러므로 주일에는 평일에 할 수 있는 일을 하지 말라는 하나님의 명령 앞에서 마치 포승줄에 묶인 사람처럼 갑갑함을 느끼지 말자. 주일에 할 수 있는 일과 할 수 없는 일을 자꾸 따져서 할 수 있는 일의 목록을 어떻게든 늘리려고 애쓰지도 말자. 주일에는 온종일 하나님을 전심으로 기뻐하자. 오늘 나는 고백한다.

"오, 주여! 제게는 주일이 큰 기쁨의 날입니다."

266일

답6 이 세상에서부터 영원한 안식을 누리기 시작하는 것입니다.

십계명의 네 번째 계명, "안식일을 기억하여 거룩하게 지키라 엿새 동안은 힘써 네 모든 일을 행할 것이나 일곱째 날은 네 하나님 여호와의 안식일인즉 너나 네 아들이나 네 딸이나 네 남종이나 네 여종이나 네 가축이나 네 문안에 머무는 객이라도 아무 일도 하지 말라." 앞에서 하나님께서 우리에게 요구하시는 것을 생각해 본다. 오늘은 하나님께서 일주일 중의 한 날을 특별한 날로 지정하시면서 붙여 주신 이름, 곧 '안식일'이라는 이름을 주목한다. 하나님께서는 왜 그 이름을 붙여 주셨을까? 그날은 우리가 하나님과 함께 하나님 안에서 복된 안식을 누리는 날이기 때문이다. 그날은 우리가 평일에 하던 일을 내려놓고 하나님의 창조와 그리스도 안에서의 구속을 온종일 바라보며 몸과 마음에 참된 안식을 누리는 날이기 때문이다. 그래서 하나님께서는 그날의 이름을 '안식일'이라고 정하셨다.

그날의 이름이 '안식일'인 데는 또 다른 이유가 있다. 그날은 우리가 장차 천국에서 누릴 완전하며 영원한 안식을 바라보게 해주기 때문에도 '안식일'이다. "그런즉 안식할 때가 하나님의 백성에게 남아 있도다. 이미 그의 안식에 들어간 자는 하나님이 자기 일을 쉬심과 같이 자기 일을 쉬느니라"[히 4:9-10]. 주일에 우리는 하나님께서 그리스도 안에서 이미 주신 참된 안식을 누린다. 하지만 그와 동시에 장차 천국에서 누릴 완전하며 영원한 안식도 바라보게 된다. 이 땅에서 우리가 주일에 누리는 안식은 천국에서의 완전하고 영원한 안식을 미리 경험하는 것이고 천국에서의 완전하고 영원한 안식으로 반드시 연결되기 때문이다. 그래서 주일에 우리는 현재의 안식을 누리며 미래의 안식을 바라봄으로써 이중적인 안식을 누리게 된다. 얼마나 복된 일인가! 오늘 나는 기도한다.

"오, 주여! 내 삶이 영원한 안식을 향해 나아가게 하옵소서.

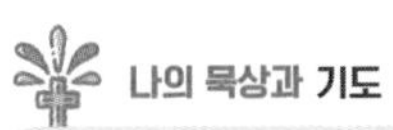

39주

제104문 제5계명에서 하나님께서 원하시는 것은 무엇입니까?

| 답 |

나의 부모님과 나에 대해 권위를 가지고 있는
모든 사람을 공경하고 사랑하며 충성하면서,
그들의 모든 좋은 가르침과 징계에 대해 마땅히 순종하고 복종하며,
그들의 약점과 부족에 대해서는 인내하는 것입니다.
왜냐하면, 그들의 손을 통해 우리를 다스리시는 것이
하나님의 뜻이기 때문입니다.

267일

제104문 제5계명에서 하나님께서 원하시는 것은 무엇입니까?

오늘은 십계명의 다섯 번째 계명, "네 부모를 공경하라. 그리하면 네 하나님 여호와가 네게 준 땅에서 네 생명이 길리라." 앞에서 우리에게 계명을 주시는 하나님을 바라본다. 지혜로우신 하나님은 십계명을 주실 때 큰 틀 안에서 정확한 순서를 따라 차근차근 각각의 계명을 말씀하신다. 큰 틀을 보면, 먼저는 하나님을 향하여 우리가 지켜야 할 계명을 네 가지로 말씀해w주시고, 그런 다음 비로소 우리가 사람을 향하여 지켜야 할 계명을 여섯 가지로 말씀해 주신다. 왜 이런 순서일까? 사람을 향한 사랑보다 하나님을 향한 사랑이 더 근본적이고 더 중요한 의무이기 때문이다. 또한, 하나님을 향한 사랑이 먼저 반듯하게 세워질 때 사람을 향한 사랑도 반듯하게 세워질 수 있기 때문이다. 또한, 사람을 향한 사랑을 실천할 때는 반드시 하나님을 향한 사랑이 동기가 되고 힘의 원천이어야 하기 때문이다.

십계명 안에는 이런 큰 틀이 존재하고, 각각의 계명은 그 틀 안에서 정확한 순서를 따라 자리를 잡고 있다. 그러므로 이런 큰 틀을 이해하지 못한 채 다섯 번째 계명부터 열 번째 계명을 보면 하나님께서 각각의 계명에서 우리에게 요구하시는 바를 바르게 이해할 수 없다. 또한, 하나님의 은혜로 이런 큰 틀이 우리 마음에 세워지지 않은 채 다섯 번째 계명부터 열 번째 계명을 순종할 경우, 각각의 계명에서 하나님께서 요구하시는 바를 바르게 순종할 수 없다. 그러므로 나는 묻는다. '나는 사람에게 가장 근본적인 의무가 하나님을 사랑하는 것임을 알고 행하는 중인가?', '내 마음과 삶에는 하나님을 향한 사랑이 확실하고 반듯하게 세워져 있는가?', '하나님을 향한 참된 사랑이 사람을 사랑하게 만드는 첫 번째 동기인가?' 이런 질문과 함께 오늘 나는 기도한다.

"오, 주여! 내 마음을 살피시고 의의 길로 인도하옵소서."

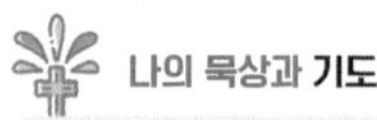

268일

답1 나의 부모님과 나에 대해 권위를 가지고 있는 모든 사람을 공경하고 사랑하며 충성하면서,

십계명의 다섯 번째 계명, "네 부모를 공경하라. 그리하면 네 하나님 여호와가 네게 준 땅에서 네 생명이 길리라." 앞에서 하나님께서 우리에게 요구하시는 것을 생각해 본다. 다섯 번째 계명에서 '부모'라는 표현이 정확하게 무엇을 가리키는지 깊이 생각해 볼 필요가 있다. 다섯 번째 계명부터 열 번째 계명까지는 이웃에 관한 계명이므로 '부모'라는 표현은 혈통 상의 부모는 물론이고 하나님께서 우리 각 사람 위에 세워 주신 모든 종류의 윗사람들까지 포함하는 것으로 봐야 자연스럽다. 그러니까 집에서는 우리를 낳아 준 부모, 학교에서는 우리를 가르치는 선생, 교회에서는 우리를 목양하는 목사, 직장에서는 우리를 감독하는 상관, 국가에서는 우리를 다스리는 통치자, 그리고 사회에서는 우리보다 연륜이 많은 연장자, 이들 모두를 공경하라는 것이 다섯 번째 계명에 담긴 하나님의 요구이다.

하나님께서 우리 위에 세워 주신 모든 윗사람을 공경하라는 하나님의 계명은 지극히 의롭고 지극히 선한 계명이다. 하나님께서는 우리 위에 여러 종류의 윗사람을 세우시고 그들을 통해 우리를 이 세상에 나게 하시고, 자라게 하시고, 살게 하신다. 그러므로 그런 윗사람들을 공경하라고 하나님께서 우리에게 요구하시는 것은 지극히 당연한 일이다. 또한, 수많은 사람이 복잡하게 얽혀 사는 이 세상이 질서 있게 돌아가려면 먼저는 윗사람과 아랫사람의 질서가 바로 서야 한다. 그러므로 모든 윗사람을 공경하라고 하나님께서 우리에게 요구하시는 것은 이 세상의 질서, 곧 우리의 유익을 위한 일이다. 상상해 보자. 하나님께서 이 계명을 인간 사회에 주시지 않았다면, 이 계명이 실행되도록 인간 사회에 일하시지 않는다면, 지금 이 세상은 어떤 모습이겠는가! 오늘 나는 감사한다.

"오, 주여! 다섯 번째 계명을 주신 하나님께 감사합니다."

269일

답1 나의 부모님과 나에 대해 권위를 가지고 있는 모든 사람을 공경하고 사랑하며 충성하면서,

십계명의 다섯 번째 계명, "네 부모를 공경하라. 그리하면 네 하나님 여호와가 네게 준 땅에서 네 생명이 길리라." 앞에서 하나님께서 우리에게 요구하시는 것을 생각해 본다. 다섯 번째 계명에서 하나님께서는 모든 윗사람을 공경하라고 요구하셨는데, 하나님의 이런 요구는 다음과 같은 뜻이 아닐 것이다. "내가 너희 위에 세워 준 모든 종류의 윗사람들에게 너희가 다른 것은 못 해도 좋으나, 그들을 공경하는 것 하나만큼은 반드시 해라. 이것이 내가 너희에게 원하는 것이다." 에베소서 6장 1절과 골로새서 3장 20절은 우리가 부모에게 해야 할 의무로서 '순종'도 언급한다. "자녀들아 주 안에서 너희 부모에게 순종하라." 그러므로 다섯 번째 계명에서 "공경하라"라는 표현은 공경하는 것 하나만 하면 된다는 뜻이 아니다. 공경은 물론이요 기본이고, 그것과 연결되는 다른 모든 합당한 행동까지 전부 행하라는 뜻이다. 이런 관점으로 다섯 번째 계명에서 하나님께서 우리에게 요구하시는 것을 전체적으로 다시 생각해 본다. 모든 윗사람을 공경하는 것과 연결되는 다른 모든 합당한 행동은 어떤 것들일까? 성경은 어떤 행동들을 우리에게 요구하고 있을까? 성경이 요구하는 행동에서 유추 가능한 다른 행동들은 어떤 것일까? 이것과 관련 있는 것으로 보이는 성경 구절을 깊이 묵상해 본다. "각 사람은 위에 있는 권세들에게 복종하라 권세는 하나님으로부터 나지 않음이 없나니 모든 권세는 다 하나님께서 정하신 바라"[롬 13:1]. "자녀들아 모든 일에 부모에게 순종하라 이는 주 안에서 기쁘게 하는 것이니라"[골 3:20]. "사환들아 범사에 두려워함으로 주인들에게 순종하되 선하고 관용하는 자들에게만 아니라 또한 까다로운 자들에게도 그리하라"[벧전 2:18]. 오늘 나는 기도한다.

"오, 주여! 제가 행할 바를 분명하게 가르쳐 주옵소서."

270일

답1 나의 부모님과 나에 대해 권위를 가지고 있는 모든 사람을 공경하고 사랑하며 충성하면서,

십계명의 다섯 번째 계명, "네 부모를 공경하라. 그리하면 네 하나님 여호와가 네게 준 땅에서 네 생명이 길리라."에서 하나님께서 우리에게 명시적으로 요구하신 것은 모든 윗사람을 공경하라는 것이다. 윗사람을 공경하는 것은 마음으로 존경하고 우러러보는 것을 가리킨다. 그런데 여기에서 하나님께서 우리에게 요구하신 윗사람 공경은 윗사람이 가진 탁월한 미덕, 윗사람이 성취한 업적, 윗사람이 우리에게 베푼 호의 때문에 마음으로 존경하고 우러러보는 것이 아니다. 흔히 우리는 윗사람의 미덕, 업적, 호의 등을 이유로 어떤 윗사람은 공경하고 어떤 윗사람은 무시한다. 하지만 다섯 번째 계명에서 하나님께서 명시하신 윗사람 공경의 이유는 하나뿐이다. "네 부모를 공경하라." 하나님께서 어떤 사람을 우리의 윗사람으로 세워 주셨다면 그 한 가지 사실 때문에, 또는 그 하나님 때문에 그 사람을 공경하라고 말씀하신 것이다.

이런 관점으로 하나님께서 요구하시는 윗사람 공경을 더 깊이 생각해 본다. 어떤 사람이 우리의 윗사람이고 우리가 그의 아랫사람이라면, 그 관계를 설정해 주신 분은 절대 주권자이시며 우리의 아버지이신 하나님이시다. "권세는 하나님으로부터 나지 않음이 없나니"[롬 13:1]. 따라서 우리는 하나님의 절대 주권과 선하심을 믿고 그 관계를 진심으로 받아들여야 한다. 그리고 그 관계 안에서 윗사람의 역할을 맡은 사람을 진심으로 공경해야 한다. 하지만 거기에서 멈춰서는 안 된다. 그 관계를 진심으로 받아들이기 때문에 그 관계를 사랑하고 신실하게 유지하는 자리까지 나아가야 한다. 그 관계 안에서 윗사람을 공경한다면 그 사람을 사랑하고 충성하는 자리까지 나아가야 한다. 이것이 참된 공경이다. 오늘 나는 기도한다.

"오, 주여! 모든 윗사람을 참으로 공경하겠습니다. 저를 이끌어 주옵소서."

271일

답2 그들의 모든 좋은 가르침과 징계에 대해 마땅히 순종하고 복종하며,

십계명의 다섯 번째 계명, "네 부모를 공경하라. 그리하면 네 하나님 여호와가 네게 준 땅에서 네 생명이 길리라."에서 하나님께서 우리에게 명시적으로 요구하신 것은 모든 윗사람을 공경하라는 것이다. 다시 말해, 우리의 모든 윗사람이 하나님으로부터 받은 권위를 바라보며 그들을 마음으로 공경하고 사랑하며 그 관계 안에서 신실하게 행동하라는 것이다. 그런데 모든 윗사람을 공경하라는 이 요구 안에는 그것과 연결되는 또 다른 요구가 포함되어 있다. 그것은 우리의 모든 윗사람이 하나님께서 맡겨 주신 역할을 따라 우리를 가르치거나 다스리거나 징계할 때 순종하라는 것이다. 우리의 모든 윗사람이 하나님으로부터 받은 역할은 우리를 가르치거나 다스리거나 징계하는 것인데, 우리가 그들의 권위를 보며 그들을 공경한다면, 그들이 맡은 역할을 우리에게 행할 때 순종하는 것은 지극히 당연하고 마땅한 일이다.

그러므로 성경은 가정 안에서의 윗사람에 대한 의무를 다른 곳에서 가르칠 때, 순종과 복종을 전면에 내세우며 강조한다. "아내들이여 자기 남편에게 복종하기를 주께 하듯 하라"[엡 5:22]. "자녀들아 주 안에서 너희 부모에게 순종하라 이것이 옳으니라"[엡 6:1]. 또한 성경은 이러한 복종과 순종이 모든 관계 속에서 모든 윗사람에게 우리가 행해야 할 의무임을 분명하게 천명한다. "각 사람은 위에 있는 권세들에게 복종하라 권세는 하나님으로부터 나지 않음이 없나니 모든 권세는 다 하나님께서 정하신 바라"[롬 13:1]. 이런 내용을 생각하다 보면, 오늘날 우리 시대가 얼마나 타락하고 부패한 시대인지 느껴진다. 가정에서도, 학교에서도, 교회에서도, 직장에서도, 국가에서도 윗사람의 권위를 인정하지도 않고 공경하지도 않으면서 순종하지도 않는 일이 편만하게 퍼져 있기 때문이다. 오늘 나는 기도한다.

"오, 주여! 우리 시대의 타락을 불쌍히 여겨 주옵소서."

272일

답3 **그들의 약점과 부족에 대해서는 인내하는 것입니다.**

십계명의 다섯 번째 계명, “네 부모를 공경하라 그리하면 네 하나님 여호와가 네게 준 땅에서 네 생명이 길리라.”에서 하나님께서 우리에게 명시적으로 요구하신 것은 모든 윗사람을 공경하라는 것이다. 오늘은 윗사람을 공경하라는 하나님의 요구 안에 포함된 또 다른 요구를 생각해 본다. 그것은 하나님께서 우리 위에 세워 주신 모든 윗사람의 약점과 부족함을 인내해야 한다는 것이다. 현실에서 우리의 윗사람들 가운데 우리가 저절로 공경하게 되고 순종하게 되는 훌륭한 윗사람이 과연 얼마나 될까? 우리가 아랫사람으로서 약점과 부족함이 많은 것처럼 우리 윗사람들도 약점과 부족함이 많다. 하지만 하나님께서 그런 사람이라도 우리 위에 윗사람으로 세워 주셨다면, 우리는 하나님 때문에 그 윗사람을 공경하고 순종하며 그의 약점과 부족함을 인내해야 한다. 다섯 번째 계명에서 하나님은 이것을 우리에게 명하신다.

그러므로 윗사람의 약점과 부족함을 핑계 삼아 그의 권위를 인정하지 않고 그를 업신여기는 사람, 말로 그를 조롱하는 사람, 그의 정당한 가르침과 지도에도 불순종하는 사람은 하나님 앞에서 다섯 번째 계명을 어김으로써 큰 죄를 범하게 된다. 그 윗사람에게 약점과 부족함이 있다는 것을 알면서도, 이유가 있고 뜻이 있어 그 사람에게 권위를 입혀 주신 하나님의 탁월한 지혜와 절대 주권을 무시하고 조롱하고 짓밟았기 때문이다. 그러나 성경은 탁월한 윗사람에게만 아니라 약점과 부족함이 많은 윗사람에게도 합당한 공경과 순종을 바칠 것을 분명하게 요구한다. “사환들아 범사에 두려워함으로 주인들에게 순종하되 선하고 관용하는 자들에게만 아니라 또한 까다로운 자들에게도 그리하라”[벧전 2:18]. 오늘 나는 기도한다.

“오, 주여! 공경하고 순종할 윗사람을 내 마음대로 정하지 않게 하소서.”

273일

답4 왜냐하면, 그들의 손을 통해 우리를 다스리시는 것이 하나님의 뜻이기 때문입니다.

십계명의 다섯 번째 계명, "네 부모를 공경하라 그리하면 네 하나님 여호와가 네게 준 땅에서 네 생명이 길리라."에서 하나님께서 우리에게 요구하신 것은 모든 윗사람을 공경하라는 것이다. 오늘은 모든 윗사람을 공경해야 할 이유를 생각해 본다. 다섯 번째 계명에서 하나님께서 이 계명을 제시하신 이유는 하나뿐이다. "네 부모를 공경하라." 어떤 사람이 우리의 윗사람으로 세워졌다면, 우리 마음에 안 드는 윗사람이라도, 윗사람답지 않은 윗사람이라도, 그 사람을 통해 우리를 다스리시는 것이 하나님의 거룩한 뜻이니까, 하나님과 하나님의 뜻을 믿고 존중하여 그런 윗사람을 공경하고 마땅히 순종하며 그의 약점과 부족함을 인내해야 한다는 말씀이다. 하나님께서는 우리가 다른 이유 때문이 아니라 하나님과 하나님의 뜻을 존중하기 때문에 모든 윗사람을 공경하고 순종하기를 바라신다. 이것이 다섯 번째 계명을 순종하는 방식이다.

그러므로 윗사람을 공경하는 일에 관하여 우리의 핵심 동기를 점검해야 한다. "하나님께서 다섯 번째 계명에서 요구하신 것처럼 내가 내 윗사람을 공경하고 순종하며 그의 약점과 부족함을 인내한다면, 내가 그렇게 하는 가장 근본적인 이유는 무엇인가? 내가 그렇게 하는 제일 첫 번째 이유는 무엇인가?" 올바른 답은 다음과 같다. "내가 그렇게 하는 이유가 여럿이지만, 나를 그렇게 움직이는 가장 근본적인 이유, 제일 첫 번째 이유는 그 명령을 하신 분이 하나님이시고 하나님의 거룩한 뜻이라는 데 있다. 하나님께서 어떤 사람을 내 윗사람으로 세우셨다면 그를 통해 나를 가르치시고 다스리시겠다고 자신의 거룩한 뜻을 천명하신 것이니, 나로서는 하나님의 지혜와 거룩한 뜻과 능력을 신뢰하는 것이 마땅하다. 그래서 나는 내 윗사람을 인정하고 공경하며 순종한다." 오늘 나는 기도한다.

"오, 주여! 올바른 동기로 다섯 번째 계명을 순종하게 하옵소서."

나의 묵상과 **기도**

40주

제105문 제6계명에서 하나님께서 원하시는 것은 무엇입니까?

| 답 |

이웃의 명예를 훼손하거나, 그들을 미워하거나, 해치거나, 죽이지 않는 것입니다. 생각이나 말이나 몸짓으로, 무엇보다도 행동으로 그렇게 해서는 안 되고, 다른 사람을 시켜서 그렇게 해서도 안 되며, 오히려 모든 복수심을 떨쳐 버려야 합니다. 더 나아가 나 자신을 해쳐서도 안 되고, 위험에 빠뜨려서도 안 됩니다. 이 살인을 막기 위해서 정부는 칼을 가지고 있습니다.

제106문 제6계명은 오직 살인에 대해서만 말하는 것입니까?

| 답 |

아닙니다. 하나님께서는 살인을 금하심으로써 살인의 뿌리가 되는 시기, 증오, 분노, 복수심 등을 미워하시며, 하나님의 눈에는 이 모든 것이 살인에 해당한다고 가르치십니다.

제107문 그러면, 앞에서 말한 방식으로 우리의 이웃을 죽이지만 않는다면 그것으로 충분하다는 것입니까?

| 답 |

그렇지 않습니다. 하나님께서는 시기와 증오와 분노를 정죄하심으로써 우리가 우리의 이웃을 자기 자신처럼 사랑해야 하고, 인내와 화평과 온유와 자비와 친절을 보여야 하며, 우리가 할 수 있는 한 그들을 해악으로부터 보호해야 하고, 심지어 원수에게까지 선을 행해야 한다고 가르치셨습니다.

274일

제105문 제6계명에서 하나님께서 원하시는 것은 무엇입니까?

오늘은 십계명의 여섯 번째 계명, "살인하지 말라." 앞에서 하나님께서 우리에게 요구하시는 바를 생각해 본다. 십계명의 흐름에서 보면 여섯 번째 계명은 앞에 나온 여러 계명에 비해 가장 짧은 문장으로 기록되어 있다. 히브리어 성경을 보면 두 개의 단어만 사용되었을 뿐이다. 계명의 내용으로 보면 여섯 번째 계명은 앞에 나온 여러 계명에 비해 누구나 고개를 끄덕이며 수긍할 내용으로 되어 있다. 살인하지 말라는 계명 앞에서 왜 꼭 그래야 하냐고 어느 누가 이의를 제기하거나 반항하겠는가! 그래서 많은 사람이 이 계명을 쉽게 생각하는 것 같다. 자기는 이 계명에서 하나님께서 요구하시는 바를 다 안다고, 이 계명을 어긴 적이 없다고, 이 계명을 잘 순종하고 있다고, 이 계명은 쉽게 순종할 수 있는 계명이라고 말이다. 이런 사람들에게 예수님은 산상설교에서 이 계명의 본뜻을 깊이 해설해 주셨다.

"옛 사람에게 말한 바 살인하지 말라 누구든지 살인하면 심판을 받게 되리라 하였다는 것을 너희가 들었으나 나는 너희에게 이르노니 형제에게 노하는 자마다 심판을 받게 되고 형제를 대하여 라가라 하는 자는 공회에 잡혀가게 되고 미련한 놈이라 하는 자는 지옥 불에 들어가게 되리라 그러므로 예물을 제단에 드리려다가 거기서 네 형제에게 원망들을 만한 일이 있는 것이 생각나거든 예물을 제단 앞에 두고 먼저 가서 형제와 화목하고 그 후에 와서 예물을 드리라 너를 고발하는 자와 함께 길에 있을 때에 급히 사화하라 그 고발하는 자가 너를 재판관에게 내어 주고 재판관이 옥리에게 내어 주어 옥에 가둘까 염려하라 진실로 네게 이르노니 네가 한 푼이라도 남김이 없이 다 갚기 전에는 결코 거기서 나오지 못하리라"[마 5:21-26]. 그러므로 오늘 나는 기도한다.

"오, 주여! 여섯 번째 계명을 저에게도 가르쳐 주옵소서."

275일

답1 이웃의 명예를 훼손하거나, 그들을 미워하거나, 해치거나, 죽이지 않는 것입니다.

십계명의 여섯 번째 계명, "살인하지 말라." 앞에서 하나님께서 우리에게 요구하시는 바를 생각해 본다. 하나님께서 계명을 주실 때 함축적인 어법을 사용하신다는 것을 기억하면서 여섯 번째 계명을 해석하는 것이 필요하다. 예를 들어, 다섯 번째 계명에서 하나님은 "네 부모를 공경하라."라고 말씀하셨다. 그래서 다섯 번째 계명은 누가 봐도 부모와 자식의 관계에서 자식이 부모를 공경해야 한다는 계명으로 보인다. 하지만 실상 거기에서 하나님께서 실제로 주신 계명은 훨씬 더 넓은 내용이다. 부모뿐만 아니라 모든 윗사람을 공경하라는 것이고, 공경할 뿐 아니라 순종하고 그들의 약점과 부족함을 인내하라는 것이다. 이렇듯 하나님께서는 함축적인 어법을 사용하여 계명을 주신다. 그러므로 여섯 번째 계명이 짧은 문장이라고 해서 쉽게 생각해서는 안 된다. 짧은 문장 안에 하나님께서 함축해 놓은 의미를 잘 찾아야 한다.

살인은 최악의 상황에서 벌어지는 최악의 일이다. 어떤 사람이 다른 사람을 죽인다면, 살인을 저지를 때보다 덜 심한 상황이 그 전에 있고 살인보다 덜 심한 일이 그 전에 있기 마련이다. 이런 관점으로 여섯 번째 계명을 생각해 보면, 하나님께서는 사람의 목숨과 관련하여 계명을 주실 때, 사람이 행할 수 있는 최악의 일인 살인을 금하시면서 '살인에 이르게 되는 모든 것'을 함께 금하신 것이 분명하다. 예수님은 이것을 확증해 주셨다. "나는 너희에게 이르노니 형제에게 노하는 자마다 심판을 받게 되고 형제를 대하여 라가라 하는 자는 공회에 잡혀가게 되고 미련한 놈이라 하는 자는 지옥 불에 들어가게 되리라"[마 5:222]. 하나님께서는 우리가 이웃의 명예를 훼손하거나 마음으로 미워하거나 말로 모욕하거나 상해를 입히거나 목숨을 빼앗는 일 모두를 금하셨다. 오늘 나는 고백한다.

"오, 주여! 주의 계명은 의롭고 완전합니다."

나의 묵상과 기도

276일

답2 생각이나 말이나 몸짓으로, 무엇보다도 행동으로 그렇게 해서는 안 되고, 다른 사람을 시켜서 그렇게 해서도 안 되며, 오히려 모든 복수심을 떨쳐 버려야 합니다.

십계명의 여섯 번째 계명, "살인하지 말라." 앞에서 하나님께서 우리에게 요구하시는 바를 생각해 본다. 하나님께서는 사람의 목숨과 관련하여 살인을 금하실 때, 나중에 살인으로 연결될 수 있는 모든 감정과 말과 행동까지 함께 금하셨다. 하나님께서 이렇게 하신 핵심 이유는 무엇일까? 그런 감정과 말과 행동이 나중에 실제로 살인으로까지 연결될 수 있기 때문일까? 그것이 전부는 아닐 것이다. 나중에 살인으로까지 연결될 수 있는 모든 감정과 말과 행동이 실제로 항상 살인으로 연결되는 것은 아니기 때문이다. 그러면 무엇 때문일까? 성경은 다음과 같이 말한다. "그 형제를 미워하는 자마다 살인하는 자니"[요일 3:15]. 거룩하신 하나님은 살인으로까지 연결될 수 있는 모든 감정과 말과 행동을 실제 살인과 똑같은 죄로 정죄하신다. 하나님은 실제 살인을 미워하는 것만큼 그것들도 미워하신다[마 5:21-22].

그러므로 우리는 생각이나 말로 사람을 미워하거나 그의 인격을 모독하거나 그의 명예를 훼손하지 말아야 한다. 또한, 몸짓이나 주먹이나 무기를 사용하여 사람에게 모독이나 위협을 하거나 그의 몸에 상해를 가하거나 죽이지 말아야 한다. 또한, 다른 사람이 우리를 대신하여 그런 생각이나 그런 말이나 그런 행동을 하도록 조장하거나 사주하거나 위탁하지 말아야 한다. 이 모든 것이 살인이다! 하나님께서 그렇게 판단하시고 벌하신다. 살다 보면 우리 마음을 상하게 하는 사람, 우리 몸에 상해를 입히는 사람, 우리 재산에 큰 손실을 끼치는 사람, 우리 가족을 해치는 사람을 만날 수 있다. 그래서 그런 사람을 미워하는 마음, 복수하려는 마음이 일어날 수 있다. 우리는 그것이 마음에 싹트는 순간 죽여야 한다. 우리가 죽여야 할 것은 바로 그것이다. 오늘 나는 기도한다.

"오, 주여! 내 마음을 넓혀 주시어 주의 계명의 길로 행하게 하옵소서."

277일

답3 더 나아가 나 자신을 해쳐서도 안 되고, 위험에 빠뜨려서도 안 됩니다.

십계명의 여섯 번째 계명, "살인하지 말라." 앞에서 하나님께서 우리에게 요구하시는 바를 생각해 본다. 하나님께서 우리에게 살인을 금하신 이유, 살인을 금하실 때 살인에 이르는 모든 감정, 말, 행동까지 다 금하신 이유는 무엇일까? 몇 가지 이유를 생각해 볼 수 있다. 첫째, 하나님께서는 자신의 형상을 따라 창조된 모든 사람을 기본적으로 소중하게 대하시기 때문에 우리도 하나님의 형상으로 창조된 모든 사람의 존재와 명예와 목숨을 소중히 여기기를 바라신다. 둘째, 우리가 서로의 존재와 명예와 목숨을 소중히 여기고 보호해 주는 일을 할 때, 우리가 사는 사회와 국가가 안전한 장소가 되어 우리가 사람답게 살 수 있는 기초 환경이 마련되기 때문이다. 셋째, 사람이 이 세상에 태어나고 살고 죽는 모든 일을 결정할 절대 권한은 사람에게 있지 않고 오직 생명의 주관자이신 하나님께만 있기 때문이다.

이런 관점으로 자해나 자살을 다시 생각해 본다. 위와 같은 이유로 다른 사람을 죽이지 말라고 엄히 명하신 하나님이라면, 살인을 금지하실 때 살인의 뿌리가 될 수 있는 모든 감정, 말, 행동까지도 금지하신 하나님이라면, 우리가 짜릿한 쾌락을 맛보기 위해 우리 몸을 큰 위험에 일부러 빠뜨리는 일을 보시면 뭐라 생각하시고 뭐라 말씀하실까? 하나님께서는 악인에게도 안타까운 마음으로 말씀하셨다. "나의 삶을 두고 맹세하노니 나는 악인이 죽는 것을 기뻐하지 아니하고 악인이 그의 길에서 돌이켜 떠나 사는 것을 기뻐하노라 이스라엘 족속아 돌이키고 돌이키라 너희 악한 길에서 떠나라 어찌 죽고자 하느냐"[겔 33:11]. 이런 하나님께서 우리가 우리 자신의 몸을 스스로 해치는 일이나 우리가 스스로 목숨을 끊는 일을 보시면 뭐라 생각하시고 뭐라 말씀하실까? 오늘 나는 다짐한다.

"오, 주여! 우리 자신의 목숨을 소중히 지키겠습니다."

278일

답4 이 살인을 막기 위해서 정부는 칼을 가지고 있습니다.

십계명의 여섯 번째 계명, "살인하지 말라." 앞에서 하나님께서 우리에게 요구하시는 바를 생각해 본다. 십계명의 여섯 번째 계명에서 하나님께서는 살인을 금하시는데, 십계명 돌판을 주시기 훨씬 전에 살았던 노아를 통해 우리에게 다음과 같이 말씀하셨다. "다른 사람의 피를 흘리면 그 사람의 피도 흘릴 것이니 이는 하나님이 자기 형상대로 사람을 지으셨음이니라"[창 9:6]. 십계명 돌판과 함께 주신 이스라엘의 사회법에서도 다음과 같이 말씀하셨다. "사람이 그의 이웃을 고의로 죽였으면 너는 그를 내 제단에서라도 잡아 내려 죽일지니라"[출 21:14]. 이처럼 하나님께서는 살인한 사람을 반드시 사형에 처해야 하는 의무와 사형에 처할 수 있는 권한을 정부에 맡기셨다. 이는 살인죄를 범한 사람에 대한 하나님의 진노를 무섭게 보여줌으로써 사람의 목숨을 경시하는 풍조가 세상에 번져 살인이 일상이 되는 것을 막기 위함이다.

그러나 어떤 나라가 도덕적으로 타락하면 사람의 목숨을 소중히 여기지 않게 되고 살인을 사형에 처할 죄로 여기지 않게 된다. 물론 살인 사건이 일어나면 뉴스에서는 끔찍한 범죄가 저질러진 것처럼 시끄럽게 떠든다. 하지만 법정에서는 누가 봐도 죄질보다 훨씬 가벼운 형을 선고하고, 사회에서는 살인자의 인권을 옹호하며 사형 제도의 폐지를 주장한다. 이런 나라를 보시면서 의로우신 하나님께서는 무슨 판단을 하실까? 타락한 나라에서는 법의 공정한 심판과 엄격한 정의를 믿을 수 없어서 결국 사람들은 정의 구현을 위해 개인적인 보복을 꿈꾸게 된다. 하지만 하나님께서는 그런 사람들에게 이렇게 말씀하신다. "너희가 친히 원수를 갚지 말고 하나님의 진노하심에 맡기라 기록되었으되 원수 갚는 것이 내게 있으니 내가 갚으리라"[롬 12:19]. 오늘 나는 기도한다.

"오, 주여! 이 나라에 정의가 바로 서게 하옵소서."

279일

제106문 제6계명은 오직 살인에 대해서만 말하는 것입니까?

답 아닙니다. 하나님께서는 살인을 금하심으로써 살인의 뿌리가 되는 시기, 증오, 분노, 복수심 등을 미워하시며, 하나님의 눈에는 이 모든 것이 살인에 해당한다고 가르치십니다.

십계명의 여섯 번째 계명, "살인하지 말라." 앞에서 하나님께서 우리에게 요구하시는 바를 생각해 본다. 하나님께서는 살인을 금하실 때 살인의 뿌리가 될 수도 있는 모든 감정까지도 함께 금하셨다. 구체적으로 어떤 종류의 감정인가? 네 가지를 특별하게 생각해 볼 수 있다. 그것은 시기심, 미움 또는 증오심, 분노, 복수심이다. 사울 왕은 시기심 때문에 다윗을 죽이려고 쫓아다녔다[삼상 18장]. 바리새인들은 미움 또는 증오심 때문에 죄가 하나도 없는 예수님을 죽이는 데 앞장섰다[요 11장]. 가인은 분노의 감정을 억누르지 못해 동생 아벨을 죽였다[창 4장]. 다윗의 신하 요압은 복수심을 해결하지 못해 아브넬을 죽였다[삼하 20장]. 이렇듯 시기심, 미움 또는 증오, 분노, 복수심, 이 네 가지 감정은 살인의 뿌리가 된다. 하나님은 여섯 번째 계명에서 이 네 가지 감정을 금하셨다. 가인의 살인을 생각해 본다. 하나님께서 가인의 제사를 열납하지 않으셨을 때, 가인의 마음에 분노의 감정이 일어났다. 그때 하나님은 즉각적으로 가인에게 말씀하셨다. "네가 분하여 함은 어찌 됨이며 안색이 변함은 어찌 됨이냐, 죄가 너를 원하나 너는 죄를 다스릴지니라"[창 4:6, 7]. 하나님께서는 가인의 마음에 살인으로 연결될 수 있는 악한 감정이 일어나는 순간 그것을 지적하셨다. 그것을 해결하지 않으면 결국에는 무서운 죄를 범하게 될 것이라고 경고하셨다. 그러므로 우리는 마음에 일어나는 악한 감정을 잠시라도 용납하며 품고 있지 말아야 한다. 악한 감정은 얌전하게 보이지만 사실은 폭군과 같아서 한순간에 이성을 마비시키고 의지를 자기 편으로 끌어들여 우리를 죄로 끌고 가기 때문이다. 우리 힘으로는 안 되지만 주의 도우심이 있으면 가능하다. 오늘 나는 기도한다.

"오, 주여! 시기심, 미움, 분노, 복수심에서 건져 주십시오."

280일

제107문 그러면, 앞에서 말한 방식으로 우리의 이웃을 죽이지만 않는다면 그것으로 충분하다는 것입니까?

답 그렇지 않습니다. 하나님께서는 시기와 증오와 분노를 정죄하심으로써 우리가 우리의 이웃을 자기 자신처럼 사랑해야 하고, 인내와 화평과 온유와 자비와 친절을 보여야 하며, 우리가 할 수 있는 한 그들을 해악으로부터 보호해야 하고, 심지어 원수에게까지 선을 행해야 한다고 가르치셨습니다.

십계명의 여섯 번째 계명, "살인하지 말라." 앞에서 하나님께서 우리에게 요구하시는 바를 생각해 본다. 모든 부정적인 명령 안에는 적극적인 명령이 포함되어 있다. 사실 적극적인 명령이 그 계명에서 하나님께서 명령하시는 궁극적인 내용이다. 그렇다면 여섯 번째 계명 안에 포함된 하나님의 적극적인 명령은 무엇일까? "살인하지 말라"라는 부정적인 명령과 정반대되는 명령은 어떤 내용일까? 다른 사람의 목숨이든 우리 자신의 목숨이든 모든 사람의 목숨을 소중히 여기고 적극적으로 보호하고 더 좋게 만들라는 명령일 것이다. 또한, 다른 사람이든 우리 자신이든 하나님께서 목숨을 주셔서 살아 있는 것이니, 하나님 때문에 그 사람의 존재 가치를 인정하고 그 사람의 명예를 적극적으로 지켜 주며 그 사람이 하나님 앞에서 바르게 살아갈 수 있도록 적극적으로 도우라는 명령일 것이다. 또한 하나님께서는 살인의 뿌리인 모든 악한 감정, 말, 행실도 함께 금하셨으니 당연히 다음과 같은 적극적인 명령도 그 안에 포함되어 있을 것이다. 다른 사람의 목숨과 삶을 소중히 여기고, 적극적으로 보호하며 더 좋게 만드는 방향으로 선한 감정, 선한 말, 선한 행실을 적극적으로 하는 것. 구체적으로 말하자면, 사랑, 인내, 화평, 온유라는 감정으로 모든 사람을 대하고 모든 사람에게 말과 행실로 자비와 친절을 보이는 것이다. 심지어는 우리를 박해하는 사람이나 원수에게도 선한 마음으로 복을 빌며 선을 행하는 것이다[마 5:44]. 아, 하나님께서 우리에게 하라고 명하시는 것은 모두 선하고 아름다운 일뿐이다. 오늘 나는 다짐한다.

"오, 주여! 주의 은혜를 의지하여 주의 선한 계명을 순종하겠습니다."

41주

제108문 **제7계명에서 하나님께서 원하시는 것은 무엇입니까?**

| 답 |

하나님께서는 모든 부정(不貞)을 저주하십니다.
따라서 거룩한 혼인의 관계에 있든지, 독신으로 있든지
우리는 어떤 부정이라도 철저히 미워해야 하며,
순결하고 단정한 생활을 해야 합니다.

제109문 **하나님께서는 제7계명에서 간음이나 그와 같은 추악한 죄만을 금하셨습니까?**

| 답 |

우리의 몸과 영혼이 모두 성령님의 전(殿)이기 때문에,
하나님께서는 우리가 몸과 영혼을 순결하고 거룩하게 지키기를 원하십니다.
그러므로 하나님께서는 모든 부정한 행동이나 몸짓,
말이나 생각이나 욕망뿐 아니라 그리로 유혹하는 모든 것을 금하십니다.

281일

제108문 제7계명에서 하나님께서 원하시는 것은 무엇입니까?

십계명의 일곱 번째 계명, "간음하지 말라." 앞에서 하나님께서 우리에게 요구하시는 바를 묵상한다. 일곱 번째 계명은 성별이 다른 이성에 대하여 우리가 지켜야 할 도리에 관한 계명이다. 십계명의 전체적인 흐름을 보면 사람에 대하여 우리가 지켜야 할 근본 도리로 하나님께서 주신 계명은 여섯 가지이다. 첫 번째 계명은 모든 윗사람을 공경하라는 것이다. 그래야 세상의 질서가 잡히기 때문이다. 두 번째 계명은 사람의 목숨을 소중히 여기고, 지키고, 더 온전케 하라는 것이다. 그래야 세상이 안전할 수 있기 때문이다. 이렇게 하나님은 가장 기본적인 질서와 안전을 먼저 확보하신 후에 세 번째 계명을 주시는데, 간음하지 말라는 것이다. 이 땅에서 사람은 남성과 여성으로 구별되나 항상 함께 어울려 살아야 하므로 하나님은 남성과 여성이 올바르고 행복하게 함께 사는 법을 계명으로 주신 것이다.

많은 사람이 이 계명도 쉽게 생각하는 것 같다. 자기는 이 계명에서 하나님께서 요구하시는 바를 다 안다고, 이 계명을 어긴 적이 없다고, 이 계명을 잘 순종하고 있다고. 이 계명은 쉽게 순종할 수 있는 계명이라고 말이다. 이런 사람들에게 예수님은 산상설교에서 이 계명의 본뜻을 깊이 해설해 주셨다. "또 간음하지 말라 하였다는 것을 너희가 들었으나 나는 너희에게 이르노니 음욕을 품고 여자를 보는 자마다 마음에 이미 간음하였느니라 만일 네 오른 눈이 너로 실족하게 하거든 빼어 내버리라 네 백체 중 하나가 없어지고 온몸이 지옥에 던져지지 않는 것이 유익하며 또한 만일 네 오른손이 너로 실족하게 하거든 찍어 내버리라 네 백체 중 하나가 없어지고 온몸이 지옥에 던져지지 않는 것이 유익하니라"[마 5:27-30]. 오늘 나는 기도한다.

"오, 주여! 주의 계명을 저에게도 가르쳐 주옵소서.
제가 순종하겠습니다."

282일

답1 하나님께서는 모든 부정(不貞)을 저주하십니다.

십계명의 일곱 번째 계명, "간음하지 말라." 앞에서 하나님께서 우리에게 요구하시는 바를 묵상한다. 일곱 번째 계명에서 하나님은 '간음'을 금하셨으므로 '간음'의 정의부터 알아야 한다. '간음'의 사전적 정의는 배우자가 있는 사람이 배우자가 아닌 사람과 성관계를 하는 것이다. 그러니까 세상은 이미 혼인한 사람이 배우자를 놔두고 다른 사람과 육체적으로 성관계를 맺었을 때만 '간음'이라고 단죄한다. 하지만 예수님께서는 산상설교에서 일곱 번째 계명을 해설해 주실 때 '간음'에 관한 하나님의 정의를 알려 주셨다. "음욕을 품고 여자를 보는 자마다 마음에 이미 간음하였느니라"[마 5:28]. 그러니까 하나님께서는 '간음'을 따지실 때 미혼이든 기혼이든 구별하지 않으시며, 다른 사람을 보면서 불법적인 성적 욕망, 곧 하나님께서 허락하시지 않은 성적 욕망을 품는 것부터 간음으로 단죄하신다는 것이다.

구약 성경과 신약 성경 모두 줄기차게 말하는 것이 있다. 하나님께서 간음을 심히 미워하신다는 것이며, 간음에 대하여 현세에서도 내세에서도 형벌하신다는 것이다. "너희가 전에 있던 그 땅 주민이 이 모든 가증한 일을 행하였고 그 땅도 더러워졌느니라 너희도 더럽히면 그 땅이 너희가 있기 전 주민을 토함 같이 너희를 토할까 하노라 이 가증한 모든 일을 행하는 자는 그 백성 중에서 끊어지리라"[레 18:27-29]. "너희도 정녕 이것을 알거니와 음행하는 자나 더러운 자나 탐하는 자 곧 우상 숭배자는 다 그리스도와 하나님의 나라에서 기업을 얻지 못하리니"[엡 5:5]. "모든 사람은 결혼을 귀히 여기고 침소를 더럽히지 않게 하라 음행하는 자들과 간음하는 자들을 하나님이 심판하시리라"[히 13:4]. 그러므로 나는 기도한다.

"오, 주여! 간음을 죄로 여기지 않는 세상의 풍조에서
많은 사람을 구해 주옵소서."

283일

답2 따라서 거룩한 혼인의 관계에 있든지, 독신으로 있든지 우리는 어떤 부정이라도 철저히 미워해야 하며, 순결하고 단정한 생활을 해야 합니다.

십계명의 일곱 번째 계명, "간음하지 말라." 앞에서 하나님께서 우리에게 요구하시는 바를 묵상한다. 하나님께서는 남자와 여자를 창조하신 후에 그들에게 생육하고 번성하라고 복을 주셨고, 하나님께서 창조하신 세상을 함께 다스리라고 사명을 주셨다[창 1:28]. 또한, 하나님께서는 아담에게 하와를 주시면서 남자와 여자가 함께 동거하며 한 몸을 이룰 것을 명하셨다. "남자가 부모를 떠나 그의 아내와 합하여 둘이 한 몸을 이룰지로다"[창 2:24]. 그러므로 남자와 여자의 성적인 결합은 하나님께서 주신 복이요 동시에 명령이다. 그것은 합법적인 혼인 관계 안에 있는 남자와 여자가 한 몸이 되는 행복을 경험하고 후손을 생산하도록 하나님께서 주신 선물이다. 하지만 남자와 여자가 서로를 바라보며 궁극적으로 간절히 원해야 할 것은 서로의 거룩함이요, 또 함께 하나님의 뜻을 받들어 이 세상에서 경건하고 거룩하게 사는 것이다.

그러므로 성경은 다음과 같이 말한다. "하나님의 뜻은 이것이니 너희의 거룩함이라 곧 음란을 버리고 각각 거룩함과 존귀함으로 자기의 아내 대할 줄을 알고 하나님을 모르는 이방인과 같이 색욕을 따르지 말고"[살전 4:3-5]. 남자와 여자를 향한 하나님의 뜻은 그들이 각자 또 함께 하나님 앞에서 거룩하게 사는 것이다. 그러므로 기본적으로 남자와 여자는 서로를 바라볼 때 서로 도와가며 함께 거룩한 삶을 살아야 하는 대상으로 보아야 한다. 그러면서 혼인 관계를 맺은 한 명의 배우자와는 하나님께서 허락하신 성적인 결합을 귀한 선물로 누려야 한다. 그런데 남자와 여자가 서로를 바라볼 때 육체의 정욕을 채우는 대상으로만 서로를 바라보고 이용한다면, 그것은 하나님께서 미워하시는 음란이 된다. 우리도 모든 형태의 음란을 멀리하고 버려야 한다. 오늘 나는 기도한다.

"오, 주여! 혼인 밖에서든 안에서든 이성을 바로 대하게 하옵소서."

284일

답2 따라서 거룩한 혼인의 관계에 있든지, 독신으로 있든지 우리는 어떤 부정이라도 철저히 미워해야 하며, 순결하고 단정한 생활을 해야 합니다.

십계명의 일곱 번째 계명, "간음하지 말라." 앞에서 하나님께서 우리에게 요구하시는 바를 묵상한다. 우리는 모든 간음을 미워해야 한다. 예수님은 산상설교에서 십계명의 일곱 번째 계명을 해설해 주시면서 말씀하셨다. "만일 네 오른 눈이 너로 실족하게 하거든 빼어 내버리라 네 백체 중 하나가 없어지고 온몸이 지옥에 던져지지 않는 것이 유익하며 또한 만일 네 오른손이 너로 실족하게 하거든 찍어 내버리라 네 백체 중 하나가 없어지고 온몸이 지옥에 던져지지 않는 것이 유익하니라"[마 5:29-30]. 예수님은 우리에게 다음과 같이 묻고 계신다. "마음으로든 몸으로든 간음하는 자는 그 죄를 용서받지 못하면 영원한 지옥의 형벌에 처하게 되는데, 그래도 너는 간음이 좋다고 그것을 행하겠느냐? 그래도 너는 하나님께서 원하시는 순결하고 단정한 생활 대신 간음하는 쪽을 택하겠느냐? 절대로 그러지 말아라."

사도 바울은 성령의 감화를 따라 고린도교회에 말하였다. "음행을 피하라 사람이 범하는 죄마다 몸 밖에 있거니와 음행하는 자는 자기 몸에 죄를 범하느니라 너희 몸은 너희가 하나님께로부터 받은 바 너희 가운데 계신 성령의 전인 줄을 알지 못하느냐 너희는 너희 자신의 것이 아니라 값으로 산 것이 되었으니 그런즉 너희 몸으로 하나님께 영광을 돌리라"[고전 6:18-20]. 하나님께서는 바울을 통해 우리에게 다음과 같이 묻고 계신다. "너희 몸은 성령 하나님께서 거하시는 성전이고, 예수님께서 십자가의 핏값으로 산 몸이며, 성부 하나님께 영광을 돌릴 수 있는 존귀한 몸인데, 그런 몸으로 너희는 음행하여 성전을 더럽히고 십자가의 죽음을 욕되게 하며 하나님을 노엽게 하려느냐? 절대로 그러지 말아라." 오늘 나는 결단한다.

"오, 주여! 모든 간음을 철저히 멀리하고,
순결하고 단정한 생활을 하겠습니다."

285일

제109문 하나님께서는 제7계명에서 간음이나 그와 같은 추악한 죄만을 금하셨습니까?

십계명의 일곱 번째 계명, "간음하지 말라." 앞에서 하나님께서 우리에게 요구하시는 바를 묵상한다. 사람에게는 하나님의 계명과 관련하여 두 가지 놀라운 재능이 있다. 첫째, 계명을 통해 하나님께서 요구하시는 것을 듣고 배울 때 최대한 축소해서 생각하는 재능이다. 예를 들어, 어떤 계명을 통해 하나님이 다섯 가지 의무를 요구하시면, 이를 다 받아들이지 않고 그중 몇 가지만 선택해 그것만 지키면 된다고 생각하는 것이다. 둘째, 계명을 문자적으로만 이해할 뿐 그 안에 하나님께서 담아 놓으신 뜻을 알려고 하지도 않고, 누가 가르쳐 줘도 무관심으로 일관하는 재능이다. 예를 들어, "간음하지 말라." 계명을 읽고 나서 하나님께서 금하신 것은 배우자를 놔두고 다른 사람과 성관계를 맺는 것이라고, 또는 그와 비슷한 종류의 추악한 죄라고만 생각하고 그 이상으로 전혀 생각하지 않는 것이다.

그러나 하나님의 은혜가 우리에게 임하여 우리가 하나님을 사랑하고 경외하게 되면, 우리는 하나님의 모든 계명을 즐거워하게 되고 각각의 계명에서 하나님께서 우리에게 말씀하시려는 모든 것, 하나님께서 우리에게 명하시는 모든 것을 알고 싶어 하며 순종하고 싶어 한다. 그래서 우리는 "간음하지 말라."라는 짧고 간단한 계명 앞에서 우리의 상식과 양심으로 그 말씀을 해석하거나, 우리가 이미 다 아는 것이니까 이제 순종만 하면 된다는 식으로 반응하지 않는다. 그 짧고 간단한 계명 앞에서도 우리는 하나님의 법도를 완전하게 깨닫고 순종하기 위하여 하나님의 은혜를 간절히 구하게 된다. "여호와여 주의 율례들의 도를 내게 가르치소서 내가 끝까지 지키리이다 나로 하여금 깨닫게 하여 주소서 내가 주의 법을 준행하며 전심으로 지키리이다 나로 하여금 주의 계명들의 길로 행하게 하소서 내가 이를 즐거워함이니이다"[시 119:33-35]. 오늘 나는 기도한다.

"오, 주여! 제7계명을 온전히 깨닫기 원합니다."

286일

답1 우리의 몸과 영혼이 모두 성령님의 전(殿)이기 때문에, 하나님께서는 우리가 몸과 영혼을 순결하고 거룩하게 지키기를 원하십니다.

십계명의 일곱 번째 계명, "간음하지 말라." 앞에서 하나님께서 우리에게 요구하시는 바를 묵상한다. 부정적인 형식으로 제시된 모든 명령에는 적극적인 명령이 포함되어 있고, 적극적인 명령이 하나님께서 우리에게 궁극적으로 명령하시는 내용이다. 그렇다면, "간음하지 말라."라는 계명에서 하나님께서 우리에게 궁극적으로 요구하시는 적극적인 명령은 무엇일까? 남자와 여자가 어울려 함께 사는 세상에서 성적으로 우리의 몸과 영혼을 순결하고 거룩하게 지키라는 명령일 것이다. 또한, 남자와 여자를 혼인으로 묶어 주신 하나님의 목적을 귀히 여기고, 남편과 아내로서 하나님의 선물인 성적인 결합을 누리며, 함께 거룩한 삶을 살라는 명령일 것이다. 또한, 하나님께서 남자와 여자를 구별하시고 또한 어울려 함께 살게 하신 의도와 목적을 깨닫고서, 모든 이성을 대할 때 하나님의 의도와 목적에 맞게 대하라는 명령일 것이다. 십계명의 일곱 번째 계명에서 하나님께서 궁극적으로 요구하시는 적극적인 명령을 생각해 보자. 그 가운데 남자에게나 여자에게나 남녀 모두에게 부당한 명령이 하나라도 있는가? 남자나 여자나 남녀 모두를 불행하게 할 명령이 하나라도 있는가? 남자에게나 여자에게나 남녀 모두에게 불필요한 명령이 하나라도 있는가? 이 세상을 해롭게 하고 고통스럽게 할 명령이 하나라도 있는가? 어느 나라 어느 시대에는 적용될 수 있지만 다른 나라 다른 시대에는 적용될 수 없는 명령이 하나라도 있는가? 하나도 없다. 우리는 바울처럼 감탄하며 고백할 수밖에 없다. "율법은 거룩하고 계명도 거룩하고 의로우며 선하도다"[롬 7:12]. 우리 자신에게는 이렇게 아름답고 숭고한 계명을 순종할 능력이 전혀 없다. 하지만 하나님의 능력과 은혜 안에서 우리는 순종할 수 있다. 오늘 나는 기도한다.

"오, 주여! 주의 법이 아름다우니 순종도 기쁨입니다."

287일

답2 그러므로 하나님께서는 모든 부정한 행동이나 몸짓, 말이나 생각이나 욕망뿐 아니라 그리로 유혹하는 모든 것을 금하십니다.

십계명의 일곱 번째 계명, "간음하지 말라." 앞에서 하나님께서 우리에게 요구하시는 바를 묵상한다. 하나님께서는 왜 계명을 주실 때, "~을 하라"라는 형식의 긍정적인 명령이 아니라 "~을 하지 말라"라는 형식의 부정적인 명령을 주실까? 여러 가지 이유를 생각해 볼 수 있겠지만, 우리가 그 계명과 관련하여 절대 하지 말아야 할 일을 이미 행하고 있기 때문일 것이다. 먼저 그 행위를 멈추어야만 "~을 하라"라는 긍정적인 명령을 순종할 수 있기 때문일 것이다. 그러므로 우리는 "간음하지 말라."라는 계명 앞에서 부정적인 명령으로 주신 의무를 정말 심각하게 받아들이고 그것을 철저히 순종해야 한다. 부정적인 명령을 제대로 확실하게 순종하지 않는 한, 그 계명 안에서 하나님께서 우리에게 궁극적으로 명령하시는 긍정적인 명령을 순종하는 일은 불가능하다. 그러므로 하나님께서 금하신 것에 참으로 주의해야 한다. 우리 시대는 간음에 빠지기 쉬운 시대다. 남자든 여자든, 미혼자든 기혼자든, 젊은이든 늙은이든, 간음으로 유혹하는 많은 것들에 날마다 노출되어 있다. 인터넷에 들어가 여기저기 돌아다니다 보면 음란한 그림이나 영상을 쉽게 접할 수 있다. 영화나 드라마에서는 여러 종류의 간음이 마치 합법적인 일이고, 심지어는 아름다운 사랑인 것처럼 포장되어 우리 마음을 사로잡는다. 간음은 하나님에 의해 정죄될 일도 아니고, 국가가 관여하여 판단할 일도 아니며, 남녀 간의 사적인 일이라고 외치는 사람들이 더 많아지고 있다. 혼인의 신성함을 믿고 혼인 관계 안에서 남편과 아내에게 신실하며 모든 역경에도 변하지 않고 혼인 관계를 지키기보다는 여러 이유를 대며 혼인을 깨뜨리는 일이 용기 있는 일로 칭송받는다. 이런 시대에 사는 나는 오늘도 기도한다.

"오, 주여! 내 힘으로 할 수 없으니 주께서 붙들어 주옵소서."

42주

제110문 제8계명에서 하나님께서 금하신 것은 무엇입니까?

| 답 |

하나님께서는 국가의 국가의 법적 처벌이 가능한 도둑질과 강도질만을 금하신 것이 아닙니다. 이웃의 소유를 자기의 것으로 삼으려고 시도하는 모든 속임수와 간계도 도둑질이라고 말씀하십니다. 이런 것들은 폭력을 수반하거나 혹은 합법성을 가장하고서 일어날 수도 있는데, 예를 들어 무게나 크기나 부피의 부정확한 측정, 사기, 위조지폐, 폭리, 그 밖의 하나님께서 금하신 다른 수단들을 사용하는 것입니다. 이뿐만 아니라 하나님께서는 모든 탐욕을 금하시고, 하나님께서 주신 은사들이 조금이라도 잘못 사용되거나 낭비되는 것도 금하십니다.

제111문 제8계명에서 하나님께서 원하시는 것은 무엇입니까?

| 답 |

내가 할 수 있고 또 해도 되는 만큼 내 이웃의 유익을 증진하는 데 힘쓰고, 내가 남에게 대접받고 싶은 대로 이웃에게 행하는 것이며, 더 나아가 어려움 가운데 있는 가난한 사람을 도울 수 있도록 성실하게 일하는 것입니다.

288일

제110문 제8계명에서 하나님께서 금하신 것은 무엇입니까?

십계명의 여덟 번째 계명, "도둑질하지 말라." 앞에서 하나님께서 우리에게 요구하시는 바를 생각해 본다. 여덟 번째 계명은 다른 사람의 재산과 소유에 대하여 우리가 지켜야 할 도리에 관한 것이다. 십계명의 전체적인 흐름을 보면 사람에 대하여 우리가 지켜야 할 의무로 하나님께서 주신 계명은 여섯 가지이다. 첫 번째 계명은 모든 윗사람을 공경하라는 것이다. 그래야 세상의 질서가 잡히기 때문이다. 두 번째 계명은 사람의 목숨을 소중히 여기고, 지키고, 더 온전케 하라는 것이다. 그래야 세상이 안전할 수 있기 때문이다. 세 번째 계명은 모든 종류의 간음을 피하고, 순결하고 단정하게 살라는 것이다. 그래야 세상이 행복할 수 있기 때문이다. 이처럼 하나님께서는 세상의 안전과 질서, 그리고 행복을 위해 필요한 계명을 먼저 주신 후에 네 번째 계명으로 다른 사람의 재산과 소유에 관하여 우리가 행할 바를 명령하신다. 우리가 사는 이 세상을 어떻게 해서든 질서 있고 안전하며 행복하게 만들어 주시려는 하나님의 마음을 헤아려 본다. 하나님께서는 천지를 창조하실 때도 우리가 살게 될 이 세상을 질서 있고 안전하며 행복하게 만들어 주셨고 그것을 심히 기뻐하셨다. "하나님이 지으신 그 모든 것을 보시니 보시기에 심히 좋았더라"[창 1:31]. 사람이 죄를 짓고 타락한 후에도 하나님의 마음은 변함이 없어서, 하나님께서는 우리가 사는 이 세상을 질서 있고 안전하며 행복한 세상이 되게 해주시기 위해 법을 만들어 주신다. 그리고 그 법을 순종하는 사람에게는 은혜와 도움을 베풀어 순종할 수 있게 만들어 주신다. "그의 계명들은 무거운 것이 아니로다"[요일 5:3]. 이처럼 하나님의 모든 계명은 우리를 향한 사랑에서 나오는 것이니 우리가 그 계명에 주의하는 것은 마땅한 일이다. "찬송을 받으실 주 여호와여 주의 율례들을 내게 가르치소서"[시 119:12]. 오늘 나는 기도한다.

"오, 주여! 제8계명을 온전히 깨닫기 원합니다."

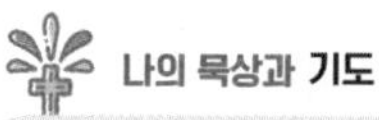

289일

답1 하나님께서는 국가의 법적 처벌이 가능한 도둑질과 강도질만을 금하신 것이 아닙니다. 이웃의 소유를 자기의 것으로 삼으려고 시도하는 모든 속임수와 간계도 도둑질이라고 말씀하십니다.

십계명의 여덟 번째 계명, "도둑질하지 말라." 앞에서 하나님께서 우리에게 요구하시는 바를 생각해 본다. 여덟 번째 계명에서 하나님께서 명시적으로 금하신 것은 다른 사람의 재산과 소유물을 도둑질하여 훔치거나 강도질하여 빼앗는 것이다. 왜 하나님께서는 도둑질이나 강도질을 금하실까? 물론, 도둑질이나 강도질이 나쁘고 악한 일이기 때문이다. 그렇다면 도둑질과 강도질은 왜 나쁘고 악한 일일까? 우리가 다른 사람의 소유를 도둑질하거나 강도질하면 그 사람이 큰 손해를 입기 때문일까? 물론 그렇다. 국가의 법이 도둑질과 강도질을 죄로 정하고 처벌하기 때문일까? 물론 그렇다. 우리의 양심이 도둑질과 강도질은 나쁘고 악하다고 판단하기 때문일까? 물론 그렇다. 하지만 이 모든 것보다 더 중요하고 근본적인 이유가 있다. 그러니 다시 물어보자. 도둑질과 강도질은 왜 나쁜 일인가?

"하늘에서 주신 바 아니면 사람이 아무것도 받을 수 없느니라"[요 3:27]. 이런 관점으로 우리의 소유를 생각해 보자. 만물을 홀로 창조하신 하나님께서는 만물의 절대적 소유권자이시다. 그러나 하나님께서는 은혜롭고 자비로우셔서 자신의 소유를 우리 각 사람에게 나누어 주시고 그것을 누리게 하신다. 이때 하나님께서는 자신의 주권과 지혜를 따라 각 사람에게 각각 다른 분량의 소유를 주시되, 우리가 하나님을 신뢰하기만 하면 각각 받은 분량으로 충분히 만족하고 행복하게 만들어 주신다. 또한, 하나님께서는 각각 다른 분량을 받은 우리에게 서로 돕고 서로 나누며 행복한 세상을 만들라고 말씀하신다. 하나님께서 주신 이 시스템이 얼마나 선하고 아름다운가! 그러므로 모든 도둑질과 강도질은 하나님의 주권과 선하심에 대한 심각한 도발이고 사악한 반역이다. 오늘 나는 기도한다.

"오, 주여! 도둑질의 사악함을 이 세상에 가르쳐 주옵소서."

290일

답1 하나님께서는 법적 처벌이 가능한 도둑질과 강도질만을 금하신 것이 아닙니다. 이웃의 소유를 자기의 것으로 삼으려고 시도하는 모든 속임수와 간계도 도둑질이라고 말씀하십니다.

십계명의 여덟 번째 계명, "도둑질하지 말라." 앞에서 하나님께서 우리에게 요구하시는 바를 생각해 본다. 여덟 번째 계명에서 하나님께서 명시적으로 금하신 것은 다른 사람의 재산과 소유물을 도둑질하여 훔치거나 강도질하여 빼앗는 것이다. 그렇다면, 하나님께서는 도둑질과 강도질이라는 행위만 죄로 정하시며 그런 행위만 금지하신 것일까? 그렇지 않다. 일곱 번째 계명을 기억해 보자. 일곱 번째 계명에서 하나님께서 명시적으로 금하신 것은 간음이라는 행위이다. 하지만 예수님은 그 계명을 해설해 주실 때, 하나님께서 금하신 것은 간음이라는 행위만이 아니라 간음으로 이어지는 모든 감정과 말과 행위임을 가르쳐 주셨다. 그러므로 여덟 번째 계명도 똑같은 원리로 해석해야 한다. 여덟 번째 계명에서 하나님께서 명시적으로 금하신 것은 도둑질이라는 행위이다. 그러나 하나님께서는 도둑질에 이르는 모든 과정도 함께 금하신다.

그러므로 도둑질이나 강도질에 이르는 모든 과정을 구체적으로 생각해 보자. 모든 도둑질과 강도질의 맨 처음 시작은 마음에서 일어난다. "마음에서 나오는 것은 악한 생각과 살인과 간음과 음란과 도둑질과 거짓 증언과 비방이니"[마 15:19]. 마음에서 맨 처음 일어나는 것은 이웃의 소유를 보면서 그것을 우리의 것으로 삼으려는 욕심이다. 우리 마음에 그런 욕심이 생기면 이내 우리의 이성이 적극적으로 개입하여 이웃의 소유를 우리의 것으로 만들 수 있는 방법을 찾아내고 치밀한 계획을 세우게 된다. 그러면 마지막으로 우리의 의지가 개입하여 자기가 책임지고 그 일을 실현하겠노라고 다짐하며, 이성이 찾아낸 모든 방법과 이성이 세운 모든 계획을 실행하기 시작한다. 의로우신 하나님께서는 이 모든 일을 실제적인 도둑질로, 모든 과정도 도둑질로 간주하신다. 오늘 나는 고백한다.

"오, 주여! 주의 판단은 의롭고 우리는 불의합니다."

나의 묵상과 기도

291일

답2 이런 것들은 폭력을 수반하거나 혹은 합법성을 가장하고서 일어날 수도 있는데, 예를 들어 무게나 크기나 부피의 부정확한 측정, 사기, 위조지폐, 폭리, 그 밖의 하나님께서 금하신 다른 수단들을 사용하는 것입니다.

십계명의 여덟 번째 계명, "도둑질하지 말라." 앞에서 하나님께서 우리에게 요구하시는 바를 생각해 본다. 여덟 번째 계명에서 하나님께서는 불법적인 모든 도둑질을 금하시지만, 합법적인 것처럼 보이는 모든 도둑질도 금하신다. 이것을 깊이 생각해 보자. 다른 사람의 집에 몰래 들어가서 물건을 훔치는 것이나, 주먹이나 칼로 위협하면서 돈을 빼앗는 것은 누가 봐도 불법이다. 이런 도둑질은 모든 사람이 악한 일이라고 판단한다. 반면에 물건을 만들어 파는 사람이 분량을 조금 속이거나, 값을 약간 부풀리거나, 물건의 질을 약간 낮추는 등의 행위나, 돈을 빌려주는 사람이 정당한 이자보다 높은 이자를 받는 행위는, 합법적인 것처럼 보일 수 있어도 사실은 도둑질이다. 그러나 이런 도둑질에 대해서는 사람마다 판단이 다르고 법적 처벌이 없을 수도 있다. 악한 세상은 어느 정도 수준의 도둑질은 눈감아 주기 때문이다.

그러나 하나님께서는 이 세상 법이 합법이라고 감싸 주시지만 하나님의 법이 불법이라고 판단하는 모든 도둑질도 금하신다. 하나님께서는 이 세상 법으로 우리를 판단하시지 않고 자신의 거룩한 법으로 우리를 판단하신다. 그러므로 자본주의 시스템이나 우리가 사는 나라의 법이 우리의 경제적인 활동을 합법적이라고 판단한다고 해서, 우리의 그런 행위가 하나님 앞에서도 문제가 되지 않을 거라고 착각하지 말아야 한다. 하나님께서 자기의 주권과 지혜로 우리 각 사람에게 소유물을 나누어 주셨는데, 우리가 현재 가진 것에 만족하지 못하고 이웃의 소유를 욕심내고 그것을 우리의 것으로 만들고 싶어 하는 순간, 그 순간부터 우리가 그 욕심을 따라 행하는 모든 일은 하나님 앞에서 사악한 도둑질이 된다. 그러므로 나는 두려운 마음으로 기도한다.

**"오, 주여! 내 마음과 삶을 살펴 악한 행위가 있는지 보시고
나를 돌이켜 주옵소서."**

나의 묵상과 기도

292일

답3 이뿐만 아니라 하나님께서는 모든 탐욕을 금하시고, 하나님께서 주신 은사들이 조금이라도 잘못 사용되거나 낭비되는 것도 금하십니다.

십계명의 여덟 번째 계명, "도둑질하지 말라." 앞에서 하나님께서 우리에게 요구하시는 바를 생각해 본다. 여덟 번째 계명에서 하나님께서는 도둑질과 강도질을 금하시면서 도둑질의 뿌리가 되는 모든 것도 함께 금하신다. 하나님의 금령을 되새기며 사람의 소유에 관한 예수님의 말씀을 들어 보자. "삼가 모든 탐심을 물리치라 사람의 생명이 그 소유의 넉넉한 데 있지 아니하니라"[눅 12:15]. 여기에서 예수님은 탐심을 물리치라고 명하셨는데, 이는 탐심이 생기면 결국은 도둑질을 마음으로 꾀하고 실행하기 때문이다. 또한, 탐심 자체를 하나님께서 도둑질로 간주하시고 무섭게 심판하시기 때문이다[고전 6:10]. 여기에서 예수님은 우리가 경계하고 물리쳐야 할 탐심의 종류가 따로 있다고 말씀하지 않으셨다. 그러므로 우리는 모든 종류의 탐심을 경계하고 물리쳐야 한다. 하나님께서는 여덟 번째 계명에서 모든 탐심을 금하셨다. 하나님께서 모든 탐심을 금하셨다는 것을 진지하게 생각하다 보면 우리 마음에 탐심이 생기는 이유를 묻지 않을 수 없다. 왜 사람의 마음에는 끊임없이 탐심이 생기는 걸까? 성경은 이렇게 설명한다. "우리가 먹을 것과 입을 것이 있은즉 족한 줄로 알 것이니라"[딤전 6:8]. 이를 보건대 우리 마음에 탐심이 생기는 근본적인 이유는 하나님의 주권과 지혜로 우리 각 사람에게 나누어 주신 소유물에 대한 참된 만족이 없고, 그것을 올바른 일에 선하게 사용함으로써 지금 가지고 있는 것만으로도 충분히 행복하고 보람 있게 살 수 있다는 것을 체험하지 못했기 때문이다. 그러므로 여덟 번째 계명에서 탐심을 금하신 하나님께서는 우리 마음에 탐심을 일으키는 것도 함께 금하셨으니, 곧 우리의 현재 소유에 만족하지 않는 것과 현재의 소유를 잘못 사용하거나 낭비하는 것이다. 오늘 나는 기도한다.

"오, 주여! 탐심에 빠지게 되는 모든 길을 피하게 해주옵소서."

293일

제111문 제8계명에서 하나님께서 원하시는 것은 무엇입니까?

십계명의 여덟 번째 계명, "도둑질하지 말라." 앞에 서서 하나님께서 우리에게 요구하시는 바를 생각해 본다. 모든 부정적인 형식의 명령에는 긍정적인 형식의 명령이 포함되어 있고, 사실은 긍정적인 형식의 명령이 하나님께서 궁극적으로 우리에게 명하시는 것이다. 그렇다면, 여덟 번째 계명에서 하나님께서 우리에게 궁극적으로 명하시는 긍정적인 형식의 명령, 곧 "~을 하라"라는 명령의 내용은 무엇일까? 여덟 번째 계명에서 하나님께서 금하신 것과 정반대되는 내용일 것이다. 여덟 번째 계명에서 하나님께서는 다른 사람의 소유를 도둑질하고 강도질하는 것과 그것의 뿌리가 되는 모든 감정과 말과 행실이었고, 우리 마음에 일어나는 모든 탐심과 우리 마음에 탐심을 만들어 내는 원인인 소유에 대한 불만족과 소유를 오용하고 남용하는 것이었으니, 하나님께서 긍정적으로 명령하시는 내용은 그것과 정반대되는 내용일 것이다. "~을 하지 말라"라고 부정적인 형식으로 표현된 여덟 번째 계명 앞에서 긍정적인 형식의 명령을 알아 내려고 한참을 생각하다, 문득 심히 부끄럽고 죄송한 마음이 들어 얼굴을 들고 있을 수가 없다. 오래전 에스라가 하나님 앞에서 느낀 부끄러움과 죄송함도 이런 것이었을까? "나의 하나님이여 내가 부끄럽고 낯이 뜨거워서 감히 나의 하나님을 향하여 얼굴을 들지 못하오니 이는 우리 죄악이 많아 정수리에 넘치고 우리 허물이 커서 하늘에 미침이니이다"[스 9:6]. 하나님께서는 자기의 소유를 선물로 나누어 주셨는데, 우리는 감사하지도 만족하지도 않으면서 옆에 있는 사람이 하나님으로부터 받은 것을 탐내고 빼앗으려고 안달한다. 그리하여 하나님께서 "도둑질하지 말라."라고 부정적인 형식으로 우리에게 계명을 주셨으니 부끄럽고 죄송한 일이 아닌가! 오늘 나는 기도한다.

"오, 주여! 우리를 불쌍히 여기시고 주의 법도로 행하게 하옵소서."

294일

답 내가 할 수 있고 또 해도 되는 만큼 내 이웃의 유익을 증진하는 데 힘쓰고, 내가 남에게 대접받고 싶은 대로 이웃에게 행하는 것이며, 더 나아가 어려움 가운데 있는 가난한 사람을 도울 수 있도록 성실하게 일하는 것입니다.

십계명의 여덟 번째 계명, "도둑질하지 말라." 앞에 서서 하나님께서 우리에게 요구하시는 바를 생각해 본다. 여덟 번째 계명에서 하나님께서 우리에게 "~을 하라." 고 명하신 것은 다음과 같이 정리해 볼 수 있다. 먼저는 하나님께서 자신의 주권과 지혜를 따라 우리 이웃에게 나누어 주신 소유를 마음으로 인정하고 존중하라는 것이다. 둘째는 하나님께서 우리에게 주신 소유에 만족하고 그것을 선하게 사용하며 그 안에서 행복을 누리라는 것이다. 셋째는 우리 이웃의 소유가 손실의 위험에 처하게 되면 그것을 지키고 보호하기 위하여 우리가 할 수 있는 일을 하라는 것이다. 셋째는 우리 이웃의 소유가 늘어나고 많아질 때 그것 역시 하나님의 주권과 지혜 가운데 허락된 일이니 기뻐하라는 것이다. 넷째는 각각 다른 분량의 소유를 하나님으로부터 받은 상황에서 적게 가지고 있는 사람들을 배려하고 도우라는 것이다.

십계명의 여덟 번째 계명에서 하나님께서 요구하시는 긍정적인 명령은 옳고 선하며 공평하다. 생각해 보면, 우리는 누구나 다른 사람이 우리의 재산과 소유권을 인정하고 존중하기를 바란다. 우리는 누구나 우리의 재산과 소유권에 어려움이 생길 때 다른 사람이 도와주기를 바란다. 우리는 누구나 우리의 재산과 소유권이 증가할 때 사람들이 축하하고 함께 기뻐하기를 바란다. 그런데 십계명의 여덟 번째 계명에서 하나님께서 우리에게 긍정적인 명령으로 요구하시는 것이 그런 내용이다. 하나님께서는 우리의 소유에 관하여 다른 사람에게 대접받고 싶은 바로 그것을 우리도 다른 사람에게 대접해 주어야 한다고 말씀하신다. "그러므로 무엇이든지 남에게 대접을 받고자 하는 대로 너희도 남을 대접하라 이것이 율법이요 선지자니라"[마 7:12]. 오늘 나는 결심한다.

"오, 주여! 여덟 번째 계명의 긍정적 명령을 순종하겠습니다."

나의 묵상과 기도

43주

제112문 제9계명에서 하나님께서 원하시는 것은 무엇입니까?

| 답 |

어느 누구에게도 거짓으로 증언하지 않고,
다른 사람의 말을 왜곡하지 않으며, 험담하거나 비방하지 않고,
어떤 사람의 말을 들어보지도 않고서 성급히 정죄하거나
정당한 근거 없이 함부로 정죄하는 일에 가담하지 않는 것입니다.

오히려 하나님의 무서운 진노를 당하지 않기 위해
본질적으로 마귀의 일인 모든 거짓과 속이는 일을 피해야 합니다.

법정에서나 기타 다른 경우에서라도 진리를 사랑하고,
정직하게 진실을 말하고 고백해야 하며,
할 수 있는 대로 이웃의 명예와 위신(威信)을 높이고 보호해야 합니다.

295일

제112문 제9계명에서 하나님께서 원하시는 것은 무엇입니까?

십계명의 아홉 번째 계명, "네 이웃에 대하여 거짓 증거하지 말라." 앞에서 하나님께서 우리에게 요구하시는 바를 생각해 본다. 아홉 번째 계명은 우리의 언어생활에 관한 계명이다. 왜 이런 계명을 주셨을까? 십계명의 전체 흐름을 보면 사람에 대하여 우리가 지켜야 할 의무로 하나님께서 주신 계명은 여섯 가지이다. 첫 번째 계명은 모든 윗사람을 공경하라는 것이다. 그래야 세상의 질서가 잡히기 때문이다. 두 번째 계명은 사람의 목숨을 소중히 여기고, 지키고, 더 온전케 하라는 것이다. 그래야 세상이 안전할 수 있기 때문이다. 세 번째 계명은 모든 종류의 간음을 피하고, 순결하고 단정하게 살라는 것이다. 그래야 세상이 행복할 수 있기 때문이다. 네 번째 계명은 다른 사람의 소유든 우리의 소유든 모두 하나님의 것이니 바른 마음으로 대하고 옳게 사용하라는 것이다. 그래야 세상이 풍족할 수 있기 때문이다.

이렇게 네 가지 계명을 먼저 주신 후에 하나님께서는 사람에 대하여 우리가 지켜야 할 다섯 번째 계명으로 언어생활에 관한 계명을 주신다. "네 이웃에 대하여 거짓 증거하지 말라." 하나님께서 우리에게 이 계명을 주신 까닭은 사람과 사람의 관계가 말로 이어지고 말로 유지되기 때문이다. 예를 들어, 우리가 말을 어떻게 하느냐에 따라 관계가 좋을 수도 있고 나쁠 수도 있다. 우리가 하는 말이 얼마나 진실하냐에 따라 사회가 신뢰를 기반으로 굳게 서는 사회가 될 수도 있고, 불신이 팽배한 사회가 될 수도 있다. 우리가 사람을 세워 주는 말을 하느냐 주저앉히는 말을 하느냐에 따라 우리 사회가 건설적인 사회가 될 수도 있고, 파괴적인 사회가 될 수도 있다. 그래서 하나님께서는 우리에게 언어생활에 관한 계명을 주신 것이다. 나는 기도한다.

"오, 주여! 주의 율례로 나를 가르치소서."

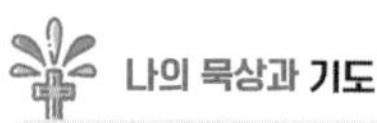

296일

답1 어느 누구에게도 거짓으로 증언하지 않고,

십계명의 아홉 번째 계명, "네 이웃에 대하여 거짓 증거하지 말라." 앞에서 하나님께서 우리에게 요구하시는 바를 생각해 본다. 하나님께서는 아홉 번째 계명으로 모든 거짓말을 금하신다. 그러면 하나님께서는 왜 모든 거짓말을 우리에게 금하실까? 첫째로, 하나님께서는 진실하시며 거짓이 전혀 없으므로 자신이 창조하신 세계 안에 거짓이 있는 것을 결코 용납하실 수 없다. "하나님은 사람이 아니시니 거짓말을 하지 않으시고"[민 23:19]. "거짓 입술은 여호와께 미움을 받아도"[잠 12:22]. 둘째로, 마귀가 거짓의 아버지이고 거짓말쟁이기 때문에 하나님께서는 자신이 창조하신 세계 안에 거짓이 있는 것을 결코 용납하실 수 없다. "이는 그가 거짓말쟁이요 거짓의 아비가 되었음이라"[요 8:44]. 셋째로, 거짓말은 사람과 사람의 신뢰 관계를 파괴하여 진리가 세상에 전파되고 증거되는 일마저도 훼방하기 때문이다.

그러므로 모든 거짓말을 금하는 하나님의 계명을 농담으로 듣지 말라. 하나님은 정말 심각하게 모든 거짓말을 미워하시고 금하신다. "거짓 증인은 벌을 면하지 못할 것이요 거짓말을 하는 자도 피하지 못하리라"[잠 19:5]. "거짓 증인은 패망하려니와"[잠 21:28]. 이렇듯 성경은 하나님께서 거짓말을 하는 사람에게 패망이라는 최고형을 선고하실 것이고 그들은 그 벌을 결코 피할 수 없다고 가르친다. "두려워하는 자들과 믿지 아니하는 자들과 흉악한 자들과 살인자들과 음행하는 자들과 점술가들과 우상 숭배자들과 거짓말하는 모든 자들은 불과 유황으로 타는 못에 던져지리니 이것이 둘째 사망이라"[계 21:8]. 이렇듯 성경은 거짓말하는 사람을 하나님께서 제일 미워하시는 우상 숭배자들과 함께 언급하면서, 그들이 지옥의 영원한 형벌을 피하지 못할 것이라고 경고한다. 오늘 나는 기도한다.

"오, 주여! 모든 거짓말을 버리게 하소서."

297일

답2 다른 사람의 말을 왜곡하지 않으며, 험담하거나 비방하지 않고,

십계명의 아홉 번째 계명, "네 이웃에 대하여 거짓 증거하지 말라." 앞에서 하나님께서 우리에게 요구하시는 바를 생각해 본다. 하나님께서는 아홉 번째 계명으로 모든 거짓말을 금하실 때 우리가 말로 하는 모든 거짓말만 금하신 것일까? 그렇지 않다. 여덟 번째 계명, 곧 "도둑질하지 말라"라는 계명을 기억해 보자. 거기에서 하나님께서는 모든 도둑질을 금하시면서 도둑질과 유사한 모든 악한 일도 함께 금하셨다. 동일한 원리가 아홉 번째 계명에도 적용된다. 아홉 번째 계명, 곧 "네 이웃에 대하여 거짓 증거하지 말라."라는 계명에서 하나님께서는 모든 거짓말을 금하시는데, 이때 하나님께서는 거짓말과 유사한 모든 잘못된 언어생활도 함께 금하시는 것이다. 그러므로 나는 말로 거짓말을 잘 안 하니까 괜찮은 사람이라고 섣불리 결론짓지 말자. 거짓말과 관련하여 하나님께서 금하신 모든 내용을 알아보자.

우리의 언어생활을 가만히 생각해 보면, 다른 사람의 말을 또 다른 사람에게 옮길 때가 있다. 이때 우리가 어떤 사람의 말을 있는 그대로 전달하지 않고, 우리의 해석을 가미하거나 그 사람의 표현을 살짝 바꾸거나 말의 뉘앙스를 살짝 바꿔서 다른 사람에게 전달하는 것 역시 하나님께서 금하신 거짓말이다. 또 우리의 언어생활을 가만히 생각해 보면, 다른 사람에 관하여 평가하는 말을 하는 일이 많은데, 이때 노골적으로 비방하거나 살짝살짝 거짓을 섞어 말하거나 상대방이 그 사람을 나쁘게 여기도록 칭찬과 비방을 섞어서 말하는 것 역시 하나님께서 금하신 거짓말이다. 이런 종류의 거짓말은 마귀가 에덴동산에서 하와를 유혹할 때 썼던 거짓말이다[창 3:1]. 그러니 하나님께서 이런 종류의 거짓말을 얼마나 미워하시겠는가! 오늘 나는 기도한다.

"오, 주여! 제 마음과 입술에서 교활한 거짓말을 제하여 주옵소서."

298일

답3 어떤 사람의 말을 들어보지도 않고서 성급히 정죄하거나

십계명의 아홉 번째 계명, "네 이웃에 대하여 거짓 증거하지 말라." 앞에서 하나님께서 우리에게 요구하시는 바를 생각해 본다. 하나님께서는 아홉 번째 계명으로 모든 거짓말을 금하시는데, 이때 거짓말과 유사한 모든 악한 언어생활을 함께 금하신다. 우리의 언어생활을 가만히 생각해 보면, 우리 입술로 거짓말을 하는 것은 아닌데 나중에는 거짓말로 연결되는 일이 몇 가지 있다. 그중의 하나가 다른 사람의 말을 들을 때 그 사람의 말을 잘 듣지 않고 우리 편견으로 왜곡해서 듣는 것이다. 또는 그 사람의 말을 다 듣지도 않고 성급하게 판단하는 것이다. 이렇게 하면 우리 입술로 거짓말을 하는 것은 아니지만, 다른 사람의 말을 들으면서 사실이 아닌 거짓을 우리 마음에 품게 된다. 그리고 나중에는 우리 입술을 통해 거짓말이 튀어 나가게 된다. 이것 역시 하나님께서 아홉 번째 계명에서 금하신 거짓말에 해당한다.

성경을 보면, 매우 경건한 사람도 이런 죄에 쉽게 빠진 것을 볼 수 있다. 사무엘상 1장을 보면, 제사장 엘리는 자식을 낳지 못한 여인 한나가 오랫동안 울며 입술만 움직이고 소리가 들리지 않도록 기도할 때, 한나의 입술의 움직임만 보고 한나를 성급하게 판단하고 정죄하였다. "네가 언제까지 취하여 있겠느냐 포도주를 끊으라"[삼상 1:14]. 욥기를 보면, 고난 가운데 있는 욥을 위로하겠다며 찾아온 세 명의 친구들도 마찬가지였다. 그들은 꽤 경건한 척했고 경건한 말도 많이 했지만, 욥의 상황을 정확하게 파악하지도 못했으면서 편견을 가지고 욥에 대한 잘못된 생각을 품었으며 그것을 말로 토해 내었다. 어떤 사람들은 이것을 판단 실수라고 둘러댈 수도 있겠지만, 정확하게 말하자면 이것은 하나님께서 미워하시는 거짓말에 해당한다. 오늘 나는 기도한다.

"오, 주여! 사람의 말을 경솔히 듣고 함부로 판단하는 죄에서 건져 주옵소서."

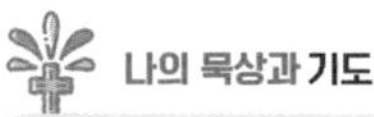

299일

답4 정당한 근거 없이 함부로 정죄하는 일에 가담하지 않는 것입니다.

십계명의 아홉 번째 계명, "네 이웃에 대하여 거짓 증거하지 말라." 앞에서 하나님께서 우리에게 요구하시는 바를 생각해 본다. 하나님께서는 아홉 번째 계명으로 모든 거짓말을 금하시는데, 이때 거짓말과 유사한 모든 악한 언어생활을 함께 금하신다. 우리의 언어생활을 가만히 생각해 보면, 우리 입으로 거짓말을 하는 것은 아닌데 나중에는 거짓말로 연결되는 일이 있다. 그중의 하나가 다른 사람들이 어떤 일이나 어떤 사람에 관하여 정당한 근거도 없이 성급하게 판단하고 함부로 정죄하는 일에 끼어들어 동조하는 것이다. 흔히 우리는 이것을 거짓말로 생각하지 않지만, 따지고 보면 이것도 하나님께서 금하신 거짓말에 해당한다. 근거가 아예 없거나 불확실한 근거에 기초한 성급한 판단에는 항상 거짓말이 섞여 있는데 우리가 표정으로, 고개를 끄덕임으로, 말로, 행동으로 가담했다면 거짓말을 한 것이 아니고 무엇인가?

우리 시대는 도덕적인 타락이 심해서 거짓말을 진실처럼 포장해서 말하는 사람들도 많고 거짓말을 크게 문제시 삼지 않는 사람들도 많다. 아홉 개의 진실에 한 개의 거짓만 섞여 있어도 큰 문제가 되어야 정상인데, 오늘날은 아홉 개의 거짓말에 한 개의 진실만 섞여 있어도 괜찮다고 말한다. 또한, 우리 시대는 지극히 평범한 사람이 만들어 낸 거짓말도 여러 가지 문명의 이기를 통해서 삽시간에 온 나라에 퍼지는 일이 얼마든지 가능하다. 심지어는 그렇게 거짓말을 유통함으로써 돈을 벌 수 있는 이상한 구조이다. 이런 시대를 살다 보니 우리도 모르는 사이에 많은 사람이 어떤 일이나 어떤 사람에 대해서 근거 없이 또는 불충분한 근거로 떠들어 대고 판단하는 일에 동조하는 일이 많다. 그러나 하나님께서는 십계명의 아홉 번째 계명에서 그것을 엄히 금하셨다. 오늘 나는 다짐한다.

"오, 주여! 확실하지 않은 소문에 절대 동조하지 않겠습니다."

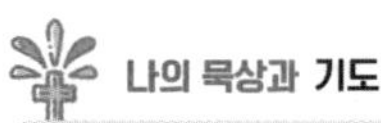

300일

답5 오히려 하나님의 무서운 진노를 당하지 않기 위해 본질적으로 마귀의 일인 모든 거짓과 속이는 일을 피해야 합니다.

십계명의 아홉 번째 계명, "네 이웃에 대하여 거짓 증거하지 말라." 앞에서 하나님께서 우리에게 요구하시는 바를 생각해 본다. 아홉 번째 계명에서 하나님께서는 모든 거짓말을 금하시는데, 이때 거짓말과 유사한 모든 악한 언어생활을 함께 금하신다. 그런데 만일 우리가 하나님의 이런 금령을 무시하고 우리 입으로 거짓말을 계속한다면 하나님께서는 어떻게 하실까? 만일 우리가 우리 입으로 노골적인 거짓말은 안 하더라도 은근한 거짓말 또는 유사 거짓말을 계속한다면 하나님께서는 어떻게 하실까? 하나님께서는 우리에게 이미 어떻게 하실 것인지 선명하게 말씀하셨다. "거짓 증인은 벌을 면하지 못할 것이요 거짓말을 뱉는 자는 망할 것이니라"[잠 19:9] 그렇다. 우리는 하나님의 무서운 진노 가운데 망할 것이다. 모든 거짓말은 마귀의 본업이고 본질적으로 마귀적인 일인데, 하나님께서 오래 참으시겠는가?

아나니아와 삽비라는 초대 교회의 신자였다. 그들은 사람들이 땅을 팔아 전액을 헌상하는 것을 보고 감화를 받아, 자기들도 땅을 팔아 전액을 하나님께 헌상하기로 했다. 하지만 땅을 팔아 돈을 손에 쥐게 되었을 때 마음이 바뀌었다. 땅을 팔아 얻은 돈의 전액을 바치지 않고 일부만 헌상하기로 한 것이다. 그러면, 이 일에 대한 하나님의 반응은 무엇이었는가? 하나님께서는 사도들의 입을 통해 그들의 거짓말을 심하게 책망하셨고 그 자리에서 그들을 죽이셨다[행 5:4-5]. 물론, 아나니아와 삽비라의 거짓말은 사람을 향한 것이 아니라 하나님을 향한 것이었다. 그래서 더 엄하게 벌을 받았을 것이다. 하지만 그렇다고 해서 사람에게 하는 거짓말을 하나님께서 가볍게 다루신다고는 생각하지 말라. "우리 하나님은 소멸하는 불이심이라"[히 12:29]. 오늘 나는 기도한다.

"오, 주여! 마귀의 일을 따르지 않겠습니다. 도와주옵소서."

301일

답6 **법정에서나 기타 다른 경우에서라도 진리를 사랑하고, 정직하게 진실을 말하고 고백해야 하며, 할 수 있는 대로 이웃의 명예와 위신(威信)을 높이고 보호해야 합니다.**

십계명의 아홉 번째 계명, "네 이웃에 대하여 거짓 증거하지 말라." 앞에서 하나님께서 우리에게 요구하시는 바를 생각해 본다. 하나님께서는 아홉 번째 계명으로 모든 거짓말을 금하시는데, 이때 거짓말과 유사한 모든 악한 언어생활을 함께 금하신다. 그렇다면, 아홉 번째 계명에서 하나님께서 우리에게 "~을 하라"고 긍정적으로 요구하시는 내용은 무엇일까? 아홉 번째 계명에서 하나님께서 모든 거짓말, 거짓말의 뿌리가 되는 모든 것, 그리고 거짓말처럼 보이지 않는데 사실은 거짓말에 해당하는 모든 것을 금하셨으니, "~을 하라"고 긍정적으로 요구하시는 내용은 금하신 모든 것과 정반대되는 것을 열심히 행하라는 것이다. 그렇다면, 하나님께서 금하신 모든 것과 정반대되는 것은 구체적으로 어떤 것들일까? 우리의 언어생활에서 우리가 적극적으로 열심히 행해야 할 선한 일은 어떤 것들일까?

먼저는, 모든 삶에서 마음으로 진리를 뜨겁게 사랑하며 모든 거짓을 미워하는 것이다. "불의를 기뻐하지 아니하며 진리와 함께 기뻐하고"[고전 13:6]. 둘째는 항상 진실을 말하고 정직하게 말하는 것이다. "그런즉 거짓을 버리고 각각 그 이웃과 더불어 참된 것을 말하라 이는 우리가 서로 지체가 됨이라"[엡 4:25]. "오직 너희 말은 옳다 옳다, 아니라 아니라 하라 이에서 지나는 것은 악으로부터 나느니라"[마 5:37]. 셋째는, 다른 사람의 말을 정직하게 듣고 모르는 것은 물어보고 확인하며 신중하게 판단하는 것이다. "사람마다 듣기는 속히 하고 말하기는 더디 하며"[약 1:19]. 넷째는, 우리의 말을 통해서 사람의 명예와 평판(評判)을 보호하고 높이는 것이다. "무엇보다도 뜨겁게 서로 사랑할지니 사랑은 허다한 죄를 덮느니라"[벧전 4:8]. 오늘 나는 기도한다.

"오, 주여! 주의 법을 전심으로 지키겠습니다."

44주

제113문 제10계명에서 하나님께서 원하시는 것은 무엇입니까?

| **답** |

하나님의 계명 어느 하나에라도 어긋나는 지극히 작은 욕망이나 생각을 조금도 마음에 품지 않고, 항상 마음을 다해 모든 죄를 미워하고 모든 의를 기뻐하는 것입니다.

제114문 그렇다면 하나님께 돌아온 사람은 이 계명들을 완전하게 지킬 수 있습니까?

| **답** |

지킬 수 없습니다. 이 세상에서 가장 거룩한 사람일지라도 이 세상에서는 이 계명들에 대한 순종을 겨우 시작했을 뿐입니다. 그럼에도 불구하고 그들은 하나님의 계명 일부만이 아니라 모든 계명을 굳은 결심으로 지키며 살기 시작합니다.

제115문 이 세상에서는 아무도 십계명을 완전하게 지킬 수 없는데, 하나님께서는 왜 그토록 엄격하게 십계명이 설교되길 원하십니까?

| **답** |

첫째, 이로써 우리는 살아가면서 점점 더 우리의 죄악 된 본성을 깨닫고, 죄 사함과 의를 얻기 위해 더욱 간절히 그리스도를 바라보게 되기 때문입니다. 둘째, 이로써 우리는 이 세상의 삶을 마치고 목적지인 온전함에 이를 때까지, 성령님의 은혜를 얻기 위해 하나님께 기도하면서, 하나님의 형상을 따라 점점 더 새롭게 되기를 끊임없이 노력하게 되기 때문입니다.

302일

제113문 제10계명에서 하나님께서 원하시는 것은 무엇입니까?

십계명의 열 번째 계명, "네 이웃의 집을 탐내지 말라. 네 이웃의 아내나 그의 남종이나 그의 여종이나 그의 소나 그의 나귀나 무릇 네 이웃의 소유를 탐내지 말라." 앞에서 하나님께서 우리에게 원하시는 바를 생각해 본다. 열 번째 계명은 모든 종류의 탐심을 금하는 내용이다. 그런데 열 번째 계명에는 한 가지 특이점이 있다. 다섯 번째 계명부터 아홉 번째 계명까지는 외적인 행위를 금하는 표현을 사용하는데, 열 번째 계명은 마음의 탐심을 금하는 표현을 사용한다는 것이다. 물론 다섯 번째 계명부터 아홉 번째 계명도 외적인 행위를 금하는 표현을 사용하지만, 마음의 죄를 금하는 내용도 그 안에 포함되어 있다. 하지만 열 번째 계명은 마음의 죄를 금하라고 처음부터 명시적으로 표현하고 있다. 하나님께서는 왜 십계명의 마지막 계명에서 우리의 마음을 목표물로 삼고 정밀 조준하시며 이런 계명을 주신 걸까?

십계명의 흐름을 정리해 본다. 사람에 대하여 우리가 지켜야 할 첫 번째 계명은 모든 윗사람을 공경하라는 것이다. 그래야 세상의 질서가 잡히기 때문이다. 두 번째 계명은 사람의 목숨을 소중히 여기고, 지키고, 온전케 하라는 것이다. 그래야 세상이 안전할 수 있기 때문이다. 세 번째 계명은 모든 간음을 피하고, 순결하고 단정하게 살라는 것이다. 그래야 세상이 행복할 수 있기 때문이다. 네 번째 계명은 모든 사람의 소유를 바른 마음으로 대하고 옳게 사용하라는 것이다. 그래야 세상이 풍족할 수 있기 때문이다. 다섯 번째 계명은 모든 말에서 정직하고 오직 진실만을 말하라는 것이다. 그래야 세상이 서로 믿을 수 있기 때문이다. 마지막 여섯 번째 계명은 마음에서 모든 탐심을 금하라는 것이다. 하나님께서는 왜 마지막 계명에서 우리의 마음을 정밀 조준하시며 이런 계명을 주신 걸까? 오늘 나는 기도한다.

"오, 주여! 주의 율례를 제게 가르쳐 주옵소서."

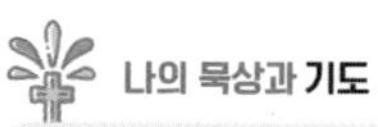

303일

제113문 제10계명에서 하나님께서 원하시는 것은 무엇입니까?

십계명의 열 번째 계명, "네 이웃의 집을 탐내지 말라. 네 이웃의 아내나 그의 남종이나 그의 여종이나 그의 소나 그의 나귀나 무릇 네 이웃의 소유를 탐내지 말라." 앞에서 하나님께서 우리에게 원하시는 바를 생각해 본다. 열 번째 계명을 성경에 기록된 그대로 보면, 하나님께서 우리에게 탐심을 금하셨는데 우리 이웃의 집, 배우자, 직원, 가축, 자동차 등 그 어떤 소유물도 탐내지 말라고 하셨다. 그런데 가만히 생각해 보면, 열 번째 계명에서 하나님께서 금하신 것들은 "간음하지 말라."라는 일곱 번째 계명과 "도둑질하지 말라."라는 여덟 번째 계명에 이미 포함되어 있다. 이렇게 보면, 열 번째 계명은 새로운 내용을 담고 있지 않고, 앞에서 이미 말한 것을 다른 표현으로 한 번 더 강조하는 계명인 것처럼 보인다. 하지만 과연 그런 것일까? 십계명의 열 번째 계명 앞에서 깊은 생각에 잠기게 된다.

문득 마태복음 19장에 기록된 부자 청년이 생각난다. 그는 십계명의 다섯 번째 계명부터 아홉 번째 계명까지 다 잘 지켰다고 예수님 앞에서 자랑했다. 그런 그에게 예수님은 열 번째 계명을 들이대시면서 모든 소유를 팔아 가난한 자들에게 나눠 주고 예수님을 좇으라고 명령하셨다. 그렇게 예수님은 그 청년의 마음에 있는 탐심을 지적하셨고 그는 버릴 수 없는 탐심이 자기 마음에 있음을 깨닫고 근심하며 돌아갔다. 여기서 나는 두 가지에 놀란다. 첫째는 십계명의 모든 계명을 다 지켰다고 생각하는 사람이 실제로 있다는 것에 놀란다. 둘째는 그런 사람들에게 죄를 깨닫게 하려고 예수님께서 열 번째 계명을 사용하셨고, 그것이 놀라운 효과를 발휘했다는 것에 놀란다. 열 번째 계명은 앞에 있는 계명에서 이미 언급된 것을 반복하는 계명이라기보다는 특별한 역할을 하는 계명이다. 오늘 나는 기도한다.

"오, 주여! 주의 율례를 깨닫게 하옵소서."

304일

답 하나님의 계명 어느 하나에라도 어긋나는 지극히 작은 욕망이나 생각을 조금도 마음에 품지 않고, 항상 마음을 다해 모든 죄를 미워하고 모든 의를 기뻐하는 것입니다.

십계명의 열 번째 계명, "네 이웃의 집을 탐내지 말라. 네 이웃의 아내나 그의 남종이나 그의 여종이나 그의 소나 그의 나귀나 무릇 네 이웃의 소유를 탐내지 말라." 앞에서 하나님께서 우리에게 원하시는 바를 생각해 본다. 열 번째 계명에서 하나님께서 명시적으로 금하신 것은 이웃의 소유에 탐심을 품는 것이고, 암시적으로 요구하신 것은 이웃의 소유를 존중하라는 것이다. 하지만 이런 금지와 요구는 이전 계명들에 이미 포함되어 있다. 그러므로 열 번째 계명을 통해 하나님께서 정말로 하시는 일은 우리에게 그보다 더 깊은 것을 금지하고 그보다 더 깊은 것을 요구하는 것이다. 그럼으로써 우리가 모든 죄의 뿌리가 우리 마음 안에 있다는 것을 깨달아 오직 그리스도의 완전한 의만 의지하고, 참된 순종을 하기 위해서 우리의 힘이 아닌 하나님의 은혜와 도움에 의존하게 만드시는 것이다.

열 번째 계명의 더 깊은 금지와 요구를 구체적으로 정리해 보자. 하나님께서는 우리가 이웃의 모든 소유에 탐심을 품는 것을 금하실 뿐 아니라, 하나님과 이웃에 대하여 무슨 일에서든 하나님의 말씀에 어긋나는 그 어떤 감정이나 생각을 조금도 품지 말라고 하신다. 그 모든 것은 우리 마음에 들어서는 순간부터 이미 죄가 되기 때문이다. 또한, 하나님께서는 우리가 이웃의 모든 소유를 존중하길 요구하실 뿐 아니라 하나님과 이웃에 대하여 무슨 일에서든 하나님의 말씀에 맞는 감정과 생각을 항상 품어야 한다고 요구하신다. 다시 말해서, 무슨 일에서든 하나님께서 요구하시는 모든 일을 온 마음으로 항상 기뻐할 줄 알아야 한다고 요구하신다. 여기서 나는 죄의 실체를 보고 그리스도에게만 소망이 있음을 보며 내 힘으로는 순종할 수 없음을 깨닫고 은혜를 붙잡는다. 오늘 나는 기도한다.

"오, 주여! 나의 구원과 힘이 되옵소서."

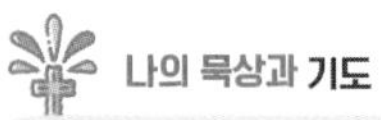

305일

제114문 그렇다면 하나님께 돌아온 사람은 이 계명들을 완전하게 지킬 수 있습니까?

답 **지킬 수 없습니다. 이 세상에서 가장 거룩한 사람일지라도 이 세상에서는 이 계명들에 대한 순종을 겨우 시작했을 뿐입니다. 그럼에도 불구하고 그들은 굳은 결심으로 하나님의 계명 일부만이 아니라 모든 계명을 지키며 살기 시작합니다.**

십계명의 열 번째 계명까지 살펴보고 나니 은혜 언약을 생각하지 않을 수 없다. "그러나 그날 후에 내가 이스라엘 집과 맺을 언약은 이러하니 … 나는 그들의 하나님이 되고 그들은 내 백성이 될 것이라 여호와의 말씀이니라"[렘 31:33]. 죄에서 돌이켜 하나님께로 돌아온 사람을 '신자'라고 하는데, 신자는 은혜 언약에 약속된 대로 하나님으로부터 몇 가지 선물을 받게 된다. 그중 하나가 하나님께서 신비한 능력으로 신자의 마음에 하나님의 법을 기록해 주시는 것이다. 그래서 신자는 그 마음이 새로워져 하나님의 법을 알고 모든 법을 즐거워하며 순종할 수 있게 된다. 시편 119편은 이런 신자가 하나님의 법에 대한 자신의 사랑과 즐거움과 순종의 의지를 끊임없이 드러내고 고백하는 내용으로 꽉 차 있다. 이것은 은혜의 역사로 생기는 열매다. 그러면 하나님께로 돌아온 사람은 모든 계명을 완전하게 순종하는가? 성경은 그렇지 않다고 말해 준다. 바울처럼 탁월한 사도도 다음과 같이 고백한다. "그러므로 내가 한 법을 깨달았노니 곧 선을 행하기 원하는 나에게 악이 함께 있는 것이로다 내 속사람으로는 하나님의 법을 즐거워하되 내 지체 속에서 한 다른 법이 내 마음의 법과 싸워 내 지체 속에 있는 죄의 법으로 나를 사로잡는 것을 보는도다…"[롬 7:21-24]. 그러므로 가장 거룩한 사람이라도 이 세상에 살 동안에는 이러한 순종을 겨우 시작했을 뿐이다. 하지만 모든 참 신자에게는 하나님의 모든 계명을 순종하고자 하는 굳은 결심이 있고, 완전하지 않으나 전심으로 순종하는 실제적 삶이 있다[시 119편]. 오늘 나는 고백한다.

"오, 주여! 은혜 언약의 복을 간절히 사모합니다."

나의 묵상과 **기도**

306일

제115문 이 세상에서는 아무도 십계명을 완전하게 지킬 수 없는데, 하나님께서는 왜 그토록 엄격하게 십계명이 설교되길 원하십니까?

십계명의 열 번째 계명까지 살펴보고 나니 은혜 언약을 생각하지 않을 수 없다. 그리고 은혜 언약을 생각하다 보면 예수님의 산상설교를 다시 생각하지 않을 수 없다. 공생애 초기에 예수님은 산에 올라 하나님의 나라의 법을 선언하셨는데, 그때 십계명의 여러 계명을 우리에게 온전하게 해석해 주셨다. 마태복음 5장, 6장, 7장에 기록된 산상설교를 읽어 보면 예수님은 하나님의 백성이 삶의 기준으로 삼고 마음으로 즐거워하고 실제로 순종해야 할 법을 매우 길고 자세하게, 그리고 매우 깊은 내용으로 가르쳐 주셨다. 예수님은 모든 사람이 죄로 부패하여 하나님의 법을 순종할 수 없다는 것을 누구보다도 잘 알고 계셨다. 또한 자기의 죽음과 부활만이 사람에게 구원이요 소망이라는 것을 누구보다도 잘 알고 계셨다. 하지만 예수님은 공생애 초기에 산에 올라 긴 설교를 하실 때 하나님의 법을 엄격하게 설교하셨다. 십계명과 관련하여 오래된 오해, 널리 퍼진 오해가 몇 가지 있다. 첫 번째는 십계명은 우리의 죄를 깨닫는 통로일 뿐이지 예수 믿는 신자가 지금도 순종해야 할 계명은 아니라는 것이다. 두 번째는 예수 믿는 신자는 성령의 인도를 따라 사는 사람이지 법이나 계명에 매여 사는 사람이 아니라는 것이다. 세 번째는 십계명이 우리가 순종해야 할 계명인 것은 맞지만 아무도 십계명을 완전하게 지킬 수 없으므로, 십계명의 깊은 내용을 알 필요도 없고 십계명을 철저하게 지키려고 노력할 필요가 없다는 것이다. 얼핏 들으면 대단히 복음적이고 성경적인 견해처럼 들린다. 만일 이런 견해가 옳다면, 산상설교에서 십계명을 중심으로 도덕법의 핵심을 길고 자세하게 그리고 깊고 엄격하게 설교하신 예수님은 뭔가 대단히 큰 실수를 하신 셈이 된다. 하지만 그럴 리가 있겠는가! 오늘 나는 기도한다.

"오, 주여! 거짓 교훈에서 주의 교회를 구하소서."

307일

답1 첫째, 이로써 우리는 살아가면서 점점 더 우리의 죄악 된 본성을 깨닫고, 죄 사함과 의를 얻기 위해 더욱 간절히 그리스도를 바라보게 되기 때문입니다.

하나님은 모든 사람에 관하여 다음과 같이 판단하신다. "의인은 없나니 하나도 없으며 깨닫는 자도 없고 하나님을 찾는 자도 없고 다 치우쳐 함께 무익하게 되고 선을 행하는 자는 없나니 하나도 없도다"[롬 3:10-12]. 여기에 하나님께서 우리에게 십계명을 주신 이유, 예수님께서 공생애 초기에 십계명을 온전하고 자세하고 신랄하게 해석해 주신 이유가 있다. "의인은 없나니 하나도 없으며 깨닫는 자도 없고" 하나님 앞에서 의인으로 인정받을 수 있는 사람이 아무도 없는데, 더 심각한 것은 자신이 영원히 멸망할 죄인이라는 사실을 깨닫는 사람도 전혀 없다는 것이다. 그래서 하나님께서 우리에게 십계명을 주신 것이다. 십계명을 보면서 우리의 죄를 깨닫고 우리 마음에 있는 악한 본성을 죽을 때까지 확인하고 또 확인하라고 마치 거울처럼 십계명을 우리에게 주신 것이다. "율법으로는 죄를 깨달음이니라"[롬 3:20].

"하나님을 찾는 자도 없고" 하나님께는 죄 사함이 있고 놀라운 구원이 있는데, 그런 하나님을 찾아가 구원을 베풀어 달라고 요청하는 사람이 아무도 없다는 말이다. 본래 사람은 자신이 영원히 멸망할 죄인인 것조차 모르니 하나님을 찾을 필요도 못 느낀다. 어떤 일로 양심이 각성하여 자신의 죄를 깨닫고 구원의 필요성을 느껴도 하나님께로 달려가지 않고 헛된 종교를 의지하거나 자신의 도덕적 행위를 의지하게 된다. 그래서 하나님께서 우리에게 십계명을 주신 것이다. 십계명을 통해서 우리 죄의 무한한 사악함과 우리의 악한 본성의 무한한 힘을 확인하고, 오직 그리스도 안에 있는 용서와 의를 평생 간절히 추구하고 풍성히 얻으라고 십계명을 주신 것이다. "의에 주리고 목마른 자는 복이 있나니 그들이 배부를 것임이요"[마 5:6]. 오늘 나는 감사한다.

"오, 주여! 십계명을 주신 은혜에 감사합니다."

308일

답2 둘째, 이로써 우리는 이 세상의 삶을 마치고 목적지인 온전함에 이를 때까지, 성령님의 은혜를 얻기 위해 하나님께 기도하면서, 하나님의 형상을 따라 점점 더 새롭게 되기를 끊임없이 노력하게 되기 때문입니다.

"다 치우쳐 함께 무익하게 되고 선을 행하는 자는 없나니 하나도 없도다"[롬 3:12]. 본래 하나님께서는 사람을 창조하실 때부터 하나님께서 정하신 선을 알고 즐거워하며 행하는 사람이 되기를 바라셨다. 그런데 아담이 타락한 후부터 사람은 선이 무엇인지도 모르고, 선을 즐거워하는 마음도 없고, 선을 추구할 생각도 없고, 선을 행하지도 않게 되었다. 타락하는 과정에서 하나님의 법이 마음에서 지워져 심히 희미하게 되었고, 마음이 부패하면서 희미하게 남은 것마저도 무시하고 싫어하고 거역했기 때문이다. 그래서 하나님께서는 십계명을 돌판에 새겨 절대적인 선의 기준을 다시 가르쳐 주셨다. 타락한 사람도 최소한 하나님께서 정하신 선의 절대적 기준은 알아야 하기 때문이다. 또한, 사람이 타락했다고 해서 사람에게 요구하시는 하나님의 법이 취소되거나 그 법을 순종해야 할 사람의 의무가 취소된 것이 아니기 때문이다. 하지만 타락한 사람은 십계명을 통해 하나님께서 사람에게 요구하시는 선을 다시 알거나 즐거워하거나 순종하지 못한다. 죄와 허물로 죽어 있기 때문이다[엡 2:1]. 그래서 하나님께서는 그런 사람을 거듭나게 하시면서 마음에 하나님의 법을 새겨 주시고 그 법을 즐거워하고 순종하는 힘까지 주신다. 그래야 창조의 목적대로 선한 일을 열심히 할 수 있기 때문이다[딛 2:14]. 이렇게 구원받은 신자는 십계명을 통해 하나님께서 사람에게 요구하시는 선을 점점 더 알게 되고, 점점 더 즐거워하게 되고, 점점 더 순종하게 된다. 그리고 이 세상 삶을 마치는 날 온전함에 이른다는 확실한 약속을 믿고, 현재의 삶에서 하나님의 형상으로 더 변화되도록 노력하고, 그 일이 성령의 은혜로만 이루어지므로 끊임없이 그 은혜를 구하고 의지한다. 이러라고 하나님께서는 십계명을 주셨다. 오늘 나는 고백한다.

"오, 주여! 평생 주의 계명을 힘써 순종하겠습니다."

45주

제116문 그리스도인에게 왜 기도가 필요합니까?

| 답 | 기도는 하나님께서 우리에게 요구하시는 감사의 가장 중요한 부분이기 때문이며, 또한 하나님께서 자신의 은혜와 성령을 주시되, 마음속 깊이 탄식하며 쉬지 않고 구하면서 받은 것들에 감사하는 사람에게만 주시기 때문입니다.

제117문 하나님께서 들으시는 기도는 어떠한 기도입니까?

| 답 | 첫째, 말씀을 통해 자신을 계시하신 오직 참되시고 유일하신 하나님께만, 그리고 그분이 우리에게 구하라고 명하신 모든 것을 진심으로 간구하는 기도입니다. 둘째, 우리 자신의 부족함과 비참함을 인정하고 아무것도 숨기지 않은 채 그의 엄위 앞에 겸손히 구하는 기도입니다. 셋째, 비록 우리는 무엇을 구할 자격조차 없는 자들이지만, 하나님께서 그의 말씀에서 약속하신 대로 우리 주 그리스도 때문에 우리의 기도를 분명히 들어주신다는 확실한 근거 위에서 드리는 기도입니다.

제118문 하나님께서는 우리에게 무엇을 기도하라고 명하셨습니까?

| 답 | 우리 영혼과 몸에 필요한 모든 것을 위해 기도하라고 하셨는데, 우리 주 그리스도께서 우리에게 친히 가르쳐 주신 기도에 그것들이 다 담겨 있습니다.

제119문 주님께서 가르쳐 주신 기도란 무엇입니까?

| 답 | 하늘에 계신 우리 아버지여, 이름이 거룩히 여김을 받으시오며, 나라가 임하시오며, 뜻이 하늘에서 이루어진 것같이 땅에서도 이루어지이다. 오늘 우리에게 일용할 양식을 주시옵고, 우리가 우리에게 죄지은 자를 사하여 준 것같이 우리 죄를 사하여 주옵시고, 우리를 시험에 들게 하지 마시옵고, 다만 악에서 구하시옵소서. 나라와 권세와 영광이 아버지께 영원히 있사옵나이다. 아멘.

309일

제116문 그리스도인에게 왜 기도가 필요합니까?

답1 기도는 하나님께서 우리에게 요구하시는 감사의 가장 중요한 부분이기 때문이며,

신자의 감사하는 삶과 관련하여 기도를 생각해 본다. 신자는 왜 기도를 해야 할까? 기도는 왜 필수적인 일일까? 하나님은 우리가 무엇을 구해야만 그때부터 그것을 줄지 말지 고민하시고 행동하시는 분이기 때문일까? 그렇지 않다. 성경은 하나님께서 우리를 구원하실 때 그리스도 안에서 은혜로 모든 것을 우리에게 주셨다고 가르친다. "그의 신기한 능력으로 생명과 경건에 속한 모든 것을 우리에게 주셨으니"[벧후 1:3]. 그렇다. 하나님은 구원과 참된 행복에 필요한 모든 것을 그리스도 안에서 은혜로 우리에게 다 주셨다. 시간 안에 갇혀 사는 우리가 지금 그것을 다 누리고 있지 못할 뿐이다. 그러므로 성경은 우리에게 감사하며 하나님을 찬송하자고 말한다. "찬송하리로다 하나님 곧 우리 주 예수 그리스도의 아버지께서 그리스도 안에서 하늘에 속한 모든 신령한 복을 우리에게 주시되"[엡 1:3].

이런 점에서 참된 기도는 하나님께서 그리스도 안에서 은혜로 모든 복과 은혜를 우리에게 주셨다는 것을 믿고 감사하는 데서 출발한다. 그래서 성경은 기도를 가르칠 때 먼저 감사하라고 가르친다. "감사로 하나님께 제사를 드리며 지존하신 이에게 네 서원을 갚으며 환난 날에 나를 부르라 내가 너를 건지리니 네가 나를 영화롭게 하리로다"[시 50:14-15]. 성경은 감사하는 마음으로 기도하라고 가르친다. "아무 것도 염려하지 말고 다만 모든 일에 기도와 간구로, 너희 구할 것을 감사함으로 하나님께 아뢰라"[빌 4:6]. 이는 하나님께 대한 감사가 먼저 있어야 진정한 기도가 있게 되고, 하나님께 대한 감사가 있으면 그것은 반드시 기도를 통해 하나님께 표현되기 때문이다. 이런 점에서 기도는 하나님께서 우리에게 요구하시는 감사의 가장 중요한 부분이다. 오늘 나는 고백한다.

"오, 주여! 하나님을 향한 감사 때문에 기도하게 됩니다."

310일

답2 또한 하나님께서 자신의 은혜와 성령을 주시되, 마음속 깊이 탄식하며 쉬지 않고 구하면서 받은 것들에 감사하는 사람에게만 주시기 때문입니다.

신자의 감사하는 삶과 관련하여 기도를 생각해 본다. 신자는 왜 기도를 해야 할까? 기도는 왜 필수적인 일일까? 하나님은 우리를 구원하실 때 은혜 언약에서 약속한 모든 복을 주신다. "맑은 물을 너희에게 뿌려서 너희로 정결하게 하되 곧 너희 모든 더러운 것에서와 모든 우상 숭배에서 너희를 정결하게 할 것이며 또 새 영을 너희 속에 두고 새 마음을 너희에게 주되 너희 육신에서 굳은 마음을 제거하고 부드러운 마음을 줄 것이며 또 내 영을 너희 속에 두어 너희로 내 율례를 행하게 하리니 너희가 내 규례를 지켜 행할지라"[겔 36:25-27]. 그런데 하나님께서는 다음과 같이 덧붙이셨다. "그래도 이스라엘 족속이 이같이 자기들에게 이루어 주기를 내게 구하여야 할지라"[37절]. 하나님께서는 우리가 구하지 않은 복들을 주시겠다고 먼저 약속하시면서, 그래도 우리가 그 약속이 이루어지기를 기도해야 한다고도 말씀하셨다.

왜 그렇게 해야 한다고 말씀하셨을까? 하나님의 모든 약속은 확실한 약속이지만 믿음을 통해서 우리에게 성취된다[히 11장]. 그러므로 하나님께서는 약속을 주실 때마다 우리에게 믿음을 요구하신다. 그런데 우리에게 믿음이 있다면, 하나님께 그 약속을 성취해 달라고 기도하게 되어 있다. 그래서 하나님께서는 하나님의 약속을 믿는 믿음의 표현으로 우리의 기도를 요구하신다. 어떤 사람이 현금 백만 원이 필요한데 어디서 백만 원 수표를 받았다고 해보자. 그 사람은 수표를 현금으로 바꿔 달라고 은행에 요구해야 한다. 그래야 현금 백만 원을 손에 쥘 수 있다. 마찬가지로 우리도 은혜 언약에서 하나님께서 약속하신 것, 곧 하나님의 은혜와 성령 하나님을 실제로 풍성하게 누리려면 하나님 앞에 나아가 그 약속을 성취해 달라고 간절히 그리고 꾸준하게 기도해야 한다. 오늘 나는 기도한다.

"오, 주여! 믿음의 표현으로 기도하게 하옵소서."

311일

제117문 하나님께서 들으시는 기도는 어떠한 기도입니까?

답1 첫째, 말씀을 통해 자신을 계시하신 오직 참되시고 유일하신 하나님께만, 그리고 그분이 우리에게 구하라고 명하신 모든 것을 진심으로 간구하는 기도입니다.

신자의 감사하는 삶과 관련하여 기도를 생각해 본다. 하나님께서 들으시고 응답하시는 기도는 어떤 기도일까? 이것을 알려면, 먼저 하나님께서 가증하게 여기시고 응답하시지 않는 기도부터 알아야 한다. 첫째, 하나님의 말씀을 듣고 순종하지 않는 사람의 기도는 하나님께서 가증하게 여기신다. "사람이 귀를 돌려 율법을 듣지 아니하면 그의 기도도 가증하니라"[잠 28:9]. 둘째, 하나님께서 간절하게 부르시며 교훈도 주시고 책망도 하시는데, 그런 하나님을 무시하는 사람의 기도는 하나님께서 응답하지 않으신다. "그때에 너희가 나를 부르리라 그래도 내가 대답하지 아니하겠고 부지런히 나를 찾으리라 그래도 나를 만나지 못하리니"[잠 1:28]. 셋째, 헛된 욕심과 탐심으로 구하는 기도는 하나님께서 응답하지 않으신다. "구하여도 받지 못함은 정욕으로 쓰려고 잘못 구하기 때문이라"[약 4:3].

그렇다면, 하나님께서 기쁘게 들으시고 응답하시는 기도를 생각해 보자. 하나님께서 기쁘게 들으시고 응답하시는 기도는 성경을 통해 계시하신 유일하신 하나님을 진실하게 믿는 사람이 하나님의 말씀을 따르는 삶을 살면서 오직 그 하나님께만 드리는 기도이다. 헛된 욕심과 탐심에서 비롯된 기도가 아닌 하나님께서 우리에게 필요하다고 가르쳐 주신 것을 추구하는 기도이고, 의심으로 구하는 기도가 아닌 믿음으로 구하는 기도이다. "그는 자기를 경외하는 자들의 소원을 이루시며 또 그들의 부르짖음을 들으사 구원하시리로다"[시 145:19]. "그를 향하여 우리가 가진 바 담대함이 이것이니 그의 뜻대로 무엇을 구하면 들으심이라"[요일 5:14]. "오직 믿음으로 구하고 조금도 의심하지 말라"[약 1:6]. 오늘 나는 소원한다.

"오, 주여! 내 평생 이런 기도를 하며 살고 싶습니다."

나의 묵상과 **기도**

312일

답2 둘째, 우리 자신의 부족함과 비참함을 인정하고 아무것도 숨기지 않은 채 그의 엄위 앞에 겸손히 구하는 기도입니다.

신자의 감사하는 삶과 관련하여 기도를 생각해 본다. 하나님께서 들으시고 응답하시는 기도는 어떤 기도일까? 기도와 관련하여 예수님께서 들려 주신 예화가 생각난다. 바리새인과 세리가 기도 예화다. 하루는 바리새인과 세리가 기도하러 성전에 올라갔다. 바리새인은 세리와 떨어진 곳에 서서 자기의 의로움과 탁월함을 자랑하며 기도했다. 반면에 세리는 감히 눈을 들어 하늘을 우러러보지도 못하고 가슴을 치며 "하나님이여! 불쌍히 여기옵소서! 나는 죄인이로소이다."라고 기도했다. 이 두 사람의 기도를 놓고 예수님은 뭐라고 말씀하셨던가? 예수님은 하나님께서 세리의 기도를 기쁘게 들으시고 응답하셨다는 취지로 말씀하셨다. "이 사람이 의롭다 하심을 받고 그의 집으로 내려갔느니라 무릇 자기를 높이는 자는 낮아지고 자기를 낮추는 자는 높아지리라 하시니라"[눅 18:14]. 그러면, 하나님께서 기쁘게 들으시고 응답하시는 기도를 생각해 보자. 그것은 세리처럼 거룩하신 하나님 앞에서 자신의 부족함과 비참함을 똑바로 철저히 깨달은 사람이 오직 하나님께만 드리는 기도인데, 다른 사람과 자기를 비교하면서 잘난 척을 하지 않고 오직 하나님의 신적인 엄위 앞에 서서 지극히 겸손한 마음으로 드리는 기도이다. 구약에서 경건한 왕으로 꼽히는 여호사밧은 외세의 침략을 받고 기도하였다. "우리 하나님이여 그들을 징벌하지 아니하시나이까 우리를 치러 오는 이 큰 무리를 우리가 대적할 능력이 없고 어떻게 할 줄도 알지 못하옵고 오직 주만 바라보나이다"[대하 20:12]. 하나님께서는 이 기도를 기쁘게 들으시고 여호사밧에게 큰 승리를 안겨 주셨다. 하나님의 약속을 되새긴다. "무릇 마음이 가난하고 심령에 통회하며 내 말을 듣고 떠는 자 그 사람은 내가 돌보려니와"[사 66:2]. 오늘 나는 다짐한다.

"오, 주여! 저도 이런 겸손한 간구를 드리겠습니다."

나의 묵상과 기도

313일

답3 **셋째, 비록 우리는 무엇을 구할 자격조차 없는 자들이지만, 하나님께서 그의 말씀에서 약속하신 대로 우리 주 그리스도 때문에 우리의 기도를 분명히 들어주신다는 확실한 근거 위에서 드리는 기도입니다.**

신자의 감사하는 삶과 관련하여 기도를 생각해 본다. 하나님께서 기쁘게 들으시고 응답하시는 기도는 어떤 기도일까? 성경은 의심하는 사람의 기도는 하나님께서 듣지 않으시고 응답도 안 해주신다고 가르친다. "오직 믿음으로 구하고 조금도 의심하지 말라 의심하는 자는 마치 바람에 밀려 요동하는 바다 물결 같으니 이런 사람은 무엇이든지 주께 얻기를 생각하지 말라 두 마음을 품어 모든 일에 정함이 없는 자로다"[약 1:6-8]. 이처럼 성경은 의심하는 마음으로 드리는 기도는 아예 기도라고 인정하지도 않는다. 성경은 이 문제에 있어서 왜 그토록 단호할까? 본래 기도는 하나님께서 우리에게 먼저 주신 확실한 약속에 우리가 감사하고 그 약속을 믿을 때 비로소 시작될 수 있는데, 만일 어떤 사람이 의심하는 마음으로 기도한다면 그 사람의 기도는 아직 시작조차 되지 않은 것이기 때문이다.

그러면, 하나님께서 기쁘게 들으시고 응답하시는 기도를 생각해 보자. 그것은 본래 자신은 하나님 앞에 무엇을 구할 자격도 없다는 것을 깊이 인식하는 사람이 하나님께서 기도를 들어주신다고 약속하셨기 때문에, 또한 예수 그리스도를 의지하고 기도하면 하나님께서 반드시 들어주시기 때문에 자기 기도도 하나님께서 들어주시고 응답해 주실 거라는 확신을 가지고 드리는 기도이다. 구약 성경에서 다니엘의 기도는 이런 기도의 좋은 예다. "우리가 주 앞에 간구하옵는 것은 우리의 공의를 의지하여 하는 것이 아니요 주의 큰 긍휼을 의지하여 함이니이다 주여 들으소서 주여 용서하소서 주여 귀를 기울이시고 행하소서 지체하지 마옵소서 나의 하나님이여 주 자신을 위하여 하시옵소서 이는 주의 성과 주의 백성이 주의 이름으로 일컫는 바 됨이니이다"[단 9:18-19]. 오늘 나는 약속한다.

"오, 주여! 저도 이런 확신의 기도를 드리겠습니다."

314일

제118문 하나님께서는 우리에게 무엇을 위해 기도하라고 명하셨습니까?

답 우리 영혼과 몸에 필요한 모든 것을 위해 기도하라고 하셨는데, 우리 주 그리스도께서 우리에게 친히 가르쳐 주신 기도에 그것들이 다 담겨 있습니다.

신자의 감사하는 삶과 관련하여 기도를 생각해 본다. 기도할 때 우리는 어디서부터 어디까지 구할 수 있는 걸까? 성경에서 답을 찾아보자. "아무것도 염려하지 말고 다만 모든 일에 기도와 간구로, 너희 구할 것을 감사함으로 하나님께 아뢰라"[빌 4:6]. 이렇듯 성경은 몸과 관련된 일이든 영혼과 관련된 일이든 모든 일에 있어서 기도할 수 있고 또한 기도해야 한다고 가르친다. "너희는 먼저 그의 나라와 그의 의를 구하라 그리하면 이 모든 것을 너희에게 더하시리라"[마 6:33]. 그러나 먼저 구해야 할 것 또는 적극적으로 구해야 할 것이 있는데, 그것은 하나님의 나라와 그의 의고, 그것을 구하면 다른 것은 구하지 않아도 하나님이 더해 주실 것이라고 가르친다. 그러므로 우리는 영혼과 몸에 필요한 모든 것을 간구할 수 있지만, 하나님께서 정해 주신 우선순위를 따라야만 한다.

어떤 사람은 어떠한 기도가 하나님의 나라와 의를 구하는 기도인지 구별하기 어렵다고 말한다. 이런 사람에게 어떤 선생들은 하나님의 나라와 의를 구하는 기도의 긴 목록을 알려 주기도 한다. 하지만 어느 누가 그런 목록을 완전하게 가르칠 수 있겠는가? 그러므로 예수님의 말씀에서 해결책을 찾아보자. "너희가 내 안에 거하고 내 말이 너희 안에 거하면 무엇이든지 원하는 대로 구하라 그리하면 이루리라"[요 15:7]. 여기에서 예수님은 우리가 예수님 안에 거하고 예수님의 말씀이 우리 안에 거하는 신령한 상태를 먼저 이루라고 말씀하신다. 그리고 그런 사람에게 "무엇이든지 원하는 대로 구하라"고 말씀하신다. 그런 사람은 본능처럼 하나님의 나라와 의를 먼저 구하게 되어 있기 때문이다. 오늘 나는 기도한다.

"오, 주여! 제가 주님 안에 거하고 주님의 말씀이 제 안에 거하는 복된 상태를 사모합니다."

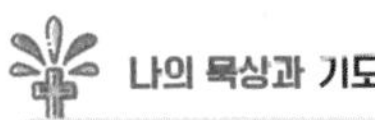

315일

제119문 주님께서 가르쳐 주신 기도란 무엇입니까?

답 하늘에 계신 우리 아버지여, 이름이 거룩히 여김을 받으시오며, 나라가 임하시오며, 뜻이 하늘에서 이루어진 것 같이 땅에서도 이루어지이다. 오늘 우리에게 일용할 양식을 주시옵고, 우리가 우리에게 죄지은 자를 사하여 준 것같이 우리 죄를 사하여 주시옵고, 우리를 시험에 들게 하지 마시옵고, 다만 악에서 구하시옵소서. 나라와 권세와 영광이 아버지께 영원히 있사옵나이다. 아멘.

신자의 감사하는 삶과 관련하여 기도를 생각해 본다. 기도할 때 우리는 어디서부터 어디까지 구할 수 있는 걸까? 예수님은 산상설교에서 기도를 가르치실 때 우리가 어떤 내용으로 기도해야 하는지를 매우 중요한 주제로 다루셨다. 그때 예수님은 하나님께서 우리에게 있어야 할 것을 우리가 구하기도 전에 이미 다 알고 계신다는 것을 전제하신 후에, 우리가 어떤 내용으로 기도해야 하는지 구체적으로 가르쳐 주셨다[마 6:8-13].

마치 십계명이 모든 도덕법을 압축해 놓은 것이듯, 주님께서 가르쳐 주신 기도는 우리가 기도해야 할 내용을 압축해 놓은 것이다. 그러므로 모든 신자는 십계명을 공부하듯, 주님께서 가르쳐 주신 기도도 공부해야 한다. 이 기도문을 단순히 암기하거나 암송하는 것으로는 부족하다. 교회에서 어떤 모임을 마무리할 때 이 기도문을 공동 기도문으로 암송하는 것으로도 부족하다. 이 기도문은 그런 용도로 우리에게 주어진 것이 아니다. 예수님은 우리가 어떤 내용으로 기도해야 하는지를 가르쳐 주기 위해서 완벽한 예로 이 기도문을 우리에게 주셨다. 그러므로 우리는 이 기도문을 성실히 공부해야 한다. 이 기도문의 전체적인 흐름도 잘 배우고 각각의 간구에 담긴 깊은 간구의 내용도 잘 배워서 우리의 기도에 성실하게 적용해야 한다. 오늘 나는 주님께 약속한다.

"오, 주님! 주기도문을 잘 배워 내 평생 기도 생활에 적용하겠습니다."

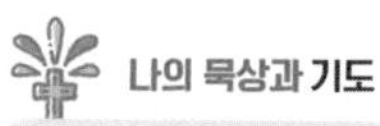

46주

제120문 그리스도께서는 왜 하나님을 "우리 아버지"라고 부르도록 명하셨습니까?

| 답 |

그리스도께서는 기도를 처음 시작할 때부터 우리 기도의 기초가 되는 것, 즉 어린아이처럼 하나님을 믿고 경외하는 마음을 일깨워 주려 하셨는데, 하나님께서 그리스도로 말미암아 우리의 아버지가 되셨기 때문입니다. 이 땅의 좋은 것들에 대한 요청을 우리의 부모가 거절하지 않는 것 이상으로 하나님 우리 아버지께서는 우리가 믿음으로 구하는 것을 거절하지 않으십니다.

제121문 "하늘에 계신"이라는 말이 왜 덧붙여졌습니까?

| 답 |

하나님의 위엄이 땅의 위엄이 아니라 천상의 위엄인 것을 알아, 그의 전능하신 능력으로부터 우리 몸과 영혼에 필요한 모든 것을 기대하도록 하기 위함입니다.

316일

제120문 그리스도께서는 왜 하나님을 "우리 아버지"라고 부르도록 명하셨습니까?

주님께서 가르쳐 주신 기도에서 "하늘에 계신 우리 아버지여"라는 대목을 생각해 본다. 먼저, 주기도문의 전체적인 흐름을 보면, 주기도문은 크게 세 가지 내용으로 구성되어 있다. 첫 번째 내용은 "하늘에 계신 우리 아버지여", 기도를 시작하면서 하나님을 부르는 서문이다. 두 번째 내용은 하나님께 간구하는 여섯 가지 간구이다. "① 이름이 거룩히 여김을 받으시오며, ② 나라가 임하시오며, ③ 뜻이 하늘에서 이루어진 것같이 땅에서도 이루어지이다. ④ 오늘 우리에게 일용할 양식을 주시옵고, ⑤ 우리가 우리에게 죄지은 자를 사하여 준 것같이 우리 죄를 사하여 주시옵고, ⑥ 우리를 시험에 들게 하지 마시옵고, 다만 악에서 구하시옵소서." 마지막 세 번째 내용은 "나라와 권세와 영광이 아버지께 영원히 있사옵나이다." 기도를 마치면서 하나님께 바치는 송영이다.

기도를 시작할 때 우리는 먼저 하나님을 우러러보며 하나님의 이름을 부르게 된다. 이때 예수님은 우리에게 하나님을 "우리 아버지"라고 부르라고 가르치신다. 예수님께서 이렇게 가르쳐 주시기 전까지는 그 어떤 사람도 기도를 시작할 때 하나님을 "우리 아버지"라고 부르지 못했다. 아니, 부를 수 없었다. 예수님만이 하나님을 "아버지"라고 부르며 기도를 시작하셨다. "아버지여!"[요 11:41; 12:28; 17:1; 눅 23:34, 43] "거룩하신 아버지여!"[요 17:11] "천지의 주재이신 아버지여!"[마 11:25]. 이렇게 기도를 시작하시는 예수님을 보면서 사람들은 얼마나 부러웠을까? 그런데 예수님은 사람들에게 부러워할 필요가 없다고 말씀하신다. "너희는 이렇게 기도하라. 하늘에 계신 우리 아버지여…"[마 6:9]. 오늘 나는 기도한다.

"오, 주여! 우리에게 하나님을 '우리 아버지'로 부르게 하신 뜻을 가르쳐 주옵소서."

317일

답1 그리스도께서는 기도를 처음 시작할 때부터 우리 기도의 기초가 되는 것, 즉 어린아이 처럼 하나님을 믿고 경외하는 마음을 일깨워 주려 하셨는데,

주기도문에서 "하늘에 계신 우리 아버지여"라는 대목을 생각해 본다. 왜 예수님은 우리가 기도할 때 하나님을 "우리 아버지"라고 부르면서 기도를 시작하게 하셨을까? 성경에 따르면, 하나님과 우리의 관계는 매우 다양하게 설명할 수 있다. 몇 가지 중요한 설명만 나열해 보면 다음과 같다. 첫째, 하나님은 우리의 창조주이시고 우리는 하나님의 피조물이다. 둘째, 하나님은 우리의 구원자이시고 우리는 하나님에 의해 구원받은 사람들이다. 셋째, 하나님은 우리의 왕이시고 우리는 하나님의 백성이다. 넷째, 하나님은 우리의 주인이시고 우리는 하나님의 종이다. 다섯째, 하나님은 우리의 선한 목자이시고 우리는 그의 기르시는 양이다. 여섯째, 하나님은 우리의 아버지이시고 우리는 하나님의 자녀이다. 왜 예수님은 이 가운데서 '우리 아버지'라는 표현을 선택하여 우리가 기도할 때 하나님을 그렇게 부르라고 하셨을까?

여기에는 두 가지 이유가 있다. 첫 번째 이유는 하나님 때문이다. 하나님께서 우리에게서 가장 듣고 싶어 하시는 호칭, 들으실 때 가장 행복한 호칭이 '우리 아버지'이기 때문이다. 하나님께서 성령 하나님을 우리에게 주셔서 우리에게 하나님을 "아빠 아버지"[롬 8:15; 갈 4:6]라 부르게 하신 이유가 무엇이겠는가! 우리가 하나님을 그렇게 부를 때 하나님께서 가장 기쁘시기 때문이다. 두 번째 이유는 우리 때문이다. 우리는 기도할 때마다 하나님께 대한 어린아이와 같은 경외심과 따뜻하고 깊은 신뢰심이 더 많이 필요한 사람인데, 그것을 우리 마음에 가장 잘 불어넣어 줄 수 있는 표현이 '우리 아버지'이기 때문이다. 그래서 예수님은 기도에 대한 확신을 가르쳐 주실 때 다른 관계가 아니라 부모와 자식의 관계를 들어서 설명하셨다[마 7:9-11]. 오늘 나는 감사한다.

"오, 주여! 하나님을 '우리 아버지'로 부르게 해주셔서 감사합니다."

318일

답2 하나님께서 그리스도로 말미암아 우리의 아버지가 되셨기 때문입니다.

주기도문에서 "하늘에 계신 우리 아버지여"라는 대목을 생각해 본다. 예수님은 우리가 기도할 때 하나님을 "우리 아버지"라고 불러야 한다고 가르치셨다. 얼마나 놀라운 말씀인가! 어디 우리가 거룩하고 지존하신 하나님을 감히 '아버지'라고 부를 수 있는 사람들인가? 인류의 역사를 보면, 하나님께서 사람을 창조하셨을 때 하나님은 창조의 관계에서 아담이 대표하는 모든 사람의 아버지이셨다. 그래서 성경은 아담의 족보를 적을 때 아담을 하나님의 아들이라고 표현한다[눅 3:38]. 하지만 아담이 죄를 짓고 타락하면서부터 사람은 창조의 관계에서 하나님이 자신의 아버지이시고 자신이 하나님의 자녀임을 스스로 거부했다. 그뿐만 아니라 오히려 하나님을 원수로 여기며 대적했고 하나님이 세상에 없기를 바라게 되었다. 그래서 성경은 구원받기 전의 모든 사람을 본질상 진노의 자녀라고 표현한다[엡 2:3].

이처럼 지독하게 하나님을 능멸하고 모욕한 우리가 무슨 일을 해서 하나님과의 관계를 회복할 수 있겠는가? 하나님과의 관계를 회복한다 해도 무슨 염치로 하나님을 아버지라 다시 부를 수 있겠는가! 그런데 성부 하나님께서 자기의 아들을 통하여 우리가 깨뜨린 관계도 회복시켜 주시고, 하나님을 아버지라 부를 수 있는 복도 우리에게 다시 주셨다. 이는 거룩하신 하나님의 아들 예수님께서 성부 하나님의 뜻을 받들어 우리 죄를 대신 짊어지고 십자가 위에서 지옥의 영원한 형벌을 다 받으셨기 때문이다. 이 모든 일을 완성하신 직후에 예수님께서 우리에게 들려주신 말씀은 천 번 만 번 들었어도 또다시 천 번이고 만 번이고 더 듣고 싶은 말씀이다. "내가 내 아버지 곧 너희 아버지"[요 20:17]. 아, 우리가 하나님을 아버지라 당당하게 부를 수 있다니! 오늘 나는 감격한다.

"오, 주여! 주님 때문에 우리가 이 행복을 누립니다."

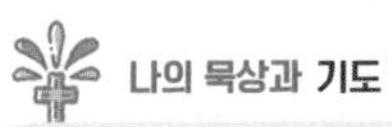

319일

답3 이 땅의 좋은 것들에 대한 요청을 우리의 부모가 거절하지 않는 것 이상으로 하나님 우리 아버지께서는 우리가 믿음으로 구하는 것을 거절하지 않으십니다.

주기도문에서 "하늘에 계신 우리 아버지여"라는 대목을 생각해 본다. 예수님은 우리가 기도할 때 하나님을 "우리 아버지"라고 불러야 한다고 가르치셨다. 이 말씀은 하나님이 우리의 아버지이심을 확인해 주시는 말씀이기도 하지만 하나님께서 우리의 기도를 반드시 들으시고 선하게 응답하신다는 확실한 약속이기도 하다. 산상설교의 다른 곳에서도 예수님은 하나님께서 우리 기도에 반드시 응답하신다는 것을 가르치셨는데, 그때도 하나님께서 우리의 아버지시라는 것을 근거로 내세우셨다. "구하는 이마다 받을 것이요 찾는 이는 찾아낼 것이요 두드리는 이에게는 열릴 것이니라 너희 중에 누가 아들이 떡을 달라 하는데 돌을 주며 생선을 달라 하는데 뱀을 줄 사람이 있겠느냐 너희가 악한 자라도 좋은 것으로 자식에게 줄 줄 알거든 하물며 하늘에 계신 너희 아버지께서 구하는 자에게 좋은 것으로 주시지 않겠느냐"[마 7:8-11]. 여기에서 예수님은 우리 육신의 부모와 하늘에 계신 성부 하나님을 비교해서 말씀하신다. 일반적으로 볼 때, 이 세상에서 우리에게 좋은 것을 제일 많이 베풀어 주는 사람이 있다면, 우리를 낳고 길러 주는 육신의 부모다. 아무리 악한 사람도 자기 몸에서 난 자식은 귀한 줄 알고, 자식이 필요한 것이 있어서 달라고 하면 어떻게 해서든 그것을 주려고 하고, 할 수만 있으면 더 좋은 것을 주려고 한다. 그렇다면, 하늘에 계신 우리 아버지, 곧 성부 하나님께서는 어떠시겠는가! 여기까지 말씀하신 예수님은 더는 설명하지 않으신다. 설명할 필요가 전혀 없기 때문이다. 하늘에 계신 우리 아버지는 말씀과 성령으로 우리를 낳으신 아버지이시고 완전하게 선하시고 능력도 완전하신 아버지이시니, 당연히 우리의 모든 기도와 간구를 들으시고 반드시 응답하신다. 오늘 나는 결심한다.

"오, 주여! 아버지를 전심으로 신뢰하겠습니다."

320일

제121문 "하늘에 계신"이라는 말이 왜 덧붙여졌습니까?

주기도문에서 "하늘에 계신 우리 아버지여"라는 대목을 생각해 본다. 예수님은 우리가 기도할 때 하나님을 "우리 아버지"라고 부르되, 그 앞에 "하늘에 계신"이라는 수식어를 붙여야 한다고 가르치셨다. 왜 그렇게 가르치신 걸까? 성경은 하나님이 어디에나 계신다는 진리를 중요하게 강조하지 않는가! 이 진리를 중요하게 생각하지 않고 철저히 믿지 않는 사람들을 하나님께서는 심하게 책망하셨지 않은가! "여호와의 말씀이니라 나는 가까운 데에 있는 하나님이요 먼 데에 있는 하나님은 아니냐 여호와의 말씀이니라 사람이 내게 보이지 아니하려고 누가 자신을 은밀한 곳에 숨길 수 있겠느냐 여호와가 말하노라 나는 천지에 충만하지 아니하냐"[렘 23:24]. 그런데 왜 예수님은 우리가 기도를 시작하며 하나님을 우러러볼 때 하나님께서 하늘에 계신다고 생각하고 그것을 하나님께도 표현하라고 가르치신 걸까?

성경은 하나님께서 어디에나 계신다고 가르치지만, 특별한 의미에서 천상의 하늘에 사신다고 가르친다. "여호와께서 이와 같이 말씀하시되 하늘은 나의 보좌요"[사 66:1]. 왕의 모든 위엄과 권세를 가장 잘 볼 수 있는 곳이 왕의 보좌인 것처럼, 하나님의 모든 신적인 영광과 권세를 가장 잘 볼 수 있는 곳도 천상의 하늘이다. 천상의 하늘에서는 하나님께서 모든 영광을 완전하게, 그리고 직접적으로 드러내시기 때문이다. 그래서 요한계시록은 천상의 하늘을 묘사할 때, 거기에는 하나님의 영광이 찬란하게 비취므로 모든 것이 완전하고 아름답고 해와 달의 비췸도 쓸데없으며 밤도 없어 만국이 그 빛 가운데 다니고 속된 것이나 더러운 것도 전혀 없다고 강조한다[계 21:11-27]. 그래서 오늘 나는 하나님의 거처에 관한 두 가지 진리를 마음에 품고 깊이 생각한다. 왜 주님은 기도할 때 하늘에 계신 하나님을 집중해서 바라보라고 하셨을까? 오늘 나는 기도한다.

"오, 주여! 주님의 뜻을 깨닫게 해주옵소서."

321일

답1 하나님의 위엄이 땅의 위엄이 아니라 천상의 위엄인 것을 알아,

주기도문에서 "하늘에 계신 우리 아버지여"라는 대목을 생각해 본다. 예수님은 우리가 기도할 때 하나님을 "우리 아버지"라고 부르되, 그 앞에 "하늘에 계신"이라는 수식어를 붙여야 한다고 가르치셨다. 왜 그렇게 가르치신 걸까? 두 가지 이유를 생각해 볼 수 있다. 첫째로, 하나님 때문이다. 하나님께서는 실제로 하늘에 거하신다. 물론 하나님께서는 어디나 계시지만, 특별한 의미에서 천상에 거하신다. 하나님의 모든 신적인 영광과 권세가 천상에서 완전하게 나타나기 때문이다. 그러므로 마땅히 우리는 하나님을 생각하고 우러러볼 때, 하나님께서 하늘에 계신다는 것을 중요하게 생각해야 한다. 하나님이 어디나 계신다는 것을 잊어도 된다는 말이 아니다. 하나님이 어디나 계신다는 것을 믿지만 하나님이 하늘에 계신다는 것을 더 먼저 생각하고 더 중요하게 생각해야 한다는 말이다. 기도할 때도 마찬가지다.

둘째로, 우리 때문이다. 모든 기도는 하나님에 대한 경외심과 하나님에 대한 굳은 신뢰를 바탕으로 이루어져야 한다. 그런데 하나님이 어디나 계신다는 것을 먼저 바라보거나 중점적으로 바라보면 하나님에 대한 경외심과 신뢰가 더 온전해지거나 강해지기 어렵다. 하지만 하늘에 계신 하나님의 신적인 영광과 권세를 먼저 바라보고 중점적으로 바라보면, 하나님께 대한 경외심과 신뢰가 더 온전해지고 풍성해진다. 그래서 솔로몬은 성전을 지어 놓고도 하나님이 성전에 계신다는 사실을 먼저 바라보지 않고, 오히려 하나님께서 하늘에 계신다는 사실을 먼저 바라보면서 기도했다[대하 6:18-19]. 이처럼 기도할 때 하나님의 천상의 위엄을 먼저 바라보는 사람은 하나님께서 이 땅에 있는 육신의 부모와 달리 영광스러운 아버지이심을 확신하며 기도할 수 있다. 오늘 나는 고백한다.

"오, 주여! 주는 하늘에 계십니다."

322일

답2 그의 전능하신 능력으로부터 우리 몸과 영혼에 필요한 모든 것을 기대하도록 하기 위함입니다.

주기도문에서 "하늘에 계신 우리 아버지여"라는 대목을 생각해 본다. 예수님은 우리가 기도할 때 하나님을 "우리 아버지"라고 부르되, 그 앞에 "하늘에 계신"이라는 수식어를 붙여야 한다고 가르치셨다. 왜 그렇게 가르치신 걸까? 두 가지 이유를 생각해 볼 수 있다. 첫째로, 하나님 때문이다. 하나님께서는 천상에 그냥 앉아 계시지 않고 그곳에서 전능하신 능력으로 온 땅을 다스리시며 각양 좋은 선물을 위로부터 나누어 주신다. "우주와 그 가운데 있는 만물을 지으신 하나님께서는 천지의 주재시니 … 만민에게 생명과 호흡과 만물을 친히 주시는 이심이라"[행 17:24-25]. "온갖 좋은 은사와 온전한 선물이 다 위로부터 빛들의 아버지께로부터 내려오나니 그는 변함도 없으시고 회전하는 그림자도 없으시니라"[약 1:17]. 그러므로 우리가 기도할 때 하나님을 하늘에 계신 분으로 고백하는 것은 지극히 당연한 일이다.

둘째로, 우리 때문이다. 모든 기도는 하나님만이 우리 몸과 영혼에 필요한 모든 것을 공급해 주신다는 굳센 믿음에서 시작되어야 한다. 그러므로 기도를 시작할 때마다 우리의 그런 믿음은 더 온전해지고 더 강해질 필요가 있다. 그래야 우리의 기도가 하나님께서 기뻐하시는 온전한 믿음의 기도가 될 수 있기 때문이다. 그런데 우리의 그런 믿음이 더 온전해지고 강해질 수 있는 가장 좋은 방법은 천상에서 전능하신 능력으로 온 세상을 통치하시고 각양 좋은 은사와 온전한 선물들을 위로부터 내려 주시는 하나님을 바라보는 것이다. 그래서 예수님은 우리가 기도를 시작하기 전에 하늘에 계신 우리 아버지를 먼저 그리고 집중해서 바라보라고 가르쳐 주신 것이다. 그래서 주기도문은 "하늘에 계신 우리 아버지여"라고 하나님을 부르며 시작한다. 오늘 나는 고백한다.

"오, 주여! 오직 하나님께 모든 복과 은혜를 구하고 기대합니다."

47주

제122문 첫 번째 간구의 의미는 무엇입니까?

| 답 |

"이름이 거룩히 여김을 받으시오며"의 의미는 다음과 같습니다.

"무엇보다도 먼저 우리가 하나님을 바로 알게 해주시옵고,
하나님께서 행하시는 모든 일에는 하나님의 전능과 지혜와
선하심과 의와 자비와 진리가 환히 빛나오니
하나님을 거룩히 여기며 경배하고 찬송하게 하옵소서.
또한 우리의 모든 삶, 곧 우리의 생각과 말과 행동을 주장하셔서,
하나님의 이름이 우리 때문에 더럽혀지지 않고
오히려 항상 영화롭게 되며 찬양을 받게 하옵소서."

323일

제122문 첫 번째 간구의 의미는 무엇입니까?

답1 **"이름이 거룩히 여김을 받으시오며"의 의미는 다음과 같습니다.**

주기도문의 첫 번째 간구, "이름이 거룩히 여김을 받으시오며"를 생각해 본다. 예수님은 우리가 기도할 때 "하늘에 계신 우리 아버지여"라는 서문으로 시작하고, 이어서 여섯 가지 간구를 해야 한다고 가르치신다. 예수님께서 가르쳐 주신 여섯 가지 간구는 일정한 순서로 배열되어 있고 순서를 따라 연결되어 있다. 처음 세 가지 간구는 하나님과 관련 있는 간구이다. ① 이름이 거룩히 여김을 받으시오며 ② 나라가 임하시오며 ③ 뜻이 하늘에서 이룬 것같이 땅에서도 이루어지이다. 그다음 세 가지 간구는 우리의 필요에 관한 간구이다. ④ 오늘 우리에게 일용할 양식을 주시옵고, ⑤ 우리가 우리에게 죄지은 자를 사하여 준 것같이 우리 죄를 사하여 주시옵고, ⑥ 우리를 시험에 들게 하지 마시옵고, 다만 악에서 구하시옵소서.

여섯 가지 간구의 순서를 보면 예수님은 우리가 하나님께 무엇을 구할 때 지켜야 할 순서가 있다고 가르치신 것이다. 먼저는 하나님의 이름, 나라, 뜻을 위해 구하고 그런 다음에 우리에게 필요한 양식, 죄 용서, 보호를 위해서 구하라는 것이다. 기도와 관련하여 예수님께서 우리에게 지키라고 정해 주신 이런 순서를 생각하다 보면, 예수님께서 생활과 관련하여 우리에게 지키라고 정해 주신 순서가 생각난다. "너희는 먼저 그의 나라와 그의 의를 구하라 그리하면 이 모든 것을 너희에게 더하시리라"[마 6:33]. 가만 보면, 예수님께서 가르쳐 주신 삶의 우선순위와 기도의 우선순위는 똑같다. 질문해 본다. "내가 매일의 삶에서 예수님께서 정해 주신 순서를 따라 살지 않는다면, 기도의 자리에 앉아서는 예수님께서 정해 주신 간구의 순서를 따라 기도할 수 있을까?" 오늘 나는 기도한다.

"오, 주여! 제 삶과 기도를 점검해 주옵소서."

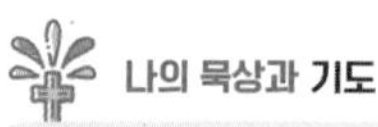

나의 묵상과 기도

324일

답2 "무엇보다도 먼저 우리가 하나님을 바로 알게 해주시옵고,"

주기도문의 첫 번째 간구, "이름이 거룩히 여김을 받으시오며"를 생각해 본다. 여기에서 '이름'은 당연히 하나님의 이름을 가리킨다. 그런데 성경에서 '하나님의 이름'은 하나님 자신 또는 하나님의 속성 및 창조와 구원을 의미한다[시 9:2]. 그러면 '거룩히 여기다'라는 표현은 어떤 뜻일까? 성경에서 '거룩하게 하다'라는 표현은 세 가지 의미가 있다. 첫째, 그 자체로 거룩한 것을 거룩하다고 인정하고 경배하며 찬송하는 것이다. 둘째, 거룩하지 않은 것을 거룩하게 만드는 것이다. 셋째, 어떤 물건을 거룩한 용도로 쓰기 위하여 구별하는 것이다. 여기에서는 하나님의 이름이 거룩히 여김을 받는 것이니까 당연히 첫째 의미로 해석해야 옳다. 그러므로 첫 번째 간구에서 우리가 구하는 내용은 하나님 자신이나 하나님의 속성 및 업적이 거룩함을 인정하고 경배하며 찬송하는 일이 있게 해달라는 것이다.

첫 번째 간구의 대체적인 내용을 파악하면 두 가지 질문이 생긴다. 한 가지 질문은 다음과 같다. "누가 또는 어디에서 그것을 인정하고 경배하며 찬송하는 일이 있게 해달라는 것인가?" 첫 번째 간구에는 명시되어 있지 않으나 답은 분명하다. 먼저는 우리 안에서, 다음으로는 온 세상에서 그런 일이 있어야 한다. "하나님이여 주는 하늘 위에 높이 들리시며 주의 영광이 온 세계 위에 높아지기를 원하나이다"[시 57:5]. 다른 질문은 다음과 같다. "그것을 인정하고 경배하고 찬송하는 일이 있으려면 무엇이 제일 먼저 필요한가?" 첫 번째 간구에는 이것도 명시되어 있지 않으나 답은 분명하다. 하나님을 바르게 아는 것이다. 그러므로 첫 번째 간구에는 다음과 같은 간구가 포함되어 있다. "먼저는 우리가, 또한 온 세상도 하나님을 바로 알게 하옵소서." 오늘 나는 기도한다.

"오, 주여! 온 세상에 주를 알리시옵소서."

나의 묵상과 기도

325일

답3 "하나님께서 행하시는 모든 일에는 하나님의 전능과 지혜와 선하심과 의와 자비와 진리가 환히 빛나오니"

주기도문의 첫 번째 간구, "이름이 거룩히 여김을 받으시오며"를 생각해 본다. 첫 번째 간구에는 앞서 살펴본 두 가지 간구뿐만 아니라 한 가지 고백도 포함되어 있다. 어떤 고백일까? 첫 번째 간구의 전체적인 내용을 되짚어 본다. "하나님 자신이나 하나님의 속성 및 창조와 구원이 거룩함을 인정하고 경배하며 찬송하는 일이 있게 하옵소서." 여기에서 '거룩함을 인정하고 경배하며 찬송하는 일'이라는 표현에 집중하면서 첫 번째 간구에 포함된 믿음의 고백을 찾아보자. 어떤 고백일까? 그것은 하나님 자신과 하나님께서 행하시는 모든 일은 거룩하고, 경이롭고, 찬송할 만한 일이라고 믿는 믿음의 고백이다. 신자에게는 이런 믿음의 고백이 마음에 이미 있기에 자기 삶에서 실제로 그것을 인정하고 경배하고 찬송하게 해달라고 하나님께 간구하는 것이다. 온 세상도 그렇게 할 수 있게 해달라고 간구하는 것이다.

성경은 다음과 같이 말한다. "주께서 높이 들린 보좌에 앉으셨는데 그의 옷자락은 성전에 가득하였고 스랍들이 모시고 섰는데 … 서로 불러 이르되 거룩하다 거룩하다 거룩하다 만군의 여호와여 그의 영광이 온 땅에 충만하도다 하더라"[사 6:1-3]. "여호와는 은혜로우시며 긍휼이 많으시며 노하기를 더디 하시며 인자하심이 크시도다 여호와께서는 모든 것을 선대하시며 그 지으신 모든 것에 긍휼을 베푸시는도다"[시 145:8-9]. 신자는 성경과 삶에서, 하나님과 하나님께서 행하신 모든 일에서 하나님의 전능과 지혜, 선하심과 의로우심, 자비와 진리가 찬란하게 빛나는 것을 보기 때문에 하나님의 이름이 더 거룩히 여김을 받기를 자연스럽게 소원하게 된다. 그래서 적극적으로 은혜를 구하게 된다. 오늘 나는 고백한다.

"오, 주여! 하나님께서 행하신 모든 일에는
당신의 전능과 지혜와 선하심과 의와 자비와 진리가 환히 빛납니다."

326일

답4 "하나님을 거룩히 여기며 경배하고 찬송하게 하옵소서."

주기도문의 첫 번째 간구, "이름이 거룩히 여김을 받으시오며"를 생각해 본다. 첫 번째 간구에는 다음과 같은 간구가 포함되어 있다. "먼저는 우리가, 또한 온 세상이 하나님을 바로 알게 하옵소서." 그런데 혹시 다른 간구가 더 포함되어 있지는 않을까? 첫 번째 간구의 전체적인 내용을 되짚어 보며 생각해 본다. "하나님 자신이나 하나님의 속성 및 창조와 구원이 거룩함을 인정하고 경배하며 찬송하는 일이 있게 하옵소서." 생각해 보면, 첫 번째 간구에는 다음과 같은 간구도 포함되어 있음이 확실하다. "먼저는 우리가, 또한 온 세상이 하나님과 하나님께서 행하시는 모든 일, 곧 창조와 구원 모두를 거룩하게 여기며 경배하고 찬송하게 하옵소서." 하나님을 믿는 일과 하나님께서 행하신 모든 일을 믿는 것은 함께 있어야 하고, 하나님을 아는 것과 하나님을 경배하고 찬송하는 것도 함께 있어야 하기 때문이다.

그렇다면 첫 번째 간구에는 두 가지 간구가 포함되어 있다. "먼저는 우리가, 또한 온 세상도 하나님을 바로 알게 하옵소서." "먼저는 우리가, 또한 온 세상이 하나님과 하나님께서 행하시는 모든 일, 곧 창조와 구원 모두를 거룩하게 여기며 경배하고 찬송하게 하옵소서." 그런데 이 두 가지 간구의 내용을 가만 보면 일정한 순서가 있고 서로 연결되어 있다. 하나님과 하나님께서 행하신 모든 일을 바로 아는 것이 먼저 이루어져야만 하나님과 하나님께서 행하신 모든 일을 거룩하게 여기고 경배하고 찬송하는 일이 따라올 수 있다는 것이다. 또한, 하나님과 하나님께서 행하신 모든 일을 바로 아는 일은 반드시 하나님과 하나님께서 행하시는 모든 일을 거룩하게 여기며 경배하고 찬송하는 일로 연결되어야 한다는 것이다. 오늘 나는 기도한다.

"오, 주여! 하나님과 하나님께서 행하시는 모든 일을 거룩하게 여기며 경배하고 찬송하게 하옵소서."

327일

답5 "또한 우리의 모든 삶, 곧 우리의 생각과 말과 행동을 주장하셔서, 하나님의 이름이 우리 때문에 더럽혀지지 않고"

주기도문의 첫 번째 간구, "이름이 거룩히 여김을 받으시오며"를 생각해 본다. 첫 번째 간구에는 앞서 살펴본 두 가지 간구와 한 가지 고백뿐만 아니라 또 다른 간구도 포함되어 있다. 어떤 간구일까? 첫 번째 간구의 전체적인 내용을 되짚으며 생각해 본다. "하나님 자신이나 하나님의 속성 및 창조와 구원이 거룩함을 인정하고 경배하며 찬송하는 일이 있게 하옵소서." 이런 내용을 되짚어 보지만, 여기에 포함된 다른 간구가 생각나지 않는다. 그래서 우리의 현실을 생각해 본다. 혹시 이 일과 관련하여 우리의 어떤 현실 때문에 또 다른 간구가 여기에 포함된 것 같아서다. 문득 생각나는 것이 있다. 신자인 우리의 잘못된 행실 때문에 하나님의 이름이 더럽혀지는 현실이 생각난다. 그렇다면, 첫 번째 간구에는 우리의 잘못된 행실 때문에 하나님의 이름이 더럽혀지지 않도록 해달라는 간구도 포함되어야 할 것이다.

예수님은 산상설교에서 우리에게 다음과 같이 명령하셨다. "이같이 너희 빛이 사람 앞에 비치게 하여 그들로 너희 착한 행실을 보고 하늘에 계신 너희 아버지께 영광을 돌리게 하라"[마 5:16]. 그런데 하나님의 백성이 그렇게 하기는커녕 오히려 반대로 하여 하나님의 영광이 가려지는 일이 우리의 현실에 있다. 구약 시대에 하나님께서는 하나님의 백성들의 잘못된 행실 때문에 하나님의 거룩한 이름이 더럽힘을 받는 일을 통탄해하셨고 크게 책망하셨다. "여러 나라 가운데에서 더럽혀진 이름 곧 너희가 그들 가운데에서 더럽힌 나의 큰 이름을 내가 거룩하게 할지라"[겔 36:23]. 그러므로 우리는 우리의 잘못된 행실로 하나님의 이름이 더럽혀지지 않도록 하나님께서 우리의 모든 삶, 곧 우리의 모든 생각과 말과 행실을 주장하시고 인도해 달라고 간구해야 한다. 오늘 나는 소망한다.

"오, 주여! 하나님의 영광을 가리지 않게 하옵소서."

328일

답5 "또한 우리의 모든 삶, 곧 우리의 생각과 말과 행동을 주장하셔서, 하나님의 이름이 우리 때문에 더럽혀지지 않고"

주기도문의 첫 번째 간구, "이름이 거룩히 여김을 받으시오며"를 생각해 본다. 첫 번째 간구에는 우리의 잘못된 행실로 하나님의 이름이 더럽혀지지 않도록, 하나님께서 우리의 모든 삶과 우리의 모든 생각과 말과 행실을 주장하시고 인도해 달라는 간구도 포함되어 있다. 주기도문의 첫 번째 간구에 이런 간구를 포함해서 실제로 기도할 때 한 가지 주의할 것이 있다. 우리 자신의 힘과 노력으로는 하나님의 이름을 더럽히지 않는 삶을 산다는 것이 불가능하므로 하나님께서 우리를 주장하시고 인도해 주시기를 간구해야 하는데, 먼저는 하나님께서 우리의 모든 삶, 다시 말해 우리의 삶이 나아가는 방향과 목적을 주장하시고 인도해 주시기를 바라며 간구해야 한다는 것이다. 그런 다음에 우리의 모든 생각과 말과 행실을 주장하시고 인도해 달라고 간구해야 한다는 것이다.

우리의 인생을 선박에 비유해 보자. 선박이 목적지에 이르기 위해서 제일 먼저 해야 할 일은 바르고 정확한 항로 설정이다. 배를 깨끗하게 청소하는 것이 아니다. 승무원이 깨끗한 복장을 하는 것도 아니다. 승객이 배 안에서 예의 바르게 행동하는 것도 아니다. 이런 일을 아무리 잘하고 열심히 해도 먼저 항로를 바르고 정확하게 설정하지 않으면 선박은 결코 목적지에 이르지 못한다. 우리의 인생도 그와 같다. 만일 우리가 하나님의 이름을 더럽히거나 하나님의 영광을 가리는 삶을 살고 싶지 않아 하나님의 주장과 인도를 바라고 간구한다면, 무엇을 먼저 바라고 간구해야 하겠는가? 우리의 모든 삶의 목적과 방향부터 올바르고 정확하게 설정되고 유지되도록 하나님께서 늘 우리의 삶을 주장하시고 인도해 주시기를 먼저 구해야 한다. 오늘 나는 기도한다.

"오, 주여! 저의 삶의 목표와 방향부터 주장하시고 인도해 주옵소서."

나의 묵상과 기도

329일

답6 "오히려 항상 영화롭게 되며 찬양을 받게 하옵소서."

주기도문의 첫 번째 간구, "이름이 거룩히 여김을 받으시오며"를 생각해 본다. 첫 번째 간구에는 우리의 잘못된 행실로 하나님의 이름이 더럽혀지지 않도록, 하나님께서 우리의 모든 삶, 곧 우리의 모든 생각과 말과 행실을 주장하시고 인도해 달라는 간구도 포함되어 있다. 그런데 우리의 궁극적인 목표는 우리 때문에 하나님의 이름이 더럽혀지거나 하나님의 영광이 가려지지 않도록 조심하는 것이 아니다. 우리의 궁극적인 목표는 우리 때문에 하나님의 이름이 높아지고 하나님의 영광이 나타나는 것이다. 그러므로 위의 간구에는 당연히 다음과 같은 내용의 간구도 포함되어 있다. "다른 사람들이 우리의 모든 삶을 보면서 하나님을 영화롭게 하고 하나님의 이름에 찬송을 부를 수 있도록, 하나님께서 우리의 모든 삶과 우리의 모든 생각과 말과 행실을 주장하시고 인도해 주옵소서." 우리의 간구는 여기까지 가야 한다.

우리가 하나님의 이름과 관련하여 이런 소원을 마음에 품고 하나님 앞에 나아가 이런 적극적인 내용으로 간구할 때, 우리의 그런 기도를 들으시는 하나님, 곧 하늘에 계신 우리 아버지는 마음이 얼마나 기쁘실까? 또 얼마나 간절히 우리를 돕고 싶으실까? 또 얼마나 후하게 우리에게 은혜를 주고 싶으실까? 생각만 해도 가슴이 뛴다. 하나님께서는 우리의 이런 기도를 기뻐하시기 때문에 반드시 응답하시고 우리에게 필요한 은혜를 베풀어 주실 것이다. 그래서 우리 자신은 한없이 연약하지만, 하나님의 도움으로 우리도 하나님을 영화롭게 하는 삶을 마침내 살게 될 것이다. 오늘 나는 소원한다. 주기도문의 첫 번째 간구를 통해 하나님의 은혜를 입고 살아서 내 생을 마치는 날, 나도 예수님처럼 기도할 수 있기를! "아버지께서 내게 하라고 주신 일을 내가 이루어, 아버지를 이 세상에서 영화롭게 하였나이다"[요 17:4]. 오늘 나는 기도한다.

"오, 주여! 주님의 이름을 영화롭게 하는 삶 살게 하옵소서."

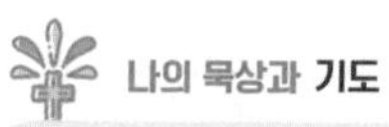

48주

제123문 두 번째 간구의 의미는 무엇입니까?

| **답** |

"나라가 임하시오며"의 의미는 다음과 같습니다.

"하나님의 말씀과 성령으로 우리를 다스리사
우리가 점점 더 하나님께 순종하게 하옵소서.
하나님의 교회를 보존하시고 흥왕케 하시며,
마귀의 일들과 주님께 대항하여 스스로를 높이는 모든 세력,
그리고 하나님의 거룩한 말씀에 반대하는
모든 악한 음모를 멸하여 주옵소서.
하나님의 나라가 온전히 이루어지고 당신께서
만유의 주가 되실 때까지 그리하옵소서."

330일

제123문 두 번째 간구의 의미는 무엇입니까?

답1 **"나라가 임하시오며"의 의미는 다음과 같습니다.**

주기도문의 두 번째 간구, "나라가 임하시오며"를 생각해 본다. 두 번째 간구에서 '나라'는 이 세상의 어떤 국가가 아니다. 예수님의 말씀을 들어 보자. "내 나라는 이 세상에 속한 것이 아니니라"[요 18:36]. 여기에서 '나라'는 하나님의 나라, 곧 영적인 나라를 가리킨다. 그런데 성경에서 '하나님의 나라'는 두 가지 의미가 있다. 넓은 의미로는 하나님께서 절대 주권을 가지시고 홀로 모든 피조물을 다스리시는 것이다. "주의 나라는 영원한 나라이니 주의 통치는 대대에 이르리이다"[시 145:13]. 좁은 의미로는 하나님께서 교회를 통해 이 땅에 실현하시는 신령한 다스림이다. 교회의 머리이신 예수 그리스도께서는 공생애를 시작하시면서 다음과 같이 선언하셨다. "회개하라 천국이 가까이 왔느니라"[마 4:17]. 여기에서 '나라'는 특별한 수식어가 없으니 이 두 가지 의미의 하나님의 나라를 함께 가리킨다. 또한 '임한다'라는 동사는 기본적으로 '실현되다', '성취되다'라는 뜻을 가지고 있다. 하지만 여기에서는 '발전하다', '완성되다'의 뜻도 포함한다. 하나님의 나라의 성격 때문이다. 하나님께서 세상을 창조하신 후부터 하나님의 나라는 이 땅에 이미 시작되었다. 하지만 에덴동산에서 아담이 죄를 범하고 타락한 후부터 하나님의 나라는 그것의 실현에 있어서 완전하게 나타나지 않으며 부침이 있다. 그러면서도 하나님의 나라는 끊임없이 완성을 향해 나아간다. 하나님께서 그렇게 그 나라를 이끌어 가시기 때문이다. 완성의 시점은 예수님께서 세상에 다시 오시는 날이고, 완성의 장소는 천상의 천국이다. 하나님의 나라가 이런 성격이 있어서 예수님은 그 나라의 실현과 성취, 발전과 완성을 간구하라고 우리에게 말씀하신다. 오늘 나는 간구한다.

"오, 주여! 두 번째 간구를 제게 가르쳐 주옵소서."

331일

답2 **"하나님의 말씀과 성령으로 우리를 다스리사 우리가 점점 더 하나님께 순종하게 하옵소서."**

주기도문의 두 번째 간구, "나라가 임하시오며"를 생각해 본다. 두 번째 간구 안에는 어떤 간구가 포함되어 있을까? 그것을 생각하다 보면 두 가지 질문을 하지 않을 수 없다. 한 가지 질문은 다음과 같다. "누구에게 또는 어디에 하나님의 나라가 임하게 해달라는 간구인가?" 두 번째 간구에는 이것이 명시되어 있지 않다. 하지만 답은 분명하다. 예수님의 말씀을 들어 보자. "하나님의 나라는 볼 수 있게 임하는 것이 아니요 또 여기 있다 저기 있다고도 못하리니 하나님의 나라는 너희 안에 있느니라"[눅 17:20-21]. "이 천국 복음이 모든 민족에게 증언되기 위하여 온 세상에 전파되리니"[마 24:14]. 그러므로 두 번째 간구에서 우리가 기도해야 할 내용은 다음과 같다. "먼저는 우리 안에, 다음으로는 온 세상에 하나님의 나라가 실현되고 성취되며 발전되고 완성되게 해주시옵소서."

두 번째 질문은 다음과 같다. "하나님의 나라는 어떤 방식으로 우리와 온 세상에 임하며 그 결과는 무엇인가?" 두 번째 간구에는 이것도 명시되어 있지 않다. 하지만 답은 분명하다. 언약의 말씀을 들어 보자. "또 내 영을 너희 속에 두어 너희로 내 율례를 행하게 하리니 너희가 내 규례를 지켜 행할지라 내가 너희 조상들에게 준 땅에서 너희가 거주하면서 내 백성이 되고 나는 너희 하나님이 되리라"[겔 36:27-28]. 이처럼 하나님의 나라는 말씀과 성령을 통해 우리에게 임하고 그 결과 우리는 점점 더 하나님께 순종하게 된다. 그러므로 두 번째 간구에서 우리가 기도해야 할 내용은 다음과 같다. "하나님의 말씀과 성령으로 우리와 온 세상을 다스리사 하나님의 나라가 우리와 온 세상에 더 강해지고 우리와 온 세상이 점점 더 하나님께 순종하게 하옵소서." 이런 의미를 모두 담아 오늘 나는 기도한다.

"오, 주여! 나라가 임하시옵소서."

332일

답2 "하나님의 말씀과 성령으로 우리를 다스리사 우리가 점점 더 하나님께 순종하게 하옵소서."

주기도문의 두 번째 간구, "나라가 임하시오며"를 생각해 본다. 두 번째 간구 안에는 "하나님의 말씀과 성령으로 우리를 다스리사 우리가 점점 더 하나님께 순종하게 하옵소서."라는 간구가 포함되어 있는데, 사실 이것은 하나님께서 먼저 우리에게 약속하신 것이다. 하나님의 약속을 다시 들어 보자. "내가 너희를 여러 나라 가운데에서 인도하여 내고 여러 민족 가운데에서 모아 데리고 고국 땅에 들어가서 맑은 물을 너희에게 뿌려서 너희로 정결하게 하되 곧 너희 모든 더러운 것에서와 모든 우상 숭배에서 너희를 정결하게 할 것이며 또 새 영을 너희 속에 두고 새 마음을 너희에게 주되 너희 육신에서 굳은 마음을 제거하고 부드러운 마음을 줄 것이며 또 내 영을 너희 속에 두어 너희로 내 율례를 행하게 하리니 너희가 내 규례를 지켜 행할지라 내가 너희 조상들에게 준 땅에서 너희가 거주하면서 내 백성이 되고 나는 너희 하나님이 되리라"[겔 36:24-28].

하나님의 약속을 보면, 하나님의 나라가 우리에게 임하는 방식이 네 가지로 설명되어 있다. 첫째는 우리를 모든 더러운 것에서와 모든 우상을 섬김에서 정결케 하는 일이다. 둘째는 우리에게서 굳은 마음을 제하고 부드러운 마음, 곧 새 마음을 주는 것이다. 셋째는 하나님의 영인 성령을 우리에게 주는 것이다. 넷째는 우리가 이전에 무시하고 불순종하던 하나님의 율례, 곧 하나님의 모든 법에 순종하게 하는 것이다. 이 얼마나 놀라운 약속인가! 하나님의 약속을 보면, 하나님께서는 자신의 주권적인 능력을 사용하여 이 모든 일을 친히 이루시겠다고 우리에게 먼저 약속하고 계신다. 하나님께서는 우리에게 그 약속을 이미 이루셨고 지금도 이루고 계시고 머지않아 완전하게 이루실 것이다. 그러므로 감사와 믿음과 소망을 품고 기도하자. "나라가 임하시옵소서!" 오늘 나는 감사한다.

"오, 주여! 주님의 귀한 약속을 감사합니다."

333일

답3 "하나님의 교회를 보존하시고 흥왕케 하시며,"

주기도문의 두 번째 간구, "나라가 임하시오며"를 생각해 본다. 두 번째 간구 안에는 다음과 같은 간구가 포함되어 있다. "하나님의 말씀과 성령으로 우리를 다스리사 우리가 점점 더 하나님께 순종하게 하옵소서." 그런데 혹시 다른 간구가 더 포함되어 있지는 않을까? 하나님의 나라의 개념을 되짚어 보며 생각해 본다. 성경에서 '하나님의 나라'는 넓은 의미로는 하나님께서 절대 주권으로 홀로 모든 피조물을 다스리시는 것인데, 좁은 의미로는 하나님께서 교회를 통해 이 땅에 실현하시는 신령한 다스림이라고 했다. 그렇다면, 두 번째 간구에는 교회를 위한 기도가 포함되어 있음이 확실하다. 하나님의 나라는 그리스도를 통해 임하는데 교회는 그리스도의 몸이기 때문이다. 그래서 사도 바울은 교회를 설명하면서 다음과 같이 말하지 않았던가! "교회는 그의 몸이니 만물 안에서 만물을 충만하게 하시는 이의 충만함이니라"[엡 1:23].

그러므로 주기도문의 두 번째 간구에 포함된 간구, 곧 우리가 주기도문의 두 번째 간구에 포함해야 할 간구는 다음과 같은 내용이다. "이 땅에 주님의 몸 된 교회를 세워 주시고, 참 교회를 악한 세상에서 보존해 주시며, 교회들이 흥왕하여 하나님의 나라가 이 땅에 드러나고 발전하는 일 또한 더 온전해지고 더 흥왕하게 하옵소서." 물론 우리의 이런 기도가 없어도 교회의 머리이신 예수님은 자신의 몸 된 교회를 세우시고 보존하시며 흥왕케 하실 것이다. "내가 이 반석 위에 내 교회를 세우리니"[마 16:18]. 예수님은 단호하게 말씀하셨다. 하지만 예수님은 우리 같은 사람에게도 주님께서 친히 세우시고 보존하시는 교회를 사랑하고 교회를 위해 기도하고 헌신하는 기회와 은혜를 주신다. 이 얼마나 복된 특권인가! 이 얼마나 감사한 일인가! 오늘 나는 결심한다.

"오, 주여! 내 평생 교회를 위해 기도하겠습니다."

334일

답4 "마귀의 일들과 주님께 대항하여 스스로를 높이는 모든 세력, 그리고 하나님의 거룩한 말씀에 반대하는 모든 악한 음모를 멸하여 주옵소서."

주기도문의 두 번째 간구, "나라가 임하시오며"를 생각해 본다. 두 번째 간구 안에는 다음과 같은 간구가 포함되어 있다. "하나님의 말씀과 성령으로 우리를 다스리사 우리가 점점 더 하나님께 순종하게 하옵소서." "하나님의 교회를 보존하시고 흥왕케 하옵소서." 그런데 혹시 다른 간구가 더 포함되어 있지는 않을까? 주기도문의 두 번째 간구를 하나님 앞에서 할 때, 거기에 포함해야 할 간구가 또 있지는 않을까? 문득 하나님의 나라가 임하는 것을 싫어하고 반대하며 대적하는 원수들이 있다는 생각이 든다. 마귀, 세상의 악한 문화, 하나님을 노골적으로, 또는 은밀하게 대적하는 악한 사람들이다. 이들은 서로 연합하여 하나님의 나라가 임하는 것을 늘 훼방한다. "세상의 군왕들이 나서며 관원들이 서로 꾀하여 여호와와 그의 기름 부음 받은 자를 대적하며 우리가 그들의 맨 것을 끊고 그의 결박을 벗어 버리자 하는도다"[시 2:2-3]. 그러므로 주기도문의 두 번째 간구에 포함된 간구, 곧 우리가 주기도문의 두 번째 간구에 포함해야 할 간구는 다음과 같은 내용이다. "하나님의 나라를 대적하여 마귀가 행하는 모든 일을 멸하시고, 하나님을 대적하며 자기 자신을 높이는 모든 세력과 하나님의 거룩한 말씀을 거스르는 모든 사악한 계획들도 멸하여 주옵소서." 우리의 이런 기도가 없어도 하나님께서는 하나님의 나라를 대적하고 훼방하는 마귀와 이 세상과 사악한 사람들을 다 멸하실 것이다. "하늘에 계신 이가 웃으심이여 주께서 그들을 비웃으시리로다 그때에 분을 발하며 진노하사"[시 2:4-5]. 하지만 하나님께서는 우리에게 이런 기도를 하게 하심으로써 하나님의 거룩한 전쟁과 놀라운 승리에 참여하게 하신다. 이 얼마나 복된 특권인가! 이 얼마나 감사한 일인가! 오늘 나는 찬송한다.

"오, 주여! 주는 모든 원수를 멸하시니 열방이 주를 찬송합니다."

335일

답5 "하나님의 나라가 온전히 이루어지고 당신께서 만유의 주가 되실 때까지 그리하옵소서."

주기도문의 두 번째 간구, "나라가 임하시오며"를 생각해 본다. 두 번째 간구 안에는 다음과 같은 간구가 포함되어 있다. "주님의 말씀과 성령으로 우리를 통치하사 우리가 점점 더 주님께 순종하게 하옵소서." "주님의 교회를 보존하시고 흥왕케 하옵소서." "마귀의 모든 일과 주님을 대적하며 스스로 높이는 모든 세력, 그리고 주님의 거룩한 말씀에 반대하는 모든 악한 의논들을 멸하여 주옵소서." 그런데 혹시 두 번째 간구 안에 다른 간구가 더 포함되어 있지는 않을까? 하나님 나라의 성격을 되짚어 보며 생각해 본다. 하나님께서 세상을 창조하신 후부터 하나님의 나라는 이 땅에 이미 시작되었으나, 사람이 타락한 후부터는 완전하게 실현되지 않고 부침이 있는 가운데 완성을 향해 나아가고 있다고 했다. 그렇다면, "나라가 임하시오며"라고 간구할 때, 우리는 또 어떤 간구를 거기에 포함해야 하는 걸까?

떠오르는 성경 구절이 두 개 있다. 먼저, 에베소서 1장 9-10절 말씀이다. "그 뜻의 비밀을 우리에게 알리신 것이요 그의 기뻐하심을 따라 그리스도 안에서 때가 찬 경륜을 위하여 예정하신 것이니 하늘에 있는 것이나 땅에 있는 것이 다 그리스도 안에서 통일되게 하려 하심이라"[엡 1:9-10]. 그리스도 때문에 하나님의 나라가 완전하게 실현되어 하늘과 땅이 통일되는 일이 하나님의 영원한 계획에 처음부터 있었는데, 이미 부분적으로 실현되었고 완성을 향하여 전진하고 있다는 말씀이다. 또한, 골로새서 1장 18절 말씀이다. "그는 몸인 교회의 머리라 그가 근본이요 죽은 자들 가운데서 먼저 나신 자니 이는 친히 만물의 으뜸이 되려 하심이요"[골 1:18]. 하늘과 땅을 통일하시는 그리스도께서 그렇게 통일된 만물의 으뜸, 곧 만유의 주가 되신다는 말씀이다. 오늘 나는 이 두 구절을 묵상하며 기도한다.

"오, 주여! 주의 종이 깨닫게 하옵소서."

나의 묵상과 기도

336일

답5 "하나님의 나라가 온전히 이루어지고 당신께서 만유의 주가 되실 때까지 그리하옵소서."

주기도문의 두 번째 간구, "나라가 임하시오며"를 생각해 본다. 두 번째 간구 안에는 다음과 같은 간구가 포함되어 있다. "하나님의 말씀과 성령으로 우리를 다스리사 우리가 점점 더 하나님께 순종하게 하옵소서." "하나님의 교회를 보존하시고 흥왕케 하옵소서." "마귀의 모든 일과 하나님을 대적하며 스스로 높이는 모든 세력, 그리고 하나님의 거룩한 말씀에 반대하는 모든 악한 의논들을 멸하여 주옵소서." 그런데 혹시 두 번째 간구 안에 다른 간구가 더 포함되어 있지는 않을까? 에베소서 1장 9-10절과 골로새서 1장 18절을 볼 때, 주기도문의 두 번째 간구에 포함된 간구, 곧 우리가 주기도문의 두 번째 간구에 포함해야 할 간구는 다음과 같은 내용이다. "하나님께서 영원 전에 계획하신 대로 당신의 나라가 완전하게 이루어지게 하시고, 당신께서 만유의 주가 되게 하옵소서."

고린도전서 15장 25-28절 말씀이 생각난다. "그가 모든 원수를 그 발아래에 둘 때까지 반드시 왕 노릇 하시리니 맨 나중에 멸망 받을 원수는 사망이니라 만물을 그의 발아래에 두셨다 하셨으니 만물을 아래에 둔다 말씀하실 때에 만물을 그의 아래에 두신 이가 그중에 들지 아니한 것이 분명하도다 만물을 그에게 복종하게 하실 때에는 아들 자신도 그 때에 만물을 자기에게 복종하게 하신 이에게 복종하게 되리니 이는 하나님이 만유의 주로서 만유 안에 계시려 하심이라"[고전 15:25-28]. 그러므로 오늘 나는 소망 가운데 기쁨으로 기도한다.

"오, 주여! 지금 저희는 주께서 영원 전에 계획하신 것을 이미 시작하시고 발전시키시며
완전을 향해 끌고 가시는 것을 보고 있습니다. 이제 구하옵나니
그 일을 속히 완성하셔서 주님의 나라가 완전하게 이루어져 하늘과 땅이
통일되게 하시고, 우리 주 예수 그리스도께서 만유의 주가 되게 하옵소서."

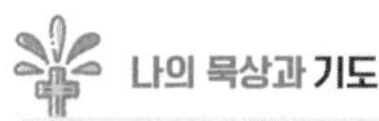

49주

제124문 세 번째 간구의 의미는 무엇입니까?

| **답** |

“뜻이 하늘에서 이루어진 것같이 땅에서도 이루어지이다”의 의미는 다음과 같습니다.

“오직 하나님의 뜻만이 선하시오니,
우리와 모든 사람이 자기 자신의 뜻을 버리고
아무런 불평 없이 하나님의 뜻에 순종하게 하옵소서.
그리고 각 사람이 자신의 직분과 소명을
하늘의 천사들처럼 기꺼이 그리고 신실하게 수행하게 하옵소서.”

337일

제124문 세 번째 간구의 의미는 무엇입니까?

답1 **"뜻이 하늘에서 이루어진 것같이 땅에서도 이루어지이다"의 의미는 다음과 같습니다.**

주기도문의 세 번째 간구, "뜻이 하늘에서 이루어진 것같이 땅에서도 이루어지이다."를 생각해 본다. 성경에서 '하나님의 뜻'은 두 가지 의미가 있다. 넓은 의미는 하나님께서 영원 전부터 주권과 지혜로 작정하신 모든 계획으로서, 사람이 다 알 수 없는 비밀이다. 반면에 좁은 의미는 복음을 통해 알려진 하나님의 구원 계획으로서, 하나님께서 적극적으로 알리신 것이요 사람이 다 알아야 할 것이다. 바울은 넓은 의미의 하나님의 뜻에 관하여 이렇게 말한다. "깊도다 하나님의 지혜와 지식의 풍성함이여, 그의 판단은 헤아리지 못할 것이며 그의 길은 찾지 못할 것이로다 누가 주의 마음을 알았느냐 누가 그의 모사가 되었느냐"[롬 11:33-34]. 좁은 의미의 하나님의 뜻에 관해서는 다음과 같이 말한다. "이는 내가 꺼리지 않고 하나님의 뜻을 다 여러분에게 전하였음이라"[행 20:27]. 그러면 주기도문의 세 번째 간구에서 '뜻'은 어떤 의미일까? 세 번째 간구의 문장을 살펴보니 '뜻'이라고만 적혀 있을 뿐, 앞뒤에 특별한 수식어도 없고 다른 설명도 없다. 또한, 우리를 생각해 보면 넓은 의미나 좁은 의미 중 어느 한 가지 뜻만 이루어지기를 간구할 수 없다. 그러므로 세 번째 간구에서 '뜻'은 넓은 의미의 하나님의 뜻과 좁은 의미의 하나님의 뜻을 다 포함한다고 보아야 한다. 이런 점을 모두 고려하여 주기도문의 세 번째 간구의 전체적인 내용을 정리하면 다음과 같을 것이다. "하나님께서 영원 전부터 주권과 지혜로 작정하신 모든 계획이, 특별히 복음을 통해 우리에게 알려진 하나님의 모든 구원 계획이 하늘에서 이루어진 것처럼 땅에서도 이루어지게 해주시옵소서." 이렇게 세 번째 간구의 전체적인 내용을 파악해 놓고 오늘 나는 기도한다.

"오, 주여! 세 번째 간구를 가르쳐 주옵소서."

338일

제124문 세 번째 간구의 의미는 무엇입니까?

답1 "뜻이 하늘에서 이루어진 것같이 땅에서도 이루어지이다"의 의미는 다음과 같습니다.

주기도문의 세 번째 간구, "뜻이 하늘에서 이루어진 것같이 땅에서도 이루어지이다."를 생각해 본다. "뜻이 하늘에서 이룬 것같이 땅에서도"라는 표현은 어떤 의미일까? 언뜻 보면, 하나님의 뜻이 천상의 하늘에서는 이미 다 이루어졌는데 땅에서는 아직 다 이루어지지 않았으니, 이제는 땅에서도 다 이루어지게 해달라는 말처럼 들린다. 과연 그런 뜻일까? 아닌 것 같다. 성경에 따르면, 하나님께서 영원 전부터 작정하신 모든 계획이나 복음을 통해 계시하신 구원 계획은 이 땅에서도 다 이루어지지 않았지만, 천상에서도 아직 다 이루어지지 않았다. 이 땅에서도 천상에서도 하나님의 모든 계획은 지금 완성을 향해 전진 중이며 그리스도께서 재림하시는 날 비로소 완성될 것이다[계 21:1-8; 엡 1:9]. 그렇다면, "뜻이 하늘에서 이루어진 것같이"라는 표현은 어떤 의미일까? 깊은 생각에 잠기게 된다. 하나님께서는 시간의 흐름을 초월하여 영원에 사시며 능치 못함이 없으시다. 시간의 흐름 속에 사는 전능하지 않은 우리에게 과거는 이미 지나갔고, 현재는 지금 진행 중이며, 미래는 아직 어떻게 될지 모른다. 그런데 하나님께는 그런 구별이 없다. 예를 들어, 하나님께서는 시간의 흐름 속에서 먼 미래에 일어날 일도 이미 이루어진 일로 간주하신다. 이상한 일이 아니다. 하나님께서는 영원에 사시며 능치 못함이 없어 모든 작정과 계획을 반드시 이루실 것이기 때문이다. 생각이 여기까지 이르니 "뜻이 하늘에서 이루어진 것같이 땅에서도"의 의미를 알 것 같다. "하늘의 하나님께는 모든 뜻이 다 이루어진 것이나 마찬가지입니다. 그러므로 우리는 하나님의 뜻이 더디 이루어지는 현실을 보며 불안해하지 않고 확신 가운데 기도합니다. 이 땅에서도…." 오늘 나는 고백한다.

"오, 주여! 세 번째 간구를 드릴 때마다 행복합니다."

나의 묵상과 기도

339일

제124문 세 번째 간구의 의미는 무엇입니까?

답1 "뜻이 하늘에서 이루어진 것같이 땅에서도 이루어지이다"의 의미는 다음과 같습니다.

주기도문의 세 번째 간구, "뜻이 하늘에서 이루어진 것같이 땅에서도 이루어지이다."를 생각해 본다. 주기도문의 첫 번째 간구부터 세 번째 간구까지의 흐름을 정리해 보자. 첫 번째 간구는 하나님의 이름에 관한 것이다. 우리가 하나님 자신과 속성 그리고 창조와 구원 사역을 바로 알아 하나님을 영화롭게 하고 하나님의 이름을 더럽히는 일이 없게 해달라는 간구다. 두 번째 간구는 하나님의 나라에 관한 것이다. 하나님의 통치가 우리 안에 더 선명하게 이루어지고, 모든 대적들이 멸하며, 하나님의 교회를 더욱 강하게 해달라는 간구다. 세 번째 간구는 하나님의 뜻에 관한 것이다. 시간을 초월해 영원에 사시는 하나님께는 하나님의 모든 뜻이 이미 이루어졌으니, 그 모든 뜻이 이 땅에도 이루어지게 해달라는 간구다. 이렇게 주기도문의 처음 세 간구는 모두 하나님에 관한 간구이다.

예수님께서 주기도문의 처음 세 계명을 위와 같은 순서로 배열하신 데는 이유가 있다. 우리 자신을 위해서나 세상을 위해서나 제일 먼저 필요한 것은 하나님 자신과 속성, 그리고 하나님의 창조와 구원 사역을 알고 즐거워하며 하나님께 영광을 돌리는 일이다. 그러므로 이것이 첫 번째 간구가 된다. 그렇게 첫 번째 간구를 바르게 드리는 사람은 하나님의 우주적 통치와 복음을 통한 영적 통치를 이해하고, 하나님의 통치를 방해하는 모든 세력을 하나님께서 멸하실 것과 교회를 통해 하나님의 통치가 확장하기를 갈망하게 된다. 그러므로 이것이 두 번째 간구가 된다. 그렇게 두 번째 간구를 바르게 드리는 사람은 현실을 바라보며 하나님의 모든 뜻이 현실 속에서 실현되고 성취되기를 갈구하게 된다. 그러므로 이것이 세 번째 간구가 된다. 오늘 나는 찬송한다.

"오, 주여! 주님의 지혜는 참으로 탁월합니다."

340일

답2 "오직 하나님의 뜻만이 선하시오니, 우리와 모든 사람이 자기 자신의 뜻을 버리고 아무런 불평 없이 하나님의 뜻에 순종하게 하옵소서."

주기도문의 세 번째 간구, "뜻이 하늘에서 이루어진 것같이 땅에서도 이루어지이다."를 생각해 본다. 세 번째 간구 안에는 어떤 간구가 포함되어 있을까? 사실, 하나님의 뜻이 땅에서 잘 이루어지지 않는 이유는 우리가, 또는 사람들이 하나님의 뜻을 무시하고 거역하기 때문이다. "하나님의 말씀을 거역하며 지존자의 뜻을 멸시함이라"[시 107:11]. 그러면 우리가, 또는 사람들이 하나님의 뜻을 무시하고 거역하는 이유는 무엇일까? 그것은 우리 마음이 지존자이신 하나님의 뜻을 무시하고 거역할 정도로 지독하게 교만해져 있기 때문이다. "인자야 너는 두로 왕에게 이르기를 주 여호와께서 이같이 말씀하시되 네 마음이 교만하여 말하기를 나는 신이라 내가 하나님의 자리 곧 바다 가운데에 앉아 있다 하도다"[겔 28:2]. 이렇게 마음이 교만해지면, 우리는 하나님의 뜻을 알아도 무시하고 거역하며 우리의 뜻을 따라 고집스럽게 살게 된다.

그러므로 세 번째 간구에 포함된 간구, 곧 우리가 주기도문의 세 번째 간구에 포함해야 할 간구는 다음과 같은 내용이다. "우리와 모든 사람이 하나님의 뜻에 무관심하고 무지하며 무시하고 거역하는 악행을 그치게 하소서. 또한, 우리와 모든 사람이 하나님의 뜻을 살피지도 않고 임의대로 자기 자신의 뜻을 세우고 그것을 고집하며 따르는 일에서 떠나게 하소서." 이런 간구는 예수님께서 제자들에게 필수적인 신앙 태도로 요구하신 자기 부인과 깊이 연관되어 있다. "또 무리에게 이르시되 아무든지 나를 따라오려거든 자기를 부인하고 날마다 제 십자가를 지고 나를 따를 것이니라"[눅 9:23]. 예수님은 우리에게 이렇게 명령하시지만 우리의 힘과 노력으로는 이 명령에 순종할 수 없기에 주기도문의 세 번째 간구에서 하나님의 은혜와 도움을 구하라고 하신다. 오늘 나는 기도한다.

"오, 주여! 내 뜻을 버리게 하옵소서."

341일

답2 "오직 하나님의 뜻만이 선하시오니, 우리와 모든 사람이 자기 자신의 뜻을 버리고 아무런 불평 없이 하나님의 뜻에 순종하게 하옵소서."

주기도문의 세 번째 간구, "뜻이 하늘에서 이루어진 것같이 땅에서도 이루어지이다."를 생각해 본다. 세 번째 간구 안에는 다음과 같은 간구가 포함되어 있다. "우리와 모든 사람이 하나님의 뜻에 대한 무지와 무관심, 무시와 거역을 그치고 자기의 뜻을 온전히 버리게 하소서." 그런데 혹시 다른 간구가 더 포함되어 있지는 않을까? 하나님의 뜻이 땅에서 이루어지는 데 꼭 필요한 일을 생각해 보면, 먼저는 하나님의 뜻에 대한 우리의 무지와 무관심, 무시와 거역이 제거되는 일이 필요하다. 하지만 그것만으로는 충분하지 않다. 하나님의 뜻에 대한 우리의 적극적인 순종도 회복되고 증진되는 일도 필요하다. 그래서 예수님도 겟세마네동산에서 자기의 뜻을 내려놓으시면서 동시에 하나님의 뜻에 적극적으로 순종하는 태도를 보이셨다. "내 원대로 마시옵고 아버지의 원대로 되기를 원하나이다"[눅 22:42].

예수님은 무엇 때문에 아버지의 원대로 하겠다고 결심하셨을까? 성부 하나님의 절대적 권위 앞에서 순종을 거부할 수 없었기 때문일까? 성부 하나님의 뜻을 행하겠다고 이미 약속한 것을 되돌릴 수 없었기 때문일까? 아니다. 성부 하나님의 선하심을 알고 있었고 하나님의 모든 뜻도 선함을 알고 있었기 때문이다. "하나님 한 분 외에는 선한 이가 없느니라"[막 10:18]. 그래서 성경은 하나님의 뜻을 설명할 때 선하심을 강조한다. "하나님의 선하시고 기뻐하시고 온전하신 뜻이 무엇인지 분별하도록 하라"[롬 12:2]. 그러므로 세 번째 간구에 포함된 간구, 곧 우리가 주기도문의 세 번째 간구에 포함해야 할 간구는 다음과 같은 내용이다. "선하신 하나님의 모든 뜻은 항상 완전하게 선하니 저희가 불평 없이 순종하게 하소서." 오늘 나는 간구한다.

"오, 주여! 주님의 뜻이 항상 완전하게 선함을 알고 순종하게 하옵소서."

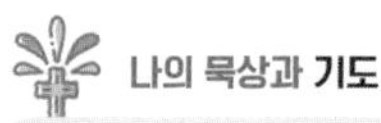

나의 묵상과 **기도**

342일

답3 "그리고 각 사람이 자신의 직분과 소명을 하늘의 천사들처럼 기꺼이 그리고 신실하게 수행하게 하옵소서."

주기도문의 세 번째 간구, "뜻이 하늘에서 이루어진 것같이 땅에서도 이루어지이다." 안에는 다음과 같은 간구가 포함되어 있다. "우리와 모든 사람이 하나님의 뜻에 대한 무지와 무관심, 무시와 거역을 그치고 자기의 뜻을 온전히 버리게 하소서." "선하신 하나님의 모든 뜻은 항상 완전하게 선하니 저희가 불평 없이 순종하게 하소서." 그런데 혹시 다른 간구가 더 포함되어 있지는 않을까? 하나님의 뜻이 이루어지는 방식을 되짚어 본다. 하나님은 하늘에서는 천사들에게 일을 맡기시고 땅에서는 우리 사람에게 일을 맡기심으로써 자기 뜻을 이루신다. "능력이 있어 여호와의 말씀을 행하며 그의 말씀의 소리를 듣는 여호와의 천사들이여 여호와를 송축하라"[시 103:20]. "하나님이 그들에게 복을 주시며 하나님이 그들에게 이르시되 생육하고 번성하여 땅에 충만하라, 땅을 정복하라 … 모든 생물을 다스리라 하시니라"[창 1:28]. 그런데 하늘의 천사들이 하나님의 뜻을 받들어 순종하는 일에 관해서는 간구할 필요가 없다. 하늘의 천사들은 그 일을 항상 완벽하게 수행하고 있기 때문이다. 하지만 우리 사람이 하나님의 뜻을 받들어 순종하는 일에 관해서는 항상 간구해야 한다. 우리 사람은 자신이 하나님의 뜻을 받들어 순종해야 하는 위치에 서 있다는 것을 망각할 때가 많고 하나님께서 자신에게 맡겨 주신 역할을 알지 못하거나 알아도 제대로 수행하지 못할 때가 많기 때문이다. 그러므로 세 번째 간구에 포함된 간구, 곧 우리가 주기도문의 세 번째 간구에 포함해야 할 간구는 다음과 같은 내용이다. "우리 각 사람이 하늘의 천사들처럼 하나님의 뜻을 받들어 순종해야 하는 우리의 위치와 역할을 알고 기꺼이 그리고 신실하게 수행하게 하옵소서." 오늘 나는 간구한다.

"오, 주여! 주님이 제게 정해 주신 자리를 지키고, 맡기신 역할을 감당하게 하옵소서."

343일

답3 "그리고 각 사람이 자신의 직분과 소명을 하늘의 천사들처럼 기꺼이 그리고 신실하게 수행하게 하옵소서."

주기도문의 세 번째 간구, "뜻이 하늘에서 이루어진 것같이 땅에서도 이루어지이다." 안에는 다음과 같은 세 가지 간구가 포함되어 있다. "우리와 모든 사람이 하나님의 뜻에 대한 무지와 무관심, 무시와 거역을 그치고 자기의 뜻을 온전히 버리게 하소서." "선하신 하나님의 모든 뜻은 항상 완전하게 선하니 저희가 불평 없이 순종하게 하소서." "우리 각 사람이 하늘의 천사들처럼 하나님의 뜻을 받들어 순종해야 하는 우리의 위치와 역할을 알고 즐겁게 그리고 충성스럽게 수행하게 하소서." 주기도문의 세 번째 간구 안에 포함된 두 번째 간구와 세 번째 간구를 연결해서 생각해 보면, 현재 내 삶에 만족하면서 무엇을 목표로 살아야 할지 깨닫게 된다. 지금 내가 서 있는 삶의 위치와 내가 맡은 삶의 역할도 하나님의 뜻으로 결정되었는데, 그렇게 결정하신 하나님의 뜻도 완전하게 선하다는 것을 알기 때문이다.

지금 내가 서 있는 위치는 마음에 들지 않고 다른 사람이 서 있는 위치가 부러울 때가 있다. 반대로 지금 내가 서 있는 위치는 소중하게 여기면서 다른 사람이 서 있는 위치는 무시할 때도 있다. 지금 내가 맡은 역할은 아무런 의미도 가치도 없고 다른 사람이 맡은 역할은 대단한 의미와 가치가 있는 것처럼 볼 때가 있다. 반대로 지금 내가 맡은 역할은 대단한 의미와 가치가 있다고 여기지만 다른 사람이 맡은 역할은 아무런 의미도 가치도 없다고 판단할 때도 있다. 그런데 선하신 하나님께서 우리 각 사람의 위치와 역할을 선하신 뜻 가운데 정해 주셨음을 생각해 보면 그럴 이유가 전혀 없다. 우리는 각자 자신의 위치와 역할에 만족하고, 서로의 위치와 역할을 존중하며, 함께 하나님의 뜻을 이루어 가야 한다. 오늘 나는 기도한다.

**"오, 주여! 주님의 선하신 뜻을 깨달아
현재 삶에 만족하며 이웃과 함께 살아가게 하옵소서!"**

50주

제125문 네 번째 간구의 의미는 무엇입니까?

| **답** |

"오늘 우리에게 일용할 양식을 주시옵고"의 의미는 다음과 같습니다.

"우리 몸에 필요한 모든 것을 주심으로써
오직 주님만이 모든 좋은 것의 근원임을 깨닫게 해주시고,
주님의 복 주심이 없이는 우리의 염려나 노력,
심지어 주님께서 선물로 주신 것조차도
우리에게 무익함을 알게 하옵소서.
그리하여 우리가 어떤 피조물도 의지하지 않고
오직 주님만을 신뢰하게 하옵소서."

344일

제125문 네 번째 간구의 의미는 무엇입니까?

답1 **"오늘 우리에게 일용할 양식을 주시옵고"의 의미는 다음과 같습니다.**

주기도문의 네 번째 간구, "오늘 우리에게 일용할 양식을 주시옵고"를 생각해 본다. 주기도문의 첫 번째 간구부터 세 번째 간구까지는 하나님의 이름, 나라, 뜻에 관한 간구였다. 이어지는 네 번째 간구부터 여섯 번째 간구까지는 우리에게 필요한 양식, 죄 용서, 보호를 위한 간구이다. 네 번째 간구부터 여섯 번째 간구의 내용을 보면, 예수님은 우리가 살면서 꼭 필요한 것을 세 가지로 집약해서 주셨고, 그 세 가지를 어떤 순서로 추구해야 하는지 우선순위까지 정해 주셨다. 우리가 살면서 꼭 필요한 것을 세 가지만 꼽으라면 일용할 양식, 죄 용서, 그리고 시험과 악에서의 보호와 건짐이다. 그리고 우리가 그 세 가지를 추구할 때 따라야 할 순서를 말하자면, 일용할 양식이 먼저 오고, 죄 사함이 다음에 오고, 시험과 악에서의 보호와 건짐이 다음에 온다. 물론 모두 우리가 항상 동시에 추구해야 한다.

이런 순서를 보면 하나님께서 사람을 창조하실 때 일하신 순서가 생각난다. 하나님께서는 에덴동산을 만드시고 아담을 그리로 인도하셨다. "여호와 하나님이 동방의 에덴에 동산을 창설하시고 그 지으신 사람을 거기 두시니라"[창 2:8]. 에덴동산에는 아담이 마음껏 먹을 수 있는 모든 좋은 나무가 있었다. 그렇게 하나님께서는 사람이 사는 데 필요한 안전하고 충분한 환경부터 만들어 주셨다. 그리고 그곳에서 선악을 알게 하는 나무의 과실을 먹지 말라는 계명을 주시면서 순종할 것을 요구하셨다[창 2:16-17]. 예수님도 주기도문에서 똑같은 순서를 따르신다. 우리의 필요를 하나님께 구할 때, 우리 몸과 현실의 삶에 필요한 것부터 구해도 된다고 가르치신다. 아, 하나님과 아들 예수 그리스도는 우리의 몸과 우리의 현실을 외면하지 않으신다! 오늘 나는 감사한다.

"오, 주여! 우리의 몸과 현실의 삶도 생각해 주시니 감사합니다."

345일

제125문 넷째 간구는 무엇입니까?

답1 "오늘 우리에게 일용할 양식을 주시옵고"의 의미는 다음과 같습니다.

주기도문의 네 번째 간구, "오늘 우리에게 일용할 양식을 주시옵고"를 생각해 본다. 네 번째 간구에서 '일용할 양식'은 무엇일까? 문자 그대로 보면, 사람이 먹고 마셔야만 하루를 살 수 있는 가장 기본적인 음식이다. 하지만 예수님께서 그것만 구하고 그 이상으로는 구하지 말라고 말씀하셨을 리 없다. 산상설교에서도 예수님은 사람에게 가장 기본적으로 필요한 것들을 말씀하실 때, 음식 외에 의복도 함께 언급하셨다. "그러므로 내가 너희에게 이르노니 목숨을 위하여 무엇을 먹을까 무엇을 마실까 몸을 위하여 무엇을 입을까 염려하지 말라"[마 6:25]. 그러므로 주기도문의 네 번째 계명에서 '일용할 양식'은 사람이 먹고 마셔야만 하루를 살 수 있는 가장 기본적인 음식뿐만 아니라, 사람이 몸을 건강하게 유지하고 올바르고 가치 있게 살기 위해 현실적으로 필요한 모든 것을 가리키는 것이다.

한 가지 질문이 생긴다. 사람에게는 몸과 현실의 삶을 위해 필요한 것이 많은데, 왜 예수님은 가장 최소한의 것을 가리키는 '일용할 양식'이라는 표현을 사용하셨을까? 이는 우리에게 두 가지를 가르쳐 주기 위함이다. 한 가지는 우리에게 주어진 특권인데, 하나님께서 우리의 몸과 현실의 삶을 돌보실 때 우리가 감당할 수 없는 일에서만 돌보시는 것이 아니라, 우리가 스스로 해결해야 할 일로 보이는 가장 최소한의 일에서도 책임지고 돌보신다는 것이다. 다른 한 가지는 우리의 의무인데, 우리가 몸과 현실의 삶에 관하여 하나님을 의지할 때 우리가 감당할 수 없는 일에서만 하나님을 의지할 것이 아니라, 우리가 얼마든지 해결할 수 있다고 생각되는 가장 최소한의 일에서도 하나님을 의지해야 한다는 것이다. 오늘 나는 노래한다.

"오, 주여! 몸과 현실의 삶을 위해서도 주를 의지할 수 있어 오늘도 행복합니다."

346일

답2 **"우리 몸에 필요한 모든 것을 주심으로써"**

주기도문의 네 번째 간구, "오늘 우리에게 일용할 양식을 주시옵고"를 생각해 본다. 네 번째 간구에 포함된 간구는 무엇일까? 우리가 네 번째 간구에 포함해서 기도해야 할 내용은 무엇일까? '일용할 양식'이 가리키는 바를 되짚어 보면서 답을 찾아본다. 네 번째 간구에서 '일용할 양식'은 사람이 먹고 마셔야만 하루를 살 수 있는 가장 기본적인 음식뿐만 아니라, 사람이 몸을 건강하게 유지하고 올바르고 가치 있게 살기 위해 현실적으로 필요한 모든 것이다. 그러므로 주기도문의 네 번째 간구에 포함된 간구의 내용은 틀림없이 다음과 같은 내용이다. "우리의 몸에 필요한 모든 것과 현실의 삶을 살아갈 때 필요한 모든 것을 제게 공급해 주시옵소서. 특별히 제가 하나님의 이름과 나라와 뜻을 위하여 이 몸을 가지고 현실의 삶을 살아갈 때 필요한 모든 것을 제게 베풀어 주시옵소서."

우리의 몸과 현실의 삶을 위하여 이런 내용으로 간구할 수 있다는 것은 얼마나 놀라운 일인가! 세상 어디 가서 어떤 사람에게 이런 내용으로 부탁할 수 있을까? 우리를 낳아 주고 길러 준 육신의 부모에게도 하지 못할 내용의 간구이며, 그들이 이루어 줄 수도 없는 내용이다. 그러나 하나님께는 얼마든지 이런 내용으로 간구할 수 있다. 더 놀라운 사실은 우리가 몸의 모든 필요와 현실의 모든 필요에 관해서 하나님을 의지하고 하나님께 구하기를 하나님께서 먼저 원하시고 간절히 원하신다는 것이다. 나 같은 사람이 뭐라고, 왜 하나님께서는 내 몸의 모든 필요와 현실의 모든 필요에 관하여 스스로 무한 책임을 지시려는 걸까? 나 같은 사람이 뭐라고 하나님은 그러시는 걸까? "너희 하늘 아버지께서 이 모든 것이 너희에게 있어야 할 줄을 아시느니라"[마 6:32]. 오늘 나는 고백한다.

"오, 주여! 주님은 참으로 우리의 하늘 아버지이십니다."

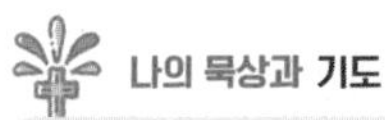

나의 묵상과 기도

347일

답3 "오직 주님만이 모든 좋은 것의 근원임을 깨닫게 해주시고,"

주기도문의 네 번째 간구, "오늘 우리에게 일용할 양식을 주시옵고"를 생각해 본다. 네 번째 간구 안에는 다음과 같은 간구가 포함되어 있다. "우리의 몸에 필요한 모든 것과 현실의 삶을 살아갈 때 필요한 모든 것을 제게 공급해 주시옵소서." 그런데 혹시 다른 간구가 더 포함되어 있지는 않을까? 네 번째 간구를 가르쳐 주신 예수님의 의도를 알면 네 번째 간구에 포함된 또 다른 간구의 내용도 알 수 있을 것 같다. 왜냐하면, 예수님은 분명히 어떤 의도와 목적이 있어서 네 번째 간구도 하라고 우리에게 가르쳐 주셨을 테고, 당연히 우리가 그 의도와 목적까지 포함해서 네 번째 간구를 하기를 원하셨을 것이기 때문이다. 그러므로 네 번째 간구를 하라고 가르쳐 주신 예수님의 의도를 생각해 본다. 예수님은 우리가 하나님께 일용할 양식을 구하고 얻으면서 무엇을 배우고 어디에 이르기를 원하셨을까?

제일 먼저 생각해 볼 수 있는 예수님의 의도는 오직 하나님만이 모든 복과 선한 것의 근원임을 우리가 깨닫는 것이다. 하루 먹을 양식을 포함하여 우리 몸과 현실의 모든 필요까지 하나님께 구하고 얻어야 한다는 예수님의 가르치심 앞에서 모든 복과 선한 것이 오직 하나님께만 있다는 것을 깨닫고, 실제로 그 모든 필요를 하나님께 간구하여 얻으면서 하나님께서 모든 복과 선한 것을 우리에게 아낌없이 주신다는 것을 깨닫는 것이다. "온갖 좋은 은사와 온전한 선물이 다 위로부터 빛들의 아버지께로부터 내려오나니 그는 변함도 없으시고 회전하는 그림자도 없으시니라"[약 1:17]. 그러므로 주기도문의 네 번째 간구에 포함된 또 다른 간구의 내용은 다음과 같다. "오직 하나님만이 모든 복과 선한 것의 근원임을 깨닫게 하옵소서." 오늘 나는 질문한다.

"오, 주여! 제가 진정 주님의 의도를 깨달았는지요?"

나의 묵상과 기도

348일

답4 "주님의 복 주심이 없이는 우리의 염려나 노력, 심지어 주님께서 선물로 주신 것조차도 우리에게 무익함을 알게 하옵소서."

주기도문의 네 번째 간구, "오늘 우리에게 일용할 양식을 주시옵고"를 생각해 본다. 네 번째 간구 안에는 다음과 같은 간구가 포함되어 있다. "우리 몸에 필요한 모든 것과 현실의 삶을 살아갈 때 필요한 모든 것을 제게 공급해 주시옵소서. 그리하여 오직 하나님만이 모든 복과 선한 것의 근원임을 깨닫게 하소서." 그런데 혹시 다른 간구가 더 포함되어 있지는 않을까? 네 번째 간구를 가르쳐 주신 예수님의 의도를 되짚어 본다. 예수님은 우리가 일용할 양식을 하나님에게 구하고 얻으면서 무엇을 배우고 어디에 이르기를 원하셨을까? 문득 시편 127편 1-2절 말씀이 떠오른다. "여호와께서 집을 세우지 아니하시면 세우는 자의 수고가 헛되며 여호와께서 성을 지키지 아니하시면 파수꾼의 깨어 있음이 헛되도다 너희가 일찍이 일어나고 늦게 누우며 수고의 떡을 먹음이 헛되도다"[시 127:1-2].

이 말씀에 비추어 생각해 볼 수 있는 예수님의 두 번째 의도는, 하나님의 복 주심이 없으면 모든 것이 헛되고 무익하다는 사실을 우리가 깨닫는 것이다. 우리의 몸과 현실에 필요한 것들을 이미 많이 가지고 있어도, 땀을 흘리고 노력하면 그것을 더 많이 얻을 수 있어도, 그것을 더 많이 얻기 위해서 우리가 철저하게 계획하고 염려해도, 하나님께서 우리에게 복 주시지 않으면 그 모든 것이 우리에게 아무 유익이 되지 못한다는 사실을 우리가 깨닫는 것이다. 이것을 깨달으라고 예수님은 주기도문의 네 번째 간구에서 '일용할 양식'이라는 표현을 쓰셨다. 그것은 우리가 이미 가지고 있고, 힘써 노력하면 얼마든지 얻을 수 있고, 더 많이 얻기 위해서 늘 궁리하는 것인데, 그것을 하나님께 구해야 한다고 가르치신 것이다. 오늘 나는 고백한다.

**"오, 주여! 주의 복 주심이 없으면
아무리 좋은 것도 헛되고 무익할 뿐입니다."**

349일

답5 "그리하여 우리가 어떤 피조물도 의지하지 않고 오직 주님만을 신뢰하게 하옵소서."

주기도문의 네 번째 간구, "오늘 우리에게 일용할 양식을 주시옵고"를 생각해 본다. 네 번째 간구 안에는 다음과 같은 간구가 포함되어 있다. "우리의 몸에 필요한 모든 것과 현실의 삶을 살아갈 때 필요한 모든 것을 제게 공급해 주시옵소서. 그리하여 오직 하나님만이 모든 복과 선한 것의 근원임을 깨닫게 하시고, 주님의 복 주심이 없이는 우리의 염려나 노력, 심지어 주님께서 선물로 주신 것조차도 우리에게 아무 유익이 되지 못함을 알게 해주옵소서." 그런데 혹시 다른 간구가 더 포함되어 있지는 않을까? 네 번째 간구를 가르쳐 주신 예수님의 의도를 되짚어 본다. 예수님은 우리가 일용할 양식을 하나님께 구하고 얻으면서 무엇을 배우고 어디에 이르기를 원하셨을까? 문득 시편 146편 5절 말씀이 떠오른다. "야곱의 하나님을 자기의 도움으로 삼으며 여호와 자기 하나님에게 자기의 소망을 두는 자는 복이 있도다"[시 146:5].

이 말씀에 비추어 생각해 볼 수 있는 예수님의 세 번째 의도는, 우리가 오직 하나님만 신뢰하고 오직 하나님께만 소망을 두는 것이다. 주기도문의 네 번째 간구에서 예수님께서 우리에게 가르쳐 주신 바에 따르면, 우리는 하루 먹을 양식까지도 하나님께 구하여 얻어야 살 수 있는 사람이다. 이런 우리가 어떻게 우리 자신을 신뢰하고 의지하여 살 수 있겠는가! 이런 우리가 어떻게 다른 사람을 신뢰하고 의지하여 살 수 있겠는가! 이런 우리가 어떻게 돈이나 권력을 신뢰하고 의지하여 살 수 있겠는가! 하루 먹을 양식까지도 하나님께 구하여 얻어야 살 수 있는 우리인데 말이다. 그러므로 주기도문의 네 번째 간구에는 다음과 같은 간구도 포함되어 있다. "우리가 그 어떤 피조물도 의지하지 않고 오직 하나님만 신뢰하게 하옵소서." 오늘 나는 고백한다.

"오, 주여! 오직 하나님만이 신뢰와 의지의 대상이십니다."

350일

답5 "그리하여 우리가 어떤 피조물도 의지하지 않고 오직 주님만을 신뢰하게 하옵소서."

주기도문의 네 번째 간구, "오늘 우리에게 일용할 양식을 주시옵고"를 생각해 본다. 네 번째 간구 안에 포함된 여러 가지 간구를 모으면 다음과 같은 내용의 간구가 된다. "하늘에 계신 우리 아버지여! 우리 몸에 필요한 모든 것과 현실의 삶에 필요한 모든 것을 우리에게 공급해 주시옵소서. 특별히 우리가 하나님의 이름과 나라와 뜻을 위하여 몸을 가지고 현실의 삶을 살아갈 때 필요한 모든 것을 우리에게 공급해 주시옵소서. 그리하여 오직 하나님만이 모든 복과 선한 것의 근원임을 우리가 깨닫게 하시고, 주님의 복 주심이 없이는 우리의 모든 염려나 모든 노력, 심지어 주님께서 선물로 주신 것조차도 우리에게 아무 유익이 되지 못함을 알게 하옵소서. 그리하여 우리가 몸과 현실의 모든 필요와 관련하여, 그리고 다른 모든 필요와 관련해서도 그 어떤 피조물도 의지하지 않고 오직 하나님만 신뢰하게 하옵소서."

우리가 하나님 앞에 나아가 이런 내용으로 주기도문의 네 번째 간구를 올려드릴 때, 하나님께서는 우리의 기도를 들으시면서 마음이 얼마나 기쁘실까? 하나님께서는 우리가 하나님 앞에서 이런 내용으로 간구할 때 한없이 기뻐하시기에 우리에게 복을 주시겠다고 분명하게 약속하셨다. "무릇 여호와를 의지하며 여호와를 의뢰하는 그 사람은 복을 받을 것이라"[렘 17:7]. 그러므로 우리는 위와 같은 내용으로 간구할 때 하나님께서 우리에게 복 주실 것을 확신하며 미리 고백할 수 있다. "젊은 사자는 궁핍하여 주릴지라도 여호와를 찾는 자는 모든 좋은 것에 부족함이 없으리로다"[시 34:10]. "여호와는 나의 목자시니 내게 부족함이 없으리로다 그가 나를 푸른 풀밭에 누이시며 쉴 만한 물 가로 인도하시는도다"[시 23:1-2]. 오늘 나는 결심한다.

"오, 주여! 내 평생 감사와 기쁨으로 네 번째 간구를 하며 살겠습니다."

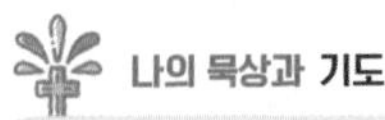

51주

제126문 다섯 번째 간구의 의미는 무엇입니까?

| **답** |

"우리가 우리에게 죄지은 자를 사하여 준 것같이
우리 죄를 사하여 주시옵고"의 의미는 다음과 같습니다.

"우리 안에 있는 주의 은혜의 증거로
우리가 이웃을 용서하기로 굳게 결심하는 것처럼,
그리스도의 피를 보시고 우리의 모든 죄과(罪過)와
아직도 우리에게 달라붙어 있는 부패를
불쌍한 죄인인 우리에게 돌리지 마옵소서."

351일

제126문 다섯 번째 간구의 의미는 무엇입니까?

답1 "우리가 우리에게 죄지은 자를 사하여 준 것같이 우리 죄를 사하여 주시옵고"의 의미는 다음과 같습니다.

주기도문의 다섯 번째 간구, "우리가 우리에게 죄지은 자를 사하여 준 것같이 우리 죄를 사하여 주시옵고"를 생각해 본다. 주기도문의 전체적인 흐름을 보면, 다섯 번째 간구는 우리의 필요를 구하는 세 가지 간구 중에 두 번째 순서에 있다. 하지만 이런 순서에 있다고 해서, 다른 간구보다 덜 중요한 간구인 것은 아니다. 주기도문에 있는 여섯 개의 간구 모두 우리의 모든 간구 속에 항상 함께 있어야 하는 내용이다. 그리하라고 예수님께서 주기도문이라는 기도의 틀과 내용을 우리에게 가르쳐 주셨다. "그러므로 너희는 이렇게 기도하라"[마 6:9]. 물론 우리가 어떤 특별한 상황에 있으면 여섯 개의 간구 중 어느 몇 가지 간구에 집중할 수는 있다. 하지만 그때도 우리의 간구에는 주기도문의 여섯 개의 간구가 전부 스며들어 있어야 한다. 이런 점에서 죄 사함을 구하는 다섯 번째 간구는 필수적이다.

죄 사함을 구하는 다섯 번째 간구는 우리 때문에도 필수적이다. 거듭난 신자는 마음이 새로워졌기 때문에 하나님의 법을 즐거워하며 순종하기를 원하고 실제로 순종을 한다. 하지만 거듭난 신자 안에는 죄의 잔재가 아직 남아 있다. 그래서 거듭난 신자도 죄를 짓는다. 그런 일이 매일 있다. 오죽했으면 바울이 이렇게 탄식했겠는가! "그러므로 내가 한 법을 깨달았노니 곧 선을 행하기 원하는 나에게 악이 함께 있는 것이로다 내 속사람으로는 하나님의 법을 즐거워하되 내 지체 속에서 한 다른 법이 내 마음의 법과 싸워 내 지체 속에 있는 죄의 법으로 나를 사로잡는 것을 보는도다"[롬 7:21-23]. 우리의 이런 상태 때문에 죄 사함을 구하는 다섯 번째 기도는 매일 필요한 기도다. 오늘 나는 고백한다.

"오, 주여! 다섯 번째 간구 없이는 하루도, 정말 하루도 살 수 없습니다."

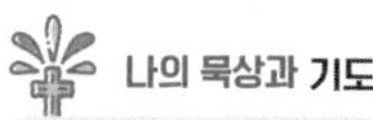

352일

제126문 다섯 번째 간구의 의미는 무엇입니까?

답1 "우리가 우리에게 죄지은 자를 사하여 준 것같이 우리 죄를 사하여 주시옵고"의 의미는 다음과 같습니다.

주기도문의 다섯 번째 간구, "우리가 우리에게 죄지은 자를 사하여 준 것같이 우리 죄를 사하여 주시옵고"를 생각해 본다. 다섯 번째 간구의 문장 형식을 보면 한 가지 특이한 것이 있다. 다른 간구와 달리 "~한 것 같이 ~하여 주소서"라는 형식으로 기록되어 있다는 것이다. 그런데 이런 문장 형식보다 더 특이한 것이 있다. 이런 문장 형식에 담겨 있는 내용이다. 우리의 죄를 용서해 달라는 간구를 하면서 우리가 우리에게 죄지은 사람을 용서해 준 것처럼 우리의 죄도 용서해 달라고 간구하고 있기 때문이다. 그런데 이렇게 기도하라고 가르쳐 주신 분은 하나님의 아들 예수님이시다. 예수님은 우리에게 날마다 죄 사함을 위하여 간구하라고 가르쳐 주시면서 이와 같은 형식과 내용으로 간구하라고 친히 가르쳐 주셨다.

사실, 주기도문의 두 번째 간구에서도 똑같은 문장 형식이 사용되었다. "뜻이 하늘에서 이루어진 것같이 땅에서도 이루어지이다." 하지만 두 번째 간구에서는 그런 형식에 담긴 내용이 문제가 되지 않는다. 그런 내용으로 간구하는 것이 지극히 당연하기 때문이다. 하지만 다섯 번째 간구에서는 그런 형식에 담긴 내용이 쉽게 이해되지 않는다. 우리 죄를 용서해 달라고 하나님께 간구하면서 감히 "우리가 우리에게 죄지은 자를 사하여 준 것처럼"이라고 말해야 한다니! 정말 이런 내용으로 기도해도 되는 걸까? 왜 예수님은 우리가 죄 사함을 구할 때 이런 내용으로 기도해야 한다고 가르치신 걸까? "우리가 우리에게 죄지은 자를 사하여 준 것처럼"이라는 어구의 의미는 무엇일까? 다섯 번째 간구 앞에서 많은 질문을 하게 된다. 그래서 오늘 나는 소원한다.

"오, 주여! 다섯 번째 간구를 바로 깨닫고 기도하기를 원합니다."

353일

답2 "우리 안에 있는 주의 은혜의 증거로 우리가 이웃을 용서하기로 굳게 결심하는 것처럼,"

주기도문의 다섯 번째 간구, "우리가 우리에게 죄지은 자를 사하여 준 것같이 우리 죄를 사하여 주시옵고"를 생각해 본다. 왜 예수님은 우리가 하나님께 죄 사함을 간구할 때 "우리가 우리에게 죄지은 자를 사하여 준 것같이"라고 말하도록 가르쳐 주셨을까? 우리도 우리에게 죄지은 사람을 용서해 주었으니, 하나님도 우리를 본받아서 우리의 죄를 용서해 주셔야 한다고 기도하면 하나님께서 우리의 죄를 쉽게 용서해 주시기 때문일까? 우리가 우리에게 죄지은 사람을 용서하면 죄를 용서받을 자격이 생기고, 그 자격을 하나님께 알려 드리면 하나님께서 틀림없이 우리의 죄를 용서해 주시기 때문일까? 하나님께서 우리의 죄를 용서해 주시면, 나중에 우리도 우리에게 죄지은 자를 용서해 줄 거라고 약속하면, 하나님께서 우리의 약속을 믿고 우리의 죄를 기쁘게 용서해 주시기 때문일까?

모두 아니다. 우리가 하나님께 죄 사함을 구할 수 있는 가장 근본적인 이유는 하나님께서 자비롭고 은혜로우신 분이시기 때문이다. "하나님이여 주의 인자를 따라 내게 은혜를 베푸시며 주의 많은 긍휼을 따라 내 죄악을 지워 주소서"[시 51:1]. 우리가 하나님께 죄 사함을 구할 수 있는 유일한 근거는 예수님께서 우리의 죄를 대신 짊어지시고 십자가에서 피 흘려 죽으셨기 때문이다. "그 아들 예수의 피가 우리를 모든 죄에서 깨끗하게 하실 것이요"[요일 1:7]. 우리가 하나님께 죄 사함을 구하여 실제로 죄 사함을 얻을 수 있는 방법은 오직 예수 그리스도를 믿는 믿음뿐이다. "저를 믿는 사람들이 다 그 이름을 힘입어 죄 사함을 받는다 하였느니라"[행 10:43]. 그렇다면, 왜 예수님은 우리가 하나님께 죄 사함을 간구할 때 "우리가 우리에게 죄지은 자를 사하여 준 것같이"라고 말하도록 가르쳐 주셨을까? 오늘 나는 기도한다.

"오, 주여! 이 진리를 깨닫게 해주옵소서."

354일

답2 "우리 안에 있는 주의 은혜의 증거로 우리가 이웃을 용서하기로 굳게 결심하는 것처럼,"

주기도문의 다섯 번째 간구, "우리가 우리에게 죄지은 자를 사하여 준 것같이 우리 죄를 사하여 주시옵고"를 생각해 본다. 왜 예수님은 우리가 하나님께 죄 사함을 간구할 때 "우리가 우리에게 죄지은 자를 사하여 준 것같이"라고 말하도록 가르쳐 주셨을까? 죄 사함에 관한 예수님의 다른 말씀에서 답을 찾아야 할 것이다. 예수님은 우리가 하나님께 죄를 용서받는 일에 관하여 다음과 같이 말씀하셨다. "너희가 사람의 과실을 용서하면 너희 천부께서도 너희 과실을 용서하시려니와 너희가 사람의 과실을 용서하지 아니하면 너희 아버지께서도 너희 과실을 용서하지 아니하시리라."[마 6:14-15]. "예수께서 이르시되 네게 이르노니 일곱 번뿐 아니라 일곱 번을 일흔 번까지라도 할지니라"[마 18:22]. "너희가 각각 마음으로부터 형제를 용서하지 아니하면 나의 하늘 아버지께서도 너희에게 이와 같이 하시리라"[마 18:35].

예수님은 하나님께서 우리의 죄를 용서하실 때 지키는 원칙을 분명하게 말씀하셨다. 우리가 우리에게 죄지은 사람을 진심으로 용서하지 않는다면, 하나님도 우리의 죄를 용서하시지 않는다는 것이다. 하나님께 자기 죄를 용서받고 싶은 사람은 자기에게 죄를 지은 사람도 용서하려는 마음이 있어야 하고 실제로 용서해야 한다는 것이다. 지극히 당연한 원칙이다. 우주 최고 존엄이신 하나님께 지은 죄를 용서받고 싶은 사람이라면, 다른 사람이 자기에게 지은 죄는 얼마든지 용서할 수 있어야 하지 않겠는가? 다른 사람이 자기에게 지은 죄는 절대로 용서하지 않으면서 자신이 하나님께 지은 죄는 용서받고 싶어 한다면 그게 될 일인가? 그래서 예수님은 하나님께 죄 사함을 구할 때 "우리가 우리에게 죄지은 자를 사하여 준 것 같이"라고 말하게 하신다. 오늘 나는 고백한다.

"오, 주여! 주님의 원칙이 옳습니다."

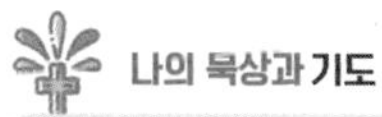
나의 묵상과 기도

355일

답2 "우리 안에 있는 주의 은혜의 증거로 우리가 이웃을 용서하기로 굳게 결심하는 것처럼,"

주기도문의 다섯 번째 간구, "우리가 우리에게 죄지은 자를 사하여 준 것같이 우리 죄를 사하여 주시옵고"를 생각해 본다. 왜 예수님은 우리가 하나님께 죄 사함을 간구할 때 "우리가 우리에게 죄지은 자를 사하여 준 것같이"라고 말하도록 가르쳐 주셨을까? 우리 죄를 용서할 때 하나님께서 꼭 지키시는 원칙이 있기 때문이기도 하지만, 거기에는 다른 이유도 있다. 생각해 보자. 신자들은 하나님의 용서를 이미 경험한 사람들이다. 그래서 자기에게 죄지은 사람을 진심으로 용서하는 사람들이다. 물론 신자들도 연약한 사람이기 때문에 완전하게 용서하지는 못한다. 하지만 신자들은 자기 안에 있는 하나님의 은혜 때문에 용서하기로 굳게 결심하고, 비록 완전하지는 않지만 그 결심을 실천한다. 이런 신자들에게 예수님은 하나님께 간구할 말을 가르쳐 주신다. "우리가 우리에게 죄지은 자를 사하여 준 것같이"

이것은 하나님께 다음과 같은 내용으로 말씀드리라는 것이 아니다. "하나님, 하나님께서는 죄를 용서하실 때 한 가지 원칙을 지키신다고 들었습니다. 그래서 저는 그 원칙을 따르기로 했습니다. 저에게 죄지은 사람을 용서하기로 했습니다. 그러니 하나님도 저의 죄를 용서해 주옵소서." 예수님은 신자들에게 다음과 같은 내용으로 하나님에게 말씀드리라고 가르치신다. "하나님, 저에게 구원의 은혜를 베풀어 주실 때 하나님께서는 저의 모든 죄를 용서해 주셨습니다. 그렇게 용서받은 저는 하나님의 사랑과 은혜 때문에 다른 사람을 용서할 수 있게 되었습니다. 하나님, 이런 저를 보십시오. 저는 하나님의 은혜로 용서받은 사람입니다. 그러니 오늘도 간구합니다. 이전에 베풀어 주셨던 죄 사함의 은혜를 오늘도 베풀어 주시옵소서." 오늘 나는 감사한다.

**"오, 주여! 주님께서 명하신 간구의 내용을 깨달으니
죄 사함을 확신하게 됩니다."**

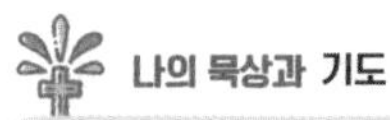

356일

답3 "그리스도의 피를 보시고 우리의 모든 죄과(罪過)와 아직도 우리에게 달라붙어 있는 부패를 불쌍한 죄인인 우리에게 돌리지 마옵소서."

주기도문의 다섯 번째 간구, "우리가 우리에게 죄지은 자를 사하여 준 것같이 우리 죄를 사하여 주시옵고"를 생각해 본다. "우리 죄를 사하여 주시옵고"라는 내용은 어떤 의미일까? 다윗이 꽤 길고 자세한 내용으로 하나님께 죄의 용서를 간구한 시편 51편이 떠오른다. 다윗은 하나님께 죄의 용서를 구하면서 많은 내용으로 기도했다. 먼저, 다윗은 자기가 지은 죄를 없애 달라고 간구했다. "하나님이여 주의 인자를 따라 내게 은혜를 베푸시며 주의 많은 긍휼을 따라 내 죄악을 지워 주소서"[시 51:1]. 그런 다음에 다윗은 자기 안에 있는 죄의 더러움과 부패를 씻어 달라고 간구했다. "우슬초로 나를 정결하게 하소서 내가 정하리이다 나의 죄를 씻어 주소서 내가 눈보다 희리이다"[시 51:7]. 그런 다음에 다윗은 하나님과의 관계 회복과 유지를 간구했다. "나를 주 앞에서 쫓아내지 마시며 주의 성령을 내게서 거두지 마소서"[시 51:11]. 하나님께 죄 사함의 은혜를 구할 때, 우리는 다음과 같은 간구를 포함해야 한다. 첫째, 우리를 위해 흘린 그리스도의 피를 보시고 죄를 지은 우리를 오히려 불쌍히 여겨 달라는 간구이다. 둘째, 죄를 지은 우리가 책임져야 하는 모든 죄과를 제거하여 우리가 책임지지 않아도 되게 해달라는 간구이다. 셋째, 죄를 지을 때마다 더러워지고 망가지는 우리의 마음을 깨끗하게 씻어 정결한 마음으로 만들어 달라는 간구이다. 넷째, 아직도 우리에게 남아 있는 죄의 잔재가 우리를 이기지 못하고, 우리가 죄의 잔재를 계속해서 죽이며 살게 해달라는 간구이다. 다섯째, 우리가 지은 죄를 용서해 주심으로써 하나님과 우리 사이에 죄의 담이 쌓이지 않고, 오히려 화목한 관계가 회복되고 유지되게 해달라는 간구이다. 오늘 나는 감사한다.

"오, 주여! 죄를 범한 우리에게 이렇게 많은 것을
구하고 얻게 해주시니 황송합니다."

나의 묵상과 기도

357일

답3 "그리스도의 피를 보시고 우리의 모든 죄과(罪過)와 아직도 우리에게 달라붙어 있는 부패를 불쌍한 죄인인 우리에게 돌리지 마옵소서."

주기도문의 다섯 번째 간구, "우리가 우리에게 죄지은 자를 사하여 준 것같이 우리 죄를 사하여 주시옵고"를 생각해 본다. 예수님의 가르침을 따라 우리가 죄 사함과 관련하여 이렇게 기도하면 우리의 기도를 들으시는 성부 하나님께서는 마음이 어떠실까? 또 어떻게 반응하실까? 지금도 하나님의 우편 보좌에서 우리를 위하여 늘 기도하시며 대언자로 일하시는 예수님은 마음이 어떠실까? 또 어떻게 반응하실까? 성부 하나님과 성자 예수 그리스도께서 어떤 마음이시고 어떻게 반응하실지 알 수 있는 몇 가지 성경 구절을 떠올려 본다. "주와 같은 신이 어디 있으리이까 주께서는 죄악과 그 기업에 남은 자의 허물을 사유하시며 인애를 기뻐하시므로 진노를 오래 품지 아니하시나이다 다시 우리를 불쌍히 여기셔서 우리의 죄악을 발로 밟으시고 우리의 모든 죄를 깊은 바다에 던지시리이다"[미 7:18-19].

"만일 우리가 우리 죄를 자백하면 그는 미쁘시고 의로우사 우리 죄를 사하시며 우리를 모든 불의에서 깨끗하게 하실 것이요"[요일 1:9]. "오라 우리가 서로 변론하자 너희의 죄가 주홍 같을지라도 눈과 같이 희어질 것이요 진홍같이 붉을지라도 양털 같이 희게 되리라"[사 1:18]. "동이 서에서 먼 것 같이 우리의 죄과를 우리에게서 멀리 옮기셨으며 아버지가 자식을 긍휼히 여김 같이 여호와께서는 자기를 경외하는 자를 긍휼히 여기시나니 이는 그가 우리의 체질을 아시며 우리가 단지 먼지뿐임을 기억하심이로다"[시 103:12-14]. "그때에 베드로가 나아와 이르되 주여 형제가 내게 죄를 범하면 몇 번이나 용서하여 주리이까 일곱 번까지 하오리이까 예수께서 이르시되 네게 이르노니 일곱 번뿐 아니라 일곱 번을 일흔 번까지라도 할지니라"[마 18:21-22]. 오늘 나는 확신한다.

"오, 주여! 주님은 죄 용서를 정말로 기뻐하십니다."

52주

제127문 여섯 번째 간구의 의미는 무엇입니까?

| 답 |

"우리를 시험에 들게 하지 마시옵고, 다만 악에서 구하시옵소서"의 의미는 다음과 같습니다. "우리 자신은 너무나도 연약하여 스스로 한순간도 서 있을 수 없습니다. 우리의 원수인 마귀와 세상과 우리의 육체가 끊임없이 우리를 공격하오니 주님의 성령의 힘으로 우리를 붙드시고 강하게 하셔서, 우리가 이 영적 전쟁에서 패하여 쓰러지지 않고, 우리의 원수들을 끊임없이 강력하게 대적하고서 마침내 완전한 승리를 얻게 하옵소서."

제128문 이 기도의 결론이 가지는 의미는 무엇입니까?

| 답 |

"나라와 권세와 영광이 아버지께 영원히 있사옵나이다."의 의미는 다음과 같습니다. "하나님은 우리의 전능하신 왕으로서, 우리에게 모든 좋은 것을 주기 원하시며 또한 주실 수 있는 분이시기에, 우리는 이 모든 것을 당신께 구합니다. 이로써 우리가 아니라 하나님의 거룩한 이름이 영원히 모든 찬양을 받으시옵소서."

제129문 "아멘"이라는 이 짧은 말은 무엇을 뜻합니까?

| 답 |

"아멘"은 진실로 그러하다는 뜻입니다. 내가 기도한 것이 이루어지기를 바라는 간절한 마음보다 하나님께서 내 기도를 들어주심이 더 확실하다는 것입니다.

358일

제127문 여섯 번째 간구의 의미는 무엇입니까?

답1 **"우리를 시험에 들게 하지 마시옵고, 다만 악에서 구하시옵소서"의 의미는 다음과 같습니다.**

주기도문의 마지막 간구, 곧 여섯 번째 간구인 "우리를 시험에 들게 하지 마시옵고, 다만 악에서 구하옵소서."를 생각해 본다. 주기도문의 흐름에서 여섯 번째 간구를 살펴보자. 예수님은 우리의 필요를 하나님께 아뢸 때 우리의 몸과 현실에 필요한 모든 것을 간구하라고 가르쳐 주셨고, 또한 우리의 영적인 삶에 필요한 모든 것을 간구하라고 가르쳐 주셨다. 그런 다음에 마지막으로 가르쳐 주신 간구가 여섯 번째 간구인데 시험에 빠지지 않고 악에서 건짐받게 해달라는 내용이다. 여기에서 '시험'은 우리가 감당하기 어려운 시련 또는 죄를 짓도록 만드는 모든 유혹을 가리킨다. 반면에 '악'은 세상에서 겪을 수 있는 모든 종류의 고난과 재앙 또는 죄의 세력 곧 마귀와 악한 세상과 우리 안에 있는 악한 본성을 가리킨다. 주기도문의 마지막 간구는 그런 시험과 악에서 보호하고 구원해 달라는 내용이다.

왜 예수님은 이렇게 간구하라고 가르쳐 주셨을까? 우리가 이렇게 기도해야 하나님께서 우리를 시험에서 보호하시고 악에서 건져 주시기 때문일까? 그건 아니다. 하나님께서는 그렇게 해주시겠다고 먼저 약속하셨다. 예수님의 말씀을 들어보자. "내가 그들에게 영생을 주노니 영원히 멸망하지 아니할 것이요 또 그들을 내 손에서 빼앗을 자가 없느니라 그들을 주신 내 아버지는 만물보다 크시매 아무도 아버지 손에서 빼앗을 수 없느니라"[요 10:28-29]. 하지만 예수님은 우리에게 하나님의 보호와 구원을 적극적으로 간구하라고 가르치신다. 우리가 하나님의 약속을 믿고 기도하면 하나님께서 기뻐하시기 때문이다. 그렇게 기도할 때 우리는 하나님의 보호와 구원을 확신할 수 있기 때문이다. 그리고 실제로 하나님의 보호와 구원을 경험할 수 있기 때문이다. 오늘 나는 기도한다.

"오, 주여! 여섯 번째 간구를 가르쳐 주옵소서."

나의 묵상과 **기도**

359일

답2 "우리 자신은 너무나도 연약하여 스스로 한순간도 서 있을 수 없습니다. 우리의 원수인 마귀와 세상과 우리의 육체가 끊임없이 우리를 공격하오니"

주기도문의 마지막 간구, 곧 여섯 번째 간구인 "우리를 시험에 들게 하지 마시옵고 다만 악에서 구하옵소서."를 생각해 본다. '시험'이라는 단어와 '악'이라는 단어에 수식어가 전혀 없다. 이것을 볼 때, 여섯 번째 간구에서 예수님이 우리에게 명하신 간구는 다음과 같은 내용이 아니다. "어떤 시험과 어떤 악은 우리 힘과 지혜로 피할 수 있어서 하나님의 보호나 구원이 필요 없지만, 어떤 시험과 어떤 악은 그렇지 않으니 이런 시험에 들지 않게 보호해 주시고 이런 악에서 구원하여 주시옵소서." 여섯 번째 간구에서 예수님께서 우리에게 명하신 간구는 오히려 다음과 같은 내용이다. "저는 제 힘과 지혜로 그 어떤 시험과 그 어떤 악도 피할 수 없고 이길 수 없습니다. 그러니 전능하신 하나님께서 저를 모든 시험에서 보호하시고 모든 악에서 구원하여 주시옵소서."

이런 점에서 여섯 번째 간구 안에는 우리의 전적인 무능함에 대한 겸손한 고백과 우리의 원수들에 대한 강력한 고발이 포함되어 있다. 여섯 번째 간구에서 우리는 하나님에게 다음과 같이 고백하게 된다. "하나님 아버지, 저는 너무나 연약하고 무능하여서 온갖 시험에 쉽게 빠지고 온갖 악에 쉽게 굴복합니다. 저는 어느 한순간도 스스로 온전히 서 있을 수 없습니다. 시험이나 악에 쉽게 빠지기도 하지만 한 번 빠지면 거기에서 스스로 헤어 나오지 못합니다. 반면에 저의 불구대천(不俱戴天) 원수인 마귀와 세상과 제 안에 있는 악한 본성은 너무나 강력하고 집요하게 저를 공격합니다. 그 셋은 서로 힘을 합쳐서 끊임없이 저를 공격하여 시험에 빠지게 하고 악에 굴복하게 합니다. 그러니 하나님, 이런 저를 불쌍히 여겨 주시옵소서." 오늘 나는 감사한다.

"오, 주여! 우리의 연약함을 헤아려 주시고
우리의 고발을 접수해 주시니 감사합니다."

 나의 묵상과 기도

360일

답3 "주님의 성령의 힘으로 우리를 붙드시고 강하게 하셔서, 우리가 이 영적 전쟁에서 패하여 쓰러지지 않고,"

주기도문의 마지막 간구, 곧 여섯 번째 간구인 "우리를 시험에 들게 하지 마시옵고, 다만 악에서 구하옵소서."를 생각해 본다. 여섯 번째 간구에 포함된 간구는 무엇일까? 우리가 여섯 번째 간구에 포함해서 기도해야 할 내용은 무엇일까? 모든 시험과 악에서 우리를 보호하고 구원하시겠다는 하나님의 약속을 되짚어 본다. "두려워하지 말라 내가 너와 함께 함이라 놀라지 말라 나는 네 하나님이 됨이라 내가 너를 굳세게 하리라 참으로 너를 도와 주리라 참으로 나의 의로운 오른손으로 너를 붙들리라"[사 41:10]. 여기 보면, 연약하고 무능한 신자에게 하나님께서 약속하신 것은 세 가지다. 첫째는 도와주시겠다는 것이다. "참으로 너를 도와주리라." 둘째는 붙들어 주겠다는 것이다. "나의 의로운 오른손으로 너를 붙들리라." 셋째는 굳세게 만들어 주겠다는 것이다. "내가 너를 굳세게 하리라." 아, 얼마나 완벽한 약속인가! 그러므로 주기도문의 여섯 번째 간구를 드릴 때, 우리는 이 세 가지를 모두 포함해서 다음과 같은 내용으로 기도하게 된다. "하나님 아버지, 모든 시험과 모든 악 앞에서 한없이 연약하고 무능한 제가 영적 전투에서 패배하지 않도록 저를 도와주옵소서." "하나님 아버지, 모든 시험과 모든 악에 쉽게 흔들리고 쉽게 굴복하는 저를 하나님의 의로운 오른손으로 붙들어 주옵소서. 그리하시면 제가 요동하지 않을 것입니다." "하나님 아버지, 저를 한없이 연약하고 무능한 상태 가운데 계속 버려두지 마시고, 하나님의 거룩하신 성령의 능력으로 저를 강한 용사로 만들어 주시고 하나님의 전신 갑주를 입혀 주옵소서." 그러니 여섯 번째 간구는 얼마나 복된 간구인가! 이렇게 간구하게 하시는 하나님께서는 얼마나 복된 구주이신가! 오늘 나는 고백한다.

"오, 주여! 나의 힘이 되신 여호와를 내가 사랑하나이다."

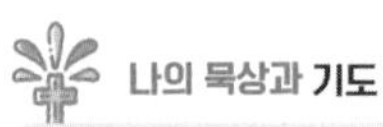

361일

답4 "우리의 원수들을 끊임없이 강력하게 대적하고서 마침내 완전한 승리를 얻게 하옵소서."

주기도문의 마지막 간구, 곧 여섯 번째 간구인 "우리를 시험에 들게 하지 마시옵고, 다만 악에서 구하옵소서."를 생각해 본다. 여섯 번째 간구에 포함된 간구는 무엇일까? 우리가 여섯 번째 간구에 포함해서 기도해야 할 내용은 무엇일까? 모든 시험과 악에서 우리를 보호하고 구원한다는 하나님의 약속을 되짚어 본다. "우리의 씨름은 혈과 육을 상대하는 것이 아니요 통치자들과 권세들과 이 어둠의 세상 주관자들과 하늘에 있는 악의 영들을 상대함이라 그러므로 하나님의 전신 갑주를 취하라 이는 악한 날에 너희가 능히 대적하고 모든 일을 행한 후에 서기 위함이라"[엡 6:12-13]. 여기 보면, 신자들이 싸워야 할 전투의 성격과 입어야 할 전투복에 관한 설명도 있지만, 신자들이 모든 시험과 악을 능히 대적하고 결국에는 모든 대적들을 짓밟고 위대한 승리자로 서게 된다는 위대한 약속의 말씀도 있다. 아, 얼마나 복된 약속인가!

그러므로 주기도문의 여섯 번째 간구를 드릴 때 우리는 하나님께서 보장해 주신 최후 승리를 바라보며 다음과 같은 내용으로 기도하게 된다. "하나님 아버지, 지금 저는 모든 시험과 모든 악 앞에서 연약하고 무능한 모습이지만, 이런 저를 주께서 도와주시고 붙드시며 강하게 해주시는 까닭에, 결국 저는 마귀든 세상이든 제 안에 남아 있는 악한 본성이든 모든 원수를 이기고 완전하게 승리할 것입니다. 최후 승리가 확정되었고 다가오고 있으니, 어제의 전투에서 패했어도 저는 낙심도 포기도 하지 않을 것입니다. 저는 모든 원수에 끝까지 대항하여 싸울 것입니다. 저를 도와주십시오. 저를 붙들어 주십시오. 저를 강하게 해주십시오." 그러니 여섯 번째 간구는 얼마나 복된 간구인가! 이렇게 간구하게 하시는 하나님은 얼마나 복된 구주이신가! 오늘 나는 결심한다.

"오, 주여! 최후 승리를 바라보며 끝까지 싸우겠습니다."

362일

제128문 이 기도의 결론이 가지는 의미는 무엇입니까?

답1 "나라와 권세와 영광이 아버지께 영원히 있사옵나이다."의 의미는 다음과 같습니다.

주기도문의 맨 마지막 문장, "나라와 권세와 영광이 아버지께 영원히 있사옵나이다."를 생각해 본다. 주기도문에서 예수님은 우리의 기도가 어떤 틀과 내용으로 구성되어야 하는지를 가르쳐 주셨는데, 그 기도문의 맨 마지막 문장은 하나님에 대한 찬란한 고백이요 우렁찬 찬송이다. 하나님의 나라가 영원하며, 권세도 영원하며, 영광도 영원하다는 믿음의 고백이요 기쁨의 찬송이다. 예수님은 우리가 하나님 앞에 구하고 의지할 내용을 여섯 가지로 가르쳐 주시면서, 그 마지막을 이런 고백과 찬송으로 마무리하셨다. 이로써 우리의 모든 간구에는 하나님을 향한 믿음의 찬란한 고백과 기쁨의 우렁찬 찬송이 함께 있어야 한다는 진리를 가르쳐 주셨다. 그렇다. 간구와 찬송은 늘 함께 있어야 한다. 간구 없는 찬송은 경박한 흥분일 뿐이고, 찬송 없는 간구는 욕심으로 가득한 아우성일 뿐이다.

무엇 때문에 기도와 찬송은 늘 함께 있는 걸까? 기도의 과정을 생각해 보면 그 이유를 알 수 있다. 정상적으로 기도를 하는 사람은 기도하는 과정에서 하나님을 계속 바라보게 된다. 하나님께서 온 세상을 통치하시는 왕이시며 전지전능하신 권력자이시며 영광으로 충만하신 분이심을 계속 바라보게 된다. 그러면서 하나님에 대한 신뢰는 더 깊어지고, 하나님에 대한 사랑은 더욱 뜨거워지며, 하나님에 대한 감사도 더 커진다. 이렇게 되면 어느 순간부터는 자신의 여러 가지 필요를 하나님 앞에 아뢰던 기도가 하나님 한 분을 바라보며 기뻐하는 찬송으로 바뀌게 되고 찬송은 다시 기도로 바뀌게 된다. "여호와는 나의 힘과 나의 방패이시니 내 마음이 그를 의지하여 도움을 얻었도다 그러므로 내 마음이 크게 기뻐하며 내 노래로 그를 찬송하리로다"[시 28:7]. 오늘 나는 질문한다.

"나에게도 기도와 찬송이 늘 함께 있는가?"

나의 묵상과 기도

363일

답2 "하나님은 우리의 전능하신 왕으로서, 우리에게 모든 좋은 것을 주기 원하시며 또한 주실 수 있는 분이시기에, 우리는 이 모든 것을 당신께 구합니다."

주기도문의 맨 마지막 문장, "나라와 권세와 영광이 아버지께 영원히 있사옵나이다."를 다시 생각해 본다. 예수님은 우리가 하나님 앞에 날마다 구하고 의지할 내용을 여섯 가지로 가르쳐 주시면서, 우리의 모든 간구에 찬란한 고백과 우렁찬 찬송이 함께 있어야 함을 가르쳐 주셨다. 오늘은 예수님께서 우리에게 가르쳐 주신 고백과 찬송의 내용을 묵상해 본다. 나라와 권세와 영광이라는 단어가 눈에 선명하게 들어온다. 하나님 아버지에게 나라도 영원히 있고 권세도 영원히 있고 영광도 영원히 있다는 것, 바로 이것이 우리가 모든 간구와 함께 불러야 할 우렁찬 찬송의 내용이고 모든 간구를 마무리할 때 외쳐야 할 위대한 고백의 내용이다. 그런데 왜 다른 것이 아니라 나라와 권세와 영광일까? 왜 나라와 권세와 영광이 하나님께 영원히 있다는 것을 고백하고 찬송해야 하는 걸까? 왜 이런 고백과 찬송이 우리의 모든 간구에 함께 있어야 하는 걸까? 예수님의 말씀을 생각해 본다. "적은 무리여 무서워 말라 너희 아버지께서 그 나라를 너희에게 주시기를 기뻐하시느니라"[눅 12:32]. 하나님은 나라를 소유하신 왕으로 그 나라를 우리에게 주시기를 기뻐하신다. 이번에는 바울이 교회를 위해 기도하며 부른 찬송을 생각해 본다. "우리 가운데서 역사하시는 능력대로 우리가 구하거나 생각하는 모든 것에 더 넘치도록 능히 하실 이에게"[엡 3:20]. 하나님은 능력과 권세가 무한하신 분이시다. 마지막으로, 시편 기자의 기도를 생각해 본다. "우리 구원의 하나님이여 주의 이름의 영광스러운 행사를 위하여 우리를 도우시며"[시 79:9]. 하나님은 자기의 영광을 위해 우리를 돕는 분이시다. 이 세 가지 기도의 근거가 "나라와 권세와 영광이 아버지께 영원히 있사옵나이다."라는 고백과 찬송에 담겨 있다. 오늘 나는 고백한다.

"오, 주여! 나라와 권세와 영광이 주께 영원히 있으므로,
모든 것을 오직 주께만 기도하고 간구합니다."

364일

답3 "이로써 우리가 아니라 하나님의 거룩한 이름이 영원히 모든 찬양을 받으시옵소서."

주기도문의 맨 마지막 문장, "나라와 권세와 영광이 아버지께 영원히 있사옵나이다."를 다시 생각해 본다. 왜 다른 것이 아니라 나라와 권세와 영광일까? 왜 나라와 권세와 영광이 하나님에게 영원히 있다는 것을 고백하고 찬송해야 하는 걸까? 왜 이런 고백과 찬송이 우리의 모든 간구에 함께 있어야 하는 걸까? 또 다른 이유가 있다. 그것은 우리가 모든 도움과 구원을 하나님께 간구하면서 또는 간구한 후에 바라보아야 할 궁극적 목표가 하나님의 나라며 하나님의 권세며 하나님의 영광이기 때문이다. 진실한 신자가 주기도문에 있는 여섯 가지 간구를 하나님께 올리면서 목표하는 바가 무엇이겠는가? 하나님께 그 모든 간구를 응답받아 자기 나라를 든든히 세우는 것이겠는가? 더 높은 지위와 권력을 얻는 것이겠는가? 자기의 이름을 널리 알리는 것이겠는가? 아니다. 하나님의 나라와 그의 의를 위하여 살도록 부름을 받고 명을 받은 신자가 어찌 그럴 수 있겠는가!

모든 신자의 머리가 되시는 예수님은 모든 신자의 대제사장으로서 성부 하나님 앞에 기도하실 때, 그 기도의 맨 첫 문장에서 자신이 드리는 기도의 궁극적 목적을 다음과 같이 밝히셨다. "아버지여 때가 이르렀사오니 아들을 영화롭게 하사 아들로 아버지를 영화롭게 하게 하옵소서"[요 17:1]. 성부 하나님께 드리는 모든 기도와 간구에서 예수님의 궁극적 목표는 성부 하나님께서 영원한 영광을 받으시는 것이었다. 그러므로 예수님은 제자들에게 기도를 가르쳐 주실 때, 맨 첫 번째 간구로 "(하나님의) 이름이 거룩히 여김을 받으시오며"라고 기도하게 하셨고, 모든 간구의 끝에 그 모든 간구의 궁극적 목표를 다시 한번 선언하게 하신다. "나라와 권세와 영광이 아버지께 영원히 있사옵나이다." 오늘 나는 고백한다.

"오, 주여! 제 모든 기도와 간구의 궁극적 목적은
저의 행복이나 번영이 아니라 하나님의 나라,
하나님의 권세, 하나님의 영광입니다."

365일

제129문 "아멘"이라는 이 짧은 말은 무엇을 뜻합니까?

답 "아멘"은 진실로 그러하다는 뜻입니다. 내가 기도한 것이 이루어지기를 바라는 간절한 마음보다 하나님께서 내 기도를 들어주심이 더 확실하다는 것입니다.

신자가 하나님의 구원을 신뢰하고 감사하는 마음으로 하나님 앞에서 하는 모든 간구는 "아멘"으로 끝을 맺는다. 이 말의 뜻은 '진실로 그러하다'이다. "아멘"은 다음 두 가지 상황에서 사용된다. 하나님을 찬송하는 상황에서 그 찬송의 내용이 진실로 참되다는 것을 가슴 벅차게 고백할 때 "아멘"이라고 한다. 또는 하나님의 약속 앞에서 그 약속의 내용이 진실로 참되다는 것을 가슴 벅차게 고백할 때 "아멘"이라고 한다. "에스라가 위대하신 하나님 여호와를 송축하매 모든 백성이 손을 들고 아멘 아멘 하고 응답하고 몸을 굽혀 얼굴을 땅에 대고 여호와께 경배하니라"[느 8:6]. "또 이십사 장로와 네 생물이 엎드려 보좌에 앉으신 하나님께 경배하여 이르되 아멘 할렐루야 하니"[계 19:4]. "이것들을 증언하신 이가 이르시되 내가 진실로 속히 오리라 하시거늘 아멘 주 예수여 오시옵소서"[계 22:20]. 그러므로 기도를 하는 중이나 기도를 마칠 때 "아멘!"이라고 외치는 것은 지극히 당연하다. 우리의 모든 기도는 하나님의 확실한 약속과 하나님을 향한 찬양과 매우 밀접한 관계가 있기 때문이다. 우리의 모든 기도는 하나님께서 우리에게 주신 확실한 약속 때문에 시작된다. 기도하는 과정에서도, 기도를 마치는 순간에도 우리는 하나님의 확실한 약속을 바라본다. 우리의 모든 기도에는 하나님을 향한 찬양이 섞여 있다. 모든 기도의 끝은 항상 하나님에 대한 기쁨의 찬양으로 채워진다. 그러니 기도를 하는 중에, 또는 기도를 마칠 때 어찌 "아멘"이라는 묵직한 감탄사가 없을 수 있겠는가? 하나님의 약속과 영광 때문에 신자의 기도와 삶에는 늘 "아멘"이라는 가슴 벅찬 고백이 있다. 오늘 나는 외친다.

"아멘! 찬송과 영광과 지혜와 감사와 존귀와 권능과 힘이 우리 하나님께 세세토록 있을지어다! 아멘!"(계 7:12)

나의 묵상과 기도

365
하이델베르크
요리문답
매일 묵상